连宿高速公路
徐圩至灌云段项目论文集

连宿高速公路项目建设管理办公室 编

河海大学出版社
·南京·

图书在版编目(CIP)数据

连宿高速公路徐圩至灌云段项目论文集 / 连宿高速公路项目建设管理办公室编. -- 南京：河海大学出版社，2024.1
　　ISBN 978-7-5630-8855-3

Ⅰ.①连… Ⅱ.①连… Ⅲ.①高速公路—基本建设项目—项目管理—中国—文集 Ⅳ.①U412.36-53

中国国家版本馆 CIP 数据核字(2024)第 042909 号

书　　名	连宿高速公路徐圩至灌云段项目论文集 Liansu Gaosugonglu Xuwei Zhi Guanyun Duan Xiangmu Lunwenji
书　　号	ISBN 978-7-5630-8855-3
责任编辑	吴　淼
特约校对	丁　甲
装帧设计	槿容轩
出版发行	河海大学出版社
地　　址	南京市西康路1号(邮编：210098)
电　　话	(025)83737852(总编室)　(025)83722833(营销部)
经　　销	江苏省新华发行集团有限公司
排　　版	南京布克文化发展有限公司
印　　刷	广东虎彩云印刷有限公司
开　　本	787毫米×1092毫米　1/16
印　　张	20.5
字　　数	410千字
版　　次	2024年1月第1版
印　　次	2024年1月第1次印刷
定　　价	98.00元

目录
CONTENTS

- 双向粉喷桩技术在连宿高速公路软基处理上的应用 …… 001
- 智慧高速公路发展现状与研究前景 …… 006
- GPS 数字化技术在公路测量中的应用 …… 011
- 智慧系统对水泥土双向搅拌桩的施工及质量控制 …… 015
- 连宿高速公路徐圩至灌云段不可避让生态空间管控区域论证 …… 021
- 铁路因素影响下枢纽式互通立交位置选择及方案设计研究 …… 028
- 浅析粉喷桩加固连云港海相软土地基施工技术及质量控制 …… 037
- 沿海软弱地质条件下连续梁现浇支架施工方案比选 …… 043
- GPS-RTK 在公路工程测量中的应用与分析 …… 054
- 高压线下预制节段箱梁架设安全控制技术 …… 061
- MDEL160/41 型轮胎式提梁机 …… 066
- 智能监控系统在软基处理施工中的应用 …… 071
- 高速公路悬浇箱梁线形控制测量技术 …… 077
- 现代建筑混凝土工程的质量控制和防治对策 …… 087
- 浅谈工程商务管理中的问题及解决方法 …… 090
- 墩柱钢筋保护层的控制对策 …… 094
- 公路桥梁施工安全管理对策及环保措施 …… 099
- 大型桥梁施工测量监控与管理方法探讨 …… 103
- 公路桥梁的施工技术与质量管理研究 …… 107
- 浅谈双向水泥搅拌桩施工技术 …… 111
- 浅析公路桥梁施工中的质量控制方法 …… 117
- 公路工程中软基处理常用方法 …… 121
- 浅谈钢筋笼制作及安装技术要点 …… 125

浅谈绿色建筑工程施工现场文明施工管理	130
基于智能顶推的后支点菱形挂篮悬臂浇筑成型技术研究	134
浅谈"5G＋安全生产"在高速公路施工中的应用	140
浅谈高速公路工程建设项目安全管理双重预防机制建设	147
净空受限条件下接杆式粉喷桩技术研发与应用	153
双向搅拌粉喷桩加固软土地基试验研究	162
隧道围岩变形控制措施技术研究	178
双向搅拌粉喷桩智能化施工技术研究	188
大跨度连续梁施工卡控要点	200
大跨度预应力混凝土桥梁施工控制分析	207
桥梁现浇梁施工技术分析	214
云监控系统和双向搅拌粉喷桩技术在公路软基加固中的应用	218
连云港地区海相软土双向搅拌粉喷桩智慧施工管控系统技术的研究	228
桥梁支架现浇箱梁施工要点	235
桥梁施工中钻孔灌注桩施工工艺分析	239
浅谈桥梁预应力真空压浆施工技术	243
旋挖钻孔干作业成孔工艺	248
浅谈路桥施工安全管理的难点及完善措施	251
探究路桥施工中安全管理存在的问题与解决措施	255
道路工程中沉降段路基路面施工技术探析	259
道路桥梁工程原材料试验检测技术的作用探讨	263
道路与桥梁工程试验检测技术分析	268
GPS技术在道路桥梁工程测量中的应用分析	274
安全管理改进想法	279
工程安全与进度	282
公路桥梁现浇箱梁模板与支架设计施工浅析	286
矩形墩钢筋保护层控制措施浅析	291
路基施工要点和不良土质路基的处理方法探讨	295
盘扣支架稳定性保障措施浅析	300
浅析公路桥梁施工安全管理及其控制	305
施工安全与进度	309
如何加强道路与桥梁施工的安全管理	313
探析道路测量的方法与施工测量要点	317
钻孔灌注桩在桥梁施工中的质量控制措施	321

双向粉喷桩技术在连宿高速公路软基处理上的应用

连云港市铁路事业发展中心　江苏连云港　222000　解志腾

摘　要：软土在我国分布广泛，但其工程性质差，在施工过程中需要进行加固，而粉喷桩技术是一种有效的软土地基加固方法。本文从连宿高速公路实况出发，简要介绍双向粉喷桩技术在软基处理方面的优点，同时介绍了其在具体应用过程中的施工方法、注意事项以及检测方法，为其他工程项目提供参考。

关键词：双向粉喷桩；地基处理；软土路基；施工工艺

引言

随着我国基础建设的迅速发展，诸多沿海、沿江通道正在加速建设。如何改善和加固软土地基也逐渐受到工程技术人员的重视。作为软土地基的典型，连宿高速公路徐圩至灌云段路基浅部分布的地层主要为素填土层、粉质黏土层（软可塑黏土）、淤泥层及粉土夹粉砂层等；表层的粉质黏土层竖向不均匀，厚度小且下部逐渐向淤泥层软土过渡，淤泥层普遍分布，厚度较大，具有高含水量、大孔隙比、高压缩性、低强度等特征，灵敏度高，属高压缩性地基土，周部为凿泥质黏土，工程性质极差。因此对软土地基的处理是否得当就成了本项目能否成功建设的核心问题。大量工程实践表明，粉喷桩技术在处理软土地基问题上具有极大的优越性，在近些年来得到广泛应用[1-2]。

1　双向粉喷桩在软基处理上的优点

粉喷桩技术在工程上已经被广泛使用，尤其是在软基处理等方面有着显著的优势。粉喷桩对环境污染小，还具有施工方便、施工速度快、处理深度大、成本低、振动小和对周围土的扰动小等技术优势。以水泥粉体为固化剂，通过专用施工机械将水泥粉体喷入地基土中，利用钻头叶片旋转将水泥与地基土在原位强制搅拌混合，让地基土和水泥间发生水化等一系列反应，形成整体性强、水稳定性好和有足够承载力的柱体，可以提高地基承载力、减少沉降，从而保证地基稳定性[3-4]。

2 双向粉喷桩施工方法

2.1 技术原理

搅拌桩的桩身强度和加固深度主要受水泥土搅拌均匀性和固化反应程度控制,双向搅拌机采用同心双轴正反方向同时转动搅拌,使水泥和土体强力拌和,充分发生固化反应,从根本上改善搅拌均匀性;通过双向对称搅拌,利用外杆叶片压浆作用,能有效保证深部桩身强度,减少对周围环境扰动影响,保证浆(粉)喷顺畅性,提高地基加固深度。

2.2 施工准备

施工前施工人员应进行培训,熟悉、核对设计文件及有关资料;项目技术负责人对全体施工人员进行技术交底,使每个施工人员都熟悉规范及有关规定要求;定期对场地工作人员进行培训,提高工作人员业务能力与工作素质;组织有关技术人员详细阅读、熟悉设计文件及有关资料,对设计文件和图纸进行现场核对。

根据设计要求,先整平场地,清除地表的杂草、树根、耕植土、垃圾等,并进行清表处理。场地低洼处,先回填素土至整平高程并进行适当碾压,压实度达到85%,同时在施工段落外侧开挖深度不小于60 cm的排水沟,排出现场积水。

开工前先做好导线点和水准点的复测工作,按设计恢复中桩,固定边桩,并将所有控制点引出路基范围,做好固定,防止施工期间的毁坏。根据设计图纸提供的坐标点,由测量工程师定出桩位,进行原地面高程测量,桩顶高程为设计整平高程以下0.25 m。

2.3 施工步骤

双向粉喷桩施工采用"两搅一喷"施工工艺。启动搅拌机,使搅拌机沿导向架向下切土,同时开启送灰泵向土体喷水泥灰,两组叶片同时正反旋转切割、搅拌土体,搅拌机持续下沉,直到水泥土双向搅拌桩达到设计深度。提升转杆,两组叶片同时正反向旋转搅拌水泥土,直至地表。为确保水泥搅拌桩施工质量达到设计目的,必须严格按照施工工艺进行操作。

双向粉喷桩施工步骤主要包括:桩机定位→钻进、喷灰和搅拌→提升复搅→成桩。

1) 桩机定位

搅拌桩机械就位,将搅拌叶片按桩体直径进行调整,对准双向调整钻机垂直度。桩位偏差控制在50 mm以下。

2) 钻进、喷灰和搅拌

喷灰下沉:启动搅拌机,使搅拌机沿导向架向下切土,同时开启送灰泵向土体喷水泥灰,两组叶片同时正反向旋转切割、搅拌土体,搅拌机持续下沉。下钻速度控制在 1 m/min。钻进喷灰采用设计桩长和电流突变(进入持力层)双控,在钻进过程中保持连续喷灰。

3) 提升复搅

提升钻杆喷气,两组叶片同时正反向旋转搅拌水泥土,直至设计高程,完成单桩施工。平均提升速度控制在 0.8 m/min。

4) 成桩

成桩后清理移机,重复上述过程进行下一根桩施工。

3 双向粉喷桩在施工中注意事项

3.1 准备工作注意事项

双向粉喷桩施工前必须保证机架垂直,偏差不大于 1‰。桩位偏差不大于 50 mm,桩径不小于设计值。桩长由设计和施工工艺参数控制,桩长不得小于设计桩长或监理工程师现场确认的施工桩长。

3.2 钻进、喷灰和搅拌注意事项

搅拌机每次下钻或提升的时间必须有专人记录,时间误差不得大于 5 s,提升前要预备等待送粉到达桩底的时间,防止出现提升却未喷粉的情况,具体时间随机械类型与送灰管长度变化,应由有关施工人员会同监理根据首桩情况确定。搅拌完成后应在全桩长范围内重复搅拌一次,以增加水泥土均匀性,复搅一次完成。

3.3 提升注意事项

钻进提升时以不堵塞出粉孔为原则,管道压力不宜过大,以防孔壁四周的淤泥受挤压形成空洞,尤其在高含水量(>70%)区应特别注意。供粉必须连续,拌和必须均匀,如发生意外影响桩身质量时,应在 3 h 内采取补喷措施,补喷重叠以不小于 1.0 m 为宜,否则应重新打设;如在粉喷桩喷灰过程中发生意外造成钻杆无法拔出的情况,采用吊车或液压顶升机直接向上施力拔出钻杆;新桩距报废桩的净距离不能大于桩距的 15%,宜紧贴成桩重叠 1/3 桩径。对输灰管要经常检查,避免泄漏及堵塞,管道长度以 60~80 m 为宜,对使用的钻头要定期检查,其直径磨耗量不得大于 10 mm,但也不宜采用直径过大的钻头,以不大于设计桩径 20 mm 为宜,以免影响桩身成型质量。

3.4 成桩控制注意事项

采用最新的智能监控系统,能有效简化培训、操作和维护过程,在线、及时、快速处

理问题,加强施工质量控制,提高施工质量和效率。施工时粉喷桩上部进行浇水处理,施工结束后对其适当浇水养护。

4 双向粉喷桩施工质量检测与评价

成桩7 d后,采用浅部开挖桩头,深度宜超过停灰面下0.5 m,目测检查搅拌桩的均匀性,量测成桩直径,做好记录,检查数量不少于总桩数的5%。

成桩28 d后,取芯进行室内无侧限抗压强度测试。为保证试块的尺寸,钻孔直径不小于108 mm,桩身无侧限抗压强度28 d龄期强度不低于0.7 MPa。

通过水泥土芯样的无侧限抗压强度试验,双向粉喷桩与某高速公路粉喷桩强度对比结果如表1所示。

表1 不同工艺下桩身无侧限抗压强度比较

施工工艺	深度(m)	强度(MPa)	龄期(d)
双向粉喷桩	1.5～3	2.02	28
	4.5～6	1.53	
	7.5～9	1.69	
双向粉喷桩	1.5～3	2.59	28
	4.5～6	1.44	
	7.5～9	1.26	
粉喷桩	0.2～0.4	0.92	28
	1.9～2.1	0.86	
	7.0～7.2	0.91	
粉喷桩	0.5～0.7	0.81	28
	4.4～4.6	0.85	
	6.4～6.6	0.79	

根据实验数据可以得出粉喷桩强度满足要求,通过比较两种工艺检测桩无侧限抗压强度的结果,可以进一步得出在工程中使用双向粉喷桩技术可以明显提高桩的抗压强度,在软基的处理上能发挥出更好的作用。

5 结语

当前我国基础建设迅速发展,我们更应该因地制宜提高工程质量,对连宿高速公路建设中的软基处理就是一个代表。双向粉喷桩技术能够保证水泥土均匀搅拌,且成桩质量明显提升,可以在当地软黏土工程性质极差的条件下保证工程顺利实施。与其他工程相比,连宿高速公路通过运用双向粉喷桩技术能够显著提高桩的抗压强度,进而提高地基承载力,因此应将该技术大力推广,为其他工程中的软基处理提供一定的参考。

参考文献

［1］冯仲仁,朱瑞赓.我国高速公路软基处理研究的现状与展望［J］.武汉理工大学学报,2002,24(1):78-80.

［2］刘玉卓.公路工程软基处理［M］.北京:人民交通出版社,2002.

［3］陈向阳.高速公路软基处理方案智能评价与优化方法研究［D］.武汉:武汉理工大学,2008.

［4］郭院成,张浩华,周同和.高速公路高填方软基处理方法的对比分析［J］.郑州大学学报(工学版),2002,23(2):31-33.

智慧高速公路发展现状与研究前景

连云港市铁路事业发展中心　江苏连云港　222000　丁　锋

摘　要：随着科技的飞速发展，人们对于交通出行的需求也在不断提高。智慧高速作为一种新型的交通基础设施，能够在很大程度上满足人们对于便捷、高效、安全出行的需求。智慧高速研究在提高道路通行效率、提升出行安全、促进区域经济发展等诸多方面都具有重要意义。本文通过对智慧高速的概念、功能与特点、技术方案等内容进行分析，为我国智慧高速公路的建设与发展提供参考，有助于推动我国高速公路的智能化、数字化和绿色化发展。

关键词：智慧高速；信息化；智能化

引言

近十年，我国经济快速发展，城市化进程不断加快，高速公路作为国家基础设施，已经成为城市间交流与联系的重要纽带。随着我国高速公路路网规模不断扩大，交通流量日益增长，传统的高速公路管理方式已经难以满足现代交通发展的需求。为了提高高速公路的运行效率和安全水平，缓解交通拥堵、事故频发、安全隐患等问题，"智慧高速"的理念应运而生。智慧高速通过应用先进的信息、通信、物联网和人工智能等技术[1]，实现高速公路的服务智能化和智慧化管理，其相关产业的发展也将为我国的经济增长提供新的动力。

20世纪80年代，许多国家开始重视对高速公路基础设施的管理研究，以提高道路的高效性、安全性和可持续性。当前，美国、欧洲和日本是世界上智能交通发展最快的国家和地区[2]。1986年成立的美国加利福尼亚州PATH（先进交通技术合作伙伴）项目开始对自动公路系统进行研究，该项目将自动公路系统架构分为5个层级：网络层、链路层、协调层、管理层和物理层。欧洲于1987年启动欧洲高效安全交通系统计划，开始对交通运输信息化领域进行研究。近些年，欧盟推出了一系列交通领域的研究计划，如欧洲运输领域的"创新空间"项目和欧洲交通领域的"2020战略"。此外，日本于20世纪80年代中期到90年代中期，推动了路车间信息系统、先进的车辆交通信息与通信系统等项目。

相较国外，我国对于智慧高速的研究起步较晚。21世纪初期，随着我国政府对智能交通系统发展的日益重视，国内各大高校、科研院所和企业纷纷开始研究智慧高速领域的关键技术。2000年国家智能交通系统工程技术研究中心开始对智能公路系统进行研发[3],2010年10月科学技术部在"八六三计划"中提出2项涉及车联网关键技术的项目。近年来,国家及有关部委陆续出台《交通强国建设纲要》(国务院公报2019年第28号)、《数字交通发展规划纲要》(交规划发〔2019〕89号)等文件[4],地方交通部门如江苏省交通运输厅出台《江苏数字公路发展行动计划(2022—2025)》[5],全力促进公路数字科技成果转化和创新融合应用。随着国家对智能交通系统发展的重视,未来国内智慧高速的研究将继续深入,为我国高速公路的发展提供更多技术支撑。

1 智慧高速

智慧高速是利用人工智能、大数据、云计算、物联网等现代信息技术,通过先进的信息化手段,提升高速公路全方位感知、全过程监控、全周期服务、全路段管理的能力,以实现高速公路的智能化运行和管理。

1.1 智慧高速功能与特点

(1) 提高道路通行能力

智慧高速通过引入先进的交通信息采集技术和智能交通管理系统,实时监测道路状况,提高道路通行能力。在道路通行能力不足时,智慧高速能够及时采取调整交通信号灯配时、交通组织优化等手段,确保道路畅通无阻。

(2) 降低交通事故发生率

智慧高速利用人工智能技术进行交通流量预测、车道交通态势分析,以及对交通违法行为的自动识别等,有针对性地采取措施,降低交通事故发生率。同时,通过智能化手段提醒驾驶员保持安全车距、遵守交通规则,从而降低交通事故风险。

(3) 提升交通安全管理水平

智慧高速能够对高速公路上的车辆进行实时监控,通过与车辆的智能车载终端连接,获取实时车辆位置、速度等信息,对异常情况进行预警和报警,及时处理潜在的安全隐患。此外,智慧高速还能够根据气象条件、道路状况等因素实时调整交通安全设施,提升安全管理水平。

(4) 促进节能减排与绿色出行

智慧高速可以实现对车辆的节能减排管理,通过对车辆的能耗监测和数据分析,提供低碳出行建议。同时,智慧高速还能够推广清洁能源车辆的使用,减少二氧化碳排放,助力实现绿色出行。

(5) 实现交通信息化与智能化

智慧高速通过对各种交通信息的综合分析和处理,为交通管理部门和出行用户提供实时、准确、全面的信息服务,实现交通信息化与智能化。智慧高速还能够与其他交

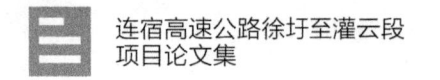

通方式(如航空、铁路等)实现信息互联互通,提高交通出行的效率和便捷性。

1.2 智慧高速技术方案

(1) 感知技术

感知技术是智慧高速的基础,通过各种传感器实时监测道路状况,收集车辆流量、速度、位置等交通信息。交通信息采集系统负责收集这些信息,为智慧高速提供实时数据支持;车辆检测与跟踪技术用于实时监测高速公路上的车辆,包括车辆类型、速度、位置等信息。

(2) 通信技术

通信技术是智慧高速的重要组成部分,负责高速数据的传输。高速公路通信网络是智慧高速的基础设施,采用光纤、无线通信等技术实现高速数据的实时传输。无线通信技术是智慧高速的重要通信手段,包括 4G/5G、Wi-Fi(无线保真)等,用于实现高速数据的实时传输。

(3) 多源数据融合技术

多源数据融合技术是智慧高速的关键,通过对来自不同传感器或设备的数据进行挖掘与分析,提高智慧高速的感知能力和决策水平。数据挖掘与分析是通过对海量数据进行挖掘和分析,发现潜在的规律和价值,帮助智慧高速实现更智能的决策和更高效的管理。

(4) 人工智能技术

人工智能技术在智慧高速中发挥着重要作用,包括车辆行为预测、交通拥堵疏导、交通事故预警等方面。通过对历史数据的分析和学习,人工智能技术可以预测车辆在未来一段时间内的行为,提供拥堵疏导方案,有效缓解交通拥堵。同时,人工智能技术可以通过分析交通事故历史数据,预测可能发生的交通事故,从而提前采取措施,减少交通事故的发生和损失。

2 智慧高速案例分析

智慧高速技术不仅有助于提升高速公路的通行效率,还能有效减少交通事故的发生。下文将对美国高速公路自动驾驶技术、法国高速公路智能收费系统以及日本高速公路智能交通系统进行分析。

2.1 美国高速公路自动驾驶技术

美国的高速公路自动驾驶技术在全球范围内具有较高的水平。通过采用先进的传感器技术和智能化算法,自动驾驶汽车能够实现对周围路况的实时感知、准确判断以及快速响应。这种技术不仅可以降低驾驶者的驾驶疲劳度,提高驾驶安全性,还有助于减少交通拥堵,降低环境污染。在美国,许多城市都在尝试将谷歌、福特等公司研究的自动驾驶技术应用在高速公路上,以期为未来的交通出行提供更为便捷、安全、高效的解决方案。

2.2 法国高速公路智能收费系统

法国是世界上最早使用智能高速公路收费系统的国家之一,这套系统也被称为"欧洲车联"。欧洲车联系统是一种基于电子收费的高速公路收费系统。车辆通过安装在车上的"车载单元"与电子收费站的"路边单元"进行通信,车辆通过时,路边单元读取车载单元内的信息,并将车辆的信息与对应的账户关联,从而实现自动收费。欧洲车联系统具有以下优点:提高通行效率、节能减排、实时计费、数据采集与分析以及智能化服务。欧洲车联系统可以实现车辆的自动调度、交通信号控制等功能,提高道路的安全性和通行效率。法国的欧洲车联系统已经成为全球高速公路收费系统的标杆,许多国家都在借鉴和学习法国的经验,推动本国的智慧高速建设。

2.3 日本高速公路智能交通系统

日本高速公路智能交通系统以物联网、大数据、云计算等先进技术为支撑,可以实时收集交通数据,对交通拥堵、事故等情况进行预测和分析。根据预测结果,系统会自动调整红绿灯时长、车道分配等,以优化道路交通状况。该系统还能够与其他交通部门进行信息共享,实现跨部门协同管理,提高整个交通系统的运行效率。此外,为推动日本与亚洲其他国家在科技创新领域的合作,日本政府设立了"亚洲门户"项目。该项目旨在通过建立一个全球化的信息平台,收集和分析道路数据,为用户提供实时路况、最佳路线规划等交通信息服务,项目已在亚洲地区取得了一定的成果。

3 问题与应对

尽管智慧高速发展取得了显著成果,但仍然存在一些问题与挑战,主要表现在以下几个方面:

(1) 技术标准不统一:智慧高速涉及多个行业和领域,各领域间的技术标准不统一,不利于多源数据的整合与运用。政府部门、行业协会和企业需要加强合作,共同推动智慧高速相关技术标准的统一,避免"信息孤岛"现象,实现数据共享。

(2) 信息安全问题:随着智慧高速的应用越来越广泛,信息安全问题日益凸显。例如,数据泄露、黑客攻击等问题给智慧高速的运行带来了极大的风险。对此,需要加大信息安全技术研发投入,制定严格的信息安全政策和管理措施。

(3) 技术更新速度快:智慧高速涉及的技术更新速度很快,需要投入大量的资金和人力进行技术研发与创新,这对于很多中小企业来说是一个不小的挑战。政府应鼓励高新技术企业、研究机构加大技术创新力度，研发更先进的智慧高速技术，提高交通运输效率。

（4）运营管理问题：智慧高速的运营管理模式仍在探索中，尚未形成成熟的运营管理体系，影响了智慧高速的整体效果。需要构建以用户需求为导向的智慧高速运营管理体系，推动运营管理模式向精细化、智能化方向发展。

（5）用户体验：智慧高速在提高交通运输效率的同时，也需要关注用户体验。通过平衡智能化与人性化的需求，不断优化智慧高速的智能化服务，可以提高用户满意度，让智慧高速成为真正的惠民工程。

4　结语

智慧高速通过综合运用智能感知、大数据、物联网、云计算等新一代信息技术，已经取得了显著的发展成果。智慧高速不仅为交通运输行业提供了高效、安全、环保的解决方案，同时也为数字化城市的建设提供了强大的技术支持。在这一过程中，高速公路及其相关设施的信息化、智能化、数字化程度不断提高，基础设施得到了升级改造。智慧高速的发展前景广阔，但仍需面对诸多挑战。政府、企业和社会各界应共同努力，关注智慧高速的未来发展方向与趋势，推动智慧高速的持续健康发展。

参考文献

[1] 丁金学,李卫波.推进智慧高速公路建设[J].中国投资（中英文）,2023(Z2):80-81.

[2] 徐志刚,李金龙,赵祥模,等.智能公路发展现状与关键技术[J].中国公路学报,2019,32(8):1-24.

[3] 李斌,王春燕,吴涛,等.中国智能公路磁诱导技术研究进展[J].公路交通科技,2004,21(11):66-69.

[4] 张国锋,李宁,秦通.智慧高速公路车路协同系统构建方案研究[J].北方交通,2023(6):91-94.

[5] 江苏省"十四五"建设1200千米智慧公路[J].交通企业管理,2022(6):87.

GPS 数字化技术在公路测量中的应用

江苏海通建设工程有限公司　江苏连云港　222000　樊　康　祁庆国

摘　要:近些年来,我国的经济实力快速发展,经济实力的提高带动了公路建设的发展。在公路建设上,做好测量工作是开展其他工作的前提,将测量工作做好,可以更加高质量地完成公路建设工作。随着科技的发展,公路测量工作引进了很多新型技术来保证测量精度,本文主要对 GPS 数字化技术在公路测量中的应用进行了一些探讨。

关键词:GPS 数字化技术;公路测量;应用

1　GPS 数字化测量技术的原理和方法

1.1　GPS 测量技术的原理概述

测量工作中有一个原理叫作距离交会定点原理,这个原理是利用卫星在空间上的分布情况与地面所要测量的位置之间距离的相互交会点作为定点标准,进而计算出地面所要测量位置的三维坐标。GPS(全球定位系统)测量技术的依据就是这个原理,因此 GPS 系统主要由三个部分组成:GPS 卫星、地面监控系统和 GPS 信号接收器。GPS 测量技术的基本原理根据实际需求主要分为两种:绝对定位和相对定位。

1.2　绝对定位原理

这种原理是以 GPS 卫星为基准点,在地面需要测量的位置点设置 GPS 信号接收器,地面 GPS 信号接收器可以在一个特定时间点接收到三个或三个以上的卫星发出的 GPS 信号,然后再结合接收到的所有 GPS 信号对测量位置点的位置数据进行处理和计算,GPS 卫星的位置可以查阅卫星星历得知,最后结合所有数据运用相关公式将测量点的三维坐标计算出来。GPS 系统在使用时可以保证在地面上任意位置测量都能接收到四颗卫星的 GPS 信号,从而对测量数据的三维数据的精准度有了保证,除此之外,GPS 系统还可以借助同时接收四颗卫星信号实现导航、授时等功能。

1.3　相对定位原理

根据相对定位原理进行测量的方法是,在测量点设置两个 GPS 信号接收器,分别位于测量基线的两端,这两个GPS信号接收器同时接收来自同一个卫星的GPS信号,两个接收器对数据进行处理和计算,进而得到测量基线两端在三维坐标系中的相对位置。

GPS测量技术的测量方法并不唯一,根据测量作业的实际情况的不同,测量方法、测量实践和测量距离都有所不同。就现在而言,测量作业有静态定位、快速静态定位、准静态定位和动态定位几种。在静态定位当中,GPS采用静态或快速静态技术对地形进行全面监测,为测绘阶段的地形分区、路线图和纵剖面提供依据,这样可以让公路项目控制网能更好地建立。在动态定位中,比较常用的技术是RTK(实时动态)定位技术,RTK定位技术保持了GPS测量的高精度和即时性,因此,RTK技术可以用来构建样本,而传统的GPS测量不能。

2　GPS对于公路线路控制网的设置

从工程实践中可以看出,公路控制网的设计可以采用分级设置网点的方法,这种方式可以很好地保证测量的精度和测量结果的合理性与可靠性,测量范围是几千米。并且由于先进管理网络的统一设置,整条线的相对位置测量精度不会有大的偏差。此外,当一条长线上有太多的线缆点,GPS测量技术可以对其进行二级网点设置,若GPS接收器的作业形式是非快速静态定位时,就可以使用传统的方式去测量公路的导线,然后用GPS技术计算出导线两端的高级控制点的坐标。

3　公路GPS控制网优化处理技术

基于GPS工程经验,GPS在公路测量中的使用对建立公路平面控制网有着促进作用,每4千米设置一个GPS基准点,每隔300米左右在公路两侧设置一个可见的、远程的GPS点,即为GPS控制网优化处理技术,但这种设置方式对公路GPS数据处理有负面影响。在这种情况下,可以考虑使用一定数量的异步闭环来有效检测并控制外部基线结果的质量。在公路测量中,异步循环的平均限制可能相差很大,虽然基线检查满足阈值条件,但如果基线在对齐网格时没有进行区别划分,长边系统误差将大于短边的系统误差,在同一平差下,长边所产生的误差会极大地影响短边的准确性,从而降低整个控制网的点精度。

在开展公路测量工作的时候,对GPS测量的平差处理方式进行优化处理是非常必要的,具体地说,即根据GPS基准点在公路上的设置特点,结合实际并采用有效的方法解决问题。对GPS测量的平差处理方式进行优化过后,形成的异步环长边可以适用于基线成果检核,但形成的异步环长边的长度要大于10千米,且此长边是不计算进网平差结果的,这种方式可以很好地提高GPS网的点位精度。

在实际的公路测量应用当中，对GPS测量的平差处理的优化方式主要有两种：①对基线结算和观测成果的检验使用传统方式，但要经过四项不同程度的检验之后再进行网平差的计算，其中异步环要进行闭合差的检验，检验合格之后才能进行下一步计算；②异步环的较长边会影响GPS精度，那就把异步环的较长基线边删除，在此之前要确保所有测量点都可以进行坐标的处理和计算，最后用三维自由网平差和二维约束平差的处理方式对数据进行计算和检验。第二种优化方式是将GPS控制网变为支导线的形式，这种优化方式经过不断实践证明，优化过后的数据解算结果是合理并可靠的。

4　GPS在公路测量中的应用

4.1　平面控制测量

平面控制测量是道路测量中的重要环节。传统的测量方法通常使用三角网和导线网来测定平面的位置。然而，这些方法受到许多因素的影响，如天气、地形和植被等。GPS平面控制测量则可以避开这些限制，因为它不受视觉和气候条件的影响，且具有更高的精度。在平面控制测量中，GPS数字化技术主要使用接收机和数据处理软件来接收和解析卫星信号，确定测点的位置。数字化技术可以实时获取测点的三维坐标，并进行高精度的位置计算。通过使用GPS数字化技术，可以大大提高平面控制的精度和效率。

4.2　高程控制测量

高程控制测量对于道路建设至关重要。传统的水准测量方法需要大量的人力和时间，并且受到地形起伏的限制。GPS数字化技术提供了一个更为有效和精确的解决方案。使用GPS数字化技术进行高程控制测量，主要是通过结合GPS定位和重力观测，确定测量点的高程。通过使用数字高程模型（DEM）等技术，可以获取高精度的点云数据，进而得到精确的高程信息。与传统的水准测量方法相比，GPS数字化技术具有更高的效率和精度，同时还能提供更全面的地形信息。

4.3　地形测量

地形测量是道路设计的基础。传统的地形测量方法通常使用人工测量，然后使用平板仪进行绘图。这种方法不仅耗时，而且容易出错。使用GPS数字化技术，可以快速准确地测定地形点的位置，实现自动化测量。在地形测量中，GPS数字化技术主要使用全站仪、无人机等设备进行数据采集。将GPS与其他传感器或数据源（如激光雷达和摄影测量）的数据进行融合，可以提供更全面和准确的地形信息。通过与卫星定位系统相结合,可以在野外实时获取测点的精确坐标。同时,利用数字化地形软件,可以对采集的数据进行自动化处理和编辑,生成高精度的数字地形模型(DTM)。这样不仅可以提高测量工作的效率,还可以提供更准确的地形信息,为道路设计提供可靠的依据。

4.4 施工测量

施工测量对于保证道路建设的准确性至关重要。GPS技术可以在施工期间提供精确的定位信息,帮助施工人员确定道路的位置和形状。通过RTK技术,施工人员可以在野外实时获取厘米级的定位精度,大大提高了施工效率。在施工测量中,GPS数字化技术主要借助移动设备(如智能手机、平板电脑)和RTK技术进行定位和放样。通过与设计图纸进行对比,可以实时监测道路的位置和形状,确保施工的准确性。同时,数字化设备还可以进行自动化的数据记录和整理,提高施工管理的效率。

5 结语

目前,GPS测量技术已经深入应用到公路测量工作中,相较于传统测量技术,GPS测量技术可以测出更为精确的数据,而且还比传统测量技术的测量速度快,可以节省工期,进而节省施工成本,创造更好的经济效益。GPS测量技术已经成为公路测量中的一个重要角色。

参考文献

[1] 冯军龙.公路测量工程中数字化技术的应用[J].黑龙江交通科技,2018,41(1):77-78.

[2] 鲍捷,王志华,孙熙.GPS技术在工程测量中的应用[J].经纬天地,2018(4):70-72.

[3] 朱春林.GPS-RTK技术在数字化地形测量上的应用探讨[J].中国室内装饰装修天地,2019(2):284.

智慧系统对水泥土双向搅拌桩的施工及质量控制

连宿高速公路项目建设管理办公室　江苏连云港　222000　龚　晨

摘　要：本文通过阐述水泥土双向搅拌桩的施工技术，以及如何通过智慧系统对施工过程进行控制，并以东部某高速项目中智慧系统的应用为例，来为提高沿海地区高速公路施工的质量和效率提供思路和解决方案。

关键词：地基加固；双向搅拌桩；成桩工艺；质量控制

引言

高速公路的建设对于提高地区的经济发展和交通效率至关重要。然而在沿海地区，高速公路的建设面临着独特的挑战。在沿海地区的高速公路施工过程中，地基处理是一项至关重要的工作，由于地质条件的特殊性，如软弱的土层和高含盐度的土壤，地基处理工作的难度和复杂性都相对较大。对于软弱地基的处理，目前有多种方法已经得到了广泛的应用，如预压法、排水固结法、动力夯实法等。然而，对于沿海地区的特殊地质条件来说，这些传统的处理方法往往无法达到理想的效果。因此，水泥土双向搅拌桩的施工技术在近年来得到了广泛的应用[1]。这种技术通过在软弱土层中注入水泥浆体，形成具有一定强度和刚度的水泥土双向搅拌桩，从而提高地基的承载能力[2]。这种施工方法在操作过程中需要非常精确地控制水泥浆的比例、注浆压力、搅拌速度等，否则任何一点差值都可能影响桩的质量和施工效率。

近年来，随着信息技术的发展，智慧系统开始在交通工程施工中得到应用。通过实时收集和分析施工过程中的数据，智慧系统能够有效地指导施工，提高施工质量和效率。因此，研究智慧系统在水泥土双向搅拌桩施工中的应用，以及如何通过智慧系统对施工进行质量控制，具有重要的理论意义和实践价值。本研究的目的是通过对沿海高速公路施工中的实际案例进行分析，深入探讨智慧系统在水泥土双向搅拌桩施工中的应用和效果。我们希望通过这项研究，为沿海地区的高速公路施工提供一种高效、可靠的技术方案，从而促进沿海地区的交通建设和经济发展。

1　水泥土双向搅拌桩施工技术

水泥土双向搅拌桩是一种非常有效的软弱地基改良方法，尤其在处理沿海地区高速公路的基础设施施工中特别重要[3]。下文将详细介绍其成桩工艺主要的施工步骤。

（1）桩位布置与设计：首先，根据土壤条件和工程需求，设计施工方案，包括桩的直径、长度、排列方式等，以确保搅拌桩能够达到预定的强度和刚度，满足地基承载要求。

（2）钻孔：采用专用的钻孔设备，在预定的桩位上钻孔。钻孔的深度和直径需要根据设计方案来确定。在钻孔的过程中，需要监控设备的工作状态和钻孔的质量。

（3）注浆：在钻孔完成后，通过注浆管向孔内注入水泥浆体。注浆的压力、速度和时间都需要根据设计方案和实际情况进行控制，以保证浆体能够充分填充孔内，并与土壤充分混合。

（4）搅拌：注浆的同时，采用专用的搅拌设备，对孔内的浆体和土壤进行双向搅拌，使之充分混合，形成水泥土混合体。搅拌的速度和时间也需要进行严格的控制，以保证混合体的质量。

（5）成型和固化：搅拌完成后，混合体需要在地下进行一定时间的固化，以形成具有一定强度和刚度的水泥土双向搅拌桩。固化的时间长度需要根据混合体的配比和环境条件来确定。

（6）质量检测：在桩体固化完成后，需要进行质量检测，包括桩体的强度、刚度、位置准确性等，以确保其满足设计要求和工程需求。

值得注意的是，这个过程中的每一个步骤都需要严格的控制和监测，以保证施工的质量和效率[4]。水泥土双向搅拌桩施工虽然在许多软弱地基改良中起到了关键的作用，但在其施工过程中，也面临着一系列挑战。

（1）设计方案的确定：在具体施工前，确定合适的桩径、桩间距、桩深以及水泥浆体的配比等设计参数是一项重要但困难的任务。这需要结合地质勘探结果，经过复杂的计算和模拟，才能得出满足承载和稳定性要求的设计方案。

（2）施工设备的要求：施工设备对搅拌桩的质量影响重大。如何选择适合的搅拌设备，保证其正常运行，是一项重要且具有挑战性的任务。此外，保持设备的良好状态，减少故障停工，对于提高施工效率也至关重要。

（3）施工参数的控制：施工过程中，需要对注浆压力、搅拌速度、注浆量等关键参数进行实时控制。这些参数的控制精度直接影响桩体的质量。然而，在实际施工过程中，由于地质条件和施工条件的变化，很难做到精确控制。

（4）环境影响：搅拌桩施工过程中，可能产生噪声、振动和尘土等环境影响。如何在保证施工进度和质量的同时，最大限度地减少对周边环境和居民生活的影响，是施工过程中需要解决的一大难题。

（5）质量检测：施工完成后，需要对搅拌桩的质量进行检测，但传统的检测方法无法全面、准确地评估桩体的质量。开发有效、精确的质量检测方法，对于保证施工质量，提高工程安全性具有重要意义。

综上所述，尽管水泥土双向搅拌桩技术在软弱地基处理方面具有明显优势，但其施工过程中仍然面临着多种挑战[5]。因此如何通过科技手段，在水泥土双向搅拌桩施工过程中引入智慧系统来应对这些挑战，是目前研究的重要内容。

2 智慧系统在施工技术及质量控制中的应用

智慧系统，也被称为智能系统，是一种借助人工智能（AI）、大数据、云计算等先进技术，进行复杂决策和控制的系统。这些系统能够对大量数据进行快速处理和分析，从而优化决策，提高工作效率，减少人为错误。智慧系统在水泥土双向搅拌桩施工中的应用主要体现在以下几个方面。

（1）在设计阶段，智慧系统可以根据地质勘探数据自动选择最优设计参数，例如桩径、桩深、桩间距以及水泥浆体的配比。通过模拟和优化算法，智慧系统可以迅速找到满足承载和稳定性要求的最优设计方案，大大提高了设计效率和准确性。

（2）在施工阶段，智慧系统可以通过各种传感器实时监控施工现场的各项参数，如搅拌速度、注浆压力、设备状态等，智慧系统会自动分析这些数据，根据预设的模型和规则，自动调整施工参数，以保证施工质量。例如，当注浆压力过高时，智慧系统会自动降低注浆速度，防止桩体质量下降。

（3）在质量控制阶段，智慧系统可以通过无损检测技术，如声波检测、电阻率检测等，全面评估桩体的质量。智慧系统还可以通过数据分析，找出影响桩体质量的关键因素，为后期施工提供参考。此外，智慧系统还可以通过机器学习技术，不断学习和优化质量控制模型，提高质量控制的精度。

（4）智慧系统还可以通过环境监测设备，实时监测施工环境，包括噪声、振动、尘土等，当环境指标超过预设值时，智慧系统会自动调整施工参数，或者提醒工作人员采取措施，以减少对环境的影响。

总的来说，智慧系统在水泥土双向搅拌桩施工中的应用，既提高了施工效率，保证了施工质量，又减少了对环境的影响[6]。可以说，智慧系统对于提高水泥土双向搅拌桩施工的智能化水平，具有重要的推动作用，具体可以通过以下几个方面实现对水泥土双向搅拌桩施工质量和效率的控制。

（1）实时监控与自动调整：在施工过程中，智慧系统可以实时监控各种关键参数，如注浆压力、搅拌速度等。一旦发现这些参数偏离设定范围，智慧系统可以自动进行调整，以确保施工过程始终在最优状态。

（2）预测和预警：智慧系统可以通过机器学习技术，对施工过程进行预测。例如，通过分析历史数据，智慧系统可以预测未来的注浆压力趋势，提前进行调整，避免可能出现的问题。此外，如果智慧系统预测到可能出现的质量问题，如桩体强度不足，它会提前发出预警，让工程团队有足够的时间进行应对。

（3）数据分析和优化：智慧系统可以收集并分析大量施工数据，找出影响质量的关键因素，为后期施工提供参考。同时，智慧系统还可以通过数据分析，不断优化施工方案，提高施工效率。例如，通过对历史数据的分析，智慧系统可能发现某种特定的注浆速度可以显著提高桩体质量，那么在后续施工中，就可以优先选择这种注浆速度。

（4）智能决策支持：智慧系统还可以提供智能决策支持，帮助工程团队做出更好的决策。例如，在面临多种可能的施工方案时，智慧系统可以根据历史数据和预测结果，推荐最优的方案。

通过以上方式，智慧系统不仅可以显著提高水泥土双向搅拌桩施工的质量和效率，还可以帮助工程团队更好地应对各种可能的问题和挑战[7]。

3　案例分析

本文选择的案例是位于我国东部沿海地区的其新建高速公路项目。该项目地处软弱地基区，地质条件复杂，自然环境敏感，施工难度大。为了保证路基的稳定性和使用寿命，选择了水泥土双向搅拌桩作为软弱地基处理方法。

在这个项目中，智慧系统的应用是一个重要的创新。在施工阶段，智慧系统实时监控了各种施工参数，如搅拌速度、注浆压力等，并自动进行调整，以保证施工质量。该项目是我国交通工程领域应用智慧系统的典型案例，对于探索和推广智慧系统在交通工程施工中的应用，具有重要的示范作用。同时，该项目也是我国水泥土双向搅拌桩技术在复杂地质条件下的一次成功应用，展示了这种技术在处理软弱地基问题上的优势。

在这个高速公路项目中，智慧系统在水泥土双向搅拌桩的施工中发挥了重要作用。智慧系统通过各种传感器实时监控施工现场的各项参数，包括搅拌速度、注浆压力、设备状态等。一旦发现这些参数偏离预设范围，智慧系统会自动进行调整，确保施工过程始终在最优状态。

智慧系统不仅提高了水泥土双向搅拌桩的施工效率和质量，还为工程团队提供了实时、准确的施工数据，极大地提高了施工的智能化程度，为未来的类似项目提供了宝贵的经验和参考。在这个沿海地区高速公路项目中，智慧系统在水泥土双向搅拌桩施工中的应用取得了以下几个方面的成效。

（1）施工质量显著提高：通过智慧系统实时监控和自动调整施工参数，极大地提高了桩体的质量。从工程检测的结果来看，施工的桩体均达到了设计要求，没有出现质量问题，优良率达到100%，优桩率超过99%。这说明智慧系统可以有效地控制施工过程，提高施工质量。

（2）施工效率有明显提升：智慧系统的应用使得施工流程更加顺畅，施工效率有了显著的提升。相比传统的施工方式，智慧系统减少了大量的人工操作，降低了施工难度,使得施工进度加快。

(3) 智能化程度提升:通过应用智慧系统,施工现场的数据采集、分析、决策等工作都实现了自动化,提高了施工的智能化程度。这种智能化的施工方式不仅提高了施工效率和质量,也使得施工过程更加科学、规范。

通过对这个案例的分析,我们可以看出智慧系统在水泥土双向搅拌桩施工中的巨大优势。它不仅可以提高施工质量和效率,还可以减小对环境的影响,提升施工的智能化程度。因此,我们有理由相信,智慧系统将在未来的交通工程施工中发挥更大的作用。

4 结语

通过对沿海地区高速公路施工特点进行研究,我们发现,由于地质条件的复杂性和环境的敏感性,沿海地区高速公路的施工面临着很大的挑战。在这样的环境下,选择合适的地基处理方法,如水泥土双向搅拌桩,以及引入智慧系统,能有效应对这些挑战,提高施工质量和效率。

结合实际的工程案例,我们看到了智慧系统在施工和质量控制阶段的有效应用。智慧系统通过自动选择最优设计参数、实时监控和调整施工参数、对施工质量进行全面评估等功能,有效地提高了水泥土双向搅拌桩施工的质量和效率。同时,智慧系统还通过环境监测和调整功能,有效地减小了施工对环境的影响,提高了施工的可持续性,施工智能化程度的提升也使得施工过程更加科学、规范。

可以发现,智慧系统在沿海地区高速公路施工中,特别是在水泥土双向搅拌桩施工中,具有很大的应用潜力和价值。在未来的工程实践中,我们应进一步探索和推广智慧系统的应用,以提高施工质量和效率,提升施工的可持续性和智能化程度。

参考文献

[1] 刘松玉,易耀林,朱志铎.双向搅拌桩加固高速公路软土地基现场对比试验研究[J].岩石力学与工程学报,2008,27(11):2272-2280.

[2] 程鉴基.水泥土深层搅拌桩设计与施工[J].建筑技术,2001,32(3):172-173.

[3] 朱志铎,刘松玉,席培胜,等.钉形水泥土双向搅拌桩加固软土地基的效果分析[J].岩土力学,2009,30(7):2063-2067.

[4] 陈晋中,刘松玉.钉形水泥土双向搅拌桩施工技术[J].建筑科学,2011,27(11):99-101+106.

[5] 陈晋中,刘凤翰,刘松玉.双向水泥土搅拌桩技术及常见施工问题处理[J].建筑技术,2011,42(9):808-810.

[6] 赵汉文,吴国萌.智慧管控下水泥土双向搅拌桩质量控制分析[J].建筑技术开发,2022,49(19):63-65.

[7] 王永安.钉形双向水泥土搅拌桩智能化软基处理技术在福州市琅岐雁行江主干道工程中的应用[J].智能城市,2018,4(12):30-32.

连宿高速公路徐圩至灌云段不可避让生态空间管控区域论证[*]

苏交科集团股份有限公司　江苏南京　210000　陶子豪

摘　要：连云港至宿迁高速公路（连宿高速公路）是江苏省高速公路路网规划中的"横三"线，是2019年江苏省政府工作报告中明确提出需积极推进的战略支撑性项目。本项目为连宿高速的东段，沿线共涉及5处生态空间管控区。本文介绍了项目占用管控区域的基本情况和合规性，从路线走廊、方案等方面详细论证了占用管控区域的不可避让性，并分析了对环境的影响，提出了保护措施。

关键词：高速公路；生态空间管控区；不可避让

引言

连宿高速公路为连接连云港与宿迁的新建高速公路，其中徐圩至灌云段是连宿高速公路的重要组成部分，路线全长40.653，起自连云港徐圩新区，经东辛农场、海州区板浦镇、灌云县同兴镇及下车镇，止于灌云县小伊镇与长深高速交叉处。本项目前期已取得了环境影响评价、用地预审、防洪评价、可行性研究、初步设计的批复。

关于生态空间管控的相关要求，国务院、江苏省政府等均印发了相关指导意见及管控办法。根据江苏省政府办公厅印发的《江苏省生态空间管控区域调整管理办法》（苏政办发〔2021〕3号），除生态保护红线允许开展的人为活动外，在符合现行法律法规的前提下，生态空间管控区域允许开展对生态功能不造成破坏的有限人为活动，且部分活动应由设区市人民政府按规定组织论证，出具论证意见[1]。而在江苏省自然资源厅发布的《江苏省自然资源厅关于在建设用地审查中严格落实生态空间管控要求的通知》（苏自然资函〔2021〕53号）中也提出了类似的要求。本项目共穿越了5处生态空间管控区域，根据相关要求，需对项目必须且不可避让生态空间管控区域进行论证，为工程建设提供支撑。

---

* 本文发表于《黑龙江交通科技》2023年第6期，本书中稍作修改。

1 项目占用生态空间管控区基本情况

1.1 项目穿越生态空间管控区域情况

根据《江苏省生态空间管控区域规划》（苏政发〔2020〕1号）[2]划定的生态空间保护区域，本项目共跨越5处生态空间管控区。其中清水通道维护区共3处，分别为古泊善后河（连云港市区）、古泊善后河（灌云县）及通榆河（灌云县）；洪水调蓄区共2处，分别为一帆河（灌云县）及车轴河。

1.2 项目与生态空间管控区的位置关系

本项目与沿线涉及的生态空间管控区的位置关系如表1所示。

表1 本项目与生态空间管控区的关系

序号	保护目标名称	主导生态功能	生态空间管控区域范围	工程内容
1	古泊善后河（连云港市区）清水通道维护区	水源水质保护	包括古泊善后河（市区段）中心线与左岸背水坡堤脚外100 m之间的范围，长度34 km	项目穿越均为桥梁段，全长为365 m，占用面积1.016 hm^2
2	古泊善后河（灌云县）清水通道维护区	水源水质保护	包括古泊善后河（市边境至善后河闸）河道中心线与右岸背水坡堤脚外100 m之间的范围，长度39.5 km	项目穿越均为桥梁段，全长为255 m，占用面积0.664 hm^2
3	通榆河（灌云县）清水通道维护区	水源水质保护	包括南段、县城段及北段三部分。其中南段南至灌南行政边界，北至石剑河；县城段南至石剑河，通榆河东岸北至新华桥，西岸北至前冯庄路；北段通榆河东岸南至新华桥，西岸南至前冯庄路，北至善后河	项目穿越共计5 200 m，其中桥梁段总长为1 776 m；路基段长为3 424 m。路基段占用生态管控区域29.333 hm^2，桥梁段占用3.57 hm^2。合计占用32.903 hm^2
4	车轴河洪水调蓄区	洪水调蓄	车轴河饮用水水源保护区国家级生态保护红线外的水域与其相对应的两岸背水坡堤脚外之间的陆域范围	项目穿越均为桥梁段，全长为230 m，占用面积0.615 hm^2
5	一帆河（灌云县）洪水调蓄区	洪水调蓄	包括一帆河（善后河至新沂河）河道及两侧堤脚内范围，长度25.6 km	项目穿越均为桥梁段，全长为100 m，占用面积0.29 hm^2

2 占用生态空间管控区域的合规性

（1）根据连云港市连云区、海州区及灌云县的国土空间规划近期实施方案，本项目均已被纳入重点建设项目清单，因此符合连云港市国土空间规划要求。

（2）根据江苏省高速路网规划，本项目属于规划新增的连宿高速公路的一部分，为徐圩港区至灌云县（长深高速处）段。设计线位走向与规划保持一致，符合规划要求。

（3）根据《连云港市城市总体规划（2015—2030）》，规划"一横两纵，一核多极"的市域城镇空间结构。中心城区规划形成"一湾两廊多组团"的空间结构。

本项目直接对接徐圩港区及徐圩工业组团，为连云港市产业未来的发展拓展了腹地，符合连云港市城市总体规划要求。

（4）根据《灌云县城市总体规划（2010—2030）》中的县域综合交通规划的要求，在现有2条高速的基础上，规划建设连宿高速。此高速可东接徐圩港区，南连宿迁市，填补县域东西向高速建设的空白。

本项目的建设可解决灌云县北部地区道路等级偏低、交通联系不畅等问题，强化灌云县与宿迁市、皖北的联系。因此，本项目的建设符合灌云县城市总体规划的要求。

（5）根据清水通道维护区及洪水调蓄区的相关要求，本项目在清水通道维护区及洪水调蓄区内新建路基及桥梁，在施工期、运营期均采用相应的措施以满足河道保护的要求，因此本项目符合相关的生态空间管控要求。

（6）根据《江苏省通榆河水污染防治条例》（2018年修正）的相关要求，本项目以路基和桥梁方式穿越通榆河（盐河）保护区，不属于污染类工程，不会在保护区内排放污水、垃圾等废弃物，且在穿越通榆河一级保护区盐河大桥的设置符合要求的桥梁径流收集系统。因此，本项目符合通榆河的相关保护要求。

（7）"三线一单"的相符性分析：本项目符合《江苏省生态空间管控区域规划》，在项目的施工期及运营期均采取相应污染防治措施，对环境质量起正面提升与改善效应。另在营运过程中不占用环境总量，不会突破资源利用上线。对照《产业结构调整指导目录（2019年本）》，本项目符合国家产业政策，属于鼓励类，不属于环境准入负面清单。因此，本项目符合"三线一单"的相关要求。

3 占用生态空间管控区域的不可避让性

3.1 路线走廊带比选

连宿高速公路从项目功能定位、路网布局考虑，结合沿线乡镇规划、连云港新机场规划等因素，提出灌云北走廊、灌云南走廊、机场北走廊三个走廊方案，对比见表2。

表2 路线走廊带比较表[3]

路线	灌云北走廊	灌云南走廊	机场北走廊
建设里程/km	78.666	88.739	85.084

续表

路线	灌云北走廊	灌云南走廊	机场北走廊
综合运输通道和通海通道功能	基本相当		
综合交通运输体系	灌云北走廊直接衔接新机场,提升新机场对腹地的吸引力,有助于综合交通运输体系的建立		
服务城市节点	宿迁、沭阳—徐圩:灌云南走廊长9.4 km,机场北走廊6.4 km 宿迁、沭阳—灌云:基本相当 灌云—徐圩:基本相当 沭阳—灌云:交通量小,已有326省道(一级公路)满足通行要求;机场北走廊偏离了主要服务节点之一灌云县,在带动城市发展角度功能较弱;灌云北走廊路线最顺直,主要城市节点衔接更加便捷		
路网布局	机场北走廊部分路段距离连霍高速仅5 km,路网间距较小,且形成多个高速包围圈,路网布局较差		
与生态管控区域关系	穿越4处管控区域	穿越5处管控区域	穿越2处管控区域
与城镇规划关系	绕开城镇	绕开城镇	穿越板浦镇,且对沈海高速公路互通影响较大
地方意见	支持	不支持	不支持
比选结果	从项目功能角度,灌云北走廊方案更优		

综上分析,灌云北走廊从机场利用、综合交通运输体系的构建、路网布局及工程造价等方面考虑均具有优势,从发挥项目的功能角度,灌云北走廊是最优方案,因此本项目路线走廊选择具有唯一性。

3.2 不可避让性论证

(1) 项目穿越古泊善后河清水通道维护区不可避让性

古泊善后河(连云港市区与灌云县)生态空间管控区西至连云港—宿迁市界,东至徐圩新区烧香支河,呈东西向贯穿灌云县北部。本项目呈东北至西南走向,必然穿越古泊善后河(连云港市区及灌云县)清水通道维护区。

(2) 项目穿越车轴河洪水调蓄区不可避让性

车轴河生态管控区西至通榆河(灌云县)清水通道维护区,东至古泊善后河,呈东西向贯穿灌云县北部。本项目呈东北至西南走向,在推荐走廊带内必然穿越车轴河洪水调蓄区。

(3) 项目穿越一帆河(灌云县)洪水调蓄区不可避让性

一帆河(灌云县)生态管控区北至古泊善后河(灌云县)清水通道维护区,南至新沂河洪水调蓄区(灌云—灌南县界),呈南北向贯穿灌云县中部。本项目呈东北至西南走向,在推荐走廊带内必然穿越一帆河(灌云县)洪水调蓄区。

(4) 项目穿越通榆河清水通道维护区不可避让性

通榆河(灌云县)清水通道维护区中的灌云段南至灌南行政边界,北至古泊善后河。本项目呈东北至西南走向,终点在灌云县与长深高速相接,无论何种路线方案均需穿越生态空间管控区域。因此本项目穿越生态空间管控区域具有不可避让性。

4 项目对生态空间管控区域环境影响

4.1 对清水通道维护区影响分析

(1) 施工期对清水通道维护区的影响

本项目在古泊善后河(连云港市区及灌云县)清水通道维护区建设善后河特大桥1座、涉水桥墩2组,其中通榆河(灌云县)清水通道维护区不设置涉水桥墩。涉水桥墩均采用围堰法施工,但是钢围堰工艺仍然会对河底底泥产生扰动。根据同类工程类比,围堰施工时,局部水域的悬浮物浓度会略有上升,对下游100 m范围外水域水质不产生污染。由于桥梁施工时间较短暂,围堰施工工序短,围堰完成后,这种影响也不复存在,对水体的扰动会随着施工结束逐渐消失。

本项目在清水通道维护区域内新建桥梁及路基等设施,新增永久占地37.191 hm^2,其中耕地及水域共计33.524 hm^2,临时占地主要为施工便道,约占地为3.667 hm^2。由表3可知,本项目永久占地造成生态空间管控区域生物量损失约为970.9 t/a,临时占地造成生物量损失为99 t/a。

工程建设将不可避免地占用生态空间管控区域内部分土地资源,项目区内植物主要为人工栽植的农作物和防护林,因工程用地减少的人工植被易于恢复。在施工期做好水土保持工作和绿化养护工作,施工结束后在中央分隔带和路肩两侧绿化林带进行绿化,可以弥补部分损失的生物量,生物量损失估算见表3。因此,工程建设对区域内植物资源影响有限。

表3 生态空间管控区域区域工程占地生物量损失估算

区域	占地类型	单位面积生物量/(g·m^{-2})	占地生物量损失 占地面积/hm^2	占地生物量损失 生物量损失/(t·a^{-1})	临时占地生物量损失 占地面积/hm^2	临时占地生物量损失 生物量损失/(t·a^{-1})
古泊善后河(连云港市区)清水通道维护区	耕地	2 700	0.978	26.41	0	0
	水域	750	0.007	0.05	0	0
古泊善后河(灌云县)清水通道维护区	耕地	2 700	0.636	17.17	0	0
	水域	750	0.007	0.05	0	0
通榆河(灌云县)清水通道维护区	耕地	2700	31.663	925.47	3.667	99
	水域	750	0.233	1.75	0	0

续表

区域	占地类型	单位面积生物量 /(g·m^{-2})	占地生物量损失 占地面积 /hm^2	占地生物量损失 生物量损失 /(t·a^{-1})	临时占地生物量损失 占地面积 /hm^2	临时占地生物量损失 生物量损失 /(t·a^{-1})
	总计		33.524	970.9	3.667	99

工程穿越段区域内陆生动物主要为农田常见种类,以小型农田啮齿哺乳类动物和麻雀、喜鹊等鸣禽为主,该段评价范围内未发现国家或省级保护动物及其栖息和繁殖地。由于周边可替代生境较多,施工期受工程建设驱扰的野生动物能较快地找到类似栖息环境,运营期桥梁也不会对区域动物的迁徙、栖息产生隔离。工程建设对区内动物资源影响轻微。

(2)运营期项目对清水通道维护区的影响

本项目运营期的初期雨水桥面径流含有以悬浮物为主,伴有少量浮油的污染物,若跨清水通道维护区的桥面径流直接入河,可能会对清水通道水质产生一定影响。

为保证降雨时本项目桥面径流不对上述敏感水体等水质产生显著影响,应对以上跨越清水通道维护区的桥梁设置桥面径流收集系统和隔油沉淀池(兼作事故池)。路面径流经过路基外侧的防渗边沟收集进入径流处理系统,桥面径流经桥面径流收集管道排入桥梁两端的隔油沉淀池,达标处理后排至清水通道维护区以外或Ⅱ类水体的背水坡坡脚外。

综上所述,本项目实施对清水通道维护区影响在可控范围以内。

4.2 对洪水调蓄区影响分析

本项目在洪水调蓄区内新建桥梁,占用一帆河(灌云县)洪水调蓄区0.29 hm^2,车轴河洪水调蓄区0.615 hm^2(以桥梁投影面积计)。由本项目造成的生态系统内生物量损失很低。

根据《江苏省生态空间管控区域规划》的要求,洪水调蓄区的作用主要是削减洪峰和蓄纳洪水。

本项目在洪水调蓄区内不设置临时占地,不堆放固体废物等。施工区域内的固废均妥善处理,未对管控区域排放污染物。管控区域内无涉水桥墩,本工程实施后,水位壅高、壅水曲线长度不增加,对河道行洪、排涝及堤防安全无新增不利影响。同时项目施工期不存在管理要求中规定的禁止行为。

本项目已通过防洪评价审查,基本明确了项目跨越河道的桥梁方案及河道补偿方案,并已取得了行政许可。因此本项目建设对洪水调蓄区的影响较小。

综上所述,落实严格的污染防治和生态保护措施后,本工程建设对生态空间管控区域的影响能够控制在可以接受的水平。

5 生态空间管控区域保护措施

本项目主要从设计期、施工期及运营期三个阶段提出相应的保护措施。

(1) 设计期的保护措施

优化桥梁方案,尽可能使用对生态空间管控区域影响最小的桥梁设计方案,并且提高桥梁段防护栏的防撞等级。

(2) 施工期的保护措施

加强施工人员的生态环境保护意识,禁止排放污染物,严格遵守相关规章制度,规范施工行为。

(3) 运营期的保护措施

设置桥面径流水收集系统及应急收集池,并且对敏感路段、桥梁设置监控系统及相关交通安全设施。

6 结论

本项目整体为东北向西南方向,为新建工程,经详细的走廊带及路线方案比选后,本项目不可避免地穿越5处生态空间管控区域。

项目的建设符合相关法律法规的要求,采取无害化的措施后可以减少项目对生态空间管控区的影响,基本不会削弱管控区的主导生态功能。

参考文献

[1] 江苏省人民政府办公厅. 省政府办公厅关于印发江苏省生态空间管控区域调整管理办法的通知[EB/OL]. (2021-02-05). https://www.jiangsu.gov.cn/art/2021/2/5/art_64797_9666777.html.

[2] 江苏省人民政府. 省政府关于印发江苏省生态空间管控区域规划的通知[EB/OL]. (2020-02-17). https://www.jiangsu.gov.cn/art/2020/2/17/art_64797_8975203.html.

铁路因素影响下枢纽式互通立交位置选择及方案设计研究*

苏交科集团股份有限公司　江苏南京　210000　陶子豪　颜　康

摘　要：连云港至宿迁高速公路是江苏省高速公路网规划中新增的"横三"线,其作为新建高速公路,沿线与沈海高速公路交叉并设置灌云东枢纽实现交通转换。在项目区域内,连盐铁路与沈海高速公路近距离平行,本文结合灌云东枢纽,分析了在铁路因素影响下枢纽式互通立交的位置选择,并进行互通方案设计研究,以期为类似项目提供参考。

关键词：高速公路；枢纽式互通立交；铁路

引言

连云港至宿迁高速公路徐圩至灌云段是《省政府关于同意江苏省高速公路网规划(2017—2035年)的批复》(苏政复〔2018〕98号)中连云港至宿迁高速公路(以下简称连宿高速)的重要组成部分,是规划"十五射六纵十横"高速公路网中的"横三",编号为S16。连宿高速的建设对支撑"一带一路"倡议、淮河生态经济带发展规划、江苏沿海地区发展规划,增强连云港对灌云、沭阳以及中西部腹地城市的辐射带动作用,推动省级战略江苏省城镇体系规划以及连云港、宿迁的城市发展战略,具有重要意义。目前区域空港、海港及其后方产业园的快速发展将产生大量交通需求,与东西向缺少高等级公路的现状相矛盾,因此连宿高速的建设也是迫切的[1]。项目全长40.653 km,起自徐圩新区,终于灌云县小伊镇南侧。连宿高速设计速度为120 km/h,采用双向四车道高速公路标准,路基宽度为27 m。

1　交叉位置选择

项目区域内共有两条铁路,分别为连盐铁路和连淮扬镇铁路。其中连盐铁路为连接连云港至盐城的国铁Ⅰ级电气化铁路,于2018年12月运营通车。连盐铁路在连云港市境内基本位于沈海高速东侧并与之近距离平行。结合项目路线与铁路和高速公

---

* 本文发表于《北方交通》2023年第8期,本书中稍作修改。

路之间关系、枢纽设置条件及现场测量结果,自西向东存在5处可能的交叉位置,如图1所示。

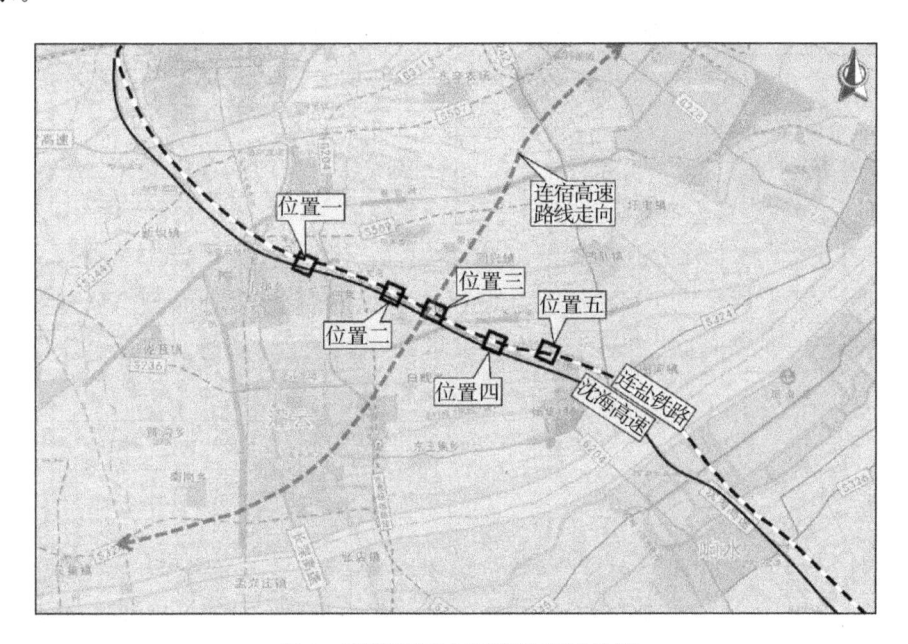

图1 项目区域内可能的交叉位置

1.1 位置一

位置一位于连盐铁路盐河特大桥7号、8号墩,跨径为30 m,铁路与沈海高速距离约700 m,桥梁底高程为9.735 m(高程采用1985国家高程基准,下同),净空分别为5.65 m和6.02 m,本项目可采用分离式路基分幅下穿铁路后再上跨沈海高速。该交叉位置距离东侧灌云北互通较近(1.3 km),枢纽方案按规范[2]需设置辅助车道或者集散车道,由于沈海高速跨越盐河大桥主跨为80 m,直接拼宽设置辅助车道难度较大,应设置集散车道,因此需要对灌云北互通进行较大规模的改造,这对沈海高速运行影响较大。

1.2 位置二、三

位置二、三处铁路均为桥梁段,位于连盐铁路和沈海高速平行走向段,两位置区间铁路与高速间最近距离约30 m。

位置二铁路与沈海高速净距为65 m,铁路梁底标高17.788 m,沈海高速标高约5.69 m;位置三铁路与沈海高速净距为95 m,铁路梁底标高17.788 m,沈海高速标高约6.0 m,因此本项目于位置二、三处均具备先下穿铁路后上跨沈海高速的建设条件。

1.3 位置四、五

位置四处连盐铁路为桥梁段,其与沈海高速间距约为50～90 m,铁路梁底标高

17.564 m,沈海高速标高约 5.6 m,路线可下穿铁路后再上跨沈海高速。

位置五位于铁路灌云东站西侧,此处铁路为路基段,与沈海高速距离约 1.3 km,本项目路线需连续上跨铁路和沈海高速。位置五布设枢纽条件较好,但连续上跨铁路和沈海高速桥梁规模较大,且上跨运营动车的铁路需上报中国国家铁路集团有限公司审批,实施难度较大。

从环保角度来看,根据江苏省生态空间管控区规划[3],本项目若于位置三、四处与沈海高速交叉均需穿越一级管控区,不满足环保的要求;从工程规模来看,位置五处需要上跨运营铁路,难度较大;从项目功能及规划符合性来看,本项目若于位置一处与沈海高速交叉,则需穿越小伊镇城镇规划的中心镇区,与规划不符。因此,从多方面综合考虑后,推荐本项目于位置二处下穿连盐铁路后再上跨沈海高速公路并设置枢纽式互通立交。

2 交通量分析

根据如图 2 所示转向交通量预测结果,预计 2044 年灌云东枢纽总转向交通量为 21 153 pcu/d,主交通流向徐圩—连云港方向的转向交通量为 10 229 pcu/d,占总转向量的 48.4%;次主交通流向徐圩—盐城方向的转向量为 5 735 pcu/d,占总转向量的 27.1%;宿迁—盐城方向转向量为 4 524 pcu/d;宿迁—连云港方向的转向量最小,仅 665 pcu/d。

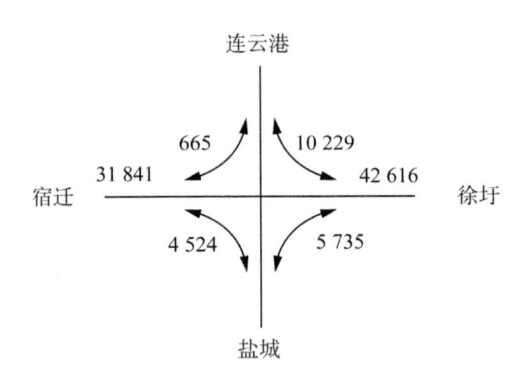

图 2 预测 2044 年转向交通量(单位:pcu/d)

3 灌云东枢纽互通方案研究

3.1 地形、地质条件

灌云东枢纽位于苏北滨海平原地貌区,地貌单元为滨海平原,地势平坦,地面高程一般为 2~3 m。浅部硬壳层下即为灰色海积软土,软土底板埋深 8.50~15.50 m,下部为风化片麻岩,埋深一般在 59.3~77.5 m。中部风化岩石与软土之间一般为可塑、硬塑黏性土,中密粉土及中密、密实砂类土,总体来看较为适合工程建设。

3.2 研究思路

(1) 灌云东枢纽与沈海高速既有的相邻服务区及互通距离分别为 10.71 km 及 6.10 km,满足互通设置的间距要求。

(2) 本项目与铁路交叉处的西侧约 60 m 有一处连盐铁路的基站,互通方案布设时应与基站保留一定的距离;交叉处的东侧约 220 m 处为连盐铁路检修楼梯(疏散通道),枢纽方案也应不影响检修楼梯的正常使用。

(3) 既有 X204 于交叉点的东侧采用 14×25 m 装配式预应力混凝土连续箱梁支线下穿连盐铁路后上跨沈海高速,枢纽方案应满足支线上跨桥处净空及与桥墩的净距要求。

(4) 本枢纽所在区域周边民房密集,应尽量减少房屋拆迁,同时应满足周边居民的通行需求。

3.3 互通方案研究

综合考虑灌云东枢纽与沈海高速临近服务区及互通的距离,结合交通量预测结果及周边建设条件,设计阶段提出了五个方案进行比选。

(1) 方案一:对称双环苜蓿叶型方案(环圈位于北侧)

根据交通量预测结果,方案一采用对称双环苜蓿叶型,并将环圈匝道设置于北侧。主交通流向连云港—徐圩的 A 匝道和次主交通流向徐圩—盐城的 E 匝道布设为半直连匝道;盐城—宿迁的 G 匝道及宿迁—连云港的 C 匝道布设为环圈匝道;右转方向的 B、D、F、H 匝道均布设为直连匝道,J 匝道为集散车道。方案如图 3 所示。

此方案连宿高速主线先下穿连盐铁路再上跨沈海高速;A 匝道连续下穿 E 匝道、连宿高速和 C 匝道,采用 3.2% 和 −2.5% 的纵坡上跨沈海高速和 J 匝道;C 匝道采用 3% 和 −2.4% 的纵坡连续上跨 E、A 匝道、沈海高速及 J 匝道;E 匝道采用 3.5% 和 −3.5% 的纵坡连续上跨 J 匝道、沈海高速及 A 匝道后,下穿连宿高速及 C 匝道;所有净空控制高度均不低于 5 m。

方案一中 A、E 匝道采用 60 km/h 设计速度下的匝道圆曲线半径的一般值 R = 150 m,由于内侧护栏及连盐铁路桥墩对停车视距[4]的影响,导致在 60 km/h 设计速度下,R = 150 m 的圆曲线停车视距不足。由于铁路桥墩对下穿匝道的距离要求限制,无法通过匝道加宽来满足停车视距;又考虑到调整圆曲线半径将增加较多用地,因此综合考虑后将 A、E 匝道设计速度降低为 50 km/h。同时考虑到与 A、E 相接的 B、D、H 匝道的速度均衡性,因此将 A、B、D、E、H 匝道设计速度统一调整为 50 km/h。C、G 匝道环圈半径采用 40 km/h 设计速度下圆曲线半径的一般值 R = 60 m。F 匝道终点顺接处的 A 匝道由于上跨沈海高速公路设计高较高,因此 F 匝道最大纵坡采用 3.5%(入口匝道上坡),设计速度采用 40 km/h。同时与 C、F、G 匝道相接的 J 匝道也采用 40 km/h 的设计速度。

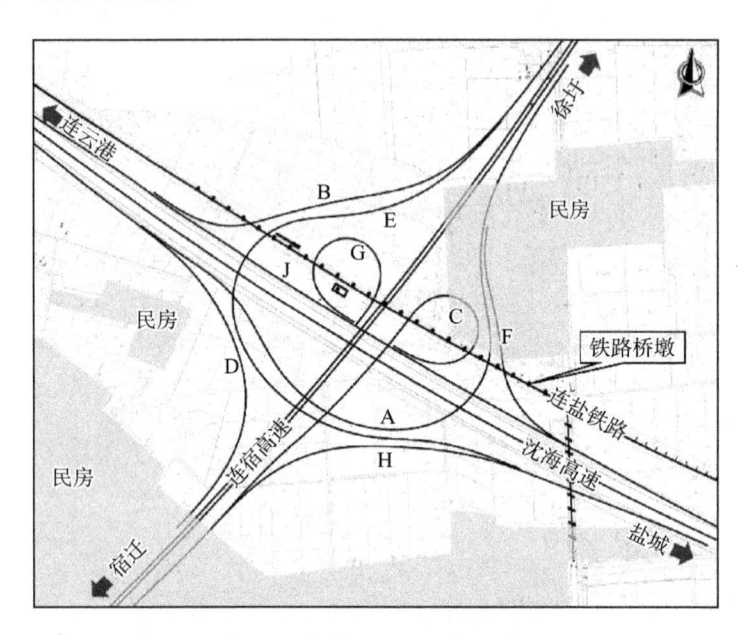

图 3 对称双环苜蓿叶型方案(环圈位于北侧)

方案一主次交通流通行效率较高,占地较少,桥梁规模较小,工程造价较低,但该方案多次下穿连盐铁路,对铁路的安全运营有较高的要求。

(2) 方案二:对称双环苜蓿叶型方案(环圈位于南侧)

方案二考虑到连盐铁路距离沈海高速较近,为了减少下穿连盐铁路的次数,在方案一的基础上同样采用对称双环苜蓿叶型方案并将环圈匝道设置于铁路南侧。主交通流向连云港—徐圩的 A 匝道和次主交通流向徐圩—盐城的 E 匝道布设为环圈匝道;盐城—宿迁的 G 匝道及宿迁—连云港的 C 匝道布设为半直连匝道;右转方向的 B、D、F、H 匝道均布设为直连匝道,J 匝道为集散车道。方案如图 4 所示。其中 B、D、F、H 匝道设计速度为 50 km/h,其余匝道设计速度为 40 km/h。

方案二下穿铁路次数较少,但主次交通流入匝道指标稍低,整体通行效率稍低,且占地稍多,工程造价稍高。

(3) 方案三:对角双环苜蓿叶型枢纽

考虑到前两个方案均设置了集散车道,集散车道均存在交织,因此提出对角双环苜蓿叶型枢纽方案。方案三将两个环形匝道设置在对角象限,主交通流向采用直连和半直连匝道,对应的象限也采用直连和半直连匝道进行交通转换,无需设置集散车道。方案三如图 5 所示。

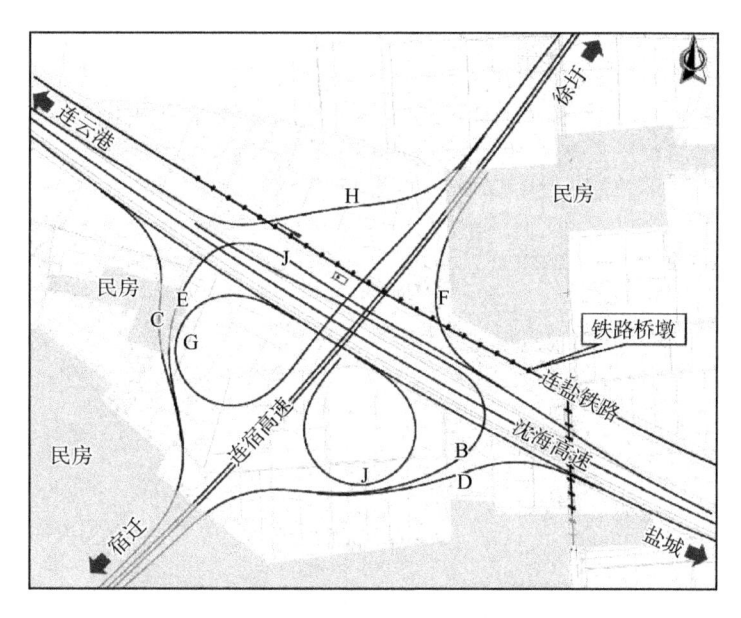

图 4 对称双环苜蓿叶型方案（环圈位于南侧）

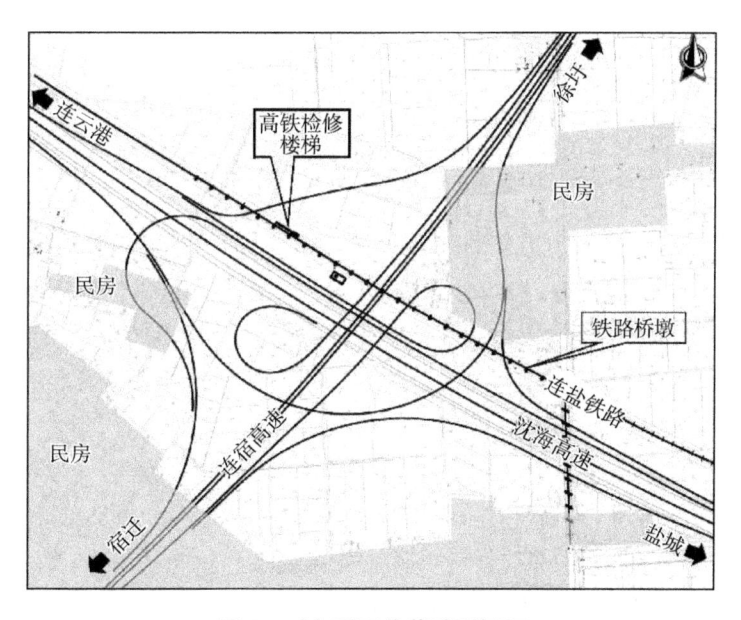

图 5 对角双环苜蓿叶型枢纽

方案三优点为主交通流向通行效率高，与路网匹配性好，所有方向不存在交织，下穿铁路次数较少；缺点为徐圩—盐城次主交通流方向左转匝道采用环圈匝道，通行效率较低，功能适应性较差；盐城—宿迁方向左转半直连匝道上跨沈海高速半径为100 m，斜交角度大，主跨需要采用跨径为 50 m 的钢箱梁，且该方向左转匝道需先下穿连宿主线，再上跨沈海高速，整体桥梁工程规模大；该方案占地较多，拆迁量较大，工程造价较高,因此方案三仅作为定性比选方案。

（4）方案四:三环式苜蓿叶型枢纽

方案四将主交通流向连云港—徐圩左转方向布设为半直连匝道,其余左转方向均布设为环形匝道,于连宿高速西侧及沈海高速北侧设置集散车道。方案四如图 6 所示。

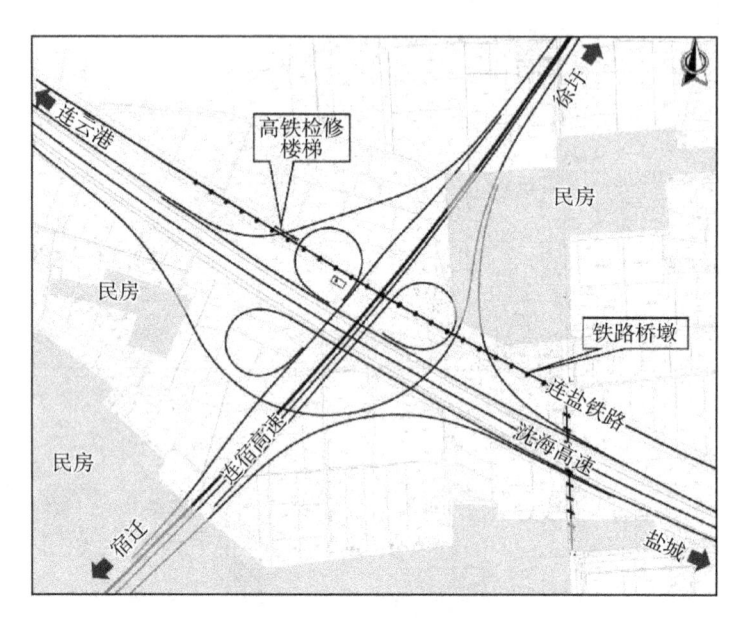

图 6　三环式苜蓿叶型枢纽

方案四优点为主交通流向通行效率较高。缺点为除主交通流向以外的三条左转方向的匝道均采用环圈匝道,通行效率较低,功能适应性较差;匝道下穿连盐铁路次数较多,需设置两处集散车道,尤其是布设于连宿高速西侧的集散车道桥梁规模较大,且该方案占地较多,拆迁量较大,工程造价较高。因此方案四仅作为定性比选方案。

（5）方案五:对称双环不完全苜蓿叶型枢纽

根据交通量预测结果,连云港—宿迁转向流量极小,从节约工程规模的角度考虑该转向不设置转向匝道,因此提出不完全苜蓿叶型枢纽方案。方案五主交通流向连云港—徐圩方向布设半直连匝道,盐城—宿迁及连云港—盐城方向布设环圈匝道,其余三个方向右转均布设直连匝道。方案五如图 7 所示。

方案五的优点为主交通流向通行效率高,匝道下穿连盐铁路次数相对较少;缺点为缺少连云港—宿迁方向的转向匝道,不利于整体路网的互联互通。因此方案五也仅作为定性比选方案。

（6）方案比较

对方案一及方案二进行同深度比选,结果见表 1。

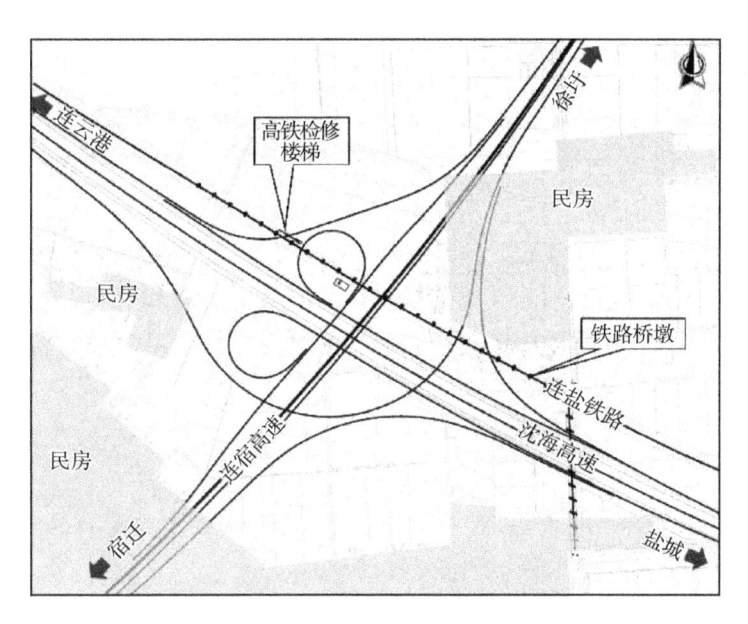

图 7　对称双环不完全苜蓿叶型枢纽

表 1　灌云东枢纽方案比较表

项目方案		方案一	方案二
比较范围		K27+700～K29+750	
路基、路面及排水	土方/m³	688 168.9	769 353.4
	路面工程/m²	77 856.81	85 141.88
	软基处理/km	6.87	6.33
	防护工程/m³	5 194.87	4 615.00
	排水工程/m³	4 559.41	4 421.32
桥梁	主线/m²	41 882.4	42 021.8
	匝道/m²	30 004.9	28 062.1
新增用地/m²		32.170	37.439
拆迁建筑物/m²		13 956.00	7 529.03
造价/亿元		8.509	8.957

从上表可以看出，方案一与方案二均符合路网功能定位，基本符合交通流向分布。相较于方案一，方案二的主交通流方向和次交通流方向的匝道指标有所降低，拆迁规模略低，但新增用地较多，造价较高，地方不支持。方案一虽多次下穿连盐铁路，但下穿匝道均与铁路保持了一定的安全距离，且总造价较低，主次交通流方向线形更为顺畅，且拆建规模小。最重要的是，方案一已通过中铁上海工程局集团有限公司的方案审查，且获得了行政批复。

4　结语

随着我国交通运输网络的快速发展,公铁干线网的交叉现象日益突出。通过连宿高速与沈海高速、连盐铁路并行段的交叉设计过程,本文发现,不仅需要根据项目的功能、路网的组成、建设条件的限制及铁路部门的交叉要求选择合适的交叉位置及互通形式,更需要结合交通量的预测及周边的环境对互通进行选型布线,尽量控制工程规模及实施难度,以确保互通功能实现的同时尽量减少对铁路运营的影响。

参考文献

[1] 苏交科集团股份有限公司. 连宿高速公路徐圩至灌云段工程可行性研究报告[R]. 南京:苏交科集团股份有限公司,2020.

[2] 中交第一公路勘察设计研究院有限公司. 公路路线设计规范:JTG D20—2017[S]. 北京:人民交通出版社股份有限公司,2017.

[3] 江苏省人民政府. 省政府关于印发江苏省生态空间管控区域规划的通知[EB/OL]. (2020-02-17). https://www.jiangsu.gov.cn/art/2020/2/17/art_64797_8975203.html.

[4] 中国公路工程资源集团有限公司. 公路立体交叉设计细则:JTG D21—2014[S]. 北京:人民交通出版社股份有限公司,2014.

浅析粉喷桩加固连云港海相软土地基施工技术及质量控制

连云港科晶交通工程检测有限公司　江苏连云港　222000　王庆国

摘　要：连云港海相软土广泛分布，其软土层具有较厚埋深、高含水量、大孔隙比、高压缩性、低强度等特点，工程特性差。水泥粉喷桩作为连云港地区软基处理段和桥头段路基填筑复合地基的常用处理方式，其施工质量直接决定了工程的路基填筑质量。本文介绍了水泥粉喷桩施工在线监控、数据收集、分析、研判，以及施工及监理的质量控制措施，从而对类似的工程提供可借鉴、可复制、可推广的经验。

关键词：水泥粉喷桩；软基处理；质量控制

引言

　　水泥粉喷桩是软基处理的一种有效方法，它采用特制的深层搅拌机，将软土和水泥（固化剂）强制搅拌，并利用水泥和软土之间所产生的一系列物理、化学反应，使土体固结，形成具有整体性、水稳定性和一定强度的水泥土桩。20世纪70年代，水泥粉喷桩开始用于加固软土地基，至今已有40多年的历史。水泥粉喷桩按主要使用的施工做法分为单轴、双轴和三轴搅拌桩。由于水泥粉喷桩具有施工工艺简单、易于掌握和操作、能够以非常快的速度进行固结、施工效率比较高、能够适应复杂多变的施工环境等优点，目前在软基处理领域得到了广泛应用。但由于是地下隐蔽工程，其影响质量因素较多，容易出现工程质量问题。地基是道路的根基所在，地基处理的质量直接和整个工程质量乃至道路交通安全挂钩，因此必须重视水泥粉喷桩施工与质量控制问题。

　　连云港地区的软土具有强度低、压缩性大、敏感度高的特性，与其他地区海相软土不同，连云港地区的海相软土具有较强的结构性。此外，海相软土地区常年受海水冲刷或直接浸润在海水之中，各土层含水率均较高，软土层厚度较大。本文以粉喷桩加固连云港海相软土地基工程为例，对其施工技术及质量控制进行探讨。

1　原材料管理

　　原材料的管理一般遵循以下步骤：施工单位应选择购买信誉好、质量稳定的大型或特大型水泥厂家生产的符合设计要求的42.5级普通硅酸盐水泥;施工单位统一采购、统一调配,并将供货合同、发货及验货等票据报监理单位审核;监理单位对验货票据进行签字确认,作为水泥用量核查的依据之一。

在水泥粉喷桩施工过程中:①施工单位、监理单位应按规定频率进行水泥质量检验,合格后方可使用;②水泥要入罐存储并做好登记,确保水泥质量符合要求;③施工单位指派专人负责水泥的供应、统计工作,每个劳务队、施工单位、监理单位分别建立水泥用量台账,每日统计水泥用量,及时分析水泥用量与水泥粉喷桩施工量的关系;④使用过程中控制出料口扬尘,停工期间应封闭出料口,防止水泥受潮。

2　施工过程质量控制

2.1　试桩

(1) 施工单位在施工前必须根据设计文件提供的地质资料,选取典型地段钻探取样,按软土天然含水量及不同土性进行室内配合比试验。根据室内配合比试验结果,进行现场试桩,验证室内配合比,确定主要施工工艺指标,具体包括:

①验证地勘资料,掌握下钻、提升的困难程度;

②确定搅拌钻头进入硬土层的电流变化程度;

③确定粉体发送器的合适输灰量;

④验证施工配合比,确定主要施工工艺(确定水泥掺入量的方式为三轴不排水剪切试验,试验共分为5组);

⑤确定合理的搅拌头形式和电机功率及搅拌叶片的宽度和倾角等参数;

⑥掌握水泥粉经粉体发送器到达搅拌机喷灰口的时间、下钻速度、提升速度等施工参数;

⑦按照《建筑地基处理技术规范》(JGJ 79—2012)确定搅拌桩成桩直径和桩长,搅拌桩直径应不小于设计桩径,桩长应不短于设计桩长或监理工程师确认的试桩桩长。

(2) 试桩完成后按照规范对试桩进行检测,并对检测合格的芯样拍照,照片纳入试桩总结报告,用于以后对工程桩的质量比较和判定;形成开工报告要求的配合比设计报告、试桩总结、施工工艺要求等资料。

(3) 施工单位根据试桩工艺确定的各种操作技术参数制订施工要点,并在每台桩机上做醒目标识供现场操作人遵守。

(4) 做好施工人员岗前培训及技术安全交底,每个施工人员应熟悉设计文件、规范及有关规定要求。

(5) 加强现场旁站人员的岗位培训,包括业务培训和职业道德培训,认真做好旁站记录。

2.2 施工过程分析

（1）钻机定位施工：结合预先设计的图纸，根据图纸中的具体内容，对现场进行测量放样；之后对各个桩进行放样施工，然后使钻机能够准确就位，提高钻机就位的正确率；对钻机的水平状态和垂直状态进行严格的控制，使垂直度的误差控制在1.5%以内。

（2）钻进施工：完成钻机定位施工后，开始进行钻进施工；遵循正转预搅下沉的原则，使钻进的速度不断提高，通常情况下，Ⅳ挡或Ⅴ挡的速度是钻进施工的正常速度；钻机的电压需要控制在360～390 V，60～90 A是电流需要控制的范围；控制钻机的下钻速度在0.8～1.5 m/min，控制钻速在44～70 r/min。

（3）成桩施工：当钻机钻进至设计的位置后停止继续钻进，保持钻头原地旋转，同时启动钻机的反向钻进功能，并开启喷射机，将准备好的固化剂材料利用喷射机喷射至软基中；桩底持续喷射1 min后提升钻头，边提升边喷射固化剂，提升速度根据计量设备显示的固化剂掺入量确定，保证软基中固化剂掺入量达到预设掺入量即可；当钻机反向提升至设计标高0.5 m以上后即视为成桩结束。

2.3 规范施工资料打印

（1）打印的资料必须包括两个部分：施工过程资料和成桩资料。

（2）所有资料均在施工现场打印。每根水泥土双向搅拌桩施工完成后，立即打印成桩资料，严禁弄虚作假、补打资料。

（3）做到可以在打桩过程中随时打印过程资料，保证监理、检查人员检查时，可以打印当时施工情况。

（4）成桩资料打印过程必须有监理监督，打印完成后，交监理保管。监理在打印资料（记录）上签名。

（5）成桩资料至少应包含标段号、施工段落（里程桩号）、桩机号、桩排号、逐段喷粉量、水泥总用量、施工桩长、复搅桩长、复搅时间、施工日期、开始施工时间、结束施工时间、垂直度偏差、电流量等。

（6）对于不满足以上资料打印要求的桩机，不得进场施工。

2.4 加强现场监理

监理单位应认真履行监理职责，并不断完善监理程序、细化监理职责，从设备检查、方案审批、材料管理、施工工艺等多方面、全方位做好监理工作。现场施工管理可安排专业的管理人员负责，对施工中的偷工减料问题、施工安全问题、施工质量问题应严格控制，以保证粉喷桩加固质量。

（1）监理单位应认真对开工报告进行审批，审查劳务队伍资质、施工设备、试桩总结报告、施工组织安排、施工工艺、质量控制措施等。

（2）工艺性试桩时专业监理工程师必须到场,确认其施工工艺及各种操作参数,并作为工程桩施工的依据。

（3）监理单位应对水泥土双向搅拌桩施工进行全过程旁站,安排好施工全过程由总监、副总监、专业监理工程师轮换的巡查值班表,旁站人员应根据施工范围和机械合理配置,必须确保每根桩开始、结束时监理都在现场。

（4）监理单位应加强现场旁站监理的岗位培训,包括业务培训和职业道德培训,增强监理工作的责任心,监理单位应加强对旁站监理工作情况的现场巡查。

（5）现场旁站监理应对处理深度、桩长、喷灰量等加强过程监理,及时指出存在的问题。

（6）旁站监理应收集每根桩的原始资料（一式两份）,并会同施工单位管理人员共同签认,施工单位、监理单位各自留存。

（7）监理旁站应做好以下现场施工检查确认：

①检查、记录施工场地整平情况,按一定频率量测放样的桩间距,检查桩位放样是否准确、桩位标记是否醒目；

②检查、记录桩机计量装置的签封是否完整,证机是否一致；

③检查、记录桩机钻头完好情况；

④确认水泥经检测合格,记录材料存储情况；

⑤记录施工日期、天气情况,施工段落桩号、桩机编号、桩排号、设计桩长、喷灰量等；

⑥检查承包人相关施工、管理人员是否在现场；

⑦旁站记录贮粉罐水泥的注入或清除情况；

⑧记录施工中的异常现象及处理措施,如机械故障、堵管、爆管、停电、工作电流突然增大、钻到设计标高而电流不增大、断桩或地质变化等现象。地质发生异常引起桩长变化时,根据规定及时报告监理单位；

⑨随时检查桩机运行情况,如钻机是否平稳,钻杆是否垂直；

⑩成桩后对电脑记录仪打印成果进行签证；

⑪记录水泥进场、损耗情况,做好相关台账；

⑫记录每台桩机每班的施工量,汇总水泥用量；

⑬记录交接班情况。

3 智能管控应用

软基处理一般施工量大、面广、地质分布不均匀,传统的施工工艺很难有效保证成桩的均匀性,准确控制其施工质量。因此有必要构建软基加固透明化施工指标评价体系。智能管控应用可以通过物联网技术,将水泥粉管控、现场施工参数采集与传输的设备连成一体,实时采集各项施工数据并存储于云端服务器,同时对所采集施工数据进行实时分析,基于分析结果合理控制水泥粉喷桩施工过程。系统的监测与控制贯穿水泥粉喷桩施工全过程,能有效保证成桩质量。

(1) 信息化管理目标水泥粉喷桩施工应进行施工全过程的信息化管理,通过智能监控设备实现施工过程数据实时采集上传;应用智能监控系统,实现数据实时监控、预警和分析。

(2) 布点数量及要求每个工点应设置不少于1个监测点且配有监控,并须接入智慧工地管控系统;每个监测点必须有施工单位管理人员、监理旁站人员进行现场监管;每个工点必须另外安排施工单位管理人员、监理巡查人员进行现场巡查;监理及施工单位必须配备专人通过智慧管控系统对现场进行监管。

(3) 重点监测参数实时监测参数应包括搅拌深度、喷灰压力、喷灰量、段灰量、总灰量、钻进/提升速度、钻杆电流、钻杆垂直度、成桩时间等。

(4) 现场打印要求智能监控设备应具有实时记录数据和现场打印功能;现场打印施工记录与智能监控系统数据应一致;智能监控设备单条实时数据上传频率不低于每5秒一次,段数据单次上传频率不低于每0.25米一次。

(5) 系统功能要求智能监控系统应具有数据实时上传、数据可追溯、施工质量评价、预警等功能。

(6) 系统使用要求在施工全过程中应确保系统使用的连续性;智能监控设备出现故障、数据不能实时上传或智能监控系统出现异常时,应暂停水泥粉喷桩施工。

(7) 系统验收要求智能监控设备和智能监控系统组成的系统,安装调试合格后应进行验收,验收合格后方能使用。

(8) 校准要求成桩设备、智能监控设备应当每2个月或每施工2万延米进行校准。

依托水泥粉喷桩施工信息化管理平台,可实现:
① 数据实时采集并自动上传平台,无人工干预,数据真实可靠;
② 施工数据曲线化、表格化,形象直观,便于分析;
③ 数据全过程记录,保证施工质量;
④ 提供多种筛选条件,生产数据提供统计报表和详细数据导出。

4 质量检测

由于水泥粉喷桩的施工成品的隐蔽性、不均匀性,导致检测很难采用现代化检测技术。目前水泥土搅拌桩质量检测的方法主要有以下几种。

(1) 钻孔取芯法:采用地质钻机对桩体进行全长钻孔取样,就芯样状态、无侧限抗压强度、标准贯入实验锤击数、桩体质量指标按比例计算评分进行评价。该方法目前最常用，检测结果能较好地反映桩体整体质量。但该方法检测时间较长，费用高，故而相关规范规定的检测频率相对不高（一般在总桩数的 2‰～7‰）。

（2）静载试验法：静载试验主要分为 2 种，分别为单桩静荷载试验和复合地基静荷载试验，其中单桩静荷载试验的目的是检测每根桩体的承载能力，检测时采用快速检测法，观测沉降的时间间隔为 5 min、10 min、15 min、15 min、15 min，每次加载满 1 h 且地基沉降值在 0.1 mm 内，方可施加下一级荷载开展检测，直到加载至设计要求的承载力为止。

（3）挖桩检查法：对准桩头进行浅层开挖，然后开挖至 30～50 cm，目测搅拌的均匀性，然后用尺子测量成桩直径；搅拌均匀性还可用触探器检测；成桩 28 天后，进行钻芯取样检测，查看成桩的完整性和桩长，从桩的上、中、下部位取样进行无侧限抗压强度检测。

5 结束语

水泥粉喷桩施工作为软基处理加固的传统施工工艺，施工技术已经非常成熟，但是水泥粉喷桩施工过程中的各种质量通病仍然难避免。通过对施工在线监控数据的收集、分析、研判，在搅拌桩桩位、水泥用量、打入深度、复搅情况、施工时间等参数的基础上，提炼影响软基加固这类隐蔽性工程的施工控制与质量评价关键因素。在软基加固实施全过程开展在线监控与后期溯源的尝试，构建软基加固施工与后期质量评价和沉降变形的大数据库，开展数据挖掘与反演研究，可为后续形成智能化施工和加固质量全过程风险管控提供重要理论支撑，解决隐蔽工程质量难以管控的保障技术难题。

参考文献

[1] 程鉴基.水泥土深层搅拌桩设计与施工[J].建筑技术,2001,32(3):172-173.
[2] 朱志铎,刘松玉,席培胜,等.钉形水泥土双向搅拌桩加固软土地基的效果分析[J].岩土力学,2009,30(7):2063-2069.
[3] 陈晋中,刘松玉.钉形水泥土双向搅拌桩施工技术[J].建筑科学,2011,27(11):99-101+106.

沿海软弱地质条件下连续梁现浇支架施工方案比选

南京安通工程咨询监理有限公司　江苏南京　210000　姚　磊　陈　龙　师建民

摘　要：沿海软弱地质条件下，由于表层软弱土层较厚，地基承载力弱，现浇梁支架结构形式选择是否妥当，决定着施工能否顺利进行。本文通过连宿高速公路连续梁现浇支架施工实例，阐述了如何通过技术与经济比选，确定最佳施工方案，可供同类型项目施工作参考。

关键词：沿海；软弱地质；现浇支架；方案比选

引言

根据同类项目施工经验，类似（软弱）地质条件下的箱梁现浇支架可采取满堂支架和钢管立柱＋贝雷梁支架两种形式。当采取钢管立柱＋贝雷梁支架时，根据支架跨度大小情况，贝雷梁支架形式可分为单层贝雷梁支架和双层贝雷梁支架两种形式。

若桥位处地基承载力较弱，无论采用哪种支架结构形式，施工成本均较高。当采用满堂支架时，地基处理成本较高，表层软弱土层换填后需采用混凝土硬化，混凝土用量大，且支架沉降量较大，一旦沉降超出预期范围，方案面临失败风险。当采用钢管立柱＋贝雷梁方案时，若采用单层贝雷梁方案，虽支架跨度较小，钢管立柱受力小，但钢管桩用量大；若采用双层贝雷梁方案，则贝雷梁用量增加，且钢管立柱受力较大，施工时可能无法插打至设计深度，承载力不可控，亦存在方案失败风险。

为确保方案经济可行、安全可靠，需进行经济和技术比选，确定最优方案。

1　工程概况

连云港至宿迁高速公路徐圩特大桥第十一联（36♯～39♯）、第十五联（52♯～55♯）连续箱梁跨越规划道路，梁体等高等宽，左右幅布置。桥梁线路与规划道路存在夹角，其中第十一联与规划创业大道平面夹角70.2°，第十五联与规划乌鲁木齐路平面交角61.7°，上部结构梁型为等高度预应力混凝土连续箱梁。

第十一联跨越道路时采用左右幅不等跨设计，两幅桥梁起点与终点相同，跨度组合为

(28+35+28)m,37♯、38♯墩采用斜向墩柱,跨越规划创业大道,桥梁布置图详见图1。

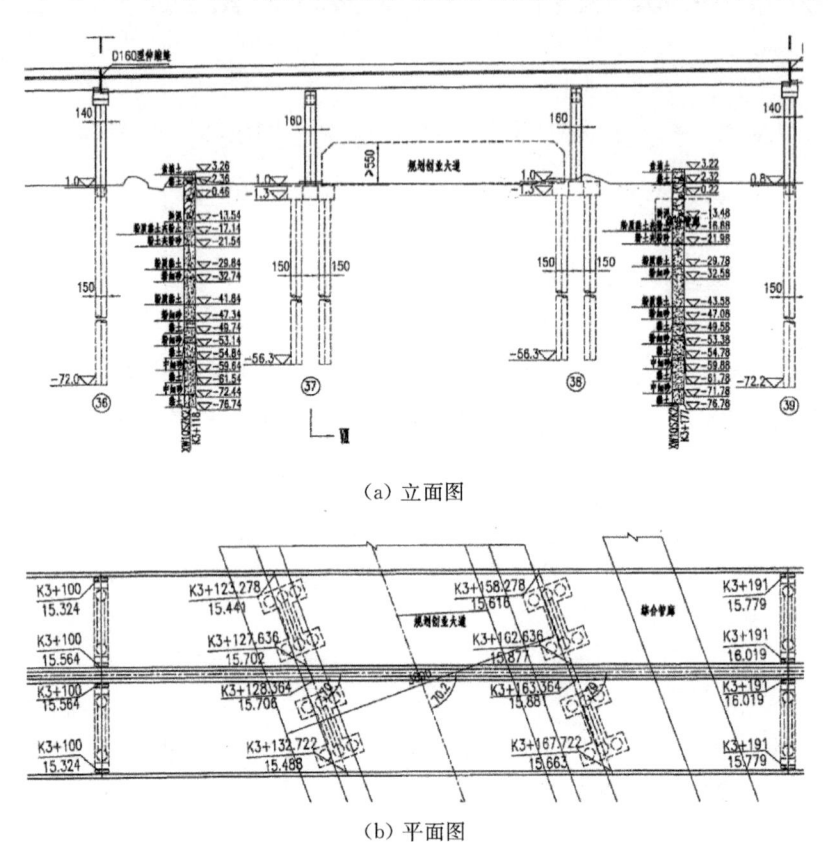

(a) 立面图

(b) 平面图

图1 特大桥第十一联平立面布置图

第十五联跨越道路时采用左右幅不等跨设计,两幅桥梁起点与终点相同,跨度组合为(2×32+35)m,53♯~55♯墩采用斜向墩柱,桥梁布置图详见图2。

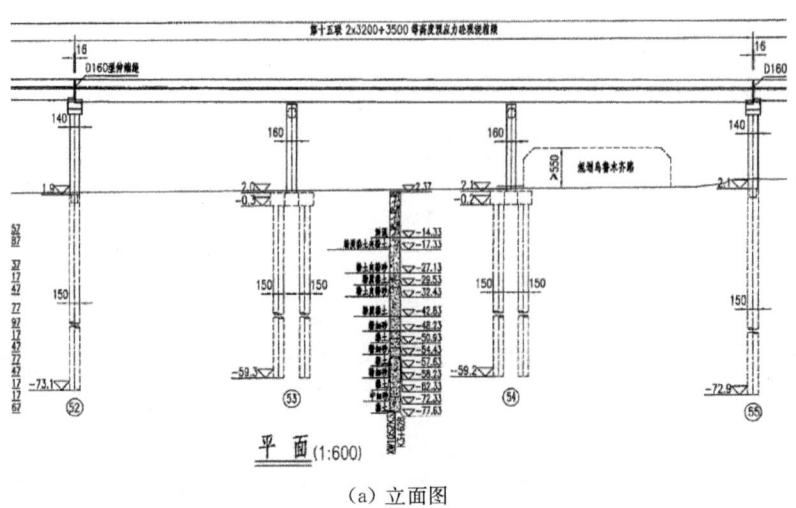

(a) 立面图

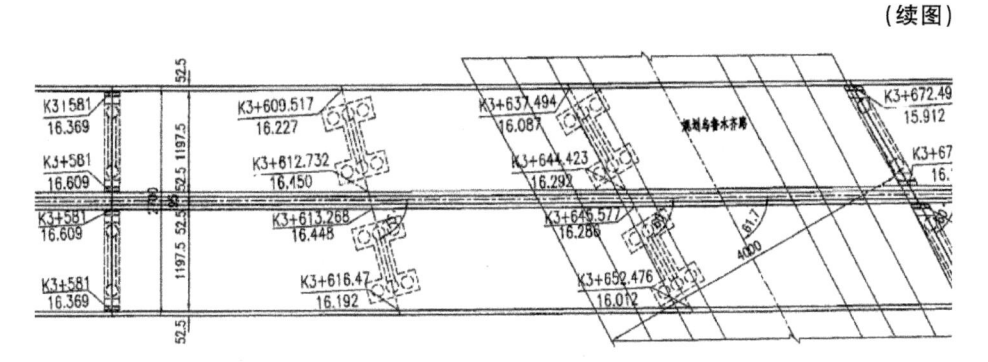

(b) 平面图

图 2　特大桥第十五联平立面布置图

徐圩特大桥第十一联、第十五联下部结构均采用柱式墩,钻孔灌注桩为基础。桥位处地质情况较差,桩位位于鱼塘内,根据地质勘探资料,桥位处自地面向下约 17 m 深度均为软弱土层,地基承载力极弱。

两联箱梁截面形式相同,桥梁分为左右两幅,关于桥梁中心线对称。截面均为单箱双室结构,顶、底板平行,梁宽 13.025 m,底板宽度 8.225 m,两侧悬臂翼缘板宽 2.5 m,单幅设置 2‰单向横坡,中心处梁高 1.80 m。箱梁顶板厚度 25 cm,底板厚度 22 cm,两端分别加厚至 45 cm 和 42 cm。腹板为直腹板,跨中腹板厚度 50 cm,隔墙位置腹板加厚至 70~90 cm,箱梁截面形式详见图 3。

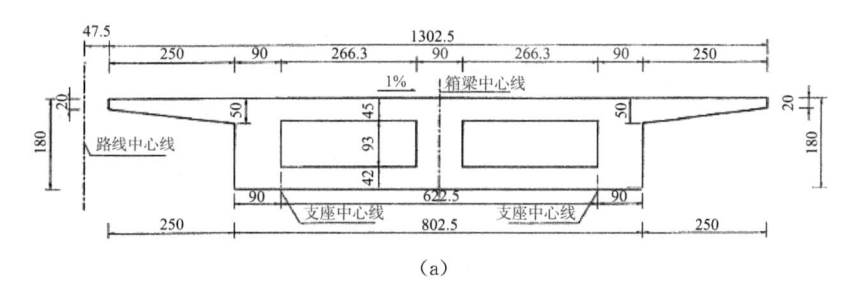

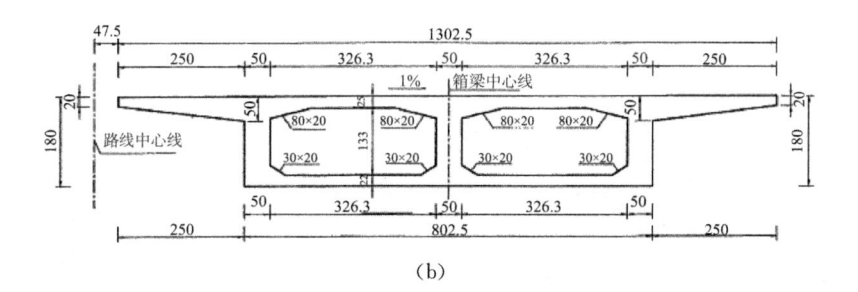

(a)

(b)

(续图)

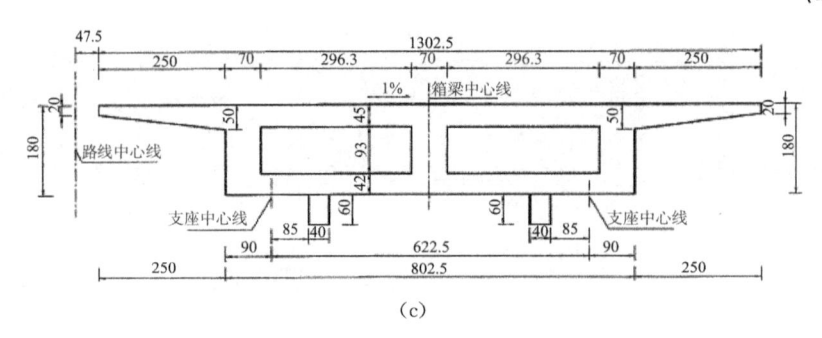

图 3 特大桥十一联、十五联箱梁横断面图(单位:mm)

2 现浇支架设计

2.1 满堂支架方案

2.1.1 支架构造

满堂支架材料选用盘扣式钢管脚手架,立杆规格 $\phi 60.3$ mm×3.2 mm,其他杆件规格 $\phi 48$ mm×2.5 mm。支架顶托上设 110 工字钢作横向分配梁,上设 10 cm×10 cm 方木间距 300 mm 作为纵向分配梁,上铺 1.5 cm 厚竹胶板作为底模。

(1) 横桥向:腹板下 60 cm、底板下 120 cm、翼缘下 90 cm 或 120 cm。
(2) 顺桥向:采用 120 cm 间距。
(3) 梁端加厚段或实心截面位置按单向 60 cm 或双向 60 cm 间距加密布置。

2.1.2 地基处理

由于两联箱梁均位于鱼塘范围内,地质较差,采用抛石换填处理,换填深度 3 m,换填碾压满足地基承载力 ≥120 kPa 后,倒用 15 cm 厚预制垫板进行铺设或现浇 20 cm 混凝土垫层。填筑石粉地段两侧挖设 30 cm×30 cm 排水沟,排水沟底部应有不小于 0.5% 的纵坡,保证排水通畅。

2.1.3 工艺流程

(1) 地基处理(包括开挖换填、排水设施设置、铺设垫板或浇筑垫层等);
(2) 测量放线;
(3) 搭设盘扣支架至设计顶标高;
(4) 盘扣支架顶纵、横向分配梁安装;
(5) 盘扣支架验收后铺设底模;
(6) 支架预压;
(7) 进行后续箱梁施工;

(8) 箱梁张拉完成后进行盘扣支架拆除。

2.1.4 盘扣支架总体布置

盘扣支架平面及立面布置详见图 4。

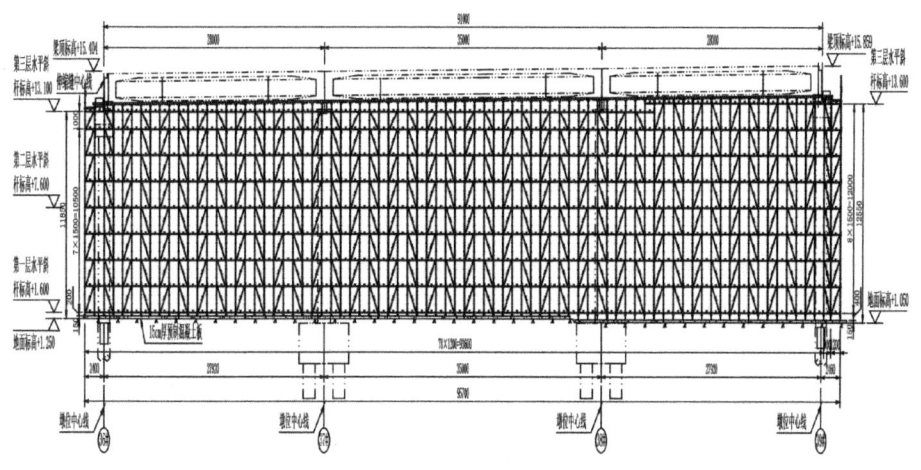

(a) 立面图

(b) 平面图

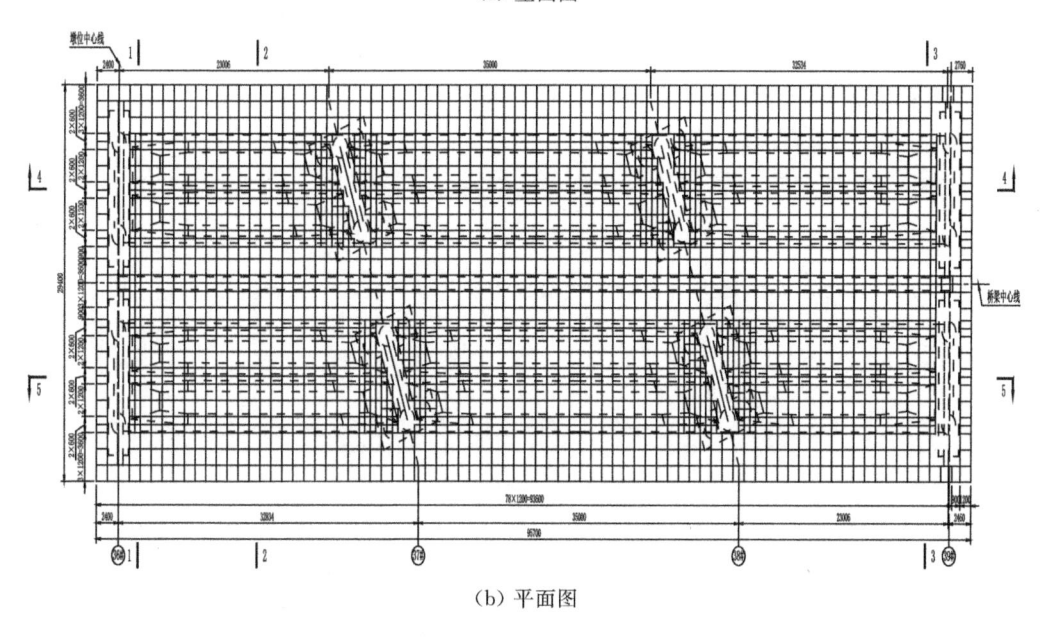

图 4　盘扣支架整体布置示意图(左右幅)

2.2 钢管桩+单层贝雷梁施工方案

2.2.1 支架构造

支架采用 $\phi 630$ mm、壁厚 8 mm 钢管桩打入桩作为基础,每排布置 4 根,桩顶采用Ⅰ45a 或Ⅰ56a 型钢作为横桥向分配梁,相邻墩间布置多排钢管桩,分为 4～5 跨,支架最大跨度9.0 m。钢管桩入土深度约为25 m,单根钢管长度约为35 m,根据承台和墩柱结构特点,部分钢管支承在承台上,单根长度约为10 m。支架上部纵桥向主梁采用321型单层贝雷梁,贝雷梁预先在地面拼装成贝雷梁组,贝雷梁间距45 cm或90 cm,桩顶分配梁安装就位后,贝雷梁组吊装就位。贝雷梁上方采用110型钢作为横桥向分配梁,按照间距60 cm布置,其上采用10 cm×10 cm方木按照间距30 cm布置,铺设15 mm厚竹胶板作为底模。

2.2.2 工艺流程

(1) 填筑施工便道(满足每排管桩插打空间需求);
(2) 测量放线;
(3) 插打钢管桩至设计标高并安装连接系;
(4) 安装桩帽、桩顶分配梁;
(5) 地面拼装并起吊安装贝雷梁;
(6) 贝雷梁顶纵、横向分配梁安装;
(7) 支架验收后铺设底模;
(8) 支架预压;
(9) 进行后续箱梁施工;
(10) 箱梁张拉完成后进行支架拆除。

2.2.3 单层贝雷梁支架总体布置

以右幅为例的单层贝雷梁支架平面及立面布置详见图5。

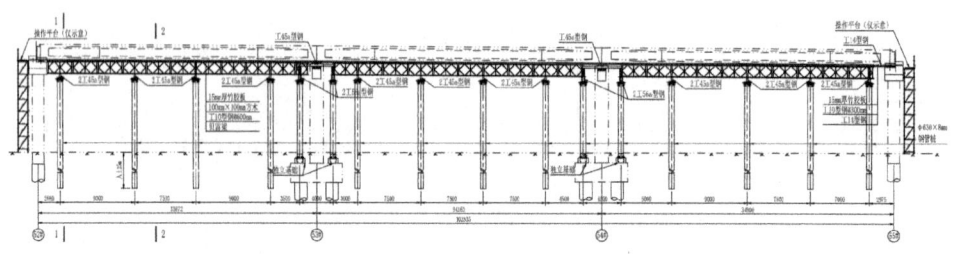

(a) 立面图

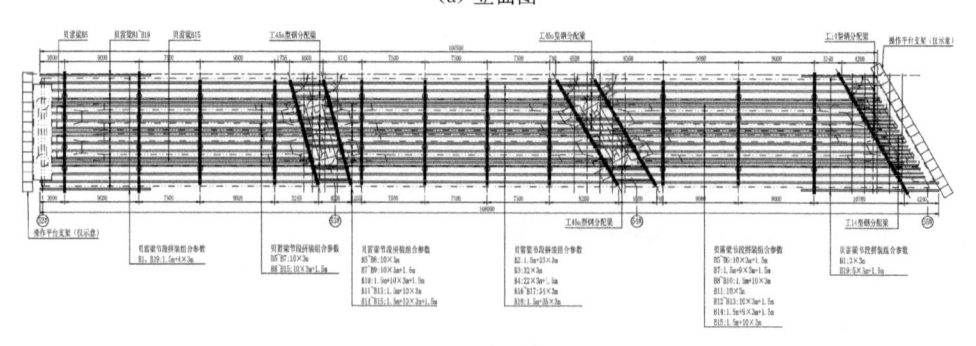

(b) 平面图

图5 钢管桩+单层贝雷梁支架整体布置示意图(以右幅为例)

2.3 钢管桩＋双层贝雷梁施工方案

2.3.1 支架构造

支架采用 ϕ630 mm、壁厚 14 mm 钢管桩打入桩作为基础,每排布置 5 根,桩顶采用 I56a 型钢作为横桥向分配梁,相邻墩间布置两排钢管桩,支架整跨布置,最大跨度 28.0 m。钢管桩入土深度约为 40 m,单根钢管长度约为 50 m。支架上部纵桥向主梁采用 321 型双层贝雷梁,贝雷梁预先在地面拼装成贝雷梁组,贝雷梁间距 45 cm 或 90 cm,桩顶分配梁安装就位后,贝雷梁组吊装就位。贝雷梁上方采用 I10 型钢作为横桥向分配梁,按照间距 60 cm 布置,其上采用 10 cm×10 cm 方木按照间距 30 cm 布置,铺设 15 mm 厚竹胶板作为底模。

2.3.2 工艺流程

（1）填筑施工便道（满足每排管桩插打空间需求）；
（2）测量放线；
（3）插打钢管桩至设计标高并安装连接系；
（4）安装桩帽、桩顶分配梁；
（5）地面拼装并起吊安装贝雷梁；
（6）贝雷梁顶纵、横向分配梁安装；
（7）支架验收后铺设底模；
（8）支架预压；
（9）进行后续箱梁施工；
（10）箱梁张拉完成后进行支架拆除。

2.3.3 双层贝雷梁支架总体布置

以右幅为例的双层贝雷梁支架平面及立面布置详见图 6。

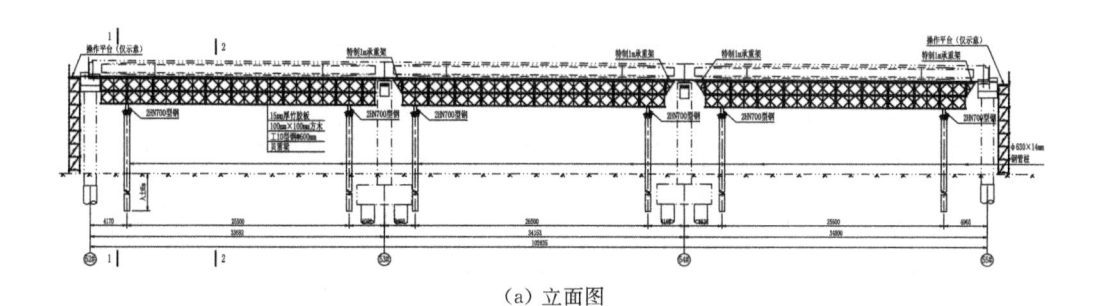

(a) 立面图

(续图)

(b) 平面图

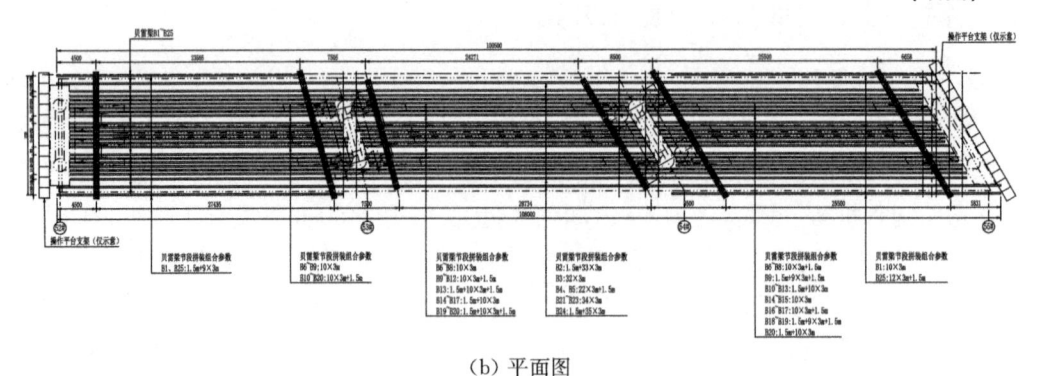

图6 钢管桩+双层贝雷梁支架整体布置示意图(以右幅为例)

3 方案比选

拟从施工工期、主要工程量、安全、环保、经济等方面对以上三种支架设计方案进行比选,具体比选情况详见表1。

表1 连续箱梁现浇支架方案对比分析表

比选内容	盘扣式满堂支架	钢管桩+单层贝雷梁支架	钢管桩+双层贝雷梁支架
工期分析	130天/联	110天/联	100天/联
主要工程量(每联)	换填土方:8 830 m³;支架租赁、安拆:240 t;分配梁租赁、安拆:33 t;现浇混凝土垫层:582 m³;预制板铺垫:5 m×1.5 m×0.15 m,100块	钢管桩购置、插打:216 t;贝雷梁租赁、安拆:156.6 t;分配梁租赁、安拆:95 t;其他钢料加工、安拆:27.2 t	钢管桩购置、插打:319.1 t;贝雷梁租赁、安拆:407.2 t;分配梁租赁、安拆:95 t;其他钢料加工、安拆:14.4 t
安全分析	工艺简单,安全风险低	工艺简单,吊装作业具有一定风险	双层贝雷梁组较高,吊装时易倾覆,安全风险较高
环保分析	换填土方量大,地基硬化混凝土为一次性投入,环境恢复工作量大	对环境影响小,较环保	对环境影响小,较环保
经济分析(每联)	倒用预制垫板方案(未计入垫板材料费):240.0万元;浇筑现浇垫层方案:280.0万元	249.0万元	573.3万元
其他	地基软弱土层深厚,表层土换填处理后承载力可满足要求,但沉降量大,一旦沉降超预期则方案失败,无法实施	支架多跨设置,贝雷梁跨度小,跨中挠度小,支点承载力要求低,可部分利用承台作为支撑点,材料用量较小	支点承载力要求高,钢管桩入土超40 m,施工较难实现,若无法插打至设计深度,则承载力难以验证,可能导致方案失败;贝雷梁支架跨中挠度在,底模铺设存在一定困难,梁底线形控制难度大

根据上表分析结果，采用钢管桩＋单层贝雷梁支架现浇法施工徐圩特大桥第十一联(36♯～39♯)、第十五联(52♯～55♯)箱梁，其具有安全质量易控制、费用较低、环保控制难度低的优点，为最佳方案，应予以采纳。

4 现场实施

(1) 2023-02-17～2023-04-10：钢管桩插打及贝雷梁支架安装(图7、图8)，用时53天。

图7 钢管桩插打　　　　图8 贝雷梁支架安装

(2) 2023-03-30～2023-04-17：底模板铺设施工(图9)，用时19天。

(a)　　　　(b)

图9 底模板铺设

(3) 2023-4-17～2023-4-30：由于分跨预压，支架预压用时14天。

(4) 2023-04-26～2023-05-17：底腹板钢筋绑扎、波纹管安装、端头模板安装用时22天。

(5) 2023-05-11～2023-05-23：内箱支架、模板安装用时13天。

(6) 2023-05-13～2023-05-29：顶板钢筋绑扎(图12)，用时17天。

图 10　底腹板钢筋绑扎 　　　　　　图 11　波纹管安装

(a)　　　　　　　　　　　　　(b)

图 12　顶板钢筋绑扎

(7) 2023-05-31～2023-06-01:混凝土浇筑(图 13),用时 2 天。

(a)　　　　　　　　　　　　　(b)

图 13　混凝土浇筑

(8) 2023-06-01～2023-06-07:混凝土养护(图 14),用时 7 天。

(a)   (b)

图 14　混凝土养护

通过徐圩特大桥第十一、十五联预应力混凝土现浇箱梁钢管立柱＋单层贝雷梁支架法的施工,地基沉降量满足设计及规范要求,同时比满堂支架缩短了工期,具有比较强的可操作性。

5　结语

在沿海软弱地质条件下的现浇箱梁支架设计过程中,当承台不具备钢管桩支撑条件时,尽量采用满堂支架或者钢管立柱＋单层贝雷梁支架方案,但满堂支架方案因地基沉降量较难控制,存在一定不确定性,应谨慎采用。当采用满堂支架方案时,为降低地基处理成本,地基硬化混凝土可采用预制混凝土垫板替代。钢管立柱＋单层贝雷梁支架应作为软弱地质条件下现浇箱梁优选方案,徐圩特大桥第十一、十五联预应力混凝土现浇箱梁施工的顺利实施的经验,可供同类型项目施工作参考。

参考文献

[1] 中交一公局集团有限公司.公路桥涵施工技术规范:JTG/T 3650—2020[S].北京:人民交通出版社,2020
[2] 中交第二公路工程局有限公司.公路桥梁施工系列手册:梁桥[M].北京:人民交通出版社,2014

GPS-RTK 在公路工程测量中的应用与分析

江苏纬信工程咨询有限公司　江苏南京　210000　徐正华

摘　要：本文以连云港至宿迁某在建高速公路工程项目为实际案例，结合 GPS-RTK（英文：global positioning system-real-time kinematic，以下简称 RTK）技术在本公路工程项目中的实际应用，首先介绍了 RTK 的工作原理和系统组成，然后从工程实际应用的角度出发，着重讨论了 RTK 在公路工程控制网及道路、桥梁施工中的具体应用场景；其次，介绍了目前 RTK 测量技术所执行的相关技术标准、操作规程以及注意的事项；最后，总结了 RTK 测量的优缺点并对未来发展进行展望。

关键词：RTK 测量技术；公路工程；工程测量

引言

近年来，我国的航天、卫星事业飞速发展，同时也催生了 RTK 移动测量技术的卓越进步，并逐步将其运用于工程建设领域。公路工程建设因具有建设周期长、占地广等特点，常跨越数个县市并穿越各种复杂地形、地质、地貌，所以 RTK 移动测量技术应用尤为广泛。传统的导线测量、三角网方法进行控制网测量往往需要翻山越岭，不仅耗时耗力，且容易因人为因素产生累计误差，已经很难满足当下公路建设领域日益增加的高精度测量和定位和科技化、标准化的需求。于此时应运而生的 RTK 作为一种基于全球卫星导航系统（GNSS）的测量技术，因其具有方便、快捷、高效、精准等优点，在公路工程领域得到了迅速而广泛的应用。本文旨在深入探讨 RTK 移动测量技术在公路工程中的应用与分析，为相关研究提供参考。

1　RTK 的系统组成和工作原理

1.1　RTK 系统组成

RTK 系统一般由卫星信号接收系统（基站和移动站）、数据传输系统、软件数据解算系统三部分组成。

（1）卫星信号接收系统：一般情况下须设有 2 台及以上的卫星定位接收机在基准站和流动站上，若基站在同一时段内为多个不同用户服务的，则需采用双频卫星定位接收机,以确保基准站采样率和流动站采样率达到相同。

（2）数据传输系统:将基准站的数据发射装置与移动站的数据接收装置相结合而成的系统,是 RTK 技术的最核心系统,其在户外各种复杂恶劣环境中进行数据采集、传输的稳定性将直接决定 RTK 系统的可靠性及适用性。

（3）软件数据解算系统:软件解算系统相当于人类的大脑,可以及时有效地通过差分解算将 RTK 系统收集到的 WGS-84 初始坐标转换为北京 54 坐标或西安 80 坐标。

1.2 RTK 工作原理

RTK 测量技术属于载波相位差分技术,是 GPS 测量方法中的一种演变形式,近几年随着科技的进步得以在工程领域飞速发展。以往传统的静态和动态测量想要获得高精度的测量结果,往往需要大量人工干预,而 RTK 测量技术的出现则为各类型工程测量带来了全新的方法。它的原理是将基准站上的 GPS 接收机所观测到的卫星数据,通过无线电台发送出去,而后位于移动站的 GPS 接收机不仅对卫星进行观测,也会对来自基准站的电台信号进行处理,通过接收 4 颗及以上卫星信号并解算其观测值和已知基准站之间的空间位置来实现高精度定位,其核心在于相位观测值的载波相位差分定位,解算载波相位观测值之间的差异并将基准站采集的载波相位发给用户接收机,进行求差解算坐标。野外作业过程中由于观测条件、信号源等的影响会有误差,即仪器标定误差,一般为平面 $1\ cm+1\times10^{-6}$,高程 $2\ cm+1\times10^{-6}$,最后给出移动站的三维坐标,供用户使用。详见图 1。

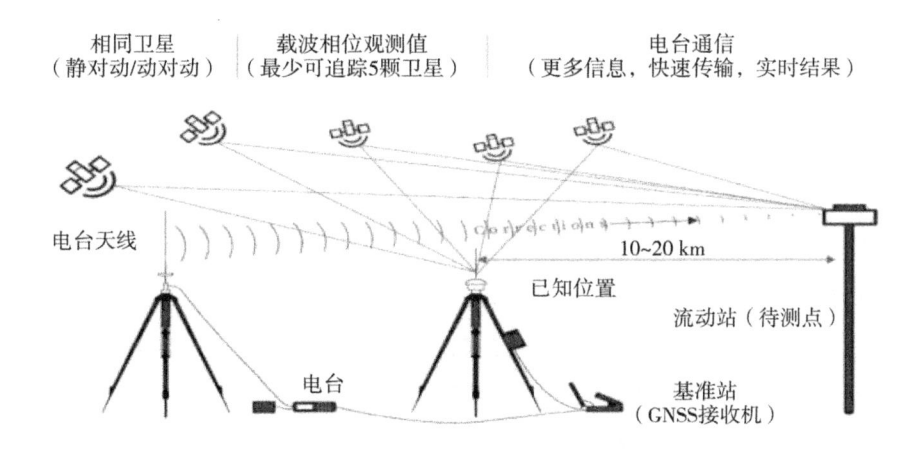

图 1 RTK 测量的系统组成及工作原理图

2 RTK 测量技术相比于传统测量方法的优缺点

以公路工程中常见的控制测量为例,其优缺点具体如下。

2.1 优点

(1) 效率高:传统的三角网测量、导线边角控制网测量通常需要3~4人为一组,沿各测点进行往返测量,尤其是在地形复杂植被茂密的山区,受地形地貌及通视情况影响,往往效率低下;而RTK测量技术观测时间短数秒内即可显示测量结果,操作简便不受通视条件的限制,通常只需要一人操作一台移动站即可完成4~5 km范围内的测量任务,不仅节约人力消耗解放劳动力,同时在很大程度上提高了工作效率,在信号不受干扰的情况下可实现厘米级甚至毫米级的测量精度,完全满足当下公路工程高精度定位需求。

(2) 实时性强:RTK技术具备实时性能,能够在工程施工过程中及时提供定位信息,不受光线影响,白天黑夜均可作业,优于传统测量方法。

(3) 广泛兼容性:RTK测量系统不仅可与计算机进行数据交换,还可与全站仪及各类工程图形软件实现互联,将外业采集的数据根据需求与各类测量软件进行数据交换、处理、共享,方便快捷高效地完成测量任务。

2.2 缺点

(1) 受环境影响:RTK测量技术对高大植被、无线电信号干扰、金属结构等遮挡物敏感,对天通视要求高,尤其是隧道、地下洞室等封闭半封闭的地下空间,容易受到信号遮挡和多路径效应影响。

(2) 稳定性较差:遇到阴雨、雷暴等强对流天气时,通常云层较厚,客观上对信号的传递有一定的阻碍从而影响测量精度。

3 采用的测量技术标准、技术指标及操作规程

3.1 一般规定

卫星定位测量可用于二、三、四等和一、二级控制网的建立;首级控制网的布设应根据建设规模,设计文件对测量精度的要求选择相应的控制等级;应按照拟建工程规模大小、控制网的用途和精度选择相应的控制网级别;原有的坐标系统在精度及使用等级符合要求的情况下可以酌情利用[1]。

各等级卫星定位控制网的主要技术指标应符合表1的规定。

表1 各等级卫星定位控制网主要技术指标

等级	基线平均长(km)	固定误差 A (mm)	比例误差系数 B (mm/km)	约束点间的边长相对中误差	约束平差后最弱边相对中误差
二等	9.0	10	2	1/250 000	1/120 000

续表

等级	基线平均长(km)	固定误差 A (mm)	比例误差系数 B (mm/km)	约束点间的边长相对中误差	约束平差后最弱边相对中误差
三等	4.5	10	5	1/150 000	1/70 000
四等	2.0	10	10	1/100 000	1/40 000
一级	1.0	10	20	1/40 000	1/20 000
二级	0.5	10	40	1/20 000	1/10 000

各等级控制网的极限精度应按下式计算：

$$\sigma=\sqrt{A^2+(B+d)^2}$$

式中：σ——基线长度中误差(mm)；

A——固定误差(mm)；

B——比例误差系数(mm/km)；

d——基线平均长度(km)。

卫星定位测量控制网观测精度的评定应符合下列规定。

控制网的测量中误差应按下式计算：

$$m=\sqrt{\frac{1}{3N}\left[\frac{ww}{n}\right]}$$

式中：m——控制网的测量中误差(mm)；

N——控制网中异步环的个数；

n——异步环的边数；

w——异步环环线闭合差(mm)。

控制网的测量中误差应满足相应等级控制网的基线精度要求，并应符合下式规定：

$$m\leqslant\sigma$$

3.2 RTK 测量中控制网的选择、使用、埋设

控制网的布设应依据项目特点、测量等级要求、移动站的类型和人员组成并结合第一手相关测量资料，如有特殊精度要求的项目还应进行有针对性的控制网专项设计；加密网点的选择，要在满足精度要求的前提下，尽量灵活多变并最大程度有利于日常仪器的架设。点位的选择应尽量选在牢固坚硬，遮挡物稀少的地方，同时应方便后期使用、加密、维护、保养；每个控制点最少有 1 个对天通视方向；高度角在 15°以上的范围内，点位应做到对天通视良好；点位周围无强烈的干扰源或强烈反射卫星信号的物体，200 m 范

围内无大功率无线电发射源,50 m范围内无高压输电线路和微波信号传输通道[2]。

3.3 卫星定位测量技术控制网观测

GPS静态作业模式适合各等级卫星定位测量控制网的观测,而动态作业模式仅适用于一、二级控制网的观测。中大型以上的工程项目,应结合项目特点和掌握的资料实地踏勘施工现场,编制作业计划书。雷雨、冰霜、大风等恶劣天气不宜进行外业测量活动。

表2 各等级控制网观测的技术要求

等级		二等	三等	四等	一级	二级
接收机类型		多频	多频或双频	多频或双频	双频或单频	双频或单频
仪器标称精度		3 mm+1×10^{-6}	5 mm+2×10^{-6}	5 mm+2×10^{-6}	10 mm+5×10^{-6}	10 mm+5×10^{-6}
观测量		载波相位	载波相位	载波相位	载波相位	载波相位
卫星高度角(°)	静态	≥15	≥15	≥15	≥15	≥15
有效观测卫星数		≥5	≥5	≥4	≥4	≥4
有效观测时段长度(min)		≥30	≥20	≥15	≥10	≥10
数据采样间隔(s)		10~30	10~30	10~30	5~15	5~15
位置精度衰减因子		≤6	≤6	≤6	≤8	≤8

3.4 卫星定位动态控制测量

当一、二级卫星定位网的观测采用动态作业模式时,宜采用单基站RTK测量技术或后处理动态测量技术,也可采用网络RTK测量技术。一、二级卫星定位测量控制网动态测量的主要技术要求应符合表3。高度角15°以上的卫星个数应大于5颗,位置精度衰减因子(PDOP)小于6。单基站RTK测量的基准站不仅可以设置在现有点位上,还可以在不同位置点位进行设站;若在现有点位进行设站,应先进行对中天平同时查看电台、接收机的链接,并应核对电台频率,然后输入基准站、移动站各相关参数;对测区已有的转换参数应进行现场检查,精度满足要求后才可以利用[3]。

表3 一、二级卫星定位测量控制网动态测量的主要要求

等级	相邻点间距离(rm)	平面点位中误差(mm)	边长相对中误差	测回数
一级	≥500	≤50	≤1/30 000	≥4
二级	≥250		≤1/14 000	≥3

4 PTK 测量技术在公路工程中的应用

4.1 前期勘察、设计阶段

以连云港至宿迁某在建高速公路工程为例。在前期勘察、设计阶段,相关测量部门首先要对该项目沿线多个首级控制网的控制点进行平面位置及高程点复核检验,复验结果及精度如若不满足《工程测量标准》(GB 50026—2020)的要求则需重新测量,直至合格后再进行补点、加密,并从首级控制网引入下一级控制网;如此往复不仅效率低下,而且耗费财力物力。而采用静态 GPS 测量技术,采用多人多台形式,组织分工明确、同时段、多点位进行平面数据采集,可将工作效率提高 3~4 倍,再辅以电子水准仪复检高程点,可在短时间内快速高效完成勘测任务。

4.2 路基、桥涵施工测量放样

RTK 测量技术因具有高效、快捷、精度高等优点,目前被广泛应用于路基桥涵等施工放样中。其可高效完成道路路基中桩、挖方边桩、横坡、纵坡、中线偏位测量,可完成桥梁桩基护筒定位初测、成桩偏位检测,以及箱涵圆管涵等小型结构物的基坑开挖放样。以江苏省连云港市某在建高速公路工程某标段为例,项目部相关测量人员进场后,首先在移动手簿中建立本项目名称、中央子午线、高度、坐标系等信息,并将设计文件中的起止桩号、方位角、平曲线要素、竖曲线要素、缓和曲线参数、切线长、转角值等参数按提示输入移动手簿中。此处应特别注意交点法和线元法的选择:通常以路线的起点坐标、方位角、终点桩号等节点元素来计算出要求的坐标,这种方法一般称之为线元法;交点法是将所包含的直线、缓和曲线、圆曲线、不完整曲线拆分开来输入的,且可以将上述几种要素按任意顺序组合,所以适用性非常广泛,几乎适用任何复杂线性,尤其在匝道处应尽量选择交点法。各项参数输入完毕后,我们就可以将设计文件中的各种数据按一定比例在施工现场进行放样。

4.3 RTK 配合 CASS 软件快速计算土石方量

在高速公路工程建设中时常要穿山越岭,移挖作填,如何合理地利用土方,将本需开挖的土方合理地用作填方,以达到土方平衡,以降低资源损耗率,提高经济效益,是一个重要的命题。公路工程土方计算常用的方法有方格网法、断面法、表格法等。传统的计算方法需要人工配合计算机或 CAD、Excel 等软件进行工程量计算,不仅计算量大、耗时长,而且容易因人为原因产生计算误差。方格网法一般适合在平原地区使用;等高线和断面法大多适用于高差较大的重丘、高山地区;而狭长状、带状、深沟状地区则适合使用表格法。本处结合该项目地形特点,以上述项目为例简述如何采用方格网法将RTK测量技术与CASS 4.0系统结合快速计算出该标段的土方量。首先进行作业前的对点复核并进行参数校正，符合精度要求后开始作业。以小里程桩号为起点断面，从该起点断面左幅红线处横向按每点5米间距固定顺序采集高程点、平面坐标；需要注意的是，为了提高数据精准度、准确算出土方量，当遇到断面起伏较大、高低不清处应适当进行加密，加密点最好布置于折点处，以此类推采集剩余断面。当外业数据采集完成后及时进行数据保存，格式为dat格式，其内容应完整包含点号、编码、坐标、高程等信息。打开CASS软件找到"工程应用"菜单，找到"方格网法土方计算"。再在AutoCAD命令栏中键入快捷键PL命令，选择所需要计算的范围，这里切记一定要形成封闭完整的闭合环。导入采集好的dat数据文件，点击"方格网土方计算"命令，软件会自动提示选择范围，点击一下之前圈好的范围。当提示选择数据时，选择上传好的格式文件，确定之后，计算机会自动计算并自动生成图片和计算结果。这样，利用RTK测量技术结合CASS 4.0系统生成土方量的工作就完成了。

5 总结

结合项目特点通过对GPS-RTK测量在公路工程中的应用与分析，不难发现其因高效、便捷、精准的特性而被广泛应用于高速公路领域，大大节约了工程测量的时间成本、人工成本，直接降低了工程造价，提高了经济效益；然而，在实践中也暴露出GPS-RTK测量技术的些许不足，如在高山峡谷植被茂密的野外时信号容易中断，受电离层影响时时常出现信号不稳定等现象。相信随着未来科技的发展，以及RTK测量的不断成熟，RTK测量技术定当在工程建设领域发挥更大作用。

参考文献

[1] 李国钊.GPS-RTK定位技术在某公路工程中的应用研究[J].山西建筑,2023,49(11):181-184.

[2] 张邵贺,周卫军,石成岗.《工程测量标准》(2020版)修订说明[J].测绘标准化,2022,38(01):7-10.

[3] 吴春智.GPS测量在道路工程中的应用效果观察[J].中国金属通报,2019(11):192-193.

[4] 初东.GPS在公路工程测量中的应用研究[D].西安:长安大学,2005.

高压线下预制节段箱梁架设安全控制技术

中铁大桥局集团有限公司　　湖北武汉　　430050　杨　刚

摘　要：本文探究了高压线下预制节段箱梁架设是对净空受限条件下，通过改制施工设备消除感应触电风险，并提出电磁绝缘屏蔽、无线预警数控方式，最大程度减少电磁干扰，满足高压线下架梁施工安全条件。

关键词：35 kV 高压线；箱梁架设；安全控制技术

引言

本文以在高压线下采取预制节段箱梁架安全控制为研究对象，结合工程实际，通过降低机身高度、绝缘屏蔽防护设计、安全距离预警监控等技术措施，解决了位于35 kV 高压下的预制节段箱梁架设问题，为今后复杂环境下进行架梁作业的安全技术管理积累了经验。

1　工程概况

1.1　工程基本概况

V1 高架桥混凝土箱梁桥采用节段预制胶拼工艺，P66—P67 孔跨上方斜交有35 kV 高压线，高压线高度为 35.04 m，桥面宽度为 8.45 m，桥面高 19.82~20.20 m。

架桥机全长 85.2 m，重 365 t，两幅主桁中心距为 4.2 m。架桥机主要由主梁总成、前支腿（1#支腿）、中支腿（2#支腿）、辅助前支腿（0#支腿）、辅助后支腿（3#支腿）、起重天车、吊具、液压和电控系统、纵移过孔机构等构件组成。

结合架桥机高度、高压线路投影面等各方因素，经对高压线下架桥机作业工况逐一测算，在架设 P66—P67 孔跨节段箱梁时，架桥机天车顶端与高压线斜交最低点的垂直平距离为 3.44 m，不能满足 35 kV 高压线安全距离达到≥3.5 m 的要求。

1.2　实际客观因素

（1）升高线塔或更改高压线路走向的改造工期无法确定，架梁工期不允许拖延。

（2）该电网不允许供电中断，施工中如造成供电中断，将会造成不可估量的经济损失，给企业带来极大的负面影响。

2 高压线下架梁施工的主要风险

2.1 闪络电击最小安全距离

根据国家《施工现场临时用电安全技术规范》（JGJ 46—2005）的规定，排除恶劣天气的影响，35 kV 高压线带电操作最小安全操作距离为 3.5 m，即人体在距离 35 kV 高压线 3.5 m 外将不受高压线闪络电击。

2.2 高压线电磁场的影响

（1）根据点电荷 Q 在 R 处产生的电场 $E=kQ/R^2$（k 为静电力常量），由于电场强度等级由带电体向大地逐级降低，电压差的存在当形成回路时就能形成感应电流，导体物体受电场影响产生的感应电流能使人受到电伤害。

（2）架桥机受高压线电磁场影响会导致其频繁操作故障或失效，特别是机械设备上的 PLC（可编程逻辑控制器）、信号控制线路，电场将严重损害机械设备的通信传输质量。

①遥控器使用存在安全事故隐患：对遥控器信号干扰，遥控器可能会造成误操作，存在安全事故隐患。

②架桥机作业时通过 PLC 控制器发送信号传输至终端。由于信号的干扰，架桥机存在不确定安全因素。

由此可知，高压输电线路附近的强电场作用，可以对人体和机械设备构成潜在的危害。为了确保施工现场用电安全，防止对外电线路施工人员的伤害，必须对此做相应的安全防范措施。

高压线下架梁施工的关键控制点为：架桥机天车高度、人机地通电以及其他安全技术措施。

3 架桥机高度的确定

考虑到采用原设计架桥机天车高度不能满足距离高压线≥3.5 m 要求的实际情况，拟定改制天车高度、调整支腿顶撑，以确保架桥机和高压线保持≥4 m（考虑 0.5 m 余量，按 3.5 m+0.5 m 控制）的安全距离。

3.1 降低天车高度

天车外形尺寸 7.04 m×3.83 m×2.63 m,通过变频器实现提升与走行速度调节。现场对天车顶棚、卷扬系统、变频主控柜顶点高度复测,天车顶棚高度 31.6 m,卷扬系统、变频主控柜系统顶点高度分别为 30.6 m、30.9 m,天车起升高度 25 m,满足提梁要求。

在不影响天车运行条件下,改制天车棚高度降低 0.5 m。射高监测可调高度 sig60(31.6~30.6)m>0.5 m,满足监测需求。

3.2 低位架梁

架桥机前、中支腿顶撑承重销调节销孔间距为 0.4 m,在不影响架梁、走行条件下,调节顶撑油缸,高度降低 0.4 m(即最低位销孔顶撑)。

通过天车顶棚下调、低位架梁,架桥机整体高度与斜交高压线间距为 3.44 m+0.9 m>4 m,满足安全控制距离。

4 电磁绝缘屏蔽的确定

4.1 架桥机天车改制

天车总成结构外侧使用 20 kV 环氧树脂绝缘板制作成绝缘外罩架体与天车平台固定部位,环氧树脂绝缘板外围面铺挂电磁屏蔽网设计屏蔽壳体,防止斜交 35 kV 感应和辐射对设备、人员影响。

为了得到有效的屏蔽作用,屏蔽层的厚度必须接近于屏蔽物质内部的电磁波波长 ($\lambda=2\pi d$)。在工频(50 Hz)时,铜中的透入深度 $d=9.45$ mm。因此屏蔽壳体采用至少 16 mm² 单相电缆接地,形成屏蔽防护。

4.2 接地防护

在主桁架端采用至少 16 mm² 单相电缆接地,前支腿、中支腿横跨顶部直接搭设绝缘胶垫防护,增加模拟电容等级,防止意外电击。

屏蔽壳体接地线与主桁接地线独立设置,每一接地装置的接地线应采用 2 根及以上镀锌钢管,在不同点与接地体做电气连接。镀锌接地极打入地下 2.5 m,并往接地线内灌注淡盐水,接地电阻不大于 4 Ω。

每个接地点在投入使用前必须经专业电工严格检测合格后方可投入使用,并在显著位置设立警示标语,每日巡检,防止人为偷盗或破坏。

5 安全电压和安全距离预警监控措施

5.1 加装高压近电防触碰智能预警系统

在架桥机顶棚端机安设近电报警器:将接收的监测信号进行前端分析处理,取出50 Hz工频信号,经过数字滤波排除干扰信号,分析其信号强度,当达到预设值时,发出无线报警信号给接收端,接收端在接收到该信号后报警,提示作业人员设备已接近强电,请注意安全。

局限:预警系统只对220 V以上、工频50~60 Hz的电压预警,检测的电压可根据需要在一定限度内加以调节;但不对直流、高频、静电预警。

应配备专用的测距仪器,安排测量员对高压线高度进行准确测量,并将测量结果上报,用以指导现场安全生产。

5.2 采用镭射激光幕墙

在P65、P66墩外架高安设镭射激光幕墙,形成电子围栏和激光幕墙,全天候监控架桥机作业情况,安装在架梁限界的激光柱发出不可见激光交织形成虚拟幕墙,使幕墙限界与高压线保持4 m垂直间距。镭射激光幕墙外接预警信号终端,通过调整光电阈值,及时反馈传输至监控终端。

6 其他安全技术措施

(1)桥下封闭:P66—P67墩跨投影下方四周设置过塑钢丝网,严禁无关人员入内,并安排专人值守。

(2)严格控制作业时间:架梁作业时间最好选择天气晴朗、用电负荷较少的时间段,此时由于导线表面会产生"电晕"现象而产生的高频电磁波辐射较少。大风、高温、雨天、湿润的天气和夜间坚决不允许在高压线下作业。

(3)做好人员保护:凡在架桥机上作业人员必须配屏蔽服,屏蔽服各部位应连接良好、可靠。

7 结语

本工程通过降低架桥机高度、绝缘屏蔽防护、安全距离预警监控的方法,达到高压线下施工安全的要求,取得了一定的社会效益和经济效益,对于类似工况下的预制节段箱梁施工具有一定的参考意义。

参考文献

[1] 王海宁,杨鑫.220 kV特高压下移动模架施工技术[J].石家庄铁道大学学报(自然科学版),2017,30(S1):139-142.

[2] 李顺阳.塔吊临近高压线的作业时安全防护措施[J].中国新技术新产品,2010(18):40.

[3] 邵宇平.高压线旁超近距离钢箱梁吊装及安全防护施工技术[J].建筑施工,2016,38(8):1124-1125+1131.

MDEL160/41型轮胎式提梁机

中铁大桥局集团有限公司　　湖北武汉　430050　乔　军

摘　要：随着我国铁路和公路建设的持续发展，轮胎式提梁机逐渐成了桥梁施工中必不可少的装备。轮胎式提梁机属于自带动力的专用起重装备，其采用轮胎作为走行单元，采用机电液结合的模块化设计技术，完成行走、转向、起升等各个动作，完成对混凝土梁的吊装、运输等工作。本文针对连宿一标项目中使用的MDEL160/41型轮胎式提梁机进行介绍，为桥梁工程的施工提供设备的选型和操作提供参考案例。

关键词：轮胎式提梁机；混凝土梁；模块化

引言

轮胎式提梁机是铁路和公路桥梁项目施工工程的必要施工装备之一，其额定载荷一般在160吨至200吨，适用于铁路和公路的箱梁或T梁的吊装、场内倒运及给运输车进行装车作业。本文重点介绍中铁工程机械研究设计院研制的MDEL160/41型轮胎式提梁机，该提梁机采用全液压传动系统和电驱动起升系统，包括液压驱动、液压转向、液压升降、液压支撑及卷扬起升系统。

1　主要技术参数

表1　MDEL160/41型轮胎式提梁机主要技术参数表

序号	项目	单位	参数
1	额定起重能力	t	160
2	整机工作级别		A3
3	跨度/净跨	m	41/39.3
4	起升高度	m	12
5	适应最大坡度		20‰
6	整机走行速度	m/min	0～17（重载） 0～35（空载）
7	整机起升速度	m/min	0～1（重载） 0～2（空载）

续表

序号	项目	单位	参数
8	吊梁小车移动距离	mm	±500(纵向)
9	整机纵/横向运行转向角度	°	±10
10	原地转向角度	°	90
11	运行方式		直行、斜行、横行
12	发动机功率	kW	150
13	发动机转速	r/min	1400
14	轮胎和支撑液压缸接地比压	MPa	≤0.7
15	轴距	m	3/6.25
16	轮胎规格/数量		23.5R25/16
17	轮轴数量	个	8
18	驱动轴/从动轴		4/4
19	驱动轮/从动轮		4/12
20	整机质量	t	165

2　主要结构组成及功能

MDEL160/41型轮胎式提梁机主要由小车起升系统、门架结构、走行轮组、转向系统及电液控制系统等部件组成(图1),各个执行元件通过CAN(控制器局域网)总线通信控制技术组合成为一套起重装备,完成吊装各种不同长度的预制混凝土箱梁或T梁,并配合运梁车完成装车作业的任务。

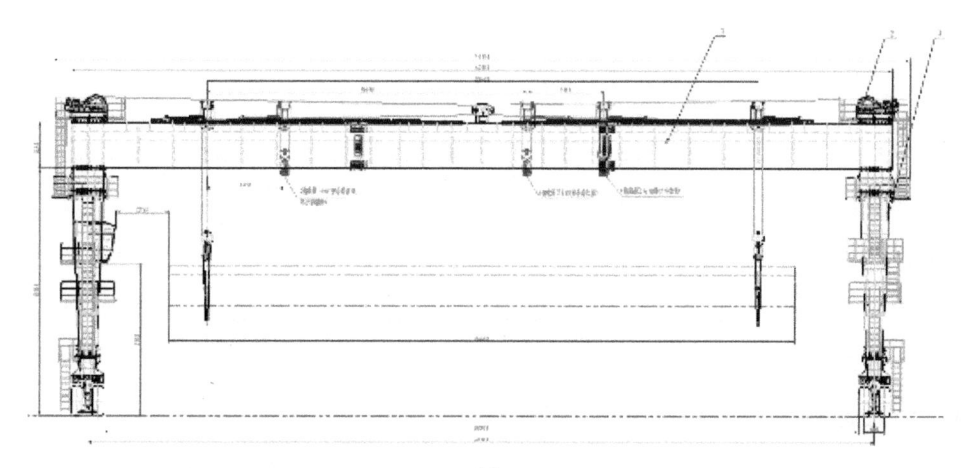

(a)

(续图)

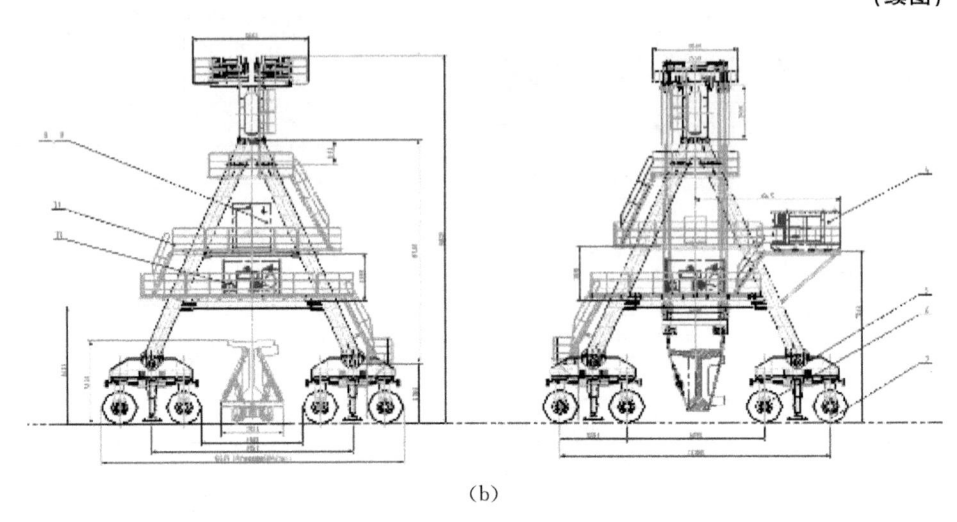

1. 主梁；2. 吊梁小车；3. 门架支腿；4. 动力系统；5. 车架及支撑机构；6. 主动轮组及转向机构；
7. 从动轮组及转向机构；8. 司机室；9. 电器系统；10. 梯子平台；11. 液压系统

图 1　MDEL160/41 型轮胎式提梁机总图

2.1　小车起升系统

小车起升系统分为两种，分别为液压起升和电驱动起升。液压起升小车以液压泵为动力源，通过液压减速机和液压马达驱动卷筒进行旋转，用以完成吊装的起升；电驱动起升是以发电机组为动力源，通过电机和机械减速机驱动卷筒进行旋转，完成小车的升降动作。其他部件还包括钢丝绳、动定滑轮组、车轮组、车架结构、防倾翻装置及吊具机构等组件。起升小车共计两台，整体上形成 4 点起吊 3 点平衡的吊梁方式，保证混凝土预制箱梁的平稳起升，防止起升过程中箱梁的受扭，性能安全可靠。

2.2　门架结构

门架结构一般采用 A 字形单主梁结构，是装备的关键受力构件，其全部采用箱型钢梁设计，包括主梁、支腿和大车架三大部分。主梁上铺设轨道，起升系统的轮组可以沿着轨道进行移动；下部支腿采用 A 字腿结构，上部连接主梁，下部连接车架；车架将上部的力传递到走行轮组，由底部的轮胎承载。

2.3　液压走行轮组

小吨位提梁机一般采用刚性悬架结构，其行走速度一般在 1~2 km/h 范围内，属于低速重载工况，悬架设计要求最低承载安全系数大于 2，即使单侧轮胎在走行过程中发生爆胎现象，对车架及上部结构不会产生影响。悬架结构包括回转支承、悬挂架、车桥及销轴等部件。根据用途可以分为驱动桥和从动桥两种：驱动桥由液压马达和减速机组成，为整机提供行走的驱动力；从动桥为随动桥，由轮毂和轴承组成。

2.4 液压驱动系统

驱动系统采用静液压变量闭式驱动系统，液压行走驱动动力源为1台150～200 kW发电机组。电机通过联轴器与驱动泵相连，来驱动安装于驱动轮组中的液压马达和行星减速器来实现行走。液压系统配有控制阀和限压阀以限制液压油路油压过高导致事故的发生，同时保障了整车的平稳起步和平稳制动，冲击小，平稳性好。

整车车速采用无级调速，运用恒转速控制原理，通过首先确定柴油发动机的转速，然后调节泵和马达的排量来实现速度的变化。

2.5 微电控制系统

微电控制系统由发动机控制系统、液压及其他电气控制元件等组成。微电控制系统采用基于CAN总线的分布式控制，控制器具有CAN总线接口，降低了电控部分的复杂性，控制器防护等级达到IP67，可用在振动、潮湿的工作环境，可靠性极高。

控制系统不但能对全车动作发布操作指令，而且能对操作过程实时监控。在发生误操作时显示屏会给出警示和故障提示，驾驶室内显示屏采用CAN总线触摸屏液晶显示器，能够显示起吊重量、行驶速度、转向角度、转向模式，并且能够显示系统错误信息。行走方面，两个底盘采用行驶速度闭环控制，压力控制和转速闭环能够精确保证同步行驶。

3 结语

MDEL160/41型轮胎式提梁机已成功应用于连宿一标项目，满足了连宿一标项目施工的要求。MDEL160/41型轮胎式提梁机的成功研制，提高了我国桥梁架设施工设备的研发能力，部分研究成果可直接用于其他国内项目施工设备的研制，对提升国内施工机械研发水平具有一定意义。

参考文献

[1] 黄耀怡,余春红.纵论我国大吨位提梁机的世界首创和持续领先之路[J].铁道建筑技术,2015(6):1-20.

[2] 韩文春.160吨提梁机应用施工技术[J].科技创新导报,2013(18):20-24.

[3] 张宇,王大江.一种工程机械远程监控系统的研究[J].建设机械技术与管理,2013(8):106-110.

[4] 张质文,虞和谦,王金诺,等.起重机设计手册[M].北京:中国铁道出版社,1998.

[5] 中国机械工业联合会.起重机设计规范:GB/T 3811—2008[S].北京:中国标准出版社,2008.

[6] 中华人民共和国住房和城乡建设部.钢结构设计标准:GB 50017—2017[S].北京:中国建筑工业出版社,2017.

[7] 中华人民共和国住房和城乡建设部.钢结构工程施工质量验收标准:GB 50205—2020[S].北京:中国计划出版社,2020.

[8] 徐灏.机械设计手册:第2版.[M].北京:机械工业出版社,2000.

智能监控系统在软基处理施工中的应用

中铁大桥局集团有限公司　湖北武汉　430050　谢秋峰　马定轩

摘　要：智能监控系统运用物联网技术，通过施工设备上安装的流量计、陀螺仪、压力计等多种感应器件对施工过程数据进行实时采集，实时数据经网络基站上传至网络服务器后传送至智能手机、电脑端等终端设备上，实现对施工过程的远程、实时、多终端监控。在水泥土搅拌桩施工过程中，通过智能监控系统的应用，使整个施工过程更加透明，将隐蔽于地下的搅拌过程通过图表形式更直观地呈现；可对施工过程中的突发问题和潜在质量隐患采取更及时、更有针对性的处理措施，使水泥土搅拌桩施工质量大幅提升。

关键词：智能监控系统；双向搅拌粉喷桩；施工工艺；智能化改造

引言

为解决双向搅拌粉喷桩施工过程无法监控造成工程质量难以保证的问题，本文以连云港至宿迁高速公路项目为依托，通过双向搅拌粉喷桩施工智能监控系统对粉喷桩施工过程中的喷灰量、桩长、钻进速度、提钻速度等参数进行实时监控，从而实现双向搅拌粉喷桩施工的全过程质量监控，保证了粉喷桩的施工质量，为双向搅拌粉喷桩施工全过程质量管控提供了重要技术手段。

1　工程概况

连云港至宿迁高速公路徐圩至灌云段，项目起自徐圩新区方洋路与228国道交叉处，向西经东辛农场、同兴镇、下车镇，下穿青盐铁路和连镇客运专线，经仲集镇，止于灌云县小伊镇本线与长深高速交叉处，全线长40.653 km。

LS-LYG1施工标段起点位于徐圩新区228国道东侧1 km处，桩号为K0+000，止于东辛农场水产管理区，终点桩号K6+100，路线长度6.100 km。标段共设计双向搅拌粉喷桩696 624 m，桩径为500 mm，桩中心距为1.1~1.5 m，呈梅花形正三角形布置，水泥掺入量70 kg/m。双向搅拌粉喷桩采用42.5级普通硅酸盐水泥，成桩效果如图1所示。

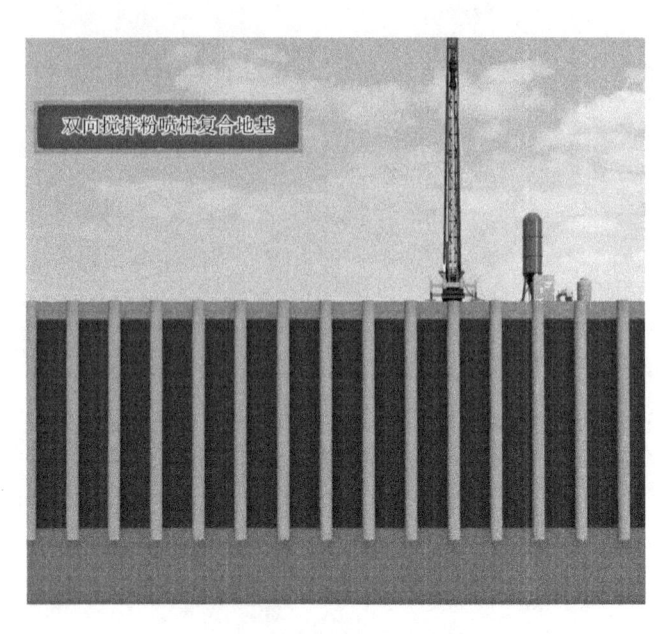

图1 双向搅拌粉喷桩成桩效果图

2 智能监控系统简介

水泥土搅拌桩智能监控系统是运用物联网技术,通过施工设备上安装的流量计、陀螺仪、压力计等多种感应器件对施工过程数据进行实时采集,实时数据经网络基站上传至网络服务器后传送至智能手机、电脑端等终端设备上,实现对施工过程的远程、实时、多终端监控。水泥土搅拌桩施工智能监控系统由制浆监控系统、打桩监测系统和数据实时存储、分析系统组成,对制浆、供浆、下钻、提钻等施工环节均可进行实时的施工数据采集,如图2所示。

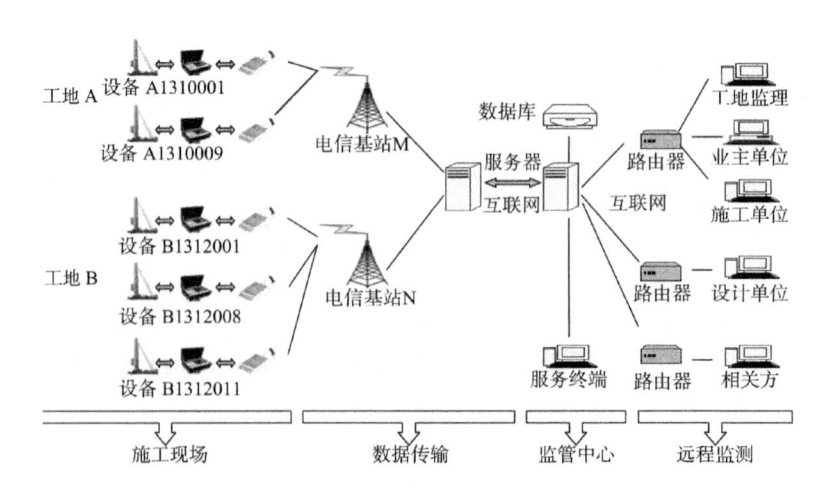

图2 智能监控系统原理图

3 智能监控系统与传统监控系统的对比

3.1 监控信息全面性

水泥土搅拌桩施工主要施工工序有浆液拌和、喷浆下钻、搅拌提升。在地质勘查资料覆盖范围有限的情况下,很难全面、准确地判断出施工区域内地质的变化情况。当地质条件发生变化时,如果不能及时对下钻速度、喷浆量等施工工艺参数进行调整,则成桩质量难以得到保证。

现阶段行业内对水泥土搅拌桩施工过程监控主要采用水泥喷浆记录仪和测量控制技术。水泥喷浆记录仪采用微机电脑技术,集数码显示和打印功能于一体,对打桩的开始时间、结束时间、喷浆量分布状况、总浆量进行记录,过程中通过数码显示屏显示喷浆量和总浆量。对成桩质量影响较大的浆液密度、喷浆压力、下钻和提升速度、桩体垂直度等关键指标无法进行监控。

水泥土搅拌桩智能监控系统通过对制浆系统、打桩系统的整合,采用更先进、更丰富的传感模块实现对前端数据的全方位采集。采集的数据涵盖钻桩深度、内钻杆电流、外钻杆电流、前后倾角、左右倾角、水泥浆密度、泥浆流速、喷浆状态和压力、钻杆状态,采集数据较传统监控系统更全面、丰富,对施工过程的指导性更强。常用配套设备如图3~图6所示。

图 3 电磁流量计、深度传感器

图 4 电流传感器、倾角传感器

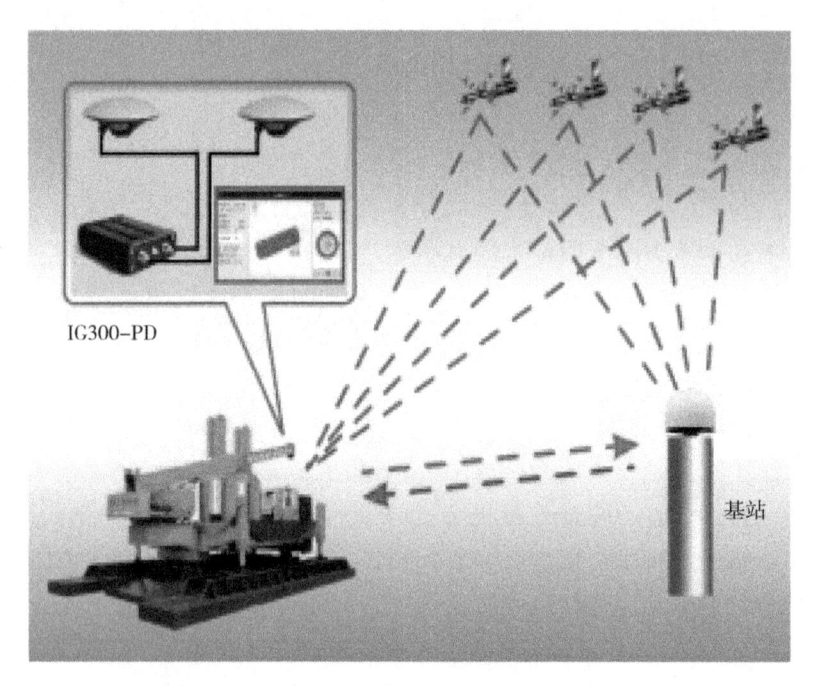

图 5 高精度定位设备

图 6 监控主机

3.2 监控信息时效性

水泥土搅拌桩智能监控系统利用物联网技术将安装在水泥浆拌和站和打桩机上

的监控、监测单元与安装在施工设备上的可视化数据处理终端进行连接,施工人员可实时了解施工过程中的工艺参数的变化情况,以最快的速度采取相关措施进行调整,保证施工质量,避免施工资源浪费。同时,监测数据通过电信基站实时上传至数据存储服务器内,业主单位、监理单位、施工单位人员可通过安装在智能手机、电脑设备上的客户端获得数据,不受地域限制,随时随地查看现场施工数据,对现场施工情况做出有效分析判断,实现了远程多人实时在线监测,极大地提高了工作效率,如图7所示。

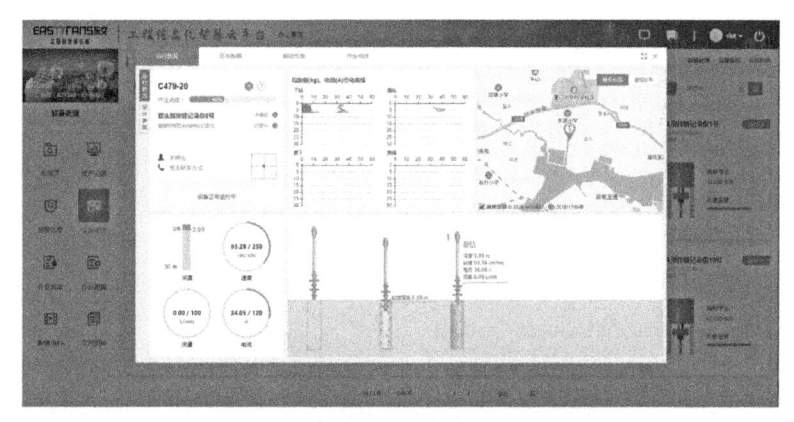

(a) 电脑端

(b) 手机端

图7 智能监控系统终端显示

3.3 监控成本经济性

为确保水泥搅拌桩质量能被有效控制,我国部分省份相应出台了水泥搅拌桩的施工质量管理指导意见,要求在施工过程中由现场技术人员、现场监理工程师进行全程旁站,现场监理工程师按至少每3台机3人的标准进行配置,极大地增加了水泥搅拌桩的造价成本。

通过水泥搅拌桩智能监控系统的运用,仅需在施工现场设置监控中心,使分散的管理集成化,做到1人即可管理多台施工机械,减轻在人力资源上的过多投入。监控系统一次性投入后,可循环重复利用,后期维护成本较低,经济效益明显。

4 传统施工设备智能化改造

在水泥搅拌桩智能监控系统应用的初级阶段,使用的水泥搅拌桩机多为传统设备,短时间内还不具备完全淘汰传统设备的条件。为此,在现阶段可通过在传统设备上加装电磁流量监测模块、深度传感模块、倾角传感模块、电流互感模块、扩大接触器以及密度传感模块等传感器即可实现对桩长、总浆量、段浆量、瞬时流量、钻杆下钻和提升速度、内外钻杆电流、泥浆密度、钻杆前后和左右倾角等参数的收集。

5 结语

在水泥土搅拌桩施工过程中,通过智能监控系统的应用,使整个施工过程更加透明,将隐蔽于地下的搅拌过程通过图表形式更直观地呈现;可对施工过程中的突发问题和潜在质量隐患采取更及时、更有针对性的处理措施,使水泥搅拌桩施工质量大幅提升。通过智能监控系统的运用,大幅度降低了人员投入,充分践行了品质工程中"自动化减人"的理念。

参考文献

[1] 江苏省交通工程建设局,东南大学. 江苏省高速公路施工标准化指南(软基处理) [M]. 北京:人民交通出版社,2012.

[2] 陈景天. 沿海软土地层水泥搅拌桩施工工艺及质量控制研究[J]. 城市住宅, 2021,28(4):245-246.

[3] 刘小和. 谈干法水泥土双向搅拌桩施工技术与控制[J]. 山西建筑,2013,39(17): 65-67.

高速公路悬浇箱梁线形控制测量技术

中铁大桥局集团有限公司　　湖北武汉　　430050　　潘　智

摘　要：烧香支河大桥是一座主跨为(42+2×70+42)m的四跨预应力混凝土变截面连续梁桥，主梁除0号块采用支架现浇外，其余1号～8号块均采用挂篮悬臂浇筑，主梁的线形控制较为关键。本文结合该桥主梁线形控制的施工实际，介绍了主梁的施工方案、线形控制的目的和要点、线形控制计算分析方法。重点阐述了箱梁实际立模高程值的计算过程和箱梁高程测控的布点和监控方法。

关键词：悬浇箱梁；施工控制网；线形控制；精度分析

1　概述

连宿高速公路路线起自徐圩新区，与228国道交叉，顺接方洋路，向西南布线，在徐圩水厂北侧跨越烧香支河，经东辛农场水产管理区、西陬管理区及沿河管理区，于板浦镇周圩村附近跨越善后河(规划Ⅲ级)进入同兴镇，路线在伊芦社区、罘山之间向西南布设，于轴北村附近跨越车轴河，继续向西南在下车镇北侧与连盐铁路、沈海高速交叉，之后偏向西，于仲集南侧与连镇客专、204国道交叉，跨越盐河(Ⅲ级)后在枯沟河北侧向西布线，止于机场互通南侧约4 km与长深高速交叉处，路线全长40.653 km。本项目采用双向四车道高速公路标准建设，设计速度采用120 km/h，路基宽度27 m。桥涵设计汽车荷载等级为一级公路。

跨越烧香支河的(42+2×70+42)m变截面预应力混凝土连续梁桥采用悬臂现浇的施工方法，以挂篮为主要的施工设备。桥梁全宽27 m，左右幅分幅设计，单幅桥面11.975 m采用挂篮平衡悬臂浇筑施工方法，梁体为单箱单室、变高度、变截面直腹板结构。顶面设置2%的单侧横坡，箱梁顶板宽度13.025 m，底板宽度6.525 m。顶板厚度为28 cm，底板厚度28至65 cm，腹板厚45至70 cm，按折线变化，主桥箱梁梁高及底板厚度在顺桥向均以2次抛物线变化，边跨高度段与中跨对称。立面及平面布置见图1。

(a) 立面图

(b) 平面图

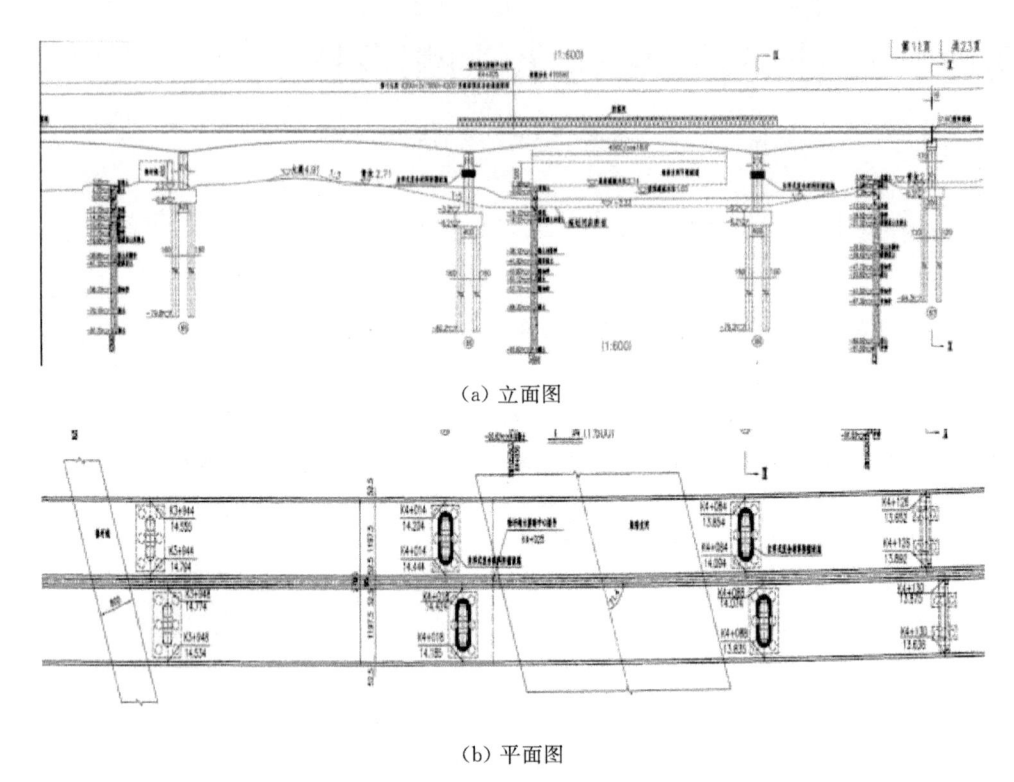

图1 主桥(42+2×70+42)m连续梁立面及平面布置图(单位:mm)

2 人员及仪器准备

根据施工需要按表1配置主要测量人员,后续人员根据施工需要增减配备。

表1 人员配置表

序号	职称及人数	职责分工
1	工程师2人	内业,负责
2	助理工程师1人	外业
3	技术员3人	外业

根据施工需要参考表2配置主要测量设备仪器。

表2 仪器配置表

序号	种类	厂家	型号
1	全站仪	徕卡	TS16
2	电子水准仪	徕卡	DNA03
3	光学水准仪	徕卡	NA728
4	GPS	中海达	iRTK5X

3 施工控制网测量

施工控制网是悬浇梁平面和高程线形的基础,本标段严格按照规范进行了首级GPS控制网测量,为了更好地控制悬浇梁的梁段线形,在原有首级GPS控制网基础上进行导线加密。在每个主墩的0#节段上都布设加密点,并进行高程贯通测量等。

3.1 施工平面控制网的建立

施工平面控制网包括采用四等导线的要求进行施测。观测路线为 IV07—XJ64—XJ65—XJ66—I010 的闭合导线(图 2)。其中 IV07、I010 为首级控制点。最终平面控制网经平差处理,最弱边相对中误差为 1/35 346,导线全长相对闭合差 1/182 600,完全满足桥梁的测量控制需要。

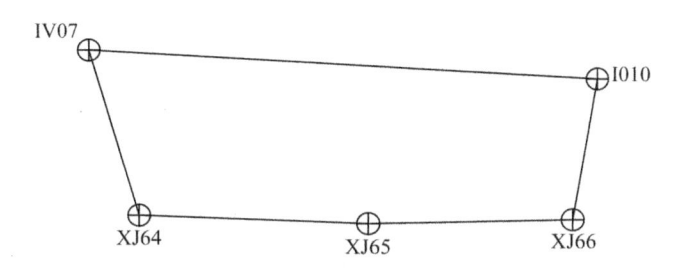

图 2 施工平面控制网路线图

3.2 施工高程控制网的建立

由于现场实际情况无法用电子水准仪在每个墩顶上进行高程传递,可以采用全站仪对向观测进行高程传递。该方法可以抵消单向观测的 i 角误差,由于测距长度均小于 200 m,地球曲率差值可以忽略不计。观测时使用自动观测,观测时间选在阴天和夜间为宜,减少环境因素的影响,提高数据精准性和稳定性。经观测数据分析,水准路线闭合差为 $2 \text{ mm} \leqslant 4\sqrt{L}$($L=0.7$ mm)满足四等水准规范要求。

4 施工前准备工作

4.1 内业数据复核

对悬浇梁设计图纸复核,安排至少两个人按照不同的计算方法,计算复核桥梁平曲线、竖曲线、线路中心坐标、箱梁结构尺寸、底板设计曲线、设计预拱度、支座预偏量等。同时,放样数据由各工区测量负责人同步进行计算,计算后数据由项目测量负责人复核,确认无误后,以计算单的形式上报监理复核批准,并签字盖章。最后,设计图打印成册,由项目部总工程师审核签字后用于现场测量放样。

4.2 垫石竣工及支座安装

该步骤涉及对已完成墩身的支承垫石中心线的复核、支座的安装测量等。根据大桥设计图纸首先熟悉并弄清图纸上的支座尺寸、高程和桥梁中线、桥墩中心线的位置关系,并计算出各个支座垫石的十字中心线坐标并经至少两个人复核。组织人员进行两墩之间跨距的复测工作,复测以跨为单位进行(图3)。把全站仪架设在最端头的一垫石中心后视另一端的垫石中心复核每墩理论十字中心线是否在一条直线上并对每跨的跨距进行复测,对向观测后,取平均值。

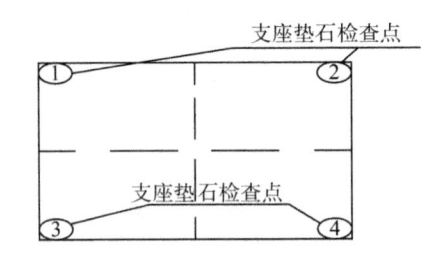

图 3 已完成墩身的支承垫石中心线的复核

复测结果符合规范要求后根据支座垫石十字线设计图纸要求,使用钢尺放出支座中心线。支座放样偏差应控制在±5 mm内,利用水准仪控制支座顶四角相对高差在±1 mm内。墩顶十字线和支座十字线均用墨线弹出并用红油漆标注。用线垂进行调整直至合格为止。

4.3 挂篮预压

在挂篮施工前,施工单位根据规范对挂篮进行堆载预压试验,以检验其强度及刚度是否满足要求并消除其非弹性变形。挂篮预压时应逐级进行加载,每级加载完成并稳压20 min后检查各杆件的情况,同时记录承载力与位移的关系,并根据试验测出的结果,绘制力与位移的关系曲线。此外,预压时还应分别对挂篮预压前、预压30%、预压70%、预压110%、卸载后几个工况的变形进行观测(预压110%需48 h内两次变形观测值无变化,才可以卸载)。由监控单位根据预压结果分析得出挂篮的弹性变形量,出具监控指令。

5 线形控制测量

悬浇箱梁的线形控制流程是:施工→量测→识别→修正→预告→施工的循环过

程，先根据结构分析计算，给出箱梁理论立模高程并实施，然后测量已完成梁段的高程和平面位置，将已完梁段的实际高程和预计高程相比较，在对偏差的结果进行综合分析的基础上，对待浇梁段的立模高程和平面位置进行调整（图4）。

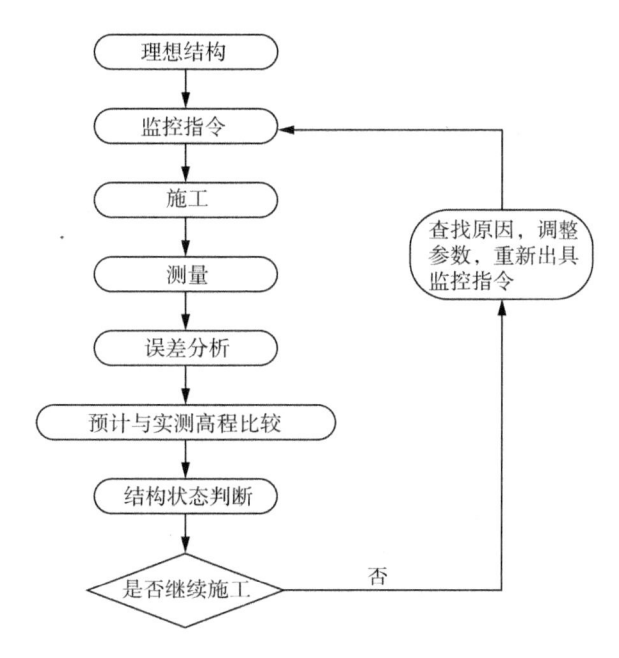

图4 悬浇箱梁线形测量流程图

5.1 悬浇节段模板测量

挂篮模板走行到位后，锁定挂篮。挂篮模板测点分布如图5所示。利用全站仪检查底模中线及1、2点的高程与平面位置，将底板调整到监控指令要求的高程位置，固定底模后端与上一节段混凝土的锚固体系，再依次检查内模、翼缘模板的位置、尺寸、高程。模板调整到监控指令预抬位置后，固定后端锚固系统，检查挂篮前端钢吊带是否已经受力紧绷。所有模板完成固定后，用水准仪检核底板和翼缘板高程有无变化（翼缘板调整时，挂篮前端会受力变化，引起底板纵向轻微变化），如有变化，可以使用手拉葫芦进行微调。由于挂篮是钢架体系易受温差影响，建议模板调整时间选在日出前或日落后。模板调整测量及挠度测量时，桥面施工荷载尽量保持对称，避免偏载、受力不均匀等现象。混凝土的浇筑时间选在夜间为宜，保证梁体线形尽量不受温差、偏载等外部因素影响。顶板钢筋绑扎完后，放样混凝土节段顶面高程，放样挠度观测点及节段前端中线点预埋件，混凝土浇筑完前要预埋线形观测点。注意立模高程应在设计高程上加预拱度。

上一块段施工完毕后，在箱梁顶面放样梁体中线，进行平面位置或中线复核，并进行梁段成品测量。

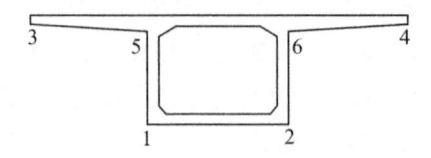

图 5　挂篮模板测点分布图

表 3　预应力混凝土连续梁模板尺寸允许偏差及检查方法

序号	项目	允许偏差(mm)	检查方法
1	梁段长	±10	测量检查
2	梁高	+10～0	
3	梁段高度变化段位置	±10	
4	底模拱度偏差	3	
5	底模同一段两角高差	2	
6	悬臂梁段顶面高程	+15～−5	
7	合龙前两悬臂段相对高差	合龙段长 1/100,且不大于 15 mm	
8	梁段轴线偏差	15	
9	相邻梁段错台	5	

5.2　挠度观测

（1）挠度观测布置

0#块施工完毕后,在上面布置 5 个高程观测标志点(选用直径 16 mm 钢筋,长度 10 cm 的杆件,并与主筋焊接,埋设在不妨碍挂篮前移,避开预应力张拉位置),其他悬臂端设置两个观测点,标志点距离梁端 10 cm(纵桥向),横桥向位于腹肋顶面,露出混凝土约 2～3 cm,喷上红漆,便于观测及保护。如图 6 所示。

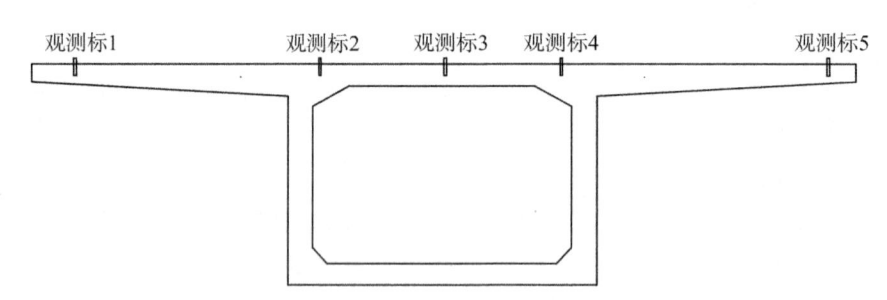

图 6　梁体挠度监测点分布示意图

（2）观测方法

挠度观测采用校检后的水准仪进行观测,从梁上控制点出发,按照闭合线路进行测量。

(3) 观测工况

为观测悬浇过程中的挠度变形值,以便及时调整施工过程中的梁段高程,确保线形满足设计要求,对箱梁施工过程进行工况观测。

悬臂端每个梁段分 4 个工况实施:箱梁浇筑混凝土前、箱梁浇筑混凝土后(张拉前)、箱梁预应力张拉后、挂篮前移后。

悬浇节段施工须完成边跨合龙后、边跨连续束张拉后、临时锚固体系解除后、中跨合龙后、中跨连续束张拉完成后 5 个工况观测。

5.3 合龙段高程控制

边跨、中跨的合龙段施工前,应对合龙段两端高差、温度和对应的挠度变化进行观测。合龙段高程观测共 6 个工况:安装模板前、混凝土浇筑前、混凝土浇筑后、张拉部分纵向预应力束、张拉全部纵向预应力束、拆除临时支撑。

控制合龙段两端高差,应控制在 15 mm 内。中跨合龙前,需要对最大悬臂端进行 48 小时测量,在不同时间段、温度进行观测,做好详细的观测记录,为合龙提供有效的数据支持。

在整个悬浇施工测量过程中,测量人员要相对固定,数据处理专人负责;按既定的方案进行布点;定时进行工况观测,采用固定合格的仪器进行观测。尽量减少温度、日照等外界环境的影响。跟踪测量每个梁段施工,发现实测值与设计值偏差较大时,应及时进行复测,确认无误后报项目工程部、监控单位,由监控单位确认是否需要修改监控指令;若成品测量实测值与设计线形有偏差,相关人员应配合监控单位对下一块监控指令进行微调,对梁体线形进行纠偏。

6 精度分析

在测量过程中,悬浇梁的测量精度主要受边长的测量误差、角度的观测误差、仪器高和棱镜高的量测误差、大气折光误差的影响。

(1) 边长测量中误差 m_1 的影响

在实测中,采用的高精度全站仪标称精度为 $\pm 1 \text{ mm} + 10^{-6} \times D(\text{mm})$,以观测距离 $D = 200$ m 为例。

$$m_1 = \pm \sqrt{1^2 + (1 \times 0.2)^2} = \pm 1.02 \text{ mm}$$

同时由于有温度变化、气压变化对测量产生了测量误差的影响,在施工作业中可以准确地测出大气的温度、气压值,输入仪器内进行改正计算。当温度测量误差小于 0.5 ℃,气压测量误差小于 1 mbar(1 bar = 10^5 Pa)时,对测距的影响为 10^{-6},因此在进行施工测量时应选择在温度、气压变化小的时候进行作业。

$$m_1 = \pm\sqrt{1^2 + [(1+1)\times 0.2]^2} = \pm 1.08 \text{ mm}$$

（2）角度的测量误差 m_2 的影响

测量采用的全站仪标称测角精度为 $\pm 1''$，在施工作业中每次观测都必须测一个测回才能作为最终观测结果，因此取 $m_2 = \pm 1''$。

（3）控制点点位误差的影响 m_3

由于控制点进行平差处理后都存在点位误差，施工控制网按照最弱边的限差，取 $m_3 = \pm 2$ mm。由于测量均采用极坐标法进行施工放样，因此：

$$x = x_0 + D \times \cos I \times \cos a$$
$$y = y_0 + D \times \cos I \times \sin a$$

式中：D 为斜距且 $D \leqslant 100$ m；

I 为竖直角，取最大角度 $I \leqslant 20$；

α 为方位角；

x_0、y_0 为已知控制点坐标。

按照最不利情况取值，所以放样点在不考虑其他因素的影响时点位误差为

$$m_x = \pm\sqrt{m_{x_0}^2 + (\cos I \times \cos\alpha \times m_1)^2 + [D \times \cos\alpha \times (-\sin I) \times m_2/\rho]^2 + \sqrt{[D \times \cos I \times (-\sin a) \times m_2/\rho]^2}} = \pm 2.273 \text{ mm}$$

$$m_y = \pm\sqrt{m_{y_0}^2 + (\cos I \times \sin\alpha \times m_1)^2 + [D \times \sin\alpha \times (-\sin I) \times m_2/\rho]^2 + \sqrt{[D \times \cos I \times \cos\alpha \times m_2/\rho]^2}} = \pm 2.273 \text{ mm}$$

在施工作业中还受仪器对中整平误差、大气折光差、瞄准误差、棱镜对中误差的影响：

①仪器对中整平误差 m_4：在架设仪器时，每次作业均精密对中多个方向整平仪器，考虑仪器本身存在对中偏差，因此取 $m_4 = \pm 1$ mm。

②大气折光差 m_5：由于在主塔横梁上布设了稳定的点，在测量作业前先对已知点进行测量推算出放样时大气折光的影响值，对测量数据进行改正，因此取 $m_5 = \pm 1$ mm。

③瞄准误差 m_6：由于受眼睛分辨率的影响，越长距离照准误差越大，在测量过程中使用自动捕捉测量目标，减少照准误差。因此取 $m_6 = \pm 1$ mm。

④棱镜对中误差 m_7：虽然对棱镜对点器进行了仔细的校正，误差已调至最小，但由于人员的操作还存在误差，因此取 $m_7 = \pm 1$ mm。

综上所述，测量放样点点位精度（最不利情况下）应为：

$$m = \pm\sqrt{2 \times m_x^2 + m_4^2 + m_5^2 + m_6^2 + m_7^2} = \pm 3.786 \text{ mm} \leqslant 10 \text{ mm}$$

测量精度满足规范及设计要求，可以用于现场施工放样。

7 施工测量质量控制措施

箱梁悬浇施工中，由于梁体张拉力、块段的自重、混凝土的龄期均在不断变化，并受桥面施工荷载、混凝土收缩徐变以及施工过程中挂篮受温差产生的纵向位移变化影响，使梁体各截面的内力和位移都发生相应的变化，所以悬浇箱梁的最大难点是挠度计算和梁体的线形控制。施工现场测量采取的主要控制措施如下。

（1）建立观测制度，提高测量精度，及时准确地实施并检查平面控制测量和高程控制测量。对梁段高程和中轴线进行测量时，若现场实测值与测量单上预测值对应误差为 15 mm（高程）、5 mm（中轴线偏位）时，应进行复测；若仍超过误差限值，须经监控和监理同意观测结果后方可结束测量。

（2）对每节梁块施工跟踪观测，发现实测值与设计或计算值有较大差别时，及时纠偏，及时在下节梁段适当调整，使结构挠度偏离设计值的误差控制在最小范围，以保证合龙精度（悬臂合龙的中线位置误差不大于 10 mm，悬臂合龙的高程误差在 ±20 mm 之内）。

高程控制强调梁纵向曲线的顺滑，即使在某个阶段实际高程与理论计算值不一样时，不必强行在下梁段施工中立即全部调整过来，可以在以后几个梁段施工中逐步调整，重要的是保证梁的竖曲线和理论竖曲线相似，均匀连续、无局部的突起或下挠。

（3）重视施工荷载计算和保持施工荷载稳定，重视立模高程的计算和实测、施工气温的把握，重视对相关实测参数的收集整理、汇总并与计算值对比分析。总之，要密切注意施工过程中主梁的线形变化。监控工作应根据箱梁已浇梁段的重量、高程、预应力、混凝土强度、弹性模量等实测值（均由施工单位提供），考虑挂篮变形、支座变形、桥墩沉降和温度影响，由施工控制程序进行分析后，才能提出下一梁段的立模高程值。

8 结束语

在业主、监控、设计、施工、监理单位的共同努力下，烧香支河悬浇梁桥已完美合龙。成桥线形满足设计要求，合龙段高程控制在 15 mm 以内。中线偏位控制在 10 mm 以内。该控制方法在大跨度悬浇梁施工技术控制方面进行了积极的探索，并取得了很好的效果，可以为类似结构施工积累经验并提供借鉴。

参考文献

［1］中国有色金属工业协会.工程测量标准：GB 50026—2020［S］.北京：中国计划出

版社,2020.

[2] 国家测绘局.全球定位系统(GPS)测量规范:GB/T 18314—2009[S].北京:中国标准出版社,2023.

[3] 国家测绘局.国家三角测量规范:GB/T 17942—2000[S].北京:中国标准出版社,2000.

[4] 国家测绘局.国家三、四等水准测量规范:GB/T 12898—2009[S].北京:中国标准出版社,2009.

[5] 中交一公局集团有限公司.公路桥涵施工技术规范:JTG/T 3650—2020[S/OL].(2020-06-30).https://xxgk.mot.gov.cn/2020/jigou/glj/202006/t20200630_3321368.html.

[6] 江苏省交通工程建设局.高速公路箱梁桥悬臂浇筑法施工线形控制技术规程:T/JSTERA 41—2023);

现代建筑混凝土工程的质量控制和防治对策

中铁大桥局集团有限公司　湖北武汉　430050　郑林生

摘　要：随着城镇化进程的加快、建筑工程的增多,社会对建筑工程质量的要求也在提高。对于现代建筑和施工技术管理人员,混凝土的质量控制是一个永恒的主题。混凝土质量控制的好坏,直接关系到现代建筑的安全性、稳定性、耐久性和适用性。严格管理预拌商品混凝土的生产,保证出厂产品合格,加强混凝土施工过程的监管,规范混凝土结构的养护及成品管理,对形成合格及优良的现代建筑产品至关重要。本文就现代建筑混凝土工程的质量控制和防治对策展开探讨。

关键词：混凝土工程;施工质量;质量控制

引言

随着建筑结构形式的多样化发展,混凝土施工质量要求也更加严格。造成混凝土施工质量问题的原因主要有两个方面。一个是混凝土原材料配合比问题,混凝土由水泥、添加剂、水、砂石等多种材料组合而成,如果配比不合理就会影响混凝土强度,从而会导致整个工程项目的质量问题;在具体施工中,现场人员需要根据设计强度要求,在科学的试验检测基础上控制混凝土配比,适当调整多项指标数据。除了原材料配比,另一个影响因素就是施工浇筑问题,施工队伍技术水平参差不齐、工艺技术掌握不成熟都会影响整个混凝土工程质量。

1　现代建筑混凝土工程的质量控制和防治对策

1.1　加强对原材料的控制

原材料质量是影响混凝土工程施工质量的重要因素,原材料质量欠佳也是多数建筑工程质量不佳的根本性原因。因此,在建筑混凝土工程施工期间,要加强对原材料的把关,施工单位在混凝土工程施工前,需要结合工程的实际需要,灵活选材。比如对材料的型号、质量等必须要严格把关,做好质检工作,保证所有材料达到了工程建设标准需要,才能让这些施工材料进入施工场地。同时,施工单位还需做好材料现场抽查工作,查看原料是否存在质量方面的问题,对质量不过关的原材料要及时剔除,重新选购合适材料。需要注意的是,施工现场材料抽查,要重复进行多次,可以结合施工进度确定抽查时间。此外,还应当督促施工现场管理人员做好材料保管工作,避免材料受到外界的侵蚀,如水泥一旦被雨水打湿就无法使用,部分钢筋接触到雨水则会锈蚀。

1.2 混凝土模板工程质量控制

混凝土浇筑前模板工程是必不可少的一个环节,对于要求严格的工程项目,施工单位应该根据现场情况和工程特点编制模板专项施工方案,并严格按照方案中的内容进行施工作业。在这个环节建设单位所委派的监理机构应该对专项施工方案进行审查,确保方案的可行性。在具体施工中保证模板安装质量,避免混凝土浇筑中出现漏浆等问题。根据现场情况进行模板支撑的安装和拆除,确保混凝土强度能够达到基本要求,方可进行后续的拆除作业。

1.3 混凝土浇筑的质量控制

运输车到施工现场后,严禁向罐内加水,应分层浇筑,分层振捣。每一点的振捣,应使混凝土不再往上冒气泡,表面不再出现原浆和不再沉陷时为止。当采用插入式振捣器振捣时应快插慢拔,移动间距不宜大于振捣器作业半径的1.4倍,与模板的距离不应大于其作用半径的0.5倍,并避免碰撞钢筋、模板、预埋件等。振捣器插入下层厚度不应小于50 mm,当采用平板振动器时,其移动间距应保证振动器的平板能覆盖已振实部分的边缘。

1.4 合理对混凝土进行温度控制

混凝土浇筑过程中温度控制是非常重要的一个环节,由于混凝土凝结过程中会发生水化热反应,消耗大量的水分和热量,如果内外温差较大,热胀冷缩原理下容易发生开裂等质量问题。因此,合理控制混凝土温度具有重要意义。常见的混凝土温度控制方法主要以保温法和降温法为主:保温法通常是采取相应的辅助设备保证混凝土温度不会下降太快,比如在混凝土构件上覆盖保护膜;降温法是指通过外界作用降低混凝土温度,比如在混凝土表面进行冷水洒水养护,在表面降温水洒保证混凝土表面温度能够与周围温度相一致,除此之外还可以在混凝土内部加上特制的水管,利用水循环作用来达到内外温度的平衡。

1.5 混凝土养护阶段的质量控制

混凝土养护方法有自然养护和加热养护两大类。现场施工一般为自然养护,自然养护又可分为覆盖浇水养护、薄膜布养护和养生液养护等。

对已浇筑的混凝土,通常应在浇筑完混凝土终凝前8~12 h内,开始进行自然养护。浇水养护时间要求对采用硅酸盐水泥、普通硅酸盐水泥或矿渣硅酸盐水泥拌制的混凝土不得少于7 d；对火山灰质硅酸盐水泥、粉煤灰硅酸盐水泥拌制的混凝土不得少于14 d；对掺用型外加剂、矿物掺合料或有抗渗要求的混凝土，不得少于14 d。浇水次数应能保证混凝土湿润状态，养护用水与预拌用水相同，在已浇筑的混凝土强度达到1.2 N/mm² 以前，不应在其上踩踏或安装模板支架等。

2　完善施工质量监管体系

质量监管是保证混凝土工程施工质量符合标准要求的关键所在。但是，当前部分施工单位的监管体系不够健全，对于工程监管的重视度有限，影响混凝土工程施工质量。因此，还需积极改善这方面的问题。在平时的施工中，加强对工程的视察和清点，杜绝施工期间可能存在的安全隐患，重点勘察模板搭建、钢筋焊接等对工程质量影响比较大的环节。当然，在完善施工质量监管体系时，实际上对于工作人员的综合素质也有着较高的要求，其需要对混凝土工程施工原理以及影响工程质量的因素有充分的了解，这样才能及时地发现使用中存在的问题，并解决问题。同时，在工程竣工之后，也需要快速整理竣工资料，对竣工资料进行检查验收，确保相关资料的真实性、权威性和有效性，针对不符合规定标准的建筑不允许其投入使用，对其存在的问题及时地改进，保证建筑工程在交付日期之前达到规定要求的标准，以延长建筑使用寿命。

3　结语

综上所述，混凝土工程的质量控制对现代建筑工程质量有着直接的影响，工程设计、勘察、施工、监理、监督的有关技术人员应时刻把混凝土质量控制放在心上，拿在手上。在施工之前要全面参考周围环境和施工现场条件制定合理的施工方案，选择合适的施工方法。施工时严格按照施工工序的流程，根据设计图纸、标准、规范要求进行施工，选择技术能力强的劳务队伍，尽可能避免混凝土质量问题的发生，并且做好应对措施。对施工中发现的问题及时处理，加强混凝土工程施工事前、事中、事后三阶段的监管，提升建筑质量，促进我国现代建筑业持续健康稳定的发展。

参考文献

[1] 欧大力,韩建祥.高层建筑施工过程混凝土工程质量控制的思考[J].居舍,2018(17):29.

[2] 梁梅.高层建筑混凝土工程施工质量控制探讨[J].山西建筑,2013,39(34):218-219.

[3] 张园龙.高层建筑混凝土工程施工技术探讨[J].中国高新技术企业,2011(19):62-63.

浅谈工程商务管理中的问题及解决方法

中铁大桥局集团有限公司　湖北武汉　430050　杨延河

摘　要：当前的经济形势之下，建筑市场竞争变得越来越激烈，在这样的背景之下，施工企业想要得到进步和发展，就需要不断地提高自己的项目商务管理水平以及项目商务管理能力。商务管理作为项目日常管理的一部分，对项目管理的成果至关重要，成功的商务管理能使项目降本增效，实现利益的最大化，当然这其中不乏各个部门之间的协同合作。而当前工程项目经济效益普遍偏低的原因主要是市场和宏观经济环境严峻，企图在短时间内改善外部影响是不现实的。只有通过加强工程项目管理，狠抓商务管理，规避项目管理过程中各种风险，采取合理有效的措施，才能实现经济效益目标。

关键词：商务管理；合同管理；造价控制；风险管理；项目管理

引言

工程商务管理是工程项目建设中的重要环节之一，它涉及合同管理、造价控制、风险管理、项目管理等多个方面。在当今工程项目建设日益复杂和竞争激烈的环境下，工程商务管理的重要性越来越突出。本文旨在探讨工程商务管理中存在的一些问题及其解决方案，并提出加强工程商务管理的有效措施。

1　工程商务管理的概念

工程商务管理，又称为工程商务合约管理，是工程项目管理领域中的一种综合性的管理方式。它涵盖了工程项目从规划到设计、施工、后期运维全过程的一系列管理活动，其目的是确保工程项目在经济、技术、管理等方面的协调有序进行，实现项目经济效益和社会效益的最大化。

2　工程商务管理的特点

2.1　综合性

工程商务管理涉及工程项目从规划到设计、施工、后期运维全过程的各项管理活动,包括进度管理、质量管理、成本管理、安全管理、风险管理等多个方面,具有很强的综合性。

2.2 复杂性

工程商务管理涉及的要素众多,如合同管理、采购管理、人力资源管理、财务管理等,各要素之间相互影响、相互制约,具有很强的复杂性。

2.3 不确定性

工程项目实施过程中,面临着各种不确定因素,如政策变化、市场竞争、技术进步等,这些因素对项目的经济效益和社会效益产生了重要影响,使得工程商务管理具有很强的不确定性。

2.4 经验性

工程商务管理需要丰富的管理经验和实践经验,需要管理人员具备较高的管理素质和专业技能,以便更好地应对各种复杂情况。

3 工程商务管理中存在的问题

3.1 合同管理不规范

在工程商务管理中,合同管理是重要的一环。但是,有些工程项目在合同管理方面存在不规范的行为,如合同条款不清晰、合同执行不严格等,导致合同纠纷和违约等行为,会影响工程进展和经济效益。

3.2 造价控制不严格

造价控制是工程商务管理的核心内容之一。但是,有些工程项目在造价控制方面存在不严格的现象,导致工程造价超预算和工程成本费用增加。

3.3 风险管理不足

工程项目建设中存在的风险不容忽视。但是,有些工程项目在风险评估和管理方面存在不足,造成工程损失和不良影响。

3.4 项目管理不协调

工程项目建设需要各方的协调合作,但是有些工程项目在项目管理方面存在不协调的现象,导致工程进展缓慢和经济效益下降。

4 解决方案

4.1 加强合同管理的规范

在合同管理方面,需要制定规范的合同文本和条款,明确双方的权利和义务,避免合同纠纷和违约等行为。同时,要注重合同管理的规范和流程,保证合同管理的质量和效率。

4.2 加强造价控制的管理

在造价控制方面,需要制定严格的经济概算和预算制度,加强工程造价的监督和控制,避免超预算和费用增加。同时,要注重造价控制的管理和优化,提高工程的经济效益。

4.3 加强风险管理的措施

在风险管理方面,需要建立完善的风险评估和管理机制,预测和应对工程项目建设中的各种风险。同时,要注重风险管理的措施和手段,降低工程项目的风险损失。

4.4 加强项目管理的协调

在项目管理方面,需要加强各方的协调合作,形成有效的协作机制,确保工程项目的顺利实施。同时,要注重项目管理的创新和优化,提高项目管理的效率和效益。

5 加强工程商务管理的有效措施

5.1 提高工程商务管理的意识

工程商务管理工作是工程项目建设的重要组成部分,项目人员必须提高工程商务管理的意识。项目负责人和相关人员应该加强工程商务管理的教育和培训,提高工程商务管理的专业水平和素质。

5.2 加强工程商务管理的监管

工程商务管理工作必须加强监管,确保合同管理、造价控制、风险管理、项目管理等环节的合理性和规范性。同时,要加强对工程商务管理工作的监督和检查,及时发现和解决问题。

5.3 引入先进的管理方法和技术

工程商务管理工作必须引入先进的管理方法和技术,提高工程商务管理的水平和效率。例如,可以采用信息化技术,建立工程商务管理信息系统,实现信息共享和数据集成,提高工程商务管理的效率和精度。

6 结语

工程商务管理是工程项目建设中的重要环节之一,需要加强合同管理、造价控制、风险管理、项目管理等多个方面的管理和控制。通过采用上述解决方案,可以有效地提高工程商务管理的水平和效益,为工程项目的顺利建设和经济效益的提升提供有力保障。同时,要加强工程商务管理的教育和培训,提高工程商务管理的专业水平和素质;加强工程商务管理的监管,确保工程商务管理的合理性和规范性;引入先进的管理方法和技术,提高工程商务管理的水平和效率。

参考文献

[1] 陈森辉.广东 LNG 工程商务管理浅谈[J].华南港工,2006(3):69-71.
[2] 贾东坡,王明毅,雷林飞,等.国际工程项目商务管理体系建设研究[J].工程技术研究,2018(14):133+187.
[3] 赵舒达.论建筑工程项目商务管理的主要作用及提高经济效益措施[J].中国科技财富,2010(22):49.
[4] 时诒敬.浅谈施工企业的项目成本管理[J].山西建筑,2008,34(23):251-252.

墩柱钢筋保护层的控制对策

中交一公局第三工程有限公司　北京　101102　胡廷轩

摘　要：作为墩柱质量验收评定的关键项目，墩柱钢筋保护层对钢筋混凝土的硬度、耐久性、防火性产生重要的影响，关系着结构物的安全性能和使用寿命。本文针对中国现如今高速公路大部分使用钢筋混凝土墩柱桥梁的状况，研究墩柱钢筋保护层厚度控制的相关对策。

关键词：墩柱；钢筋保护层；对策

引言

钢筋混凝土保护层厚度是指钢筋混凝土结构中钢筋混凝土外边界到结构表层中间的一段距离，对后张法预应力为该管外缘至钢筋混凝土表层的间距，规范中所指的最小保护层的厚度即净保护层厚度。由于墩柱的钢筋保护层的厚度是墩柱施工工程质量验收考核的重要内容之一，它直接影响着墩梁的承载力条件、承载力作用以及耐久性。工程质量管理不善，将缩短桥梁的寿命，严重的可能引起事故。故严格按标准的施工要求进行，确保钢筋安装的正确部位和混凝土保护层的厚度是施工中的重点工作。

1　钢筋保护层厚度对墩柱的影响

墩柱钢筋保护层的主要功能，简单来讲就是保障钢材在一个密闭的环境内，经过合理的设计，从而避免空气氧化、受到不良环境的腐蚀，进而提高建筑构件的稳定与耐久。而对钢筋保护层最小厚度的确定，是使混凝土结构材料符合材料的物理耐久性条件和对最大受力钢筋可靠锚固的需要，从而确保了钢筋与混凝土之间可以共同工作，使结构形成按照设计计算拟定的最大承载能力，从而在结构构件的使用期限内延缓保护层内的钢筋腐蚀过程。但钢筋保护层过薄或是过厚，都会对结构产生不良影响。

1.1　钢筋保护层过薄

墩柱钢筋保护层厚度若过薄，易导致墩柱钢材外露以及将表层水泥剥离，进而使钢材长期裸露于空气和不利环境中。钢筋混凝土若过早进行锈蚀或锈蚀的发展速率增高，将导致钢筋直径截面积减少，使结构或构件的整体受到破坏，从而大大减少了墩柱的应用年限。由于钢筋直径的腐蚀,通常总是由最外围的均匀分布钢筋或箍筋开始,要确定所需的混凝土保护层厚度,首先就应该确定箍筋和均匀分布钢筋的保护层厚度,而内侧主筋的保护层厚度则基本上由箍筋和分布筋的需要确定[1]。

1.2 钢筋保护层过厚

墩柱钢筋保护层厚度过厚,会使墩柱的外表层易产生收缩裂纹和温度裂纹,而钢筋通过墩柱外表层时形成的裂纹增加了钢筋的锈蚀,过厚的保护层厚度也降低了受力断面,从而减少了构件的承载能力。

2 引起墩柱钢筋保护层厚度偏差的原因

2.1 施工技术交底不到位

结构施工前未做好施工技术交底,对工程质量保障措施落实不到位,未正确识别图纸标注厚度,造成工人对钢筋保护层的厚度设计值认识有误。施工图中的保护层厚度尺寸,通常有如下两种标注方法。

(1) 标注钢筋(主筋)中心线至混凝土表面的距离,这种标注方式代表设计单位强调了结构断面的有效截面系数。计算净保护层厚度时应减去钢筋半径。

(2) 在大样图中某钢筋部位标注含"净"字,此标注指该构件标注截面处净保护层尺寸。这种标注方式是设计单位强调在结构上反映材料的保护层效果,同时又保证了良好的截面关系。

2.2 钢筋加工精度不符合规范标准及设计要求

在钢筋加工场加工墩柱钢筋时,由于未能认真审查图纸,对纵向受力钢筋保护层的概念认识也比较含糊,造成在做加强筋及箍筋时尺寸误差达临界值。另外如果模板上有1~2 mm的合理误差,这也将对整体保护层合格率产生很大影响。

钢筋弯制前没有对施工图纸精度进行复核,出现超出规范的尺寸偏差。

钢筋加工设备是由电脑程序和人为一起控制,在钢筋加工过程中本身就会存在误差。

2.3 钢筋笼在运输过程中的不规范操作

钢筋笼起吊过程中,钢丝绳吊环直接系在钢筋笼主筋上,导致钢筋笼主筋变形,影响保护层合格率。

在板车拖运过程中钢筋笼未使用钢丝绳固定,使钢筋笼在板车上来回滚动,从而导致与车厢碰撞使钢筋笼变形,影响墩柱钢筋保护层厚度合格率。

当拖运较长的墩柱钢筋笼时，一部分钢筋笼漏出车外，外露部分的钢筋笼上下摆动导致钢筋笼变形，影响墩柱钢筋保护层厚度合格率。

一辆板车一次性拖运多个钢筋笼，导致钢筋笼之间相互挤压、碰撞，影响墩柱钢筋笼保护层厚度合格率。

2.4　钢筋笼堆放不符合规范

钢筋笼堆放场地不平整，堆放时未设置支架，在场地上随意堆放，与底面发生挤压碰撞，导致钢筋笼变形（图1）。

图1　钢筋笼变形

2.5　钢筋笼在安装过程中的不规范操作

钢筋笼安装焊接时，中心点未对正。

钢筋笼焊接高低存在差异，导致墩柱钢筋笼垂直度误差偏大（图2），影响保护层合格率。

钢筋笼定位筋或垫块安装的位置、尺寸不准确，影响墩柱保护层厚度。

2.6　外界因素对保护层厚度的影响

墩柱模板本身尺寸（偏大或偏小）影响保护层厚度。

模板某一部位变形严重影响保护层厚度合格率。

在墩柱混凝土浇筑过程中，墩柱模板受力后位置发生变化，从而影响墩柱钢筋保护层厚度的合格率。

图 2　钢筋笼垂直度偏差

3　墩柱钢筋保护层的控制措施

墩柱钢筋笼在加工时，根据设计图纸尺寸，钢筋加工厂和现场及时沟通在误差允许范围内合理安排钢筋笼的尺寸。

墩柱钢筋笼在加工时，内设加强圈，并焊有支撑筋（十字筋或三角筋）防止钢筋笼在运输及吊装过程中变形[2]。

墩柱钢筋笼吊装过程中规范操作，钢丝绳悬挂在加强圈上，禁止直接悬挂在主筋上，以防止钢筋笼变形。

钢筋笼安装焊接时，一定保持垂直，中心点对正后，校正桩基主筋的位置，使桩基主筋焊接在柱笼主筋上，以防止钢筋笼变形。

定位筋或垫块安装时，一定控制主筋到模板的间距在设计图纸所给钢筋保护层厚度范围之内。

模板安装之前一定检查模板尺寸，防止模板在放置或吊装过程中发生变形影响保护层。

混凝土浇筑之前，模板用缆风绳固定（至少3根）以防止浇筑过程中模板移位影响保护层。

4　结论

现如今高速公路大多使用钢筋混凝土墩柱桥梁，墩柱的保护层厚度是墩梁工程验收考核的重要内容之一,它关乎着墩梁的承载条件、承载功能以及耐久性。所以,控制好钢筋保护层厚度是整个施工过程中的关键。保护层的控制措施各个项目都有自己的一套控制方法,但控制措施的实施效果关键还在于一线工人和现场技术人员。因此,措施制定同时,既要加强一线工人对钢筋保护层厚度的控制意识,也要加强现场技术人员对工人的管理意识和自我质量控制意识。

参考文献

[1] 李宇.钢筋混凝土框架结构质量问题的防控[J].黑龙江科技信息,2012(14):269.
[2] 汪俭荣.省道扩改建工程中桥梁双柱式桥墩施工技术研究[J],黑龙江交通科技,2014,37(12):99+102.

公路桥梁施工安全管理对策及环保措施

中交一公局第三工程有限公司　北京　101102　姜　昆

摘　要：近年来,我国公路建设快速发展,特别是高速公路建设大规模地向山区发展。公路工程的施工周期一般较长,施工工艺较为复杂。因此,公路工程的施工常伴随着一定的安全隐患,安全生产事故时有发生。为做好高速公路施工安全管理,就要推进安全生产标准化的建设。安全生产标准化,是通过不断整合优化工程管理的相关要素,明确各项标准,并落实到安全生产各个环节,从而使人、机、物、环处于良好的生产状态,并持续改进。

关键词：公路桥梁；安全管理；环保措施

1　公路桥梁工程施工安全管理的重要性

首先,在公路桥梁工程施工中加强安全管理,可保证整体工程的建设质量。因为在公路桥梁施工中,为保证整体工程安全,需要管理人员和施工人员不断增强安全生产意识,在实际施工中保证每个环节的安全性,避免出现安全隐患,由此保证建设质量。同时,要在公路桥梁工程施工管理期间加强安全管理,应科学有效地制定一系列安全管理制度,关注相关规范的贯彻落实,从而有助于优化工程建设各项资源配置,不断提高工程施工效率,还能防止施工中由于工作人员操作失误或操作不规范引发安全事故,有效降低公路桥梁工程施工中发生安全事故的概率,确保工程建设有序推进,按期完工,并从根源上保证工程建设质量[1]。

其次,在公路桥梁工程施工过程中加强安全管理,还有利于各施工工序的有序开展。因为一旦发生安全事故,将明显影响工程的工期,尤其是在出现人员伤亡事件的情况下,轻者需要及时停工救治,并进行医疗赔偿,还会使工期有所延误；而若发生重大事故,不仅要进行人员救治,提供赔偿,还要按照相关要求停工检查,以明确事故发生原因,针对性地采取治理措施,在完成治理工作之后,还需经专业部门全面复查之后才能恢复施工,由此会耽误大量时间,严重影响路桥工程的建设进度。另外,若出现人员伤亡事故,且不能及时、合理地解决赔偿问题,还容易引发社会事件,引起社会热议,直接影响工程项目及施工单位的声誉。所以,在公路桥梁工程施工全过程中,要高度关注施工安全,并采取一系列安全防护措施,对管理人员和施工人员加强安全教育和培训,使其充分认识到安全在施工中的重要性,全面增强安全意识,认真对待每项工作,保证操作规范、严谨,在此基础上确保工程施工的顺利进行[2]。

最后,在公路桥梁工程施工中加强安全管理,可有效降低施工安全风险。因为在公路桥梁施工期间开展安全管理工作,会在科学的管理理念引导下建立安全管理模式,从而有效规避安全风险,从根源上消灭以及预防安全风险。在公路桥梁施工中进行安全管理,需要施工单位聘请专业且素质高的安检人员,这些人员因为经过专业化、系统化的安全培训,且大多拥有施工安全管理经验,在安全管理过程中可应用专业知识和技能全方位地识别施工现场的安全隐患,并同步制订有效措施和方案,使安全隐患准确、快速地化解,最大限度地防止安全事故发生,全面降低公路桥梁工程的施工安全风险。

2 公路桥梁工程施工安全管理措施

2.1 对施工机械设备加强安全管理

公路桥梁工程施工期间,通常需要应用多种机械设备,而相关机械设备的质量会直接影响工程的施工安全和建设质量,因此,施工中要对所用机械设备加强安全管理。一方面,要及时淘汰使用时间较长并且出现严重老化问题的机械设备,因为此类设备有较大的安全风险,维修成本也比较高;另一方面,要对机械设备加强日常养护,机械设备负责人要充分了解相关设备的功能和构造特点等,一旦机械设备在运行中发生故障或者日常检查中发现异常,要能及时解决,若设备故障问题无法通过维修恢复正常状态,要及时进行报废处理,更换同类新设备。对于运行状态良好的机械设备,日常管理中要做好维护工作。

2.2 对施工人员加强安全管理

对施工人员加强安全管理,一方面要对施工人员加强安全教育,使其充分认识到安全管理的重要意义,并将安全管理思想落实在实际操作中。同时要对施工人员做好心理安全管理,对此,要求管理人员结合施工人员的心理特点,通过调整社会因素、环境因素、劳动管理因素等,使施工人员不断增强心理安全感。还可以积极培养安全骨干,在行为模范效应影响下,使一线施工人员高度关注安全问题。另一方面,要注意对施工人员加强身体安全管理,施工作业时长安排要合理,以防施工人员因为过度疲劳引发安全隐患,并保证施工人员有充足的休息时间。

2.3 制定完善的安全管理制度

在公路桥梁施工中,要有效提升安全管理水平,就要制定完善的安全管理制度规范,并保证相关规章制度的有效落实。对此,公路桥梁工程施工单位要不断深化安全管理改革,结合实际情况完善与细化安全管理细则,合理制定可操作性强的安全管理措施,加大制度及措施落实力度。

3 公路桥梁施工环保措施

3.1 颜色识别选项

在工作和生活中,颜色起着非常重要的作用,不同的颜色代表着不同的内容。在高速公路桥梁施工中,施工单位还可以通过颜色标识开展环保工作,适当的颜色有助于调节视觉,减少情感影响,实现合理强度施工和安全运营。例如,绿色可以给目标一种满足感,减少建筑工人的易怒情绪;红色可以发出危险信号。一般来说,不同的颜色可以在很大程度上保护环境,免受安全事故的影响。

3.2 环境温度控制

除了上述谈及影响公路上桥梁施工的因素如颜色外,工人还可能受到极端温度的影响,可以说温度过高或过低都不是最合适和可接受的,比如长时间在高温下工作导致的头晕,恶心等症状会明显降低工作反应速度,可能导致无法及时有效地解决工作中的各种突发问题。相反,如果长时间处于低温环境中,施工人员的行动和反应也会大大减缓,也许连最基本的工作都无法完成,环境保护变得更加难以保证。因此,环境温度控制是桥梁施工和环境保护的主要手段之一。

3.3 野外环境保护

众所周知,在公路上修建桥梁会对环境产生影响,若周边地质环境复杂,将容易引发各种环境问题,如滑坡、植被破坏或水土流失等。当然,施工现场混乱、防护设施不完善、视野狭窄等都会对当地的环境保护产生一定的负面影响。因此,必须做好现场环境保护工作,把好施工边界,把好先进的施工作业关。正式施工前,施工单位应重点对施工现场的地质环境进行环境影响评价,施工结束后进行环境恢复,尽量减少对环境的影响。

3.4 加强水污染、光污染以及噪声污染控制

在公路桥梁建设过程中,三种污染类型即水污染、光污染和噪声污染较为普遍。必要时,建设单位可修建一定数量的污水沉淀池,通过沉淀废水达到水资源循环利用的效果。同时,施工单位应尽量避免夜间作业。在选择设备时,可选择低噪声的机械设备,并优化技术工作,进一步降低设备噪声,减少噪声污染。施工期间也可能出现强光。在这种情况下,要注意控制光源,不要在夜间工作,加强光源控制,避免光源污染

影响周边居民的正常休息。

4　结束语

综上所述,公路桥梁施工不仅需要施工人员的专业技能和敬业精神,还需要专业队伍在人员的管理、设备的管理以及时间的管理上进行投入,更需要与国家政策的相整合。公路桥梁的工程有着一定程度上的复杂性,施工质量把控也具备相应的难度。公路桥梁建设在公路建设中占很大比重,因此公路桥梁建设至关重要。在桥梁建设过程中,要确保对桥梁施工所用原材料以及施工质量进行了严格的监督与控制。桥梁建设管理方应当引入高素质的桥梁工程管理人才。国家有关部门还需出台相应的桥梁施工规范和规程,保证公路桥梁安全有序施工。

参考文献

[1] 龙先林.公路桥梁施工中的质量管理及控制对策[J].交通世界,2017(18):134-135.

[2] 时林业.公路桥梁施工中的质量管理及控制对策分析[J].建材与装饰,2015(51):280-281.

大型桥梁施工测量监控与管理方法探讨

中交一公局第三工程有限公司　北京　101102　郭海峰

摘　要：大型桥梁的建设十分繁杂，在进行施工的过程当中需要参考很多资料，还需要对一些细节化的问题进行反复的测量，本文就以大型桥梁为主体展开分析与讨论，尤其是就在对大型桥梁进行测量过程中的监控与管理方法进行探讨。通过积极地开展分析与讨论，对问题进行思索，实施更加有效的管理办法。

关键词：大型桥梁；施工测量；监控管理；办法分析

引言

大型桥梁施工监测的实施就是对桥梁的整体质量进行一个有效的保障。监督测量这一个环节是十分重要的，而监控与管理是整个桥梁施工建设过程中的重要环节，也可以说是其核心部分。因此，不难发现在现阶段的大型桥梁的施工过程当中，出现了施工测量监控与管理部门的身影，事实证明这一部门的成立和存在是很有益处的，该部门的主要任务是在施工前对其进行仔细的测量和记录，及时地发现其中所存在的问题以及找出对应方案，快速地对问题进行解决，实现对桥梁质量的安全保证。

1　大型桥梁施工的特点论述

1.1　跨度较大，建设里程长

不同规模的桥梁施工建设在本质上是相同的，但是大型桥梁与中小型桥梁进行对比的时候就会发现，大型桥梁最为突出的特征就是跨度大并且建设的周期也是比较长的，因此在我国的桥梁建设历史中，跨度较大建设里程较长的大型桥梁并不是很多，相反中小型的桥梁可是数不胜数。最具代表性的大型桥梁如：我国的东海大桥全程长32.5千米，杭州湾跨海大桥全程长36千米[1]，还有最负盛名的港珠澳大桥等等。建设大型桥梁也是适应我国交通运输发展的需要，其可以把距离较远的两个地点进行连接，正是因为这个原因导致了大型桥梁跨度比较大的特点。

1.2 桥梁施工所采用的技术新颖,施工精度高难度大

大型桥梁建设的首要要求就是质量必须要过关,这主要是因为大型桥梁的建设技术与中小型桥梁相比,难度层次以及对施工技术等各个方面的要求各不相同。总之对大型桥梁施工进行简单概括就是难上加难。大型桥梁主要是为了能够把比较远的两地进行连接,因此,在施工过程中,可能出现许多的问题,并且还伴随着很多不可控的因素。这里简单列举几个,比如:两地之间的气候、环境变化等都是一些不可进行控制的外力因素,基于这些原因,自然而然地就导致了大型桥梁在建设过程中会出现很多问题。另外,在施工建设的过程中如果遇到了新的技术问题,首先要对原有的技术进行变通,进行有效的改变,这样就有可能对问题进行改善。或者及时开展研究与讨论会议,总结出新的方法来更加准确地对问题实行解决。那么对于新技术的研发来说,必须要具备新颖的特点,具有创新性,另外就是要能够保障技术的精准度。

1.3 施工过程中会出现有关技术的突发难题

大型桥梁的施工周期比较长,因此时间花费得较多,所以对于技术的要求是十分高的。在进行施工的过程中出现一些与技术相关的突发性问题是十分常见的。也就是说,由于工程的浩大所以难免会出现纰漏,但是需要认识到的是在出现这些问题的时候,参与其中的施工人员和技术人员可以联合起来,对突如其来的技术问题展开分析,适当进行思考,针对问题想好解决措施,这样就不会对工程的进程有所耽误,可以有效地保障整个建设施工的顺利进行。

2 大型桥梁建设过程中实施测量监控与管理的意义

在施工的过程中,要尽可能减少错误的出现,比如:没有按照设计进行施工、技术的使用没有按照对应的规范操作等等,越是这些平常的地方越是容易出现问题。想要避免,那么就需要在施工开始前做足准备,对桥梁的整体施工进行一个大的规划,对施工前、施工中、施工后这三个阶段进行监控与管理,为后续桥梁的建设工作打下基础。通过分析,可以明确看出施工监测与管理工作对于施工建设的帮助,从而也反映出了一个问题那就是对于大型桥梁建设这样的大工程来说,更是不能缺少对其的监测和管理,反而需要更加深入地开展准备工作。对桥梁的施工监测与管理就是为了能够更好地对桥梁的质量以及安全进行保障,使桥梁建设的施工过程可以顺利,能够更加快速地去完成整个施工的过程,这就是在大型桥梁建设过程中实施施工监测与管理的重要意义所在。

3 大型桥梁施工建设中实施监测管理工作的内容分析

3.1 监测与管理的目标

实施监测与管理的主要目的就是保障桥梁建设的质量,以及为施工的精准性提供可靠的数据参考。那么在目标明确之后,想要去建设完善的施工监测与管理体系或者部门组织,需要做的工作还有很多。建设这样一个施工监测与管理部门的主要原因在于可以实时对施工的进程进行跟进,并进行有效的监督与管理,从而可以及时地发现问题、找出问题、解决问题。对于大型桥梁建设来说,监测与管理的实施主要是借助先进的管理手段来对整个过程进行掌握,保证大型桥梁整个测量工作的准确、有效、真实,更好地推进整个施工的进行。

3.2 主要任务分析

在对大型桥梁进行施工的时候,开展施工测量监控管理工作的主要内容有以下几点:

第一,要学会科学地、合理地对施工的整体设计制定相对应的与施工测量相关的一系列环节,比如:施工需要参照的标准、相关联的规定、施工的制度和需要注意的细节,通过方方面面的一些细节化的东西来对整个施工进行有效完善,从而构建一个完整的大型桥梁施工测量的管理体系,使得相关的制度被逐步完善和完整起来。

第二,对于施工单位在施工过程当中所出现的一些较为常见的问题,应该及时地给予指导,还可以与相关的单位进行联系,去进行有效的咨询。假如在施工的过程中出现重大的与技术相关的难题时,就需要进行合作,针对问题展开分析和研究,与相关部门、单位展开有效的合作,使问题在最短的时间内得到化解。

第三,对大型桥梁的施工测量工作来说,需要参与到其中的相关建设单位进行协调,共同对施工过程进行管理,监督桥梁施工的整个测量过程以及桥梁施工的进度和质量等问题;需要对规范进行统一,让参与其中的建设单位可以根据统一的标准来实现对桥梁工程的测量,以便于更好地确保测量工作的精准度。

3.3 主要工作内容

首先,大型桥梁的施工测量控制的基本准则与实施体系的进行,主要是建立在质量与进度顺利的基础上。也就是说,大型桥梁的施工测量的基本准则就是保障整个建设的质量,使大型桥梁的建立能够在基于施工测量工作的准确性和稳定性的基础上,为施工的测量工作提供更加强大、有效、科学合理的技术支持。

其次,施工要能够找准关键点,并且进行准确的定位。在大型桥梁的整个建设过程中,存在很多潜在的与技术相关的难点和重点,施工测量监控和管理工作的实施就是为了能够针对性地对潜在的问题进行解决。所以,在大型桥梁的施工建设当中,监测与管理工作的开展是一项重要内容。这不仅仅是对这些重难点进行一个表面上的观测和测量,还要通过监督和测量更加深入地去进行思考,找到某些问题的关键部位,然后进行精确定位,或者是采用平行性检测的方式来更好地对问题进行分析。比如:对于桥梁的桥墩进行定位、斜拉桥施工放样以及对海底隧道的沉降测量等,都需要采用平行性监测的方式来获得相关的数据,更好地维持精准度。

4　大型桥梁施工过程中的协调管理

港珠澳大桥是我国很著名的一座大型桥梁,在这座桥梁的施工建设过程中,施工单位为了可以更加全面且有效地对各个阶段的工作进度进行保障,更能够有效地确保各个环节之间的衔接以及完整性。除了必要的技术之外,最为重要的就是整个建筑施工过程中的协调管理。协调管理的重要性不容小觑,也就是说,处理好各个环节之间的关系就能够实现整个工程项目的协调统一。就港珠澳大桥的建设过程来说,协调管理分为两种,一种是境内协调,第二种就是港澳跨界协调。由于香港和澳门是两个特别行政区,因此协调工作的重要性更加被凸显出来了,通过协调管理的实施就可以很好地把一些敏感问题进行解决,可以间接地推动整个桥梁建筑的施工进程,同样,还可以更加妥善地对一些缺陷进行处理。

5　结束语

桥梁建设不仅仅是为了美观,更加重要的是缩短两地之间的交通时长,更好地促进我国经济贸易的发展。本文针对大型桥梁在建设过程中实施监测与管理以及协调管理的意义进行了详述。通过分析可以看出,尽管大型桥梁在建设过程中存在很多问题,但是,通过各部门的配合以及有效的监督和管理措施、手段,都能够很有效地使这些难题迎刃而解,更好地对整个建设的过程进行把控和管理,更好地保障整个施工的质量。

参考文献

[1] 温岳飞.大型桥梁施工测量监控与管理方法浅谈[J].建筑建材装饰,2017(6):26.

公路桥梁的施工技术与质量管理研究

中交一公局第三工程有限公司　北京　101102　于佳琪

摘　要：公路桥梁工程项目作为一项系统性工程,其涉及的领域非常广泛,工序非常繁杂,不仅包含了施工技术、专业知识、劳动管理,而且包含了经济和法律活动,所以在公路桥梁施工过程中,必须综合考虑来自各方面的风险问题,并且对这些安全风险问题进行合理评估,学会规避风险,才能提高公路桥梁施工质量。在公路桥梁施工过程中,需要投入大量的资金和时间,而且需要运用专业的技术和管理控制方式。近几年以来,我国的公路桥梁工程项目不断增多,交通运输工程建设规模逐渐扩大,虽然能够缓解交通运输压力,但是各种公路桥梁安全事故也在不断发生,给人们的出行安全带来了巨大的危险。

关键词：公路桥梁;施工技术;质量管理

1　公路桥梁施工技术

1.1　钻孔施工技术

在应用钻孔施工技术时,做好前期的准备工作的基础上,要分析勘测数据,掌握其实际情况后,再进行相关施工设备的选择,要与之前标注的打桩点结合,然后进行钻孔工作。钻孔的过程中,钻头要对着桩基中心位置,并且在钻孔时,要不断检查其是否与中线点发生偏离。在实际钻孔开始前,要先利用泥浆泵来灌注泥浆,在保障其符合标准后,再开始钻孔工作。在钻孔时,保障钻机能够准确地达到预定孔的位置,在这个过程中,应结合实际情况,对钻机进行适当的调整。钻孔时,钻机要平稳,钻杆要垂直向下。钻孔的过程中,要对钻头的实际情况进行关注,检查其是否发生变形。同时要对周围的土层情况进行仔细的观察,当桩基设置点是复杂溶洞情况时,要先对其检测,再选择合适的设备及方法开展钻孔工作,并且还要将溶洞给填充上,在填充溶洞的过程中,要利用碎石和一些黏土混合成的泥浆来填充[1]。

1.2　灌注混凝土技术

公路桥梁桩基施工时,混凝土灌注技术是其中最关键与最重要的施工技术。首先,清理桩孔,将其清理干净之后,再检查成孔的质量,避免孔壁出现松动,当灌注开展的过程中,孔底位置不能有积水和沉渣,而且灌注前要对孔底混凝土厚度进行仔细的检查,同时设置导管。导管设置时,要保障其在井孔中央位置。在安放导管时,其连接的地方要应用法兰盘及螺柱连接,并且要利用橡胶圈进行安装,提高导管的密封性,避免渗水漏水等现象的发生。在实际浇筑中,速度和浇筑时间一定要连贯。如果中间出现了中断情况,要结合实际情况,合理地调整导管。并且,在浇筑时,要不停地转动套管,一旦在这个过程中出现问题,要及时采取相应的应对措施。

1.3 公路桥梁中预应力施工技术

在工程结构受到外力作用之前,需要对承受外力载重的受拉区域进行压力施加,以保证其后续可以更好地在结构系统中发挥效能。对于公路桥梁工程而言,主体结构一般会采用混凝土,制备预应力混凝土模块可以消除外力形成的压力,继而使得对应构件的抗压能力不断提升,驱动受拉区域的荷载强度朝着更加理想的方向进展。一些部位也会使用预应力构件,其优势在于:抗渗透性比较好,抗裂能力优良,强度等级相对理想,抗疲劳性能优秀,可以减少施工过程中的材料消耗量。结构荷载降低,开裂的风险也会因此降低。从成本管理的角度来看,在公路桥梁工程中合理应用预应力施工技术,在实现工程美观达标的同时,也可一定程度上提升实际工程结构使用年限。

1.4 伸缩缝施工技术

伸缩缝安装之前先把安装区域清洗一遍,在梁端遮板、竖墙和挡土墙,以检测出保护层顶面的高度。以梁缝中心点为基准线划出两端的沉降裂缝边界,以确保梁缝的中心点和伸缩缝的中心点一致,长度也要达到设计图纸规定。公路桥梁保护层需要将纵向钢筋横穿到锚点上,用泡沫条填塞型钢型腔以免引起变形。浇筑保护层时注意混凝土温度,浇筑到位,浸入到底部,只有打造基础,公路桥梁的使用时间才能长。待水泥强度超过百分之八十后清洗型腔,安装防水胶条,但防水胶条之间不能对接。桥顶其他部位施工时,遇暴雨天气必须维护好当前施工的沉降裂缝装置表面不被破坏,型腔也不能进入砂泵,同时保持钢模腔部位的严密,不受雨水的影响[2]。

2 公路桥梁施工技术的质量控制

2.1 建立完善的施工技术质量控制体系

完善的施工技术质量控制体系是保证施工技术质量控制顺利进行的前提和基础,能够为公路桥梁施工质量提供重要的保障。公路桥梁是重要的交通设施,起到的重要作用与意义不言而喻。所以,针对公路桥梁施工技术质量中存在的问题,必须建立完善的施工技术质量控制体系,以此为依据建立健全的责任制度并贯彻落实,做到谁的责任,谁负责,以此增强工作人员责任感,从而有效避免施工技术质量问题的出现。

2.2 注重工程各个阶段的质量控制

工程开始阶段我们要进行图纸的审核工作,施工现场的勘察工作,各种数据的测量工作,工程实施的准备工作等等。这些工作进行时都要严格按照操作流程和管理体系的要求进行质量控制,一定要保证每个环节都不能有疏漏,这个过程在整个质量控制中起着主导作用,一旦这个环节有问题,下面的环节做得再好也没有意义。公路桥梁施工技术质量控制的是一个复杂而庞大的工程,其是一个环节连着一个环节的,所以,公路桥梁施工技术质量控制的各个环节都很重要,我们要对公路桥梁施工的每个环节都严格控制,加强管理,只有这样,才能将公路桥梁施工技术的质量控制做得更好、发展得更快。

2.3 严格控制路桥施工所用材料

施工材料的质量是保障施工质量的先决物质基础条件,施工过程中材料的供给方式和及时性对工期的影响较大。为了保障工程进度和质量,严格控制各质量控制点至关重要。在路桥施工材料的采购中严格按照设计要求进行选取,综合考虑材料的价格、质量以及功能和供货方式等,选取综合性价比最高的施工材料,这样既能保证施工材料的质量又能降低采购成本。施工人员应严格按照施工方案、进程进行施工,加强技术性和质量控制的明确性。在各个施工环节通过现场监督、巡检、现场指导等手段进行有效的施工控制。同时,严格规范各工作的材料标准用量,规避材料浪费和不足引起的不良后果,做到全过程的材料管理。

2.4 提高施工人员的技术水平及专业素质

施工人员是保证工程质量的关键因素,只有有效提高公路桥梁施工人员的技术水平,提高全体职工的专业素质,才能从建筑施工的角度为桥梁工程的质量提供充分的保障。对公路桥梁建设单位,领导要高度重视对施工人员的教育和培训,有针对性地对全体职工进行专业技术培训,开展专业素质教育和提高课程。全体人员,特别是一线施工技术人员,能够通过教育和培训掌握施工技术,提高工程质量意识和施工安全意识,为提高公路桥梁的施工技术和施工质量奠定人才基础。

3 结束语

当前我国城市化发展进程不断加速推进,城市居民人口数量越来越多,因此道路交通压力不断增大,故而公路工程建设的数量也逐渐增加[3]。基于此,本文主要研究公路工程施工技术的管理,探索公路工程养护工作的开展,以促进提高公路工程施工建设的品质，保障公路事业发展更上一层楼，从而在一定程度上提高公路运行使用的安全性和稳定性，确保人们的出行顺畅且安全。公路工程建设管理和养护工作开展质效的提高，也能为城市化的发展带来动力，有助于确保城市道路建设的良好性。

参考文献

[1] 刘琦.公路施工技术管理及公路养护措施分析[J].中华建设,2022(9):61-62.

[2] 维妮拉·阿吉,马依努尔·麦麦提依明.公路桥梁伸缩缝施工技术要点分析[J].四川水泥,2022,(8):193-194+197.

[3] 刘武峰.钻孔灌注桩施工技术在桥梁工程中的应用[J].黑龙江交通科技,2022,45(7):123-124.

浅谈双向水泥搅拌桩施工技术

中交一公局第三工程有限公司　北京　101102　王胜峰

摘　要：无论是铁路还是公路的路基工程,对沉降量要求都非常严格,如果基础处理不好,沉降不可避免地发生。双向水泥搅拌桩作为路基软基中最为常见的处理方法,对其质量控制的研究尤其显得意义重大,需要通过试桩取得工艺参数,严格控制过程,后期按要求进行监控量控,避免留下质量隐患。

关键词：试验；固化剂；承载力

引言

目前双向水泥搅拌桩作为软基加固的一种常规措施,因为其属于地下隐蔽工程,成桩质量不容易控制。只有通过取芯鉴别其完整性、均匀性和无侧限抗压强度,通过静载试验、检验单桩承载力等方法测试成桩质量。成桩完整性、均质性不合格,那承载力亦不会合格,因此必须将此作为主要质量控制点加以考虑。

1　施工工艺流程

双向搅拌粉喷桩施工采用"两搅一喷"工艺,具体施工顺序如下：清理场地→桩机定位、对中、调平→调整导向架的垂直度→喷粉、搅拌下钻→正反循环钻进至设计深度、喷粉停止→复搅提升→成桩结束→移位至下一根桩位。

2　双向搅拌粉喷桩施工方法及操作要求

（1）施工准备及平整场地

施工前保证进场道路畅通,施工用电满足施工需要,施工范围内临时用电变压器安装完成,可满足施工用电需求。

根据测量放样边桩,对一般路段施工前用装载机或挖机平整施工场地,清除地上、地下一切障碍物(包括大块石、树根和生活垃圾等),然后碾压密实；河塘路段粉喷桩施工前,根据测量放样边桩,对河塘及时进行排水,挖除线内、线外淤泥,使用素土回填至整平高程,素土分层回填松铺每层 30 cm 控制,压实度不小于 85%,素土回填至整平高程后,再进行双向搅拌粉喷桩处理。

(2) 施工放样确定桩位

桩排号按横排纵列,纵向按道路前进方向排,横向按从左往右排。场地处理完毕后,对施工段落放出起点、终点、左边线、右边线、中桩点位。根据测量放样范围及桩位布置图,用全站仪、钢尺定出每排桩位轴线和逐桩中心(放样桩位中心偏差≤10 mm),并用白灰和木桩作醒目标记,以免破坏。根据设计放样桩顶标高,同时将桩位布置图的桩位编号通过书签贴到竹签桩上进行桩位标识,便于施工管理和资料整理。测量人员填写放样记录后,报监理工程师现场复核审查验收。

(3) 桩机就位

钻机运至工地后,先安装调试,各项仪器用表标定。资料收集齐全后,粉喷桩机、空压机运行一切正常,开始就位。钻机钻头中心对准桩位中心,将钻机安装水平、稳固,机底用枕木垫平、垫实,在钻机上标出标高控制线,在机架上画出醒目的深度刻度线(带有反光效果),从上而下依次递增,标识间距为 1 m。机架正、侧面和钻杆调整至垂直,并用线锤测设桩架垂直度偏差不大于 1%。

(4) 钻进、喷灰和提升复搅

粉喷桩开钻前报检监理工程师,监理工程师对桩位、钻杆垂直度等指标验收合格后,开始下钻。先启动内钻杆钻头(反向),后启动外钻杆钻头(正向),然后启动加压装置,加压装置中的链条同时对内外钻杆加压,使内外钻杆沿导向架向下,内钻头先切土入土,外钻头后入土搅拌。在内钻头入土后喷灰,直到设计深度,停止喷灰,然后先将外钻杆钻头换向(反向),后将内钻杆钻头换向(正向),同时将加压装置换向提升钻头至设计桩顶高程,施工完成。

首件工程施工应要求满足设计水泥喷入量的各种技术参数及要求:

①水泥掺量:75 kg/m(按照设计文件执行);

②钻进速度:V≤1.0 m/min;

③平均提升速度:V_p≤0.8 m/min;

④搅拌速度:内、外钻杆:V≥30 r/min;

⑤钻进喷灰管道压力:0.5～0.8 MPa;

⑥复搅提升管道压力:0.1～0.2 MPa;

⑦同时在施工过程中对桩身上部及桩头黏土层适当进行复搅或降低提升速度,增加搅拌均匀性;

⑧在钻进喷灰过程中实时监测智能后台数据,根据试桩总结资料,0～12 m 位置电流约在 19 A 左右浮动,12～12.5 m 位置处电流发生变化,电流约为 23～30 A,14 m 进入硬土层达到深层搅拌桩后处电流均在 30 A 以上。

(5) 单根粉喷桩施工完毕后,在钻机移动前打印施工过程资料和成桩资料,严禁移机后补打资料。成桩资料打印必须有旁站监理监督,打印完成后交旁站监理签认。

(6) 成桩完毕,清理搅拌叶片上包裹的土块及喷灰口,桩机移至另一桩位施工。

(7) 移机就位进行下一根桩的施工,施工程序重复(3)～(6)作业。

(8) 班组之间进行交接时,需进行以下内容的交接:

①水泥等原材料用量的交接:水泥的实际用量,水泥的库存量;

②班组工程量交接:主要交接本班次已完成的桩号及数量;

③资料的交接:主要交接的资料有《粉喷桩施工现场记录表》《粉喷桩施工桩机日工作量统计台账》、电脑打印的小票;

④双向搅拌粉喷桩施工过程中,现场技术人员应如实记录现场施工,及时打印、填写相关表格,并按要求上报。

3　管理和技术措施

(1) 各班设专职技术人员,检查施工质量,严把每道工序质量关,保证施工作业始终在质检人员的严格监督下进行。质量检查员具有质量否决权。

(2) 强化工序管理、严格工序控制,严格执行"三检制",工序交接必须按工序交接单制度执行,顺次交接检查,上道工序不合格不能进入下道工序的施工。班组自检后,方能进行专检并填写质检评定表。隐蔽工程在内部检查合格后,再请监理工程师检查,同意并签字后方可进行下一工序的施工,对工程监理及设计人员提出的问题,应立即组织整改。

(3) 配齐试验、检验设备,认真做好原材料的检查、试验工作,使其始终处在控制之中。测量严格执行三级复核制度,并受监理检查,保证结构物尺寸正确。配备足够的试验检测设施和试验人员。

(4) 对关键工艺工序实行技术员跟班作业,指导、监督质量检查的实施,做好施工控制。

(5) 加强质量教育,提高全员质量意识,严格按照国家及地方住房和城乡建设委员会有关文件要求组织施工。开工前由项目总工向全体参加施工人员进行详细的技术交底,使施工人员熟悉本工程设计、质量标准和施工工艺要求。

4　质量控制措施

(1) 材料管控

①水泥由项目部统一采购、统一调配并将供货合同、发货及验货等票据报总监办审核;总监办签字确认的验货票据进行存档作为水泥用量核查的依据之一。

②水泥要入罐存储并做好登记,进场水泥由水泥调度员进行押车全程跟踪,在未

进行称重和未有水泥调度员押车情况下,水泥运输车辆不得进入施工区;水泥运输车进入现场后水泥调度员联系现场负责人及监理人员共同见证将水泥打入已用完清空的水泥罐。

③水泥用量采用全过程自动称重系统,实时动态监控。现场水泥罐交替使用,施工开始前同时注满。每罐水泥使用完成后,由现场负责人通知调度员、监理人员共同核对每罐水泥形成记录文件。如此循环,对散装水泥进行控制,确保每延米搅拌桩水泥用量。每罐水泥用完后,及时进行校核,如果发现水泥用量异常,必须立刻分析原因,确定处理措施。

④在水泥土双向搅拌桩施工过程中,根据施工进度,进场水泥数量按规定频率进行水泥质量检验,并按要求报检监理工程师,进场水泥必须检验合格后方可进行搅拌桩施工,对于水泥未经检验而擅自施工的,将依据项目办相关规定进行处罚;对于出现抽检水泥质量不合格的,对使用该批次水泥施工的搅拌桩重新补打。

⑤项目部将指派专人负责水泥的供应、统计工作,每个项目部、劳务队分别建立水泥用量台账,每日统计水泥用量,及时与总监办水泥用量台账核对,及时分析水泥用量与水泥土双向搅拌桩施工量的关系。

每一工点施工完成后,项目办、监理工程师、项目部管理人员、段落负责人共同核对本工点完成的水泥土双向搅拌桩延米数与实际水泥用量,确认后,现场签字,形成记录文件。

⑥使用过程中控制出料口扬尘,停工期间应封闭出料口,防止水泥受潮。

(3)计量控制

严格按照试验确定的每延米水泥喷入量,散装水泥应配备电子计量系统,电子计量系统在安装好后需专业计量检测机构标定。

(4)桩长质量保证措施

双向搅拌粉喷桩测量原地面清表后整平高程数据,根据整平面高程、设计停灰面高程计算钻进深度及喷粉深度。桩长现场采用双控,即粉喷桩机进尺深度显示数据及在钻杆上标准钻进深度标线,共同复核,保证粉喷桩桩长。

钻头钻至设计深度,应有一定的保留时间,以保证加固料到达桩底;为保证喷粉量和复搅长度的到位,钻头反转喷粉搅拌应用慢速提升,以此保证桩长质量。

(5)桩身垂直度保证措施

原地面清表整平后,机底用枕木垫平、垫实,将钻机整体调平,施工前应检查桩位放样偏差,其容许偏差应控制在±20 mm之内;采用水平尺和挂垂球调整钻杆的垂直偏差小于1%,施工过程中应检查机架的垂直度、机架底盘的水平度,发现偏差及时进行调整,保证粉喷桩桩身垂直度。

(6)粉喷桩施工水泥用量保证措施

①计量设备要求

粉体发送器必须配置粉料计量装置,并记录水泥的瞬时喷入量和累计喷入量,严禁无粉料喷入计量装置的粉体发送器。

计量装置需经国家计量部门认证,具有瞬时检测和自动记录的功能并铅封;粉喷桩计量设备包括深度计、粉体流量计、压力表、电压表等;喷粉量及搅拌深度应由国家计量部门认证的监测仪器记录和监控,同时有专人记录并监控。定时对计量设备进行复核,保证计量设备数据记录的准确性。

②水泥用量保证措施

施工前检查喷粉系统各部分安装调试情况及灰罐、管路的密封连接情况是否正常,做好必要的调整和紧固工作;灰罐装满料后,进料口应加盖密封,排除异常情况后,方可开始施工。

在储存罐和粉喷桩机上均安装计量设备,采取双控,单根粉喷桩施工完毕后复核储存罐和粉喷桩机计量数据是否一致,若偏差过大,立即停止施工,进行数据分析,更换计量设备,若导致粉喷桩施工喷粉量不足,对该桩进行补粉。

(7) 现场管控措施

对于双向搅拌粉喷桩成品的保护,因施工结束后桩体强度并不能满足要求,所以对现场施工区域进行封闭管控至少 7 天时间,禁止在施工结束后的成品桩体上行驶重车、各种机械,来保证成品桩体的质量;同时对桩头部分要进行浇水养护,养护时间不少于 7 天。

5 桩基检测

成桩 7 天后,采用浅部开挖桩头,深度宜超过停灰面下 0.5 m,目测检查搅拌桩的均匀性,量测成桩直径,作好记录,检查数量不少于总桩数的 5%。

成桩 28 天后,进行标准贯入试验并取芯进行室内无侧限抗压强度测试。为保证试块的尺寸,钻孔直径不小于 108 mm。桩身无侧限抗压强度 28 天龄期不低于 0.7 MPa,90 天龄期不低于 1.2 MPa。

桩距、桩径、喷灰量的检测控制由监理进行全程检验控制。桩长、桩身质量在施工单位自检基础上,省交建局(江苏省交通工程建设局)负责检测,检测频率7‰,其中交建局检测 5‰(每个段落不低于 2 根),施工单位自检 2‰。抽检桩覆盖每个施工机组且分布均匀。检验标准按省交建局有关检测文函规定执行。

(1) 自检。自检是保证施工质量的基础,要求班组人员对质量进行检查、监督和把关。作业班组完成该道工序的施工作业后,由该班组组长进行自检,自检过程中发现的问题应及时进行整改,整改完成后按照三检表格内容进行逐一检查、真实填写表格,并由该班组组长本人签字。施工班组人员在操作过程中,必须按相应的质量标准进行自检,经自检达到要求后,报班组长进行质量验收。

(2) 互检。经自检达标后方可报请值班技术人员组织质量互检。互检是对自检结果的认可,保证下道工序作业的有序开展,确保最终质量的达标,上道工序完成后下道工序施工前,由技术员进行互检,互检通过后方可报专职质检人员进行专检。未经互检或虽经互检但未达到要求的工序,接方可拒绝接收。现场值班技术人员对各项内容进行检查,以确保下道工序工作的正常开展。

(3) 专检。所有工序必须按程序由值班技术人员报请专职质检工程师(质量负责人)进行质量检验,经专职质检工程师(质量负责人)检验合格后,报检监理工程师。未经监理工程师进行检验、评定的项目,不得进行下道工序施工。

6 意外情况处理

在施工过程由于停电、机械故障或人为原因造成提升喷浆中断或浆液未能全部注入等一系列施工事故,需要做出相应的补救措施,以保证成桩质量合格。喷浆中断应及时记录停浆深度位置,在初凝时间内必须采取补喷措施,补喷重叠长度应大于100 cm;如超过初凝时间,需要与设计沟通,采取补桩措施;由于提升速度快或喷浆压力不足造成浆液未完全喷入,应进行整桩复喷处理,复喷后浆液总量不得小于设计用量。

7 结论

无论是铁路还是公路的路基工程,施工后沉降量要求非常严格,如果基础处理不好,沉降会不可避免地发生。双向水泥搅拌桩作为路基软基中常规处理方法,对其质量控制的研究尤其显得意义重大,工程实践中需要通过试桩取得工艺参数,严格控制过程,后期按要求进行监控量控,避免留下质量隐患。

参考文献

[1] 赵金亮,刘音义,张立庆.对深层搅拌桩施工中水灰比问题的认识[J].西部探矿工程,2002,(3):33.

浅析公路桥梁施工中的质量控制方法

中交一公局第三工程有限公司　北京　101102　田　振

摘　要：交通网的不断发展,对于公路桥梁方面的需求量越来越大,数目的增加会伴随着质量的问题,所以在公路和桥梁进行施工和建设的过程当中,要注意质量方面的把控,要从多个角度来进行分析。公路桥梁作为我国主要的交通运输环节,它对我国的国民经济以及社会发展起很大的作用,并且公路桥梁本身的质量直接影响着使用的价值以及运输方面的安全性。所以对于公路桥梁施工方面的质量把控,要从多个方面来进行探讨,要结合多方面的条件来把控质量。

关键词：公路桥梁;施工;质量把控;分析

引言

公路桥梁的工程是比较大的,它所包含的施工工序以及内部环节也是比较复杂的,所以在实际施工的过程中,需要对每个环节以及工序方面有所涉及。并且公路桥梁的高质量建设能够很好地帮助交通运输业的发展,也能够对大众的生命财产安全有一定的保障,所以,在实际的施工时,需要对质量方面有所把控,及时地发现其中所存在的一些问题,根据问题提出相关的解决对策,更好地投入到工程的建设当中。

1　公路桥梁工程施工阶段在质量控制方面存在的问题

1.1　重视程度不够,监管验收工作不到位

在工程开展过程中,对工程的监督管理能够更好地保证工程的质量;但是在实际情况中,大量建筑工程单位并没有对管理监督方面提高重视,未充分地认识到管理监督的重要性以及对于整体工程质量的重要意义。除此之外,一部分管理人员的管理意识较低,专业素质不达标,技术水平不能够满足于工程的发展需求与需要,因此也就让监督工作流于表面;甚至是对于施工过程中出现的质量性问题,并没有进行及时解决或者不能够采取更加有效的解决方案进行解决,而这对于整体的工程来说都是极其不利的,可能会影响施工的进度,延长施工的时间,加大施工的成本。同时当工程完成之后,相关的验收部门在检查的过程中有时只是对公路桥梁当中是否有裂痕、减速带方

面的问题较为关注,只是把验收检查流于形式,并没有从本质上对公路桥梁工程进行真正的检查以及验收,而这样的行为则可能导致公路桥梁出现质量性问题,进而为日后的发展埋下隐患。除此之外,在施工中也会出现违规操作、违反法律等一系列的现象,而这对于工程的质量来说也是极其不利的[1]。

1.2 对施工材料缺乏管理

施工当中所使用的材料是开展该工程的前提和基础,而所使用材料质量的好和坏和整体工程的质量有着密切的联系,因此就需要对工程当中所使用的材料提高重视,对于购买、检验各个环节加强管理。但是从当前的发展来看,有一部分施工团队在施工的过程中只是把重点放在工程的质量、工程的进度以及施工的周期当中,只是在意眼前的利益,对于材料的认识存在不足,甚至有一些施工团队为了能够降低施工的成本而选择较为低廉的施工材料。而在这样的情况下,不能够很好地保证公路桥梁的工程质量,也给施工带来了更大的难度,甚至会造成更大的安全性威胁。造成这一系列情况的原因主要是采用较为低廉的材料,在使用的过程中可能会出现各种各样的问题,例如施工出现裂缝导致桥梁不能够更好地承重,进而降低了公路桥梁使用的寿命。以上一系列情况,不论是从经济发展方面、人们的生命安全方面还是社会发展方面都会带来不利的影响。

1.3 施工设备较为缺乏

随着时代的发展、经济的进步,现阶段公共桥梁施工的项目数量是在不断增加的,这也需要更加先进的施工设备来满足工程的发展需求,但是有一部分建筑工程的资金是不足的,不能够满足对新兴设备的需要,而在这种情况下就不能够更好地保证工程的质量。除此之外,有一部分建筑单位由于资金的缺少而不能够对使用的设备进行定期的维修以及检查,这在某种程度上不能够更好地发挥出设备原本的作用,甚至还会带来更大的误差,进而对工程质量进度造成影响,不能够更好地推动工程顺利实施、顺利进行。

1.4 施工人员技术水平低,不能够满足工程需要

施工过程中的施工技术、工艺等是否规范标准,与最终工程质量是否过关有着密切的联系。从当前的发展来看,大多数的工作人员专业素质以及文化水平较低,和工程的整体发展不相匹配,甚至有一部分工作人员并没有接受专业的教导以及培训,没有学习和该工程项目有关的知识以及内容,没有较好的安全意识和自我保护意识。在施工过程中,由于工作人员对于使用的施工工艺、方法、技术等不能够充分理解以及认知,也不愿意按照相应的施工程序、技术等来进行,而只是按照自己的工作经验来完成自己的工作,这样的情况必然是不被允许的,会打乱原来的工程进度,影响原本的工程

预期,对工程的质量带来不利的影响。若一部分工作人员在施工过程中对混凝土的比例、钢筋的数量等随意搭配,随意进行,在后期的使用过程中甚至会出现公路桥梁坍塌的情况。

2 保障公路桥梁施工质量的策略

2.1 加大施工工作质量监督力度,建立完善的管理制度

公路桥梁工程在实际建设的过程中,需要对施工工作的质量方面有所监督,因为施工工程是整个项目开展过程中比较重要的环节,它所涉及的范围比较宽泛,并且也是整体建设过程中最耗时间的一个环节。公路桥梁实际施工时需要有准备阶段,这些准备阶段包括材料方面的准备以及设计图纸方面的准备,这些环节对于整体的施工质量方面有很大的作用,所以在实际施工之前需要加强这方面的质量监督,从而保障工程的平稳运行。公路桥梁项目在实际施工之前,需要有设计蓝图方面的保障,它能够很好地为后续的工作提供一定的数据以及图纸,使整体的工程更加流畅有序开展。除此之外,相关的管理部门也需要对公路桥梁施工中的施工人员进行管理,因为施工人员所起到的作用较大,是整个施工工程比较核心的部分,其对于工序作业方面有较大的作用,所以在对施工人员进行监督时,需要有规范性和条理性地进行监督[2]。

2.2 加强建筑材料管理,调用合适的施工设备

公路桥梁在实际建设的过程中,对于建筑材料方面也需要有所管理。因为施工材料对于整体的公路桥梁建设来说是比较重要的组成部分,它是公路桥梁发挥作用的基础。在对施工材料进行选择时,要选择一些品质符合标准的建筑材料,不能够因为成本问题而选择一些劣质材料,这样会对后期的公路桥梁质量方面造成一定的影响,不利于公路桥梁的长期使用。公路桥梁在实际施工的过程中也会有施工设备的应用,这些施工设备的体积方面也会随着施工环节以及施工的需求而有所改变。在对施工的设备进行应用时,需要先根据施工的环境来进行调配和使用,这样可以使施工设备能够发挥自身最大的作用,也能够使施工的质量更加地符合标准,很大程度上减少故障的发生,使建设更加高效。

3 结束语

综上所述,在对公路桥梁进行实际施工时,需要对质量方面有所把控。要采用科学的施工手段,使整体的施工素质有所提升;要积极地引入一些新设备和新材料,使整体的施工更加符合现代化的施工要求。在对材料方面以及设备方面进行管理时,要根

据施工的环境进行材料的选择和设备的调配，使整体的施工更加高效，使公路桥梁的建设更加符合现代化的需求，对质量方面有所把控。

参考文献

［1］戴艳芳.公路桥梁施工中的质量控制分析[J].装饰装修天地，2019(1)：308.
［2］张衡.公路桥梁施工中的质量控制分析[J].环球市场，2019(4)：293.

公路工程中软基处理常用方法

中交一公局第三工程有限公司　北京　101102　宫　正

摘　要:软土是指强度较低的土,包括软黏性土、淤泥、泥炭等不同类型土壤。在建设公路过程中不可避免地会遇见软土,尤其是滨海平原、盆地周围等地区,这些地区迫切需要公路交通设施,但在修筑桥梁、路基、通道时通常会遇到软土,处理不当极易造成路基滑移、路面不平等危害,一定要合理应用处理技术保障路基路面的稳定性,进而保障交通安全及生命安全。

关键词:公路工程;软土;软基处理方法

1　软土地基概述

软土是指组成成分中泥沙含量比较高的一种土,这种土由于含水量比较高,而透水性能不好。作为地基,其承载能力比较差,所以必须要进行一定的施工处理,提高其承载能力。具体来看,软土地基主要具有以下几个方面的特点。首先,软土地基具有比较大的孔隙,使得土质非常松散,相对于正常土质的地基来说,土粒之间的空隙比较大。软土地基之所以比较松散,是因为土壤含量当中沙子所占的比例比较大,影响其结构性能。其次,水含量比较大。很多软土地基是由于靠近河流湖泊形成的,所以其中的含水量是非常大的[1]。如果在公路施工建设完成之后,不采取合理的处理措施来清除软土地基的水分,那么在重力挤压作用下,软土地基当中的水分将会越来越少,从而引起地基下沉的现象产生,引发严重的后果。再次,该土壤透水性比较差。因为软土地基自身的含水率比较高,所以如果遇到降雨比较多的季节,由于地基的吸水性比较差,会导致雨水在公路上积聚,不能被轻易排走。最后,软土地基的体积非常不稳定,变动比较大。由于软土地基内部有大量的气泡以及水分,所以地基结构非常不稳定,如果所受荷载力分布不均,就会造成软土地基的体积发生各种各样的变化。

2　公路工程中软基处理常用技术方法

2.1　表面处理方法

施工现场地表较软时,可采用表面处理方法进行处理。一般情况下,现场施工人员可以采用地表排水、地表填筑等工作方法来加强地表强度,从而提高软土地基的土壤压实度,提高承载力。这种方法的使用可以使工程操作人员更容易进行机械施工。具体来说,在填筑作业过程中,当处理地基土较好但土壤含水量较多的情况时,应结合具体施工情况和土壤质量状况,在施工作业前抽出地表水。可使用水泵或引水渠道降低施工现场的地表水含量。这些方法的使用可以有效地保证机械化施工的顺利进行,为公路工程的施工带来一定的便利,为施工质量保驾护航。此外,需要注意的是,施工后排水沟的回填应采用透水性好的材料,否则容易造成区域性积水,对公路的使用寿命有一定的负面影响。

2.2 砂垫层技术

砂垫层主要用于软土厚度小、土壤排水性好、砾石含量高、施工时间长、施工速度慢的工程。对于此类工程,必须注意砂垫层的厚度,要求保持在 20 cm 左右。只有在厚度满足要求、地基承载力得到保证的情况下,排水工作才能顺利进行,凝结速度不能太慢,正确铺设砂垫层才能有效提高软土地基的质量,使其达到工程质量标准。在选择砂垫层材料时,首先要保证砂的清洁度,砂的含泥量不得超过 5%。只有当砾石排水达到排放速度时,才不会有明显的固结。在清扫和压实软土层时,检查砾石层,确保砾石表面湿润。在此基础上的建设将使处理效果更加明显。

2.3 重压加载技术

重压加载技术即是通过向软土层地基施加压力来提高土层的紧密度,从而在一定程度上可以提高软土层的强度。在具体的实施过程中,操作人员可以利用重型压路机对已经完工的公路软土地基进行反复施压,从而可以排出软土地基中存留的多余水分,使得软土地基的水含量大大降低,不断缩小软土地基的孔隙。这样就可以大大减少软土地基在后续使用过程中变形的可能性,从而有效提升软土地基的可用年限。并且软土地基在经过施压后,地基会被压实而产生下沉,使得地基的强度得到提高,从而可以减少公路的沉降量,保障公路在使用过程中的稳定性。施工人员在对软土地基进行加重施工时,公路工程企业应安排专业的地基监测人员对地基施工工作进行监督,防止由于加压不到位而导致软土地基仍然存留大量的水分,严重影响软土地基的可靠性。除此之外,还可以防止由于加压过度而导致软土地基变形,甚至严重影响公路工程的施工进度。因此,软土地基施工过程中的监督工作对于保证软土地基的处理效果具有十分重要的影响。由于重压加载技术的实现原理以及操作工艺比较简单,并且施工成本较低,所以该技术的应用比较广泛;但该技术也存在着局限性,如施工时间比起其他的处理技术要长一些。因此,工程师在选择软地基处理技术时,可以根据现场的施工情况进行判断。

2.4 置换技术

置换技术顾名思义即将软土层中的表层软土层或者全部软土层移除，然后选择一些强度较高、耐腐蚀能力强以及稳定性比较好的材料填入软土层中。通过这种土层置换，可以有效改善软土层的缺陷。在具体的施工过程中，施工人员首先应该对软土层进行提前调研，确定具体的施工方案。并且在选择置换材料的时候，施工人员需要根据软土层的实际状况进行选择，如果置换材料与原软土层的性质不相符，那么极有可能会导致置换后的软土层强度没有得到明显的提升，严重影响土层置换的效果。所以，在选择置换材料的过程中，工作人员不能仅仅关注置换材料的强度，还应该考虑置换材料与软土层的匹配程度。只有这样，才能确保软土层的性能在置换后可以得到有效提升。除此之外，操作人员还应该注意的一个问题就是在置换工作完成之后，工作人员还需要对置换后的软土层实施压实工作，可以通过大型的机械设备对置换土层进行碾压，从而保证地基的密实程度，否则极有可能会导致地基塌陷。这是因为在置换后，置换材料与原土层之间存在一定的孔隙，所以如果不压实土层，那么极有可能会使得地基存在一定的沉降空间。

置换技术的应用可以切实保障软土地基的可用性以及可靠性，但置换技术更适用于那些软土层地基厚度不高的情况，如果将置换技术应用于较厚的土层，那么将会导致施工的工作量大幅度上升，从而使得施工周期被大大延长，严重影响施工进度。所以，对于较厚的软土层地基，公路工程施工人员可以采取别的软土地基处理技术，从而保证施工质量以及施工效率。

2.5 垫层材料技术

垫层材料主要用于地基土层不均匀、易产生不规则沉降和侧向变形的地方。在这种情况下，垫层材料的抗剪承载力和抗压承载力可以有效提高机械的通行能力，更好地提高软土层的承载力和抗压承载力，并对防止地基的局部沉降和横向变化起到一定的作用。在公路工程的施工过程中，应采用玻璃纤维等材料。在软土地基中，当土壤黏度过高时，应在软土地基中加入适量的添加剂，以增加软土层的强度，加速软土的压缩，使施工工作能够顺利进行。在具体施工中，垫层的主要材料是生石灰或水泥。

2.6 加强软土地基施工要点

在应用本施工技术时，应充分利用材料，加强饱和黏土固化剂的使用，并用专用搅拌机充分搅拌施工黏土。养护剂的使用与建筑材料之间的综合反应时间之后，将在本项目施工过程中在软土层表面产生一种稳定性极好的材料，从而有效地提高土壤的承载力，为公路工程的施工带来可能和便利，对提高公路工程的工程质量有着明显的效果。

3 结束语

公路工程施工质量不仅直接影响公路的使用寿命,还关系到过往车辆人员的生命安全。在公路工程建设中,需要高度重视软土地基的处理工作,不仅要结合工程实际选择适合的处理技术,做好软基处理技术方案设计,还要在施工过程中确保每个工艺流程符合规范标准,避免工程质量问题、安全问题的发生,保证软基处理效果[2]。

参考文献

[1] 闫伟.软土地基施工技术在道路桥梁施工中的应用[J].工程技术研究,2021,6(6):94-95.
[2] 徐小林.高速公路工程施工中软基处理关键技术[J].工程技术研究,2021,6(9):77-78.

浅谈钢筋笼制作及安装技术要点

中交一公局第三工程有限公司　北京　101102　戴　密

摘　要：钢筋工程是钢筋混凝土工程的重要组成部分，钢筋工程的施工管理是结构工程质量管理的控制重点之一。其中在高速公路建设中，钢筋笼在桥梁桩基、墩柱、防护桩等部位使用非常频繁，其主要起的作用跟柱子纵向钢筋的受力同理，主要起抗拉作用，混凝土的抗压强度高但抗拉强度很低。钢筋笼能对桩身混凝土起到约束的作用，使之能承受一定的轴向拉力。通常我们把钻孔灌注桩、挖孔桩、立柱等预先制作的钢筋结构叫钢筋笼。钢筋工程是隐蔽工程，混凝土浇筑后难以检查其质量，而钢筋工程的质量，直接影响到钢筋混凝土构件的强度及刚度。

关键词：钢筋笼施工工法；控制要点；节能降耗

1　钢筋笼施工工艺方法

1.1　钢筋笼的制作

钢筋笼制作必须按设计图纸要求精心加工。钢筋笼制作采用长线法按 9 m、12 m 一段在钢筋加工场地进行。分段制作的钢筋笼，钢筋接长的连接形式严格按设计要求进行。

钢筋骨架制作时的分节原则为：根据钢筋的定尺长度，合理安排，尽量做到节省材料，减少孔口对接的数量及作业时间[1]。根据现有吊装条件结合机械连接的特点（连接速度快），钢筋骨架基本按 9 m、12 m 长度采用分节流水作业，钢筋笼底部的分节长，顶部的分节短，便于吊装，接头错开 1 m，同一根钢筋在接头区不得有两个接头，配置在接头长度区段内的受力钢筋、主钢筋接头根数在同一截面不超过总数的 50%。

钢筋的连接需经工艺性试验合格后方可正式加工。钢筋笼主筋的纵向连接采用滚轧直螺纹连接技术，安装时对接采用平口型套筒，连接质量符合现行《钢筋机械连接技术规程》（JGJ 107—2016）规定。套筒连接控制要点：连接套表面无裂痕，螺牙饱满，无其他缺陷。牙型规检查合格，用螺纹塞规检查尺寸精度。各种型号和规格的连接套外表面，必须有明显的钢筋级别及规格标记。连接套两端头的孔必须用塑料盖封上，以保持内部洁净，干燥防锈。钢筋笼的螺旋箍筋及普通箍筋的连接采用电弧焊进行单面搭接焊连接，连接质量符合现行《钢筋焊接及验收规程》（JGJ 18—2012）的规定。钢筋焊接前，必须根据施工条件进行试焊，合格后方可正式施焊。焊工必须持考试合格证上岗。电弧焊各项指标应满足如表 1 所示技术要求(d 为钢筋直径）：

表 1　电弧焊技术指标

焊接长度 L(mm)	单面焊：10 d
	双面焊：5 d
焊缝宽度 b(mm)	≥0.7 d
焊缝厚度 h(mm)	≥0.3 d

（1）钢筋笼保护层

钢筋笼保护层采用定位筋布置，钢筋焊在主筋上，每隔 2 米左右设一道，每道钢筋笼对称设置不小于 4 个。

（2）声测管安装

声测管采用直径 57 mm×3.5 mm 钢管。D≥1.5 m，采用 4 根声测管，声测管设于钢筋笼内侧；D≤1.5 m，采用 3 根声测管设于钢筋笼内侧，沿周边等距布置，声测管长度为（桩长＋0.5）m。声测管采用丝扣连接，切忌焊接，确保管内光滑。施工过程中应封闭管口以防止异物进入，检测结束后对所有声测管压浆封实。

（3）钢筋笼的堆放

制作好的钢筋笼应存放于干燥的地方并垫设枕木，同时每组钢筋笼用标志牌写明墩号、节号和长度存放在一起；钢筋笼堆放应考虑安装顺序、钢筋笼变形和防止事故等因素，堆放不准超过二层，对钢筋笼成品进行覆盖[2]。

1.2　钢筋笼的吊放

（1）吊车选型

选取 25 t 汽车吊作为吊装，吊装单节钢筋笼，钢筋笼单节最重 5.1 t，而 25 t 汽车吊主臂长 27.95 m 时最大吊重为 7 t，工作半径为 6.5 m，满足要求。

（2）钢筋笼的吊装

钢筋骨架采用"二点吊法"吊装，吊装工具有：25 t 汽车吊 1 台、自制吊装扁担 1 个、长钢丝绳 5 根、短钢丝绳 4 根、U 型扣 8 个。吊装分两种情况，即钢筋骨架装卸车的吊装、孔口连接时的吊装。

①钢筋骨架装卸车的吊装。先分别将 2 根长短钢丝绳穿在钢筋笼加劲骨架上，并分别吊于 25 t 汽车吊主副钩上，选择好钢筋笼的两个吊点（吊点选择非常重要，一般选两端头第二个加强箍筋和对称主箍连接处作为吊点），用 U 型扣将钢丝绳和钢筋骨架连接牢固，连接后吊车升起大臂，将钢筋骨架平吊放置于钢筋运输车上，车上放置凹槽型枕木垫高钢筋骨架，防止滚动及变形。卸车和装车基本相同。

②孔口连接时的吊装。选择好钢筋笼 4 个吊点，25 t 汽车吊（副钩）与短钢丝绳配合（主钩），用系有长钢丝绳的扁担梁起吊钢筋笼，吊机主、副钩同时将钢筋笼水平吊离

地面 1.5～2 m 后,主钩继续提升扁担梁,副钩保持不动或配合下放,完成钢筋笼从平躺到直立的转变。解除短钢丝绳后,转动大臂,将钢筋骨架移至孔口上方,调整钢筋骨架对中孔位,将笼慢慢放入孔内。当放至钢筋骨架吊点时,用孔口平台上的圆钢卡销插入加强箍筋吊环下方,将钢筋骨架担于孔口平台上,采用同样的方法将第二节钢筋骨架吊放于孔口井字支架,调直对中后,将笼慢慢下降,和第一节笼对接(制作钢筋骨架时已在通长钢筋上做好标记),迅速将套筒拧好,连接好以后,将笼慢慢放入孔内,采用同样的方法连接好剩余的钢筋骨架放入孔内。当放入最后一节钢筋骨架时,应在上端连接带吊环的工作笼,整个钢筋骨架放入至吊环处,将圆钢插入吊环(吊环离孔口平台几厘米远),在钢筋笼最上面加强箍筋上挂上十字线,用垂球将钢筋骨架对中,对中后钢筋骨架慢慢下降,将钢筋骨架完全用圆钢担于孔口井字支架上,并采用垂球再次校核对中情况,直到钢筋骨架偏位在±20 mm 范围内。

(3) 吊钢筋笼前应做到以下几点:

①吊装前检查起重吊车各安全防护装置及各指示仪表齐全完好,钢丝绳及连接部位符合规定,吊车司机应有操作证及上岗证,严禁无证人员操作起吊设备。钢筋笼吊装有专人统一指挥,动作配合协调,无关人员严禁进入钢筋笼吊装影响区域内。

②吊装前,对钢筋笼焊接质量做全面检查,钢筋焊接质量符合相关规范要求。钢筋吊点布置须对称布设、焊接牢固,防止在吊装过程中钢筋笼产生偏斜、掉落。

③吊车、运输平板车工作及行走路线必须是坚硬水平地面,对强度不足的地面应事先进行场地硬化,并与沟渠、基坑边保持安全距离。

④钢筋笼吊装作业严格坚持"十不吊""三不超过"。

⑤钢筋笼吊装采用两点吊装,第一吊点设在骨架的下部,第二点设在骨架长度的中点到上三分点之间。起吊时,先提第一点,使骨架稍提起,再与第二吊同时起吊。待骨架离开地面后,第一吊点停吊,继续提升第二吊点。随着第二吊点不断上升,慢慢放松第一吊点,直到骨架同地面垂直,停止起吊。解除第一吊点,检查骨架是否顺直,如有弯曲应整直。

⑥起吊钢筋笼时,必须先将钢筋笼整体起吊离地 30 cm,观察有无变形或有无焊缝崩开的现象,如果有则立刻将钢筋笼放下,加固后方可继续起吊。当钢筋笼吊到空中发现有变形现象时不得强行吊起,必须马上疏散附近施工人员,同时将钢筋笼放到地上,对变形钢筋笼进行整形、加固后再重新起吊。

⑦钢筋笼主筋机械连接时,操作人员需注意手的位置,避免挤伤。

⑧在有六级及以上大风或大雨、大雾等恶劣天气时,应停止起吊作业。

(4) 孔口钢筋笼定位支架:

桩基孔口位置压实后,用两块 3 m×1.2 m×0.18 m 的路基箱作为承重平台,其上搭设用 40 b 工字钢做成的定位框架及直径为 90 mm 圆钢棒做成的活动卡销,卡销长 63 cm,用 20 mm 的钢板加固井字框,用以定位钢筋笼进而进行钢筋笼的接长。

(5) 钢筋笼吊放需注意的事项：

①起吊钢筋笼采用扁担起吊法，起吊点在钢筋笼上部箍筋与主筋连接处，吊点对称。

②吊放钢筋笼入孔时，实行"一、二、三"的原则，即一人指挥、二人扶钢筋笼、三人搭结，施工时应对准孔位，保持垂直，轻放、慢放入孔，不得左右旋转。若遇阻碍应停止下放，查明原因进行处理。严禁高提猛落和强制下入。

③放钢筋笼时，要求有技术人员在场，以控制钢筋笼的桩顶标高及钢筋笼上浮等问题。

④成型钢筋笼吊放、运输、安装，应采取防变形措施，不得在其运作中变形。

⑤按编号顺序，逐节垂直吊焊，上下节笼各主筋应对准校正，采用对称套筒连接，按设计图要求，在加强筋处对称焊接保护层定位钢板，按图纸补加螺旋筋，确认合格后，方可下入。

⑥钢筋笼安装入孔时，应保持垂直状态。避免碰撞孔壁，徐徐下入，若中途遇阻不得强行墩放（可适当转向起下）。如果仍无效果，则应起笼扫孔重新下入。

⑦钢筋笼按确认长度下入后，应保证笼顶在孔内居中，吊筋均匀受力，牢靠固定。

2 节能降耗措施

2.1 节材措施

（1）根据施工图纸，首先编制单项工程核算表，以此为依据，控制材料的用量。

（2）优化施工方案，选用绿色材料，积极推广新材料、新工艺、促进材料的合理使用，节省实际施工材料消耗量。

（3）合理安排工期，加快周转材料周转使用率，降低非实体材料的投入和消耗；推广先进工艺、技术，降低材料剪裁浪费。

（4）加强工程材料的计划管理，确保材料供应及时准确。

（5）依照施工预算，实行限额领料，严格控制材料的消耗。统计分析实际施工材料消耗量与预算材料消耗量，有针对性地制定并实施关键点控制措施，提高节材率。

（6）施工中结合文明施工达标要求，做到施工现场清晰无杂乱材料的码放。

（7）根据施工进度、材料周转时间、库存情况等制定采购计划，并合理确定采购数量，避免采购过多，造成积压或浪费。

（8）加强对材料进场的验收工作，做到不合格品不进场。

（9）加强对混凝土制品的管理和验收，在施工中对小型构件加强管理，不掩埋、不丢失，做好成品保护的措施。

（10）对周转材料进行保养维护，维护其质量状态，延长其使用寿命。按照材料存放要求进行材料装卸和临时保管，避免因现场存放条件不合理而导致浪费。

（11）施工现场材料进场必须码放（堆）整齐。施工中加强材料现场使用，做到活完脚下清。

（12）现场建立材料物资回收制度，提高废料的利用率。

（13）对于施工期间的交通疏导，应充分利用场地及周边现有道路、新建道路，减少修建疏导便线。

2.2 成品保护

（1）项目部根据施工组织设计要求和工艺、环境特点，对每道工序都制定具体的防护措施，报经项目总工程师审批后，向全体施工人员进行技术交底并严格按照方案实施。根据不同的工序，采取疏导、堵挡、遮盖、排水、避雨、设置护栏、铺盖草垫、粘贴保护膜、简易包装、涂油漆标志、设立标志牌、专人看守等措施。每道工序完工经检验合格后，下道工序施工班组做好成品保护措施。

（2）对定位轴线引桩、标准水准点等进行机械作业时不得碰撞，并经常进行校核。

（3）对可能被下道工序或临近其他工程施工污染，甚至破坏的部位采取苫盖或围挡措施。对已完工尚未交付甲方的工程进行拦挡或局部封闭，避免人为碰撞。

（4）构件、砌块等在装运过程中要轻装轻放。构件吊装要设专人进行指挥，防止发生碰撞损坏构件，就位后及时连接固定。

（5）道路施工完成后，加强养护，未达到规定强度前，禁止车辆、施工机械行走。

（6）合理地安排施工工序：按施工工艺流程组织施工。坚持先下后上，先深后浅、先主体后附属。不得颠倒工序，防止后道工序损坏或污染前道工序。

（7）在工程项目的部署上，按照总体计划进行施工，将主要分项工程作为重点，其他的分项工程适当放宽施工工期，以减少工种、工序间的交叉作业，避免后期集中抢工，以达到保护成品的目的。

3 结语

总之，钢筋工程是高速公路建设的重要环节，尤其是钻孔灌注桩等一系列地下工程，混凝土浇筑后难以检查其质量，而钢筋工程的缺陷，直接影响到钢筋混凝土构件的强度及刚度，在承受荷载后，可能会发生严重变形，甚至是构件破坏、断裂，造成质量安全事故。所以对钢筋工程的施工质量应严格把关，按规定做好钢筋的检验，及时进行隐蔽工程验收。

参考文献

[1] 张鹏.浅谈桩柱一体施工技术[J].大陆桥视野,2017(12):159-160.

[2] 丁小丽,杨勇.钻孔灌注桩的施工控制浅析[J].环球市场,2016,(8):147.

浅谈绿色建筑工程施工现场文明施工管理

中交一公局第三工程有限公司　北京　101102　沈加荣

摘　要：在我国可持续发展的发展战略要求下,绿色建筑工程是符合人民与社会绿色环保意识下的绿色建筑施工理念,绿色建筑工程对社会经济以及我国的生态环境都会产生非常大的影响。因此,在进行绿色建筑工程活动开展的过程中,相关企业与单位一定要加强绿色建筑工程的相关施工管理,同时在施工现场一定要注重对于现场的文明施工管理,根据当前绿色建筑施工中存在的问题,对文明施工管理进行创新与变革,构建相应的施工管理措施以及制度,促进施工现场的施工更加规范合理,并提升绿色建筑工程的施工质量,促进绿色建筑工程的发展。

关键词：绿色建筑工程;施工现场;文明管理;创新研究

1　绿色建筑施工现场文明施工管理的重要性

绿色建筑施工现场文明施工管理水平能够反映出施工企业的综合管理水平,只有完善落实文明施工管理,才能够为绿色建筑施工现场提供良好的施工环境和安全条件,从而促进施工的顺利进行,并对施工质量和效率进行有效提高,还能够降低施工成本的支出,使绿色建筑施工获得经济、社会和环境等多重效益,这对于施工企业的发展有着极为重要和深远的意义[1]。施工企业可以将施工现场作为展示企业综合素质的窗口,施工现场的人员表现、环境影响、外观状况等都是企业文化展示的一部分,当施工现场达到较高水平的文明施工管理成效时,能够体现出施工企业较为成熟、健康和先进的形象。绿色建筑施工现场管理水平的高低不仅体现在管理效果的优劣,还体现在管理模式的科学与否,传统的管理模式虽然能够促进绿色建筑施工在经济效益方面的提高,但无法满足当前对绿色建筑施工的安全生产和绿色环保等施工要求,所以想要促进管理水平的提高,就必须采取更加科学的管理模式,通过文明施工管理使施工现场更好地满足人们的各项要求,也促进绿色建筑施工现场管理水平的提高。随着绿色建筑行业的不断发展,在施工技术层面的差距逐渐缩小,更多的差异性体现在施工现场反映出的管理水平和综合素质,文明施工管理能够在保障施工质量的基础之上,使施工现场更加安全、更加整洁、更加环保、更加节约、更加有效率等,能够为施工企业获得更多的商业信誉,争取更高的商业价值,促进施工企业在激烈的市场竞争中占有更高的竞争优势[2]。

2 绿色建筑工程施工现场的文明施工管理创新

2.1 制定文明施工的管理制度

为了更好地在绿色建筑工程施工现场进行文明施工管理,首先就要根据施工现场的具体工作内容以及工作环境等方面进行相关管理制度以及措施的制定,建立科学合理的文明施工管理体系;其次,要对施工中的设备、物流、工艺等信息的资料进行不断完善,同时动态地进行管理,保障管理工作开展的时效性;再次,要对施工现场中的资源进行合理的优化配置,且要增强不同部门之间的交流协作,避免出现资源的浪费,并提升施工现场的工作效率;最后,制定相应的规范化系统,确保施工现场以及生活区的安全与文明,并适当地设置一些较为醒目的色彩标识,对现场施工人员进行提醒[3]。

2.2 建立完善的文明施工管理培训机制

文明施工管理需要由管理人员根据规章制度执行管理措施,也需要施工人员按照管理标准进行施工,管理人员和施工人员的文明施工意识与技术,需要通过培训机制进行培养和提高。对于管理人员需要进行管理技术方面的培训,对于施工人员需要进行施工技术方面的培训,并在培训中强调文明施工的重要性,使管理人员和施工人员都能够更好地遵从文明施工管理要求,避免由于人为因素造成的施工问题,能够有效降低施工现场的安全隐患,避免不必要的经济损失。首先要制定详细的培训规划,包括培训对象、培训内容、培训时间等,保障培训的全面性和有效性。其次要根据实际的施工情况对培训进行合理安排,尤其是结合当前的施工案例和现场情况,能够起到更加有效的培训作用。最后是对培训人员进行考核,评估培训人员的培训效果,既能够督促培训人员认真进行培训,充分调动培训人员的积极性,更好地掌握培训内容,也能切实地应用到施工现场中,提高施工现场的文明施工管理效果,还能够根据考核情况对培训进行更好的优化,提高培训的科学性和有效性[3]。

2.3 做好施工现场的绿化

施工现场的绿化是绿色建筑工程的重要组成部分,要做好施工现场的绿化,就要根据施工现场的具体情况制定绿色施工方案,根据相关的绿色施工制度进行施工环境的绿化建设,其中主要是针对施工环境的土壤环境[4]。首先要对施工环境以及场地周围的土壤环境进行勘察,根据土壤的性质条件以及当地的气候环境等因素,提出相关的绿化建议,防止由于施工对周围土壤环境造成破坏。其次要将施工中所需要的物料合理整齐地进行堆放,废弃的土壤尽可能放在专用的弃土堆放区域,并对废土进行覆盖,防止出现扬尘,不同的物品一定要设置相应的专门进行堆放的地方,节约施工场地的用地;在施工现场或者施工场地周边的墙等位置,要进行绿化植物的摆放,避免出现施工场地的水土流失,还可以对施工环境起到美化作用;施工过程中的一些危险化学品一定要配备相应的隔水层区域进行存放,并做好渗漏液体的处理,防止土壤污染,维护土壤环境。

2.4 防止噪声污染

针对噪声污染,宜采取以下措施:①施工场地内禁止大声喧哗,生活区制定相关制度,严禁聚众喧哗;②选用的施工器械和设备中,噪声大的须要求厂家或者后期加装安装消音装置;③避免夜间强噪声作业;④施工现场安装噪声监控设备,超过相关标准要求的,须找出原因,并整改[5]。

2.5 防止废气、烟尘污染

对废气、烟尘污染等可以采取以下处理措施:①设置通风和降尘措施;②及时清运施工现场绿色建筑垃圾,清运过程中洒水降尘;③水泥等散体材料必须存放在库房或密闭容器内,使用时要注意防尘;④现场禁止焚烧垃圾、有毒有害的物质,严禁明火。

2.6 水污染的防治

绿色建筑工程文明施工管理中也要注意避免水污染的产生。在施工场地要设立沉淀池,让雨水与车辆清洗水在排入绿色建筑排水管道前,先经过沉淀池,减少水中的沉淀物;同时要避免工业废水中介进入绿色建筑排水管理系统。施工现场的油漆等化学溶剂应加强注意,一定要放在专门的库房进行存放,同时要在地面以及底部铺设塑料纸,防止出现渗漏;废弃不用的油料等化学溶剂一定要进行集中处理,避免随意倾倒对地下水资源造成污染,化学溶剂的相应容器也要进行集中处理。

3 结束语

随着我国绿色建筑施工水平的不断提高,在绿色建筑施工管理方面也应提出更多的管理要求,才能够满足人们日益提高的生活需要。绿色建筑施工现场进行文明施工管理能够通过科学的管理体系、机制和措施,使施工现场更加有效地掌控在管理范围之内,能够保障施工现场的安全性,降低建筑施工对环境的不良影响,更有利于施工企业获得更多的施工优势,提高企业形象,促进绿色建筑行业的健康发展。

参考文献

[1] 苏金辉.基于建筑施工现场文明施工管理的研究[J].居舍,2020(14):144.

［2］吴海凤.基于建筑施工现场文明施工管理的研究[J].居舍,2020(14):153.

［3］蒋飞杨.绿色建筑工程施工现场文明施工管理及创新思考[J].现代物业(中旬刊),2018(6):119.

［4］鲁军.绿色建筑工程施工现场文明施工管理与创新[J].居舍,2018(7):104.

［5］文蔚平.绿色建筑工程施工现场文明施工管理与创新[J].建材与装饰,2017(46):146-147.

基于智能顶推的后支点菱形挂篮悬臂浇筑成型技术研究

南通路桥工程有限公司　　江苏南通　　226007　　顾　雯

摘　要：基于智慧建造理念，本文提出一种后支点菱形挂篮悬臂浇筑智能顶推高效成型施工技术。通过智能同步连续行走系统将压力、位移信号传送至主控器，经调整分配各受力点的荷载变化，将相应的液压信号传输给液压千斤顶，实现同步顶推行走作业。系统控制油缸可在精轧螺纹钢上前后任一点实现行走锁定，若超过压力限值或位移限值，系统可自动报警并停止工作，无需对锚吊点及底模进行测量以获取相关数据。技术操作方便高效，实现了挂篮悬臂浇筑同步顶推智能监控，保证了悬臂浇筑施工质量和安全性。

关键词：菱形挂篮；后支点；智能顶推；悬臂浇筑；同步行走

引言

后支点菱形挂篮因结构简单、刚度大、变形小、适用性强等特点在桥梁悬臂浇筑中应用广泛[1,2]，但传统的施工方式在行走过程中只能间隔一段时间由人工对前锚吊点进行测量获取相关数据，对底模也是采用手动测量的方式对底模的相关数据进行测量，无法对行走全过程进行控制，一旦发生行走不同步，挂篮的受力变化超出正常范围，容易发生安全事故，造成无法估量的潜在风险[3,4]。鉴于此，本文在传统后支点菱形挂篮技术基础上进行改进创新，通过融入智能同步连续行走系统，实现悬臂浇筑在全过程同步顶推作业中的智能监控以及顶推故障情况下自动报警启停，确保后支点菱形挂篮安全高效作业。

1　工程概况

徐圩至灌云段横贯江苏省腹地，是江苏省高速公路网的重要组成部分。工程所涉及的 LS-LYG3 标段包括主线桥 5 座，共长 2 385.56 m。其中特大桥 1 座，桥长 1 981.2 m；大桥 2 座，桥长 252.2 m；中、小桥 2 座，桥长 152.16 m；支线上跨桥 1 座，桥长 417.2 m。为提高施工效率和安全性，桥梁建造充分融合了信息化技术，其中挂篮施工在传统施工技术基础上进行了改进创新，采用了后支点菱形挂篮悬臂浇筑智能顶推技术。

2 施工工艺

2.1 工艺原理

菱形挂篮安装时,在前锚吊点及后锚处各设置一个重力传感器,底模前端及后端各设置一个位移传感器,并通过液压连接系统将其与压力控制器及主控器相连,在每个液压千斤顶活塞前端连接锚杯,锚杯夹片内壁和精轧螺纹钢外壁设置成相同的螺纹,避免了在锁定过程中对精轧螺纹钢造成破坏。安装完毕后,以预压反力架预压挂篮。行走过程中,将传感器接收到的压力信号和位移信号传输给压力控制器和主控器,压力控制器接收数据信号后,借助系统的智能化功能实时监测及合理分配各受力点荷载变化,联动输送相应液压给千斤顶,使整体达到同步性要求,确保连续行走的稳定性、协调性。系统构造及组件如图1所示。

当重力传感器和位移传感器感受到的压力值或位移值超过最大限值时,会将信号立即传输至主控器,主控器接收到信号后,立即启动报警系统并自动停机,以保证挂篮连续同步行走的安全性。

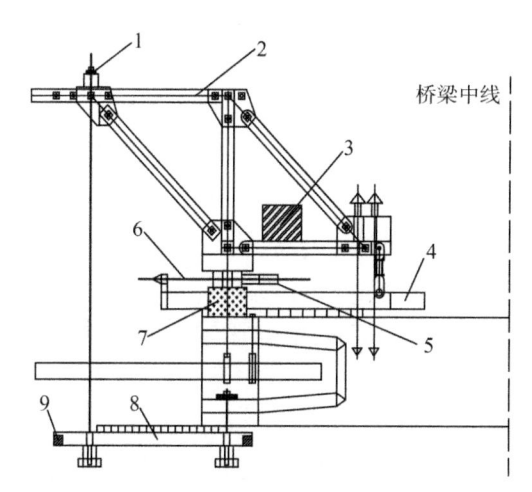

1—重力传感器;2—菱形主桁架;3—智能控制系统;4—轨道;5—顶推锁定器;
6—精轧螺纹钢;7—液压千斤顶;8—底梁;9—位移传感器

图1 后支点菱形挂篮悬臂浇筑智能顶推高效成型施工结构示意图

2.2 工艺流程

施工操作流程如图2所示。

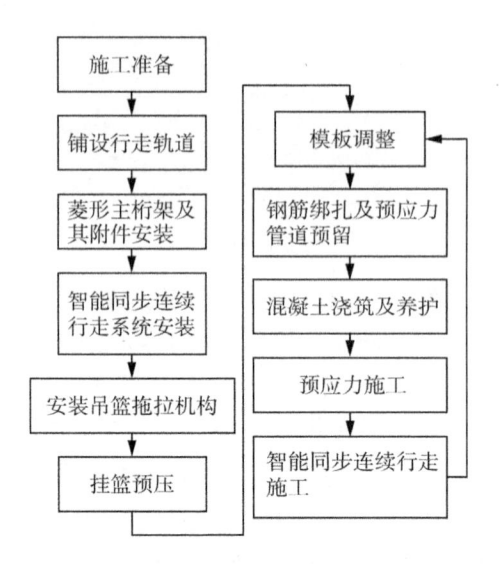

图2 后支点菱形挂篮悬臂浇筑智能顶推高效成型施工流程图

2.3 技术要点

（1）施工准备

严格做好技术安全交底及前一节段箱梁浇筑、张拉、压浆及挂索等工序；使用前详细标定好油压表及千斤顶，计算验证反力与油压表。

（2）铺设行走轨道

根据长度、刚度要求，轨道选用适中材料，轨道接头数量尽量少，整体性要达标。定位轨道中心，铺设轨枕，放置轨道。完毕后，根据挂篮设计图安装滚轮组于轨道上预定位置，利用精轧螺纹钢及轨枕把轨道固定梁上。梁的表面平整度不达标时，需通过高强度砂浆进行找平，接着布置轨道垫墩，做到与设计间距相一致。用全站仪测设行走轨道中心轴线，最后人工与机械配合铺设、固定轨道。

（3）菱形主桁架及其附件安装

用吊机将前支腿放在要浇筑的位置处，然后吊装后支腿，与前支腿距离保持5.6 m。安设桁架杆件时，通过锚杆将其后端固定于箱梁的预应力筋设定位置处，接着对平联、后上横梁、前上横梁及前上横梁平联、前后吊带及短横梁进行安装。与此同时，于桥下组装好底模平台，检查无误后，将底模平台提升，并固定底模平台后下横梁与梁底搭接穿后锚杆，吊装前、后吊带及将底模吊带固定于菱形架下短横梁处。在底模的前端和后端安装位移传感器，并在前后锚吊点设置重力传感器，在每个活塞前端连接锚杯，锚杯内夹片内壁应为与精轧螺纹钢外壁的螺纹筋相配合的螺纹，以便夹紧时不会损坏螺纹钢。

（4）智能同步连续行走系统安装

预先对各部件性能进行检查，然后安装各子系统。采用18×18AQ型软管一端直接压力控制器,另一端与油缸连通,压力控制器采用两根 1 m 长槽钢承托坐落于主桁架水平杆上,采用点焊固定,焊高 6 mm,焊缝长度 30 mm,前移油缸一端通过油缸耳座与前滑座相连,另一端与通过销轴锁定于走行轨道上的顶推块铰接,然后将各传感器与压力控制器和主控器连接。安装工作完毕后,先通过手动模式进行试运行,以保证各工作元件运动方式与设定目标相一致。接着进行联机调试,仍选择手动模式,执行并检查千斤顶伸缸、缩缸动作是否正确,调节行程检测装置元件,确保其接触及检测数据传输正常。

系统手动试机合格后,选择自动模式运行行走系统,并检查各千斤顶运行的同步性及动作协调性。若达不到设定施工目标,须及时排查故障,重新调试,直到满足既定的施工要求。

(5) 安装挂篮拖拉机构

于前支点位置焊接 $\phi 10$ mm×90 mm 开口销及轴,并于轨道前端焊接一个中间孔径为 40 mm、厚度为 2 cm 的限位钢板。将 PSB830 型、$\phi 32$ mm 精轧螺纹钢作为拖拉工具,利用智能同步连续行走系统组件中的液压千斤顶进行拖拉工作。

(6) 挂篮预压

挂篮预压反力架采用双拼 I32a 工字钢,在箱梁每道腹板处各设置一个,根部与腹板的预埋精轧螺纹钢进行固定,端部采用千斤顶进行加载。预压以 20% 荷载为梯度逐级进行预压,根据荷载计算结果,实际加载时需考虑 1.2 的加载系数,用 4 台千斤顶两侧同步施加。

(7) 模板调整

以液压千斤顶与手拉葫芦配合的方式将模板系统同步放松、下放。模板处于松动状态时,要控制好其降落速度,以避免产生较大冲击力,影响操作安全。底模下放距离以 500 mm 为宜,侧模、内模要确保不与箱梁混凝土接触。当出现斜拉索张拉齿块及内横隔梁箱梁时,需将内模系统拆除并吊出,侧模下放需避开拉索锚块混凝土。

(8) 钢筋绑扎及预应力管道预留

按设计要求进行钢筋下料,成型后挂牌分类放好,用时吊装至挂篮位置,人工绑扎。先绑扎底版、腹板钢筋,安装波纹管道、竖向预应力钢筋,顶板底层钢筋需内模移动到预定位置后方可绑扎,然后按照顺序安装顶板预应力管道、绑扎顶板上层钢筋、顶板预埋件。

预应力管道采用塑料波纹管成孔,若管道与构造钢筋安装位置发生冲突,波纹管安装时需适当移动构造钢筋,务必保证预应力管道位置定位达到设计要求,同时针对性采取固定措施,提高预应力管道位置稳定性。

(9) 混凝土浇筑及养护

混凝土浇筑前对模板标高、钢筋、预应力管道布置、预埋件埋设加固状况以及支架稳固情况进行检查并调整。用高压风枪清理杂物,并在模板上洒水保持湿润。混凝土浇筑以"对称、平衡、同步进行"为原则,浇筑方法为在梁高方向,先底板,再横隔板、腹板,后顶板,浇筑工艺采用分层、斜向推进,分层厚度以 30 cm 为宜。两端对称浇筑混凝土,若泵送混凝土时难以实现,应控制两端混凝土灌注量,确保不平衡重小于 8 吨。浇筑完后需强化养护工作,及时覆盖、洒水养生,确保不少于 14 天养护周期。

(10) 预应力施工

纵向预应力下料长度需考虑两端张拉的千斤顶长度和工具锚后的余留长度等,每根钢绞线两端进行编束、张拉,千斤顶、压力表、电动油泵在使用前均进行配套检查;张拉采用张拉力和伸长量双控,以张拉力为主,伸长量作为校核,误差应控制在±5%以内;选用 75 t 千斤顶进行张拉,采用二次张拉,在预应力达到规定时,测量伸长值,判断其是否符合规范要求,完成张拉;梁体封锚及管道压浆应在预应力张拉 24 小时内完成,特殊情况下不得超过 48 小时,确保管道中的预应力钢筋在灌浆前无锈迹。

(11) 智能同步连续行走施工

预先设定系统位移值、压力值等必要参数,确保施工过程智能同步、连续行走。首先将系统开关选择调至联动位置,打开液压油泵按钮,接着将压力传感器所检测到压力值利用数据模块转换为支反力值,再通过数据处理变成可直观读取的标准油缸压力。最后千斤顶油缸提供设定好的牵引力,并智能联动控制各油缸,确保牵引挂篮同步前行。

顶升时,智能系统检测活塞顶升距离,并以传感器测量最大数据为基准,将差值控制在设定范围之内。如果间距超过要求,需减小液压油流量;反之,则增大液压油流量,务必提高千斤顶同步性、稳定性,直至达到设定值。

挂篮同步行走时,需将轨道前端锚固装置逐段拆除,并及时将轨道后端锚固装置安装到位。挂篮运行至设定距离后,要及时调整拖拉装置,并重新启动系统和重复上述工序,直至挂篮运行到设定位置。操作过程中,必须派专人进行监督、检查,确保各部件运行过程中不发生碰触、碰撞,影响施工安全。

挂篮智能同步、连续行走完毕后,下放前支点支座和安装后锚装置,拆除挂篮智能液压系统,并对挂篮及轨道进行全方位、无死角安全检查,在确保质量和安全的情况下,进入下一步施工工序。采用双螺母对挂篮、轨道进行锚固,务必确保挂篮不发生扭转、松动,避免质量不达标和安全事故的发生。

3 应用效果分析

3.1 经济效益

基于智能顶推的后支点菱形挂篮悬臂浇筑成型技术,通过压力传感器和位移传感器确定压力值及位移值,无需人工对施工过程数据进行测量,即可实现菱形挂篮同步连续行走,施工效率和安全性能大大提升。经工程初步应用分析,减少了人工投入,缩短了施工工期,节省人工费用约2.3万元;技术采用反力架预压法对挂篮进行预压,相比传统堆载预压,节省人工及机械成本约10万元。此外,技术安全性能高,可避免潜在的安全事故和经济损失,经济效益良好。

3.2 社会效益

该技术采用挂篮智能同步连续行走系统,将传统菱形挂篮施工与信息化技术相融合,通过主控器和压力控制器协调分配各受力点的荷载变化,将相应的液压信号传输给液压千斤顶,有效保证了后支点菱形挂篮行走的一致性。当主控器接收到的压力值或位移值超过最大限值时,主控器启动报警系统并自动停机,保证了挂篮行走的安全性,该技术施工方便快捷,质量安全可靠,且采用反力架预压法,无需堆砂预压,全程施工无污染,具有显著的社会、环保效益。

4 结语

针对徐圩至灌云段 LS-LYG3 标段桥梁建造特点,本文对传统挂篮施工方式进行信息化改进创新,并从技术原理、施工准备、行走轨道铺设、菱形主桁架及其附件安装、智能同步连续行走系统安装、挂篮预压、模板调整、预应力施工、智能同步连续行走等方面对工艺流程和操作要点进行具体阐述,以提高后支点菱形挂篮悬臂浇筑成型效率和施工安全性,为其他类似挂篮施工提供技术参考。

参考文献

[1] 杨维威.大吨位宽幅长节段后支点菱形挂篮同步行走施工技术[J].铁道建筑技术,2019(05):60-63.
[2] 李建凯.菱形挂篮在箱梁悬臂现浇施工中的应用[J].交通世界,2022(19):65-67.
[3] 孙晗.菱形挂篮新型轨道设计与结构优化分析[D].南昌:华东交通大学,2021.
[4] 安德权.上下双室连续刚构渡槽菱形挂篮结构分析与优化研究[D].郑州:郑州大学,2018.

浅谈"5G+安全生产"在高速公路施工中的应用

摘　要：在现代信息化时代的背景下，随着移动通信技术的进步和发展，5G通信技术的发展更新建设得到了进一步的提升和发展，5G技术的应用为各个领域的发展提供了便利。而5G通信技术与现代建筑工程行业有效结合，促进建筑工程行业的信息化发展，高速公路的施工建设中利用5G技术对施工过程中的监测、预警和管理上都有重要的作用。文章通过对高速公路的机电工程安全生产的现状进行了分析，并通过5G技术对施工中存在的安全隐患提出保障措施。文章以贵州省的崇遵高速公路施工建设为例，验证了5G技术对高速公路安全施工的有效性，以期为未来高速公路安全施工信息化提供有效参考。

关键词：5G移动通信；高速公路；安全施工

引言

　　高速公路道路施工工程十分复杂，并且有较长的工期，导致在施工中可能出现各种各样的安全事故，高速公路的安全施工工作是目前为止高速公路施工过程中关注的重要问题[1]。高速公路在施工中会存在极大的风险和阻碍，同时伴有极高的安全风险，如施工中各个作业类型的工作人员之间的配合问题、对各个区域进行监察的问题等，这些都是高速道路安全施工中常存在的问题，亟需利用现代5G移动通信技术来改善施工安全管理模式和技术，对施工流程的各个环节进行科学有效的监管。将5G移动通信技术应用在高速道路安全施工管理中可以有效实现对工程各个阶段的施工控制，有效提高施工安全管理信息系统的精细性，同时增强高速公路施工作业的安全性。

　　目前，国内外对5G技术在高速公路的勘察设计和工程监测管理中的应用主要表现在高速公路的运营管理机制上，在高速公路的施工管理工程中的应用程度较低。而5G基站的大规模铺设和普及还未完全建设成功，因此，在高速公路的安全施工管理工作中应用还存在一定的不足[2]。总的来说，目前国内外针对高速公路安全施工管理系统的探索主要包括了施工安全数据库系统的建设和施工安全监测及对工程项目中存在的安全隐患进行分析并提出有效的解决方案等。

　　文章主要分析了5G技术的工作原理和特点对5G技术在高速公路安全施工中的

应用潜力。针对目前高速公路安全施工中存在的安全问题,利用 5G 技术对高速公路中存在的安全施工问题给予监测和预警技术的支持。

1 5G 技术概述

1.1 5G 技术的基本原理和特点

目前的网络移动通信技术都为低频段,虽然在信息传递方面有着较好的传播性,但是频率的连续性容易受到限制,用户在使用过程中会出现服务中断的现象。而 5G 技术是基于毫米波频段,从而提升频谱带宽和传输速率的移动通信技术,可以有效避免信号的干扰。也就是说利用 5G 通信系统的小基站技术,在一个城市中建设大量的小基站组成一个密集的网络,可以有效提升毫米波在空气中传播的效能,从而提升通信的连续性[3]。5G 移动通信网络具有 6 个基本特点(如图 1 所示),5G 网络的高速度解决了传统的 4G 网络网速连续性较差的问题,弥补了高时延的缺点。

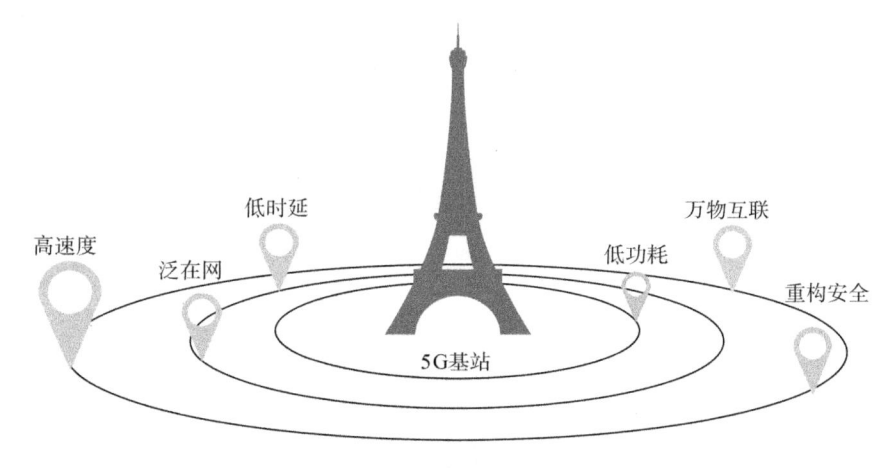

图 1　5G 移动通信网络的 6 个基本特点

1.2 5G 技术在安全生产中的应用潜力

"5G＋安全生产"为目前高危行业的发展提高了安全生产的技术水平和手段,利用新一代的信息通信 5G 技术,其大带宽、低时延、广连接的技术特性与安全生产相融合可以极大地提升安全生产信息化水平。并且,将 5G 技术与人工智能、大数据、物联网等技术紧密结合,可以有效提升高危行业安全生产全过程、全链条的感知监测、预警处置能力。而 5G 技术为高速公路的安全施工作业提供了有效的支持,从本质上提升了高危行业的安全管理水平,促进了高速公路施工监管透明化、风险预警智能化、高危区域无人化,促进高速公路安全施工监管工作效率有效提升[4]。

2 高速公路施工中的安全生产问题

2.1 高速公路施工中的安全风险和挑战

我国是一个山川和丘陵较多的国家,复杂的地形地貌对高速公路的施工来说也是一个不可忽视的难题,在某些崎岖的高原山地地区,水土流失严重,容易出现一些不可抗的自然灾害,如果在施工中遇到雷雨天气,那么将会严重影响安全生产。同时在施工中人力监管方面存在的问题也会对生产生活造成安全问题,工程安全缺乏有效的安全监管措施和技术,使得施工中存在安全隐患的概率大幅提升[5]。

2.2 现有安全生产管理方法的不足

在目前高速公路施工过程中存在的安全管理问题较多是相关部门监管不到位,或者是相关部门对工程进行安全检查的技术和方法较为落后,形式单一,在检查时通常是定时、定期检查的模式,缺乏有效的突击检查形式。并且,缺乏行之有效的安全管理体系,与现代信息技术的融合程度不够,安全监管工作的信息化应用没有足够的科学技术支持。

3 5G技术在高速公路施工安全监测中的应用

3.1 5G技术在高速公路施工安全监测中的具体应用场景

利用5G技术与高速公路施工各个环节结合,通过部署5G智能工程施工技术的一系列装备,利用5G技术的高精度惯性导航定位装置,实现工程实施过程中自动取值、超高清的智能视频分析,对施工工程的设备实现了一键启停、远程操控的技术,有效实现了高危作业少人化,甚至无人化。高速公路施工过程中将5G技术和5G智能终端高效协同,让工程安全管理工作实现智能化、远程化,随时随地控制和避免施工中存在安全隐患问题,实时掌控各个环节施工生产的安全情况。利用5G巡检机器人、5G布控球和网联无人机等5G智能终端技术,通过算法实现有效监管,对工程施工中存在的安全隐患提供有效的预警技术支持,保护施工人员远离高危作业位置,减少施工过程中发生安全事故的概率[6]。

3.2 5G技术在高速公路施工安全监测中的技术原理和关键技术

5G在高速公路施工安全监测中的关键技术包括无人机航测遥感勘察技术以及能在高速公路工程实施中有效监测道路施工安全隐患的激光扫描实时回传技术。高速公路的数据测绘处理周期较长,本身条件艰苦,难度较大,利用5G无人机航测技术可以对其进行实时的远程勘测。利用无人机和激光雷达动态扫描施工地点的地形地貌之后,可以通过边缘计算处理后的点云数据和图像叠加在一起,通过BIM信息技术远程控制施工方案的参数设计。

3.3 5G技术在高速公路施工安全监测中的优势和效果

5G技术的高带宽和低时延的特点与海量的数据协同匹配,可以有效提升BIM技术在工程实施前勘察工作的效率,避免BIM技术在使用中出现协同不及时、多团队跨域时无法实现实时协同的问题。大幅度提升和转变了工程设计有效性,同时5G技术的低时延特点可以有效降低BIM模型存储的硬件投资成本,提升了高速公路施工过程中安全信息数据监测的有效性,实现了高速道路施工过程中安全隐患数据信息的连续性传递。

4 5G技术在高速公路施工安全预警中的应用

4.1 5G技术在高速公路施工安全预警中的具体应用场景

5G技术在高速公路中的施工过程中实现了一种基于5G和北斗导航的高速公路建设综合预警平台,其主要效用包括对高速公路边坡的检测数据进行采集、存储、分析和管理。该预警平台系统可以为监测高速公路边坡的北斗三维坐标数据、高速公路边坡监测点降雨量数据和高速公路边坡监测点位移数据,通过数据分析子模块来分析和判断高速公路建设边坡的监测数据正常或异常,从而根据分析的数据来实现高速公路边坡安全施工预警功能。

4.2 5G技术在高速公路施工安全预警中的技术原理和关键技术

利用5G技术结合大数据云计算采集和分析功能,构建高速公路安全预警平台,平台包括数据采集模块、数据存储模块以及数据分析管理模块三个模块。通过5G技术的结合,优化了数据平台采集数据的效率,施工人员可以借助在高速公路施工位置附近建立的边缘计算服务器设备中存储模块,来处理5G网络传输过来的高速公路边坡监测点的监测数据[7]。

4.3 5G技术在高速公路施工安全预警中的优势和效果

5G技术与现代信息技术结合不仅对高速公路施工现场的施工人员危险行为提供了监测预警系统的数据支持,同时还可以对现场各类危险环境因素和人员的危险状态进行分析,并提供施工人员危险识别结果的拓展应用。同时5G技术与定位技术的融合运用,将北斗导航定位的技术功能加以优化,提升现场施工的安全施工预警功能。

5 5G技术在高速公路施工安全管理中的应用

5.1 5G技术在高速公路施工安全管理中的具体应用场景

"5G+安全生产"技术在高速公路施工安全管理中发挥着重要的作用,我国地形地貌复杂,多数高速公路建设需要开设隧道工程。通过在高速公路施工路段建造5G基站,并且在隧道建设处安置气体传感器、振动传感器以及红外线传感器等现代化技术,可以实时监测高速公路中的有毒气体,以及隧道墙体的情况。同时能在隧道中利用机器视觉对隧道中施工队伍的施工规范性进行安全管理,实时掌握施工队伍安全施工过程,有效提升高速公路安全施工过程的规范性和标准性,在机器视觉捕捉到违规操作时,利用可视化技术传达给施工安全管理人员,从而提升高速公路安全施工管理的效率[8]。

5.2 5G技术在高速公路施工安全管理中的技术原理和关键技术

利用机器视觉和5G网络技术结合,通过机器视觉对施工现场进行实时监控,基于BIM模型平台和定位技术来实时获取机械设备工作人员的定位数据,以此计算工程的实施是否符合相关作业的施工作业标准,并且及时发送预警提示信号给安全管理工作人员,从而有效提升高速公路施工的安全管理效果,实现高速公路工程施工作业现场信息的集成化高效管理。

5.3 5G技术在高速公路施工安全管理中的优势和效果

5G技术结合BIM平台的数据集成分析功能可以有效提升施工作业现场的信息收集和整合数据信息的效率,避免BIM技术在4G网络下出现的数据传输延迟情况,提升了高速公路施工安全管理的效率。提升定位系统在安全管理工作中实时传输定位信息以及机器视觉信息传输的连续性,保障安全管理人员在室内可以实时掌握施工现场的情况,弥补施工安全管理工作缺乏针对性的缺陷。

6 案例分析与验证

6.1 选择典型案例进行分析

新疆乌尉高速公路位于新疆境内的核心区域,线路总长1 308.6千米,由三条线路五段公路组成,包括世界上最长的高速公路隧道"天山胜利隧道",隧道总长约22千米。该路段高速公路建设的安全管理困难主要是该地区的自然环境复杂,位于地震多发、高寒、高海拔、高辐射以及沙尘暴频发地区,该路段施工环境复杂,自然环境条件恶劣。因此在该项目的建设过程中的安全管理工作是对项目管理和正常开展的重要挑战,给项目管理和施工生产带来了较大的安全压力。

6.2 验证 5G 技术在高速公路施工中的应用效果

该项目实施过程中,利用 5G 技术和北斗定位系统和智能移动终端技术的融合支持,针对沙漠公路施工的特点,利用北斗定位内系统为钢支撑施工人员配备定位手环,构建了现场人员、工区与项目指挥中心信息互联互通的三级网络通信体系,实现了网络覆盖情况下人员定位、应急搜救、信息传输和轨迹可视化。除此之外,在该项目中隧道、高墩、预制梁场等工程关键部位设置了监控摄像头 353 个,通过视频监控系统,对现场生产作业面进行动态监控,特别是存在重大安全风险的作业点安排专人进行视频巡查。有效提升了该项目高速公路施工安全管理工作开展的有效性,实现项目工程安全管理工作精细化管控。降低了项目实施过程中安全事故发生的概率,全面深入推动高速公路建设施工"专业化、标准化、信息化和精细化"管理水平提升,并取得良好成效。

7 结论与展望

7.1 总结研究工作和主要成果

文章主要研究了 5G 网络运行的原理和特点,并且探讨了 5G 移动通信网络与现代化信息技术,如 BIM、北斗定位系统、机器视觉等方面技术的融合,有效弥补了传统公路工程施工安全管理模式中存在的不足。在现代化新形势下,通过提升高速公路 5G 移动通信网络的应用,大幅提升了公路施工过程中安全监管、预警以及安全管理的效率和有效性,避免在以往的通信网络中产生的网络延迟导致安全监测和预警工作数据的时延性大的问题,造成数据传输时速不够导致的安全管理措施不能及时有效地开展。实现了高速公路项目施工的智慧工程,实现施工过程安全管理的智能化覆盖。

7.2 分析研究中存在的问题和不足

文章中探讨的高速公路施工安全管理工作系统存在着的一些问题需要后期持续改进和分析。5G 技术和北斗导航系统构建的监测预警平台,通过机器视觉和可视化技术还原施工现场的图像监测功能在某些方面还没有完全实现实时传递、智能化的标准,需要在后期的工程中不断提升和优化。同时,如果监测的规模过于庞大,定位模块便无法实时提供数据,因此,需要在后期的调整过程中,优化数据库的架构,以此提升该平台适应各种复杂环境的能力。

7.3　展望未来研究方向和发展趋势

在整个研究过程中,缺乏对专家智库咨询机制的构建,未来可以有效利用社会资源来打通信息数据的反馈渠道,提升安全管理工作的创新性,吸引更多技术专家参与公路工程现代化、信息化发展改革,在公路工程的政策、规划和标准制定方面利用新兴技术来构建专家智库,为5G移动通信技术网络能够更好地应用到公路工程施工安全管理工作中提供借鉴。

参考文献

[1]《广播电视网络》编辑部.5G网络技术发展与应用创新情况概述[J].广播电视网络,2023,30(3):15-18.

[2] 李越鳌,刘诗蔚,陈家心,等.基于5G无线通信系统关键技术的分析[J].日用电器,2023(1):47-51.

[3] 汤冰,樊忠洋,张校东,等.5G通信技术的特点与原理分析[J].信息记录材料,2020,21(4):179-180.

[4] 龙一超.BIM技术在无岳高速公路项目管理中的应用研究[J].价值工程,2022,41(24):131-133.

[5] 王冠文.5G技术在高速公路监控系统应用探讨[J].大众科技,2022,24(10):1-3.

[6] 田芳,王珂.基于5G+4K的无人机高速公路自动化巡检研究与应用[J].江苏科技信息,2021,38(6):55-59.

[7] 景祥福.高速公路施工安全信息化管理创新方式研究[J].价值工程,2020,39(22):61-62.

[8] 胡亮亮.完善高速公路隧道机电工程施工安全信息化管理对策研究[J].自动化应用,2023,64(8):153-155.

浅谈高速公路工程建设项目安全管理双重预防机制建设

南通路桥工程有限公司　江苏南通　226000　郭鹏飞

摘　要：为全面推进双重预防工作机制，结合连云港至宿迁高速公路徐圩至灌云段 LS-LYG3 标项目施工实际，在对风险分级管控与隐患排查治理的双重预防体系进行应用的过程中，可以将隐患问题消灭在萌芽中，控制隐患影响，实现项目安全生产标本兼治、长治久安。

关键词：连宿高速；双重预防机制；风险分级管控；隐患排查治理

引言

LS-LYG3 标段路线起点桩号为 K11+500，顺接 LS-LYG2 标段终点，向西南与 X203 交叉后设置徐圩服务区，连续跨越中干河、中干六支河、中干七支河、埃字河后进入海州区境内，于板浦镇周圩村东侧跨越善后河，进入灌云县境内，止于善后河特大桥桥头，终点桩号 K19+560，路线长 8.06 km，包括 1 座特大桥、大、中、小桥共计 5 座。工程规模大，施工战线长，交叉作业多，点多面广，安全管理任务重。本文通过建立风险分级管控与隐患排查治理的双重预防体系，能够对安全生产的规律和特点进行准确把控，在相关工作原则的指导下，实现安全风险的分级管控，不仅能够提高隐患排查治理的整体效果，同时还能提高事故预防工作的科学化和标准化水平，确保能够在风险问题出现之前就将隐患事故消灭在摇篮里。

1　建设依据

2021 年 6 月 10 日，第十三届全国人民代表大会常务委员会第二十九次会议通过了《全国人民代表大会常务委员会关于修改〈中华人民共和国安全生产法〉的决定》，双重预防机制被正式写入了修改后的《中华人民共和国安全生产法》。

这就说明，必须要认真、规范地长期贯彻落实风险分级管控与隐患排查治理的双重预防机制，这不仅能够对项目的安全风险和隐患问题进行及时的控制，同时还能促进安全生产效果的提升。

2 什么是双重预防机制

在安委办〔2016〕3号文和安委办〔2016〕11号文中,已经非常明确地指出,双重预防机制必须要实现安全风险的分级管控和隐患问题的及时排查治理。

所谓的安全风险分级管控,主要指的是我们日常工作中风险评价分级、危险源辨识、风险管控等风险管理工作,即辨识风险点有哪些危险物质及能量,确定在何种情况下会出现事故问题,对风险点现有管控措施的科学性进行判断,运用风险评价准则对风险点的风险进行评价分级,然后由不同层级的人员对风险进行管控,保证风险点的安全管控措施完好。

所谓的隐患排查治理主要是利用隐患排查方式对风险点进行全面的管控,第一时间发现潜在隐患风险,并及时对隐患进行治理。

3 建设双重预防机制工作任务

3.1 着力构建企业双重预防机制

3.1.1 成立组织机构

在主要负责人的带领下进行双体系专门组织机构的构建,组织协调具体工作,实现全员参与和全过程管控,提高整体覆盖率。

3.1.2 切实落实企业主体责任

主要负责人对安全风险管控和隐患排查治理全面负责。逐级、逐岗签订安全生产责任书,把安全风险管控和隐患排查治理落实到生产全过程。建立与完善风险预警预控、风险辨识评估、隐患排查治理、应急管理等安全闭环生产管理模式,保证安全风险预防长效机制的科学性和系统性。

3.1.3 全面开展风险辨识评估

以事故预防为重点,制定科学、规范的风险分析、辨识和评估制度。组织全体人员全方位、全过程辨识安全管理等方面存在的风险和危险因素。利用档案进行风险类别、数量、状况的登记处理,确保能够进行全面、系统的及时更新与完善。

3.1.4 开展风险分类和等级评定

根据施工进度、环境、内容的变化及时调整风险辨识清单,全面系统地分析各种风险事件存在和可能发生的概率以及可能造成的后果,根据风险变化重新划分风险等级,明确重大风险源,完善重大风险源管控方案,坚持做到"横向到边、纵向到底、不留死角"。分类梳理所辨识出的安全风险,参照《交通运输部关于印发公路水运工程建设重大事故隐患清单管理制度的通知》(交安监发〔2015〕156号)等,结合项目总体和专项风险评估，综合确定安全风险类别。

安全风险评估的过程中必须要对重特大事故、重大危险源、高危作业工序等环节进行高度重视。通常情况下在对安全风险登记由高向低进行分类的过程中可以分为重大风险、较大风险、一般风险以及低风险，并用红、橙、黄、蓝四种颜色对风险进行标注。在出现重大安全风险时，必须要及时填写清单和汇总造册，并上报到总监办，由总监办进行审核并上报现场办。以安全风险类别和登记为依据建立安全风险数据库，并进行具体的四色安全风险分布图的绘制工作。

3.1.5 明确安全风险管控措施

根据风险评估的结果，以安全风险特点为依据，从技术、应急、组织、制度等多方面入手开展安全风险的管控处理。利用相关技术手段及保护措施等实现风险监测、回避的目的。需要重点管控一些存在重大危险源和重大安全隐患的生产区域和岗位。进行风险等级和管控措施的动态评估与调整，确保能够将安全风险控制在允许的范围内。对于项目部、具体施工队以及班组岗位人员来讲，需要实现风险点的明确落实，对具体责任单位和责任人员开展科学管控。

3.1.6 开展安全风险公告警示工作

积极开展安全风险警示和预防应急公告制度的建立工作，在醒目位置设置公告栏，公布现场管理风险点、风险和有害因素类别、重大危险源和管控措施；对于一些涉及安全风险的岗位需要及时设置告知卡，对岗位的危险、有害因素、事故预防、事故后果、应急措施等进行明确标注。对于一些可能会引发事故的工作场所和岗位，需要进行报警装置的设置，并配备应急设备和撤离通道。

3.1.7 进行隐患排查治理闭环管理机制的建立工作

针对不同的风险进行隐患排查治理标准和清单的制定工作，明确各个部门、岗位、设备的排查内容、范围、频率等要求，特别是需要重点进行一些重大风险场所和环节的隐患排查工作。另外，还需要保证隐患排查治理机制的全面性，实现全过程、全人员、全岗位的覆盖，进行隐患排查、监控、报告、治理、评估等环节的全过程闭环管理。在进行事故隐患治理的过程中，如果无法保证安全，就需要立即停止设备的使用，并命令人员及时撤离。

3.1.8 加强重大危险源管控

做好本单位重大危险源的登记建档处理，做好排查、评估、预警和防控机制的完善优化，在安全风险等级分布电子图中明显标注，开展全过程的动态监控和风险预控管理，确保相关人员能够明确紧急情况下的应急处理措施。将本标段重大危险源及事故防范和应急措施上报总监办，由总监办审查后上报现场办。

3.1.9 加强安全生产培训

正确认识培训的重要性，健全落实安全培训责任制。对于特种作业人员来讲必须要持证上岗，普通从业人员也需要进行岗前培训，健全安全培训档案。强化安全技术交底,强化现场作业人员对风险的掌握和应对。针对性强化对"四新"(新工艺、新技术、新设备、新材料)的安全培训。

3.1.10　加强安全生产应急管理

应当根据风险评估进行应急预案的编制,实现与项目总体应急预案的有效衔接。积极组织应急救援队伍的建立工作,每半年至少组织一次应急演练。定期组织对从业人员开展岗位应急知识的教育工作,确保能够充分掌握避险逃生、自救互救等基础技能。

3.1.11　加强职业危害防控

对于一些可能会产生职业病危害的工作岗位需要在醒目位置进行警示标识和说明的设置,对于职业病的危害、后果、预防以及应急救治措施进行详细阐述。在作业现场需要配备危害防护装备,并定期进行更新和检查。根据国家相关法律法规要求,为从业人员配备标准的防护用具,并监督人员进行正确使用。积极开展作业现场职业病的防治工作,对相关危害因素以及显示情况进行定期评价,切实保证工作人员的健康安全。

3.2　健全完善双重预防机制的管理体系

3.2.1　建立双重预防体系建设工作机制

理顺和明确安全风险管控和隐患排查治理体系建设中的工作职责,形成分工负责、有责担当、齐抓共管的隐患整治工作机制。

3.2.2　加强安全风险网格化管理

对风险的类别、分布情况以及危害程度等展开系统分析,从工艺、设备、场所、岗位或人群、物品等方面,定期开展重大安全风险排查。建立安全风险辨识、预防控制、预警预报、应急处置的全过程管理制度,确定防控重点区域、环节,将其纳入重点监控调度范围,每季度逐级确认并上报总监办,实施差异化动态监管。

3.2.3　加强区域安全风险分级管控

依据风险等级,加强对现场作业环节易发生事故领域的科学等级管理划分,实施分级管理。要强化档案管理,了解重大危险源级别、管理状况、责任人、本质安全等基本情况,建立和完善安全管理档案,实行一风险源一档,并按照风险等级,对监管档案实施差异化分类管理。

3.2.4　建立重大风险预警预报制度

明确重大风险管控重点,建立重大风险监测监控系统,理清管理职能,建立重大风险分级预警预报制度,做到风险预警准确全面,风险预报及时有效和接警处置迅速。高度重视安全风险预警预报和应急响应,建立与完善区域重大安全风险联防联控机制。

3.2.5　将第三方服务机构的作用充分发挥出来

根据相关要求通过购买服务的方式,委托技术服务机构参与现场检查、隐患排查。

通过引进第三方市场服务方式,协调解决安全风险辨识、制定管控措施、排查治理隐患、信息技术应用等方面的困难。通过引进安全生产专业服务机构和专家的方式来提供风险管理、方案管理、安全培训、应急管理、台账管理等方面服务。积极落实安全生产责任保险制度,规范办理工伤保险和团体人身意外伤害险,将全面风险防控体系中保险机构的作用充分发挥出来。

3.2.6 加强科技支撑能力

强化安全生产科技支撑力,在高危行业区域积极推进信息化管理手段,减少重点高危部位作业人员数量,确保能够将机械化装备的安全保障作用充分发挥出来。要推广应用"公路工程施工现场安全生产管控系统"等信息化软件和特种设备安全检测仪、近电报警器等科技安防措施,要积极开展安全生产方面的工艺工法、发明专利、课题研究等探索性工作,以科技创新促进工程安全管理水平提升。

3.2.7 积极开展安全生产标准化建设

实现安全生产标准化建设工作同安全风险识别、管控、评估、排查工作的有效结合,积极应用临时用电、消防管理、标识标牌等安全生产标准化成果,同时要积极探索在路面安全生产标准化硬件投入、班组作业标准化管理、区域安全管控标准化等方面进行"工具化、定型化、装配化"等标准实践工作。

4 建设双重预防机制工作要求

4.1 强化宣传发动

积极开展双重预防机制构建工作意义、任务、措施的宣传工作,营造有利于双重预防机制构建的舆论环境,促进全社会安全防控意识的有效提升。

4.2 强化组织领导

高度重视双重预防机制的构建工作,切实加强组织领导,建立推进机构,进行周密部署。要根据现场管理的规律特点,认真分析安全风险大的重点区域、关键环节,提高具体实施方案组织制定效率,对工作的内容、方法以及步骤进行明确,将各项工作任务落到实处。围绕防范遏制较大事故杜绝重特大事故的工作重点,进行相应工作环节和岗位逐个管控,高度关注辨识管控重大风险和排查治理重大隐患两个关键点,实现工作机制完善和优化,全面开展安全专项整治工作,严格开展过程管理,确保能够有效遏制隐患问题,实现安全生产。

4.3 强化统筹推进

将构建双重预防机制与各项专项活动、诚信体系建设、标准化建设、安全教育培训等工作紧密结合起来,综合部署、协调推进。突出重点监管对象、重点行业领域、重大危险源和公共安全风险,按照季节特点开展风险管控和隐患排查专项整治。对易发生较大以上事故的行业领域和关键环节,保持管理高压态势。

参考文献

[1] 贾立.BIM技术在高速公路工程建设中的应用分析[J].智能建筑与智慧城市,2021(11):168-169.

[2] 杨勇.山区高速公路隧道工程施工中的安全管理[J].交通世界,2021(29):159-160.

[3] 于运国.加强高速公路交通安全设施工程建设中的质量控制[J].交通世界,2021(Z1):223-224.

净空受限条件下接杆式粉喷桩技术研发与应用

1. 东南大学交通学院　江苏南京　211189　2. 中铁六局集团有限公司　北京　100036　3. 江苏省交通工程建设局　江苏南京　210004　4. 连宿高速公路项目建设管理办公室　江苏连云港　222002　章定文[1]　王建业[2]　陈加富[3]　于志龙[4]　马德文[2]　杜广印[1]　杨　泳[1]

摘　要：低净空接杆粉喷桩是针对净空受限条件下常规粉喷桩无法施工而研发的一种新型搅拌桩施工技术。针对该技术，研发了接杆粉喷桩的施工设备，提出了接杆粉喷桩的施工工艺和技术参数，并采用现场工艺性试验，对比分析了接杆粉喷桩和双向搅拌粉喷桩的成桩质量。测试结果表明，接杆粉喷桩桩身质量比较均匀，成桩质量均满足设计强度要求。考虑接杆粉喷桩施工过程中水泥不可避免有一定损失，因此接杆粉喷桩的水泥用量较双向搅拌粉喷桩增加了 5 kg/m 后可以达到相近的桩身质量。

关键词：净空受限；接杆式粉喷桩；施工工艺；成桩质量

引言

水泥土双向搅拌桩施工技术有效地突破了常规单向搅拌桩下部桩体质量较差、处理深度受限的技术瓶颈。该技术已在我国公路、铁路、市政、机场等工程领域得到了大量推广使用，在不少地方已经全面取代了传统单向搅拌桩[1]。但水泥土搅拌桩的施工通常面临净空高度受限的工况，例如高压线下、桥涵下部、高架桥下、既有铁路旁等受施工场地高度限制的低净空区域，现有的搅拌桩施工技术无法满足净空受限条件下的施工要求。

近年来，针对低净空工况下的地基加固要求，已有学者和从业人员研发出了低净空工况下的施工装备及施工工艺。如毛忠良等研制出一种能够解决因施工空间的限制导致无法进行全套管灌注桩施工的低净空全回转全套管灌注桩机，并在实际工程中进行了应用，结果表明通过低净空全套管灌注桩机已实现苏州桐泾路北延隧道工程 3.6 m 极限高度下的隔离灌注桩的施工，且隔离桩施工基本不影响既有高铁桥梁结构的稳定与安全性[2]。富志根等提出了接杆双向搅拌浆喷桩处理技术，对接杆浆喷桩施工全过程的各环节进行了工效分析，并提出了改进措施，可在净空高度 7 m 内进行双向搅拌浆喷桩施工，该技术已在既有高铁工程旁、高架桥下路基工程软基处理中得到了成功应用[3]。需要注意的是，接杆浆喷桩施工过程中可能发生一系列问题，如因接杆停止钻进导致浆喷桩施工时间增加,水泥土在接杆期间可能发生凝固,导致接杆后再次启动钻进的困难增加,以及桩身质量难以保证等,因此,工程中可利用水泥缓凝剂减缓水泥土的凝固时间,这是一种改善接杆浆喷桩成桩质量的有效途径,目前常用的水泥缓凝剂有磷石膏、烧结烟气脱硫石膏、氟石膏等[4-6]。

根据工程实践经验,对连云港等地区的高含水率软土,粉喷桩处理效果优于浆喷桩[6],因此,针对高含水率软土有必要研发净空受限工况下的接杆式粉喷桩施工设备及软基处理技术。低净空接杆粉喷桩是针对低净空条件下常规粉喷桩无法施工的问题而研发的一种新型搅拌桩施工技术。本研究结合连宿高速公路徐圩至灌云段软基处理工程,针对净空受限工况下粉喷桩施工的难题,研发了接杆式粉喷桩施工技术与装备,提出了接杆式粉喷桩的施工方法,通过现场工艺性试验确定了接杆式粉喷桩的施工参数,并通过现场试验验证了该技术的有效性。低净空接杆粉喷桩软基处理技术的研发将丰富我国净空受限条件下的软基处理方法,提升我国软基处理施工技术水平。

1 接杆式粉喷桩施工设备研发

1.1 接杆式粉喷桩施工原理

接杆式粉喷桩机主要由动力装置、液压传动装置、自动接杆装置、操作机构、液压履带式底盘等部分组成。接杆式粉喷桩机采用履带,因此在施工现场可快速移动。考虑现场实际施工条件,在钻进过程中可通过桩机钻杆拼接的办法满足设计桩深要求;提升过程中再通过拆卸钻杆的方法完成钻杆的回收,因此可以降低整个桩机设备的高度,如图1所示。在钻杆的拆卸与拼接中,为确保水泥粉不外喷,研发组还自主设计了一种止灰阀装置,解决了接杆时土体中钻杆喷粉管道内水泥粉易受高压空气压力喷出的问题。

图1 接杆式粉喷桩施工设备

针对粉喷桩施工桩长的计量需求，研发组还提出了接杆式粉喷桩施工深度的计算与控制技术，编写施工机械接杆下钻、拆卸提升循环施工过程的自动控制程序，自动计量粉喷桩施工桩长。

1.2 接杆式粉喷桩施工智能控制技术

针对水泥土搅拌桩施工过程中质量控制效果不理想、工后质量检测滞后于施工过程质量控制等局限性，研发组将信息技术应用到接杆式粉喷桩施工监控与信息管理中，研发了接杆式粉喷桩智能化施工操作及监控系统，以提升接杆式粉喷桩的施工智能化水平。智能化操作系统包括前台、后台的智能化操作系统。前台可自动控制下钻、提升速度，内外钻杆转速。后台可自动控制送灰压力、水泥用量等。施工期间，施工管理信息系统可以24小时保持在线监控，可实现对施工设备的实时监控，上传设备定位、贯入深度、水泥用量、垂直度、电流、下钻速度、提升速度、钻杆转速、储灰罐重量、开始时间、结束时间等数据，建立接杆式粉喷桩的数字化档案，实现施工数据实时无线传输与三维可视化。施工过程出现异常后系统报警，监控中心可以及时反馈至施工现场，查明原因，及时采取必要的解决措施。

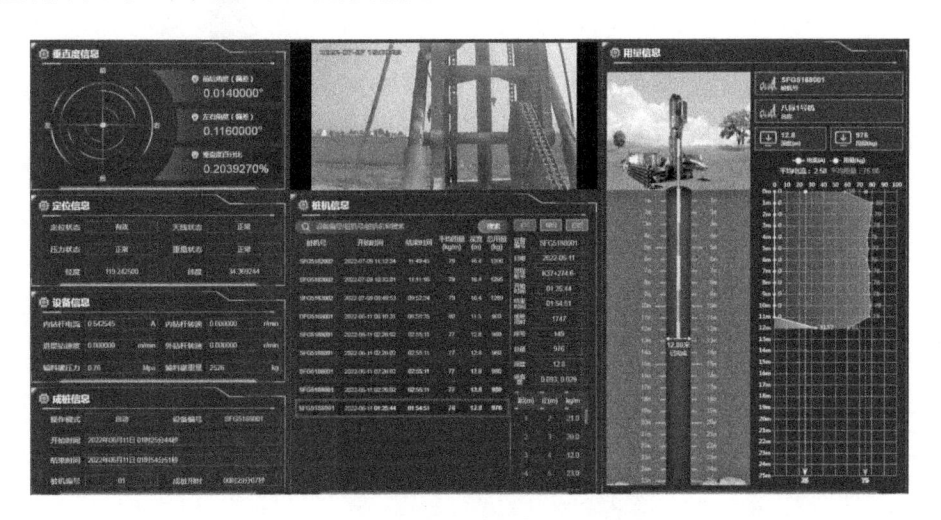

图2 接杆式粉喷桩智能化施工监控系统

2 接杆式粉喷桩施工工艺

接杆式粉喷桩可采用两种施工方法：自上而下分节钻杆往复喷粉搅拌施工工艺和自下而上分节钻杆往复喷粉搅拌施工工艺。

2.1 自上而下粉喷搅拌施工

自上而下分节钻杆往复喷粉搅拌施工过程如图3所示。具体步骤为：①接杆粉喷桩机定位，将钻头对准桩位；②打开送粉泵，钻进第一节钻杆，并且在第一节钻杆深度范围内进行往复喷粉搅拌；③完成第一节钻杆深度范围内喷粉搅拌后，关闭送粉泵，开启止灰阀装置，松开钻杆接头，接入第二节钻杆；④打开送粉泵，关闭止灰阀装置，钻进第二节钻杆，并且在第二节钻杆深度范围内进行往复喷粉搅拌；⑤重复步骤③④，直至完成最后一节钻杆粉喷搅拌施工，达到设计的处理深度；⑥关闭送粉泵，进行提升搅拌，分别拆除分节钻杆，直至最后一节钻杆提出地面；⑦完成该接杆粉喷桩施工。

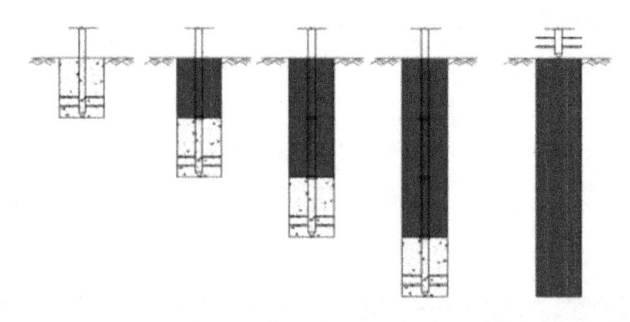

图3 自上而下接杆式粉喷桩施工示意

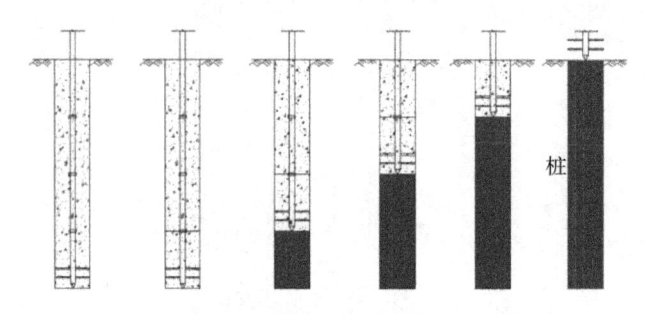

图4 自下而上接杆式粉喷桩施工示意

2.2 自下而上粉喷搅拌施工

自下而上分节钻杆往复喷粉搅拌施工过程如图4所示。具体步骤为：①接杆粉喷桩机定位，将钻头对准桩位；②将第一节钻杆钻入地层，松开钻杆接头，接入第二节钻杆；将第二节钻杆钻入地层，松开钻杆接头，接入第三节钻杆……直至将最后一节钻杆钻入地层，使钻头达到设计的处理深度；③开启送粉泵，在最后一节钻杆深度范围内往复喷粉搅拌；④关闭送粉泵，开启止灰阀装置，松开钻杆接头，拆除最上面一节钻杆；⑤关闭止灰阀装置，开启送粉泵，在倒数第二节钻杆深度范围内往复喷粉搅拌……直至完成第一节钻杆深度范围内的往复喷粉搅拌；⑥关闭送粉泵，将钻头提出地面，完成该接杆粉喷桩施工。

比较两种方法的施工效率,现场施工中选用了自上而下分节钻杆往复喷粉搅拌施工,具体施工工艺如图5所示。

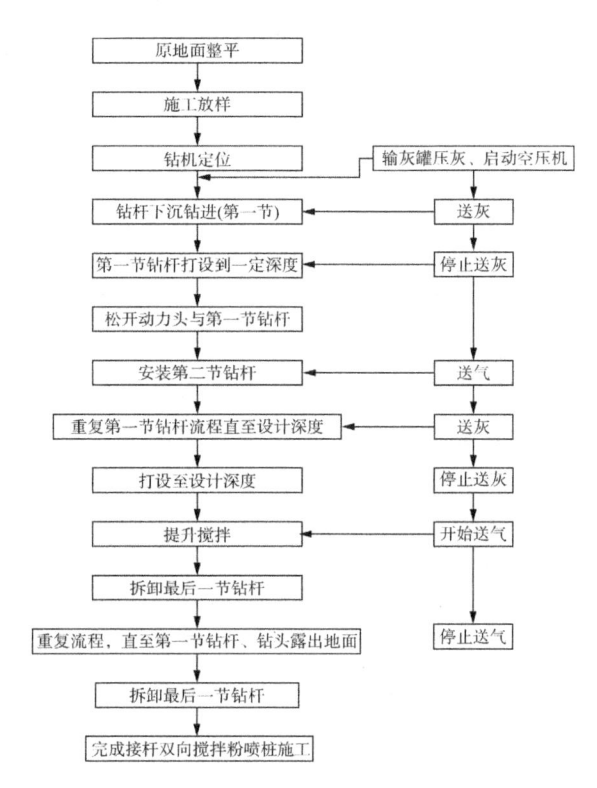

图5 自上而下接杆式粉喷桩施工工艺

3 接杆式粉喷桩现场工艺性试验

3.1 现场工程地质条件

为了分析接杆式粉喷桩加固地基的可行性,并在此基础上确定现场施工技术参数,在连宿高速公路(连云港段)开展了双向搅拌粉喷桩和接杆式粉喷桩的工艺性对比试验。

连宿高速公路(连云港段)沿线经过苏北滨海平原区、沂沭丘陵平原区2个地貌单元,软土地基广泛分布。据区域地质资料及工程勘察资料显示,线路的软土地层在苏北滨海平原区(K0+000～K34+500)以海相软土②-2层淤泥为主,灰色,流塑,切面有光泽,局部含少量粉土、贝壳碎屑及有机质等,局部为淤泥质黏土,干强度、韧性高,属高压缩性地基土,工程性质极差;厚度为5.50～17.00 m;层底埋深为8.50～19.70 m。天然含水率达到48.6%～86.7%,灵敏度介于2～5之间。可以看出,②-2层的淤泥具有高含水率、高孔隙比、高压缩性和低抗剪强度等不良特点,如不进行处理难以满足高速公路的承载力和变形要求。

3.2 工艺性试验施工参数

工艺性试验参数如下：

(1)双向搅拌粉喷桩试桩在 K24+612~K24+615 段,3 列,每列 4 根,共 12 根,桩径 0.5 m,桩距 1.5 m,呈梅花形布置,桩长 13.0 m。试桩分三组,每组 4 根,平均水泥掺入量分别为 70、75、80 kg/m。

(2)接杆式粉喷桩试桩在 K24+590~K24+593 段,3 列,每列 4 根,共 12 根,桩径 0.5 m,桩距 1.5 m,呈梅花形布置,桩长 13.0 m。试桩分三组,每组 4 根,平均水泥掺入量分别为 75、80、85 kg/m。

通过现场初步试验,确定了如下施工参数:1)双向粉喷桩钻进速度:$V \leqslant 1.0$ m/min;接杆粉喷桩钻进速度:$V \leqslant 0.8$ m/min;2)双向粉喷桩提升速度:$V \leqslant 0.8$ m/min;接杆粉喷桩提升速度:$V \leqslant 0.8$ m/min;3)搅拌速度:$V \geqslant 30$ r/min;4)钻进喷灰管道压力:$\geqslant 0.5$ MPa;5)复搅提升管道压力:0.1~0.2 MPa;6)水泥掺量:双向搅拌粉喷桩采用 75 kg/m 进行施工,接杆粉喷桩采用 80 kg/m 进行施工。

施工完成 28 天后,按照江苏省地方标准 DB32/T 2283—2024《公路工程水泥搅拌桩成桩质量检测规程》开展水泥土搅拌桩质量检测。主要测试内容包括钻探取芯芯样无侧限抗压强度试验、标准贯入击数等。

3.3 水泥土桩成桩质量

接杆式粉喷桩 28 天现场取芯芯样照片如图 6 所示,桩体外观形状规则,无缩颈和回陷现象,桩体色泽均匀、纹理清晰,取出的芯样整体性很好,搅拌均匀,说明成桩质量较好。

接杆式粉喷桩 28 天现场标准贯入击数和芯样无侧限抗压强度实测结果如图 7 所示。测试结果表明,水泥掺入量为 70~80 kg/m 时,粉喷桩桩身强度尽管存在一定的离散性,但粉喷桩桩身强度随水泥掺入量的增加而增加现象明显,标准贯入试验击数介于 13~46 之间,无侧限抗压强度介于 2.17~4.55 MPa。

双向搅拌粉喷桩 28 天现场标准贯入击数和芯样无侧限抗压强度实测结果如图 8 所示。测试结果表明,水泥掺入量为 75~85 kg/m 时,标准贯入试验击数介于 13~47 之间,桩身强度的变化范围为 3.45~4.55 MPa。

由于接杆粉喷桩仍然采用一喷四搅的单向搅拌工艺,而双向搅拌粉喷桩采用双向搅拌施工工艺,双向搅拌粉喷桩的桩身强度略高于接杆粉喷桩。两种工法工艺性试桩的成桩质量均满足设计强度要求(28 天无侧限抗压强度不小于 0.8 MPa)。

图 6 接杆式粉喷桩芯样照片

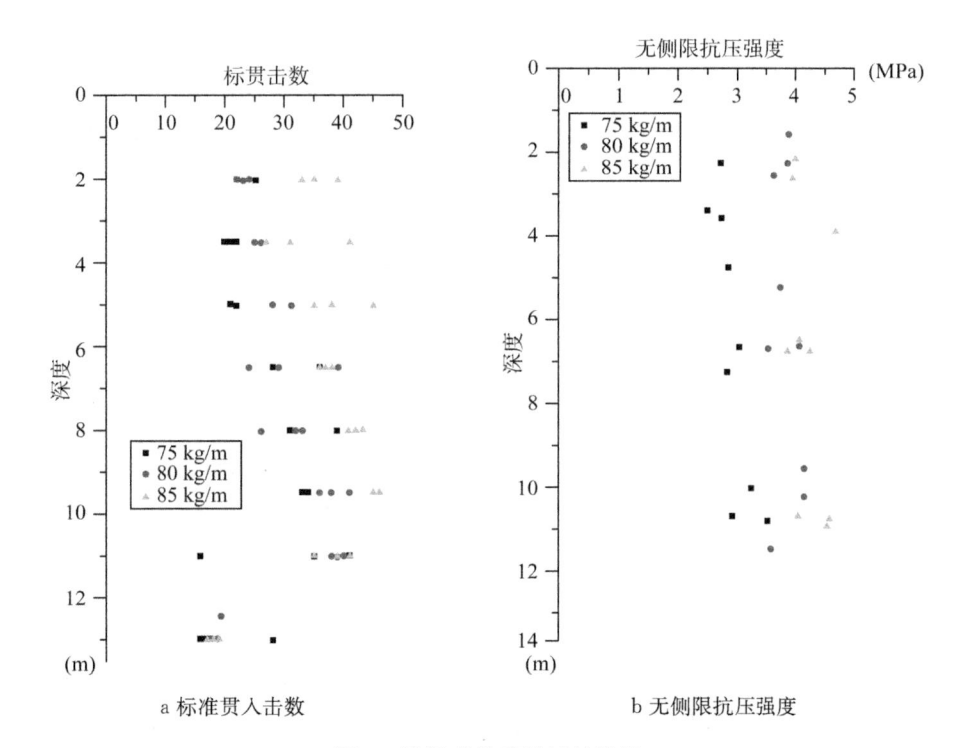

图 7 接杆式粉喷桩试桩结果

a 标准贯入击数

b 无侧限抗压强度

根据江苏省地方标准 DB32/T 2283—2024《公路工程水泥搅拌桩成桩质量检测规程》,对接杆粉喷桩和双向搅拌粉喷桩的试桩进行评分,其结果如表 1 所示。考虑接杆粉喷桩接杆施工过程中水泥不可避免有一定损失，因此接杆粉喷桩的水泥用量较双向搅拌粉喷桩增加了 5 kg/m。由表 1 可见，考虑这一因素后，接杆粉喷桩的成桩质量和双向搅拌粉喷桩较为接近。

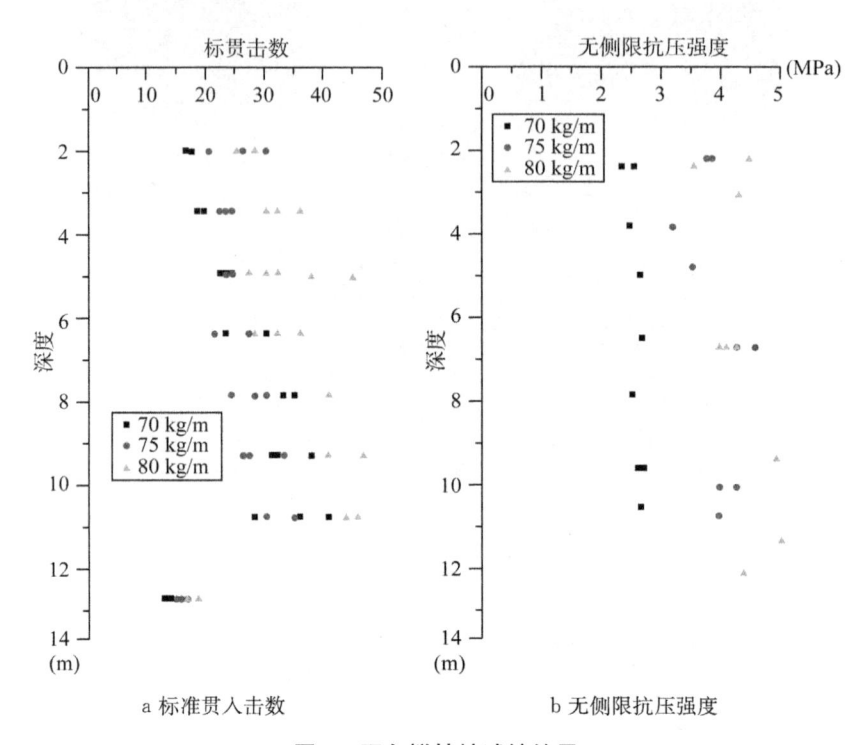

a 标准贯入击数

b 无侧限抗压强度

图 8　双向搅拌桩试桩结果

表 1　两种粉喷桩成桩质量对比

水泥用量(kg/m)	双向搅拌粉喷桩	接杆粉喷桩	备注
70	93.6		平均值
75	98.0	95.6	平均值
80	100.0	99.1	平均值
85		100.0	平均值

4　结语

1）低净空接杆粉喷桩是针对净空受限条件下常规粉喷桩无法施工而研发的一种新型搅拌桩施工技术。采用拼接和拆卸钻杆的方法，可以降低整个桩机设备的高度，进而实现净空受限条件下粉喷桩的施工。

2）接杆式粉喷桩可采用自上而下分节钻杆往复喷粉搅拌施工工艺和自下而上分节钻杆往复喷粉搅拌施工工艺两种施工工艺。考虑施工效率，推荐采用自上而下分节钻杆往复喷粉搅拌施工工艺。

3) 通过试验确定了接杆粉喷桩的现场施工技术参数如下:接杆粉喷桩钻进和提升速度不超过 0.8 m/min,搅拌叶片旋转速度不小于 30 r/min;钻进喷灰管道压力不小于 0.5 MPa;复搅提升管道压力可取 0.1~0.2 MPa。

4) 现场工艺性试验结果表明,接杆式粉喷桩桩体色泽均匀、纹理清晰,取出的芯样整体性很好,搅拌均匀,成桩质量均满足设计强度要求。考虑接杆粉喷桩接杆施工过程中水泥不可避免有一定损失,因此接杆粉喷桩的水泥用量较双向搅拌粉喷桩增加了 5 kg/m 后可以达到相近的桩身质量。

参考文献

[1] 刘松玉,等.新型搅拌桩复合地基理论与技术[M].南京:东南大学出版社,2014.
[2] 毛忠良,时洪斌,陈晓莉.低净空全套管灌注桩机研制及施工影响分析[J].路基工程,2019(1):98-105.
[3] 富志根,时洪斌,毛忠良.接杆搅拌桩在低净空条件下铁路软土地基加固中的应用研究[J].路基工程,2020(2):114-118.
[4] 张瑶.烧结脱硫石膏改性及制备水泥缓凝剂应用研究[D].西安:西安建筑科技大学,2016.
[5] 胡稳良.改性磷石膏作为水泥缓凝剂的研究[D].西安:西安建筑科技大学,2019.
[6] 钟煜,曾荣,陶从喜,等.钛石膏部分替代脱硫石膏用作水泥缓凝剂[J].新世纪水泥导报,2021,27(2):9-12.

双向搅拌粉喷桩加固软土地基试验研究

中铁六局集团有限公司　北京　100036　王建业　任　雨

摘　要：选择连云港至宿迁高速公路徐圩至灌云段软基试验段进行双向搅拌粉喷桩加固现场试验，试验内容包括孔隙水压力监测、深层水平位移监测以及桩顶、桩间土压力监测。通过定期读取监测数据得到各监测量随填土高度增加的变化规律，分析智能化双向搅拌粉喷桩对软土地基的加固效果。

关键词：双向搅拌粉喷桩；软土加固；孔隙水压力监测；深层水平位移监测；土压力监测

引言

水泥土搅拌桩是通过专用的施工机械，将水泥（或石灰）作为加固材料喷入地基土中，在叶片旋转作用下与土体进行强制搅拌混合，使地基土和加固材料之间发生一系列物理化学反应，从而使土体硬结，在短期内形成整体性强、水稳定性好以及有足够强度的桩体[1]。一般将水泥浆作为加固材料形成的桩体称为浆喷桩（湿法搅拌桩），将水泥粉作为加固材料形成的桩体称为粉喷桩（干法搅拌桩）。水泥土搅拌桩技术从20世纪70年代开始逐渐在我国兴起，历经约50年的发展创新，其适用范围广、施工工期短、造价成本低以及环境影响小等优势愈加显现，目前已成为国内应用最广泛的软土地基处理技术之一[2,3]。

本研究依托于连云港至宿迁高速公路徐圩至灌云段软基处理工程，在总结国内外已有研究成果和工程实践经验的基础上，采用现场试验的技术路线，对双向搅拌粉喷桩加固软土地基稳定性进行系统研究。

1　工程概况

连云港至宿迁高速公路徐圩至灌云段位于连云港市，起于徐圩港区，止于灌云县北侧与长深高速相交处；线路总体呈东西走向，方向由东向西，沿线多为农田，局部地段穿过村庄、城镇、农场、河流及已建道路，现有道路两侧埋藏有国防、燃气、通信、自来水管等各类管线。

试验段典型地质剖面图如图1所示，主要工程地质层分布为：①层素填土、②-1

层黏土、②-2 层淤泥、②-2a 层粉土夹粉砂、③-1 层粉质黏土夹粉土、③-1a 层黏土。主要工程地质层性质简述如下：

①层素填土：杂色，松散，为建筑垃圾、砖块、石子、生活垃圾等，充填物为黏性土，厚度：0.20～3.00 m，平均 1.11 m；层底标高：-0.11～4.30 m，平均 2.05 m；层底埋深：0.20～3.00 m，平均 1.11 m。

②-1 层黏土：灰黄色，软、可塑为主，土质纵向不均匀，具有上硬下软的特征，下部逐渐过渡为软塑状并进入②-2 层中，切面有光泽，干强度、韧性高，属中、高压缩性地基土；厚度：0.20～4.30 m，平均 1.73 m；层底标高：-2.78～2.66 m，平均 0.48 m；层底埋深：0.50～5.00 m，平均 2.54 m；该层为地表硬壳层，在项目区浅部间断分布。

②-2 层淤泥：灰色，流塑，切面有光泽，局部含少量粉土、贝壳碎屑及有机质等，局部为淤泥质黏土，干强度、韧性高，②-2a 层粉土夹粉砂呈透镜体状分布其间，属高压缩性地基土；厚度：2.40～19.70 m，平均 10.95 m；层底标高：-17.57～-0.89 m，平均-10.40 m；层底埋深：4.00～21.00 m，平均 13.35 m，在 K39+040～K39+810 段埋深较深，达到 21.00 m 左右；普遍分布。

②-2a 层粉土夹粉砂：稍密为主，切面无光泽，干强度低，韧性低，属中压缩性地基土，土质不均，夹粉质黏土薄层；厚度：0.40～1.68 m，平均 1.28 m；层底标高：-8.19～-2.09 m，平均-4.63 m；层底埋深：5.30～11.40 m，平均 7.66 m；分布不均，个别地段有揭露，呈透镜体状分布在②-2 层中。

③-1 层粉质黏土夹粉土：灰黄色，可塑为主，局部呈软塑状，切面稍有光泽，干强度中等，韧性中等，局部夹少量粉土，属中压缩性地基土；厚度：0.60～21.00 m，平均 6.73 m；层底标高：-31.01～-5.67 m，平均-18.63 m；层底埋深：9.00～32.80 m，平均 21.59 m；普遍分布。

③-1a 层黏土：褐黄色，硬塑，局部可塑，切面有光泽，干强度高，韧性高，属中压缩性地基土；厚度：0.80～10.20 m，平均 4.42 m；层底标高：-31.56～-9.63 m，平均-14.15 m；层底埋深：12.90～35.20 m，平均 17.11 m；局部分布。

由上述地质勘察资料可知，连云港区域主要土层②层淤泥土平均厚度近 10 m，存在含水率高、孔隙比大、抗剪强度低以及易压缩变形等不良工程性质，若不采取相应工程措施进行加固处理，极易产生较大变形和不均匀沉降，影响路基及路面正常使用，甚至发生失稳破坏。设计采用智能化双向搅拌粉喷桩进行地基处理，采取正三角形布桩形式，设计桩径为 0.5 m，桩间距 1.2 m，水泥掺量 75 kg/m；同时在高填方段还采用了钢塑格栅加固形式，以增强路基整体抗滑稳定性。

待搅拌桩施工完成后，试验段自 2022 年 7 月 21 日开始进行分层填土堆载，每层填土厚度为 0.2 m，其间每次填土时间随工程进度及天气变化调整，填土结束于 2023 年 8 月 27 日，最终填土高度为 6.00 m。

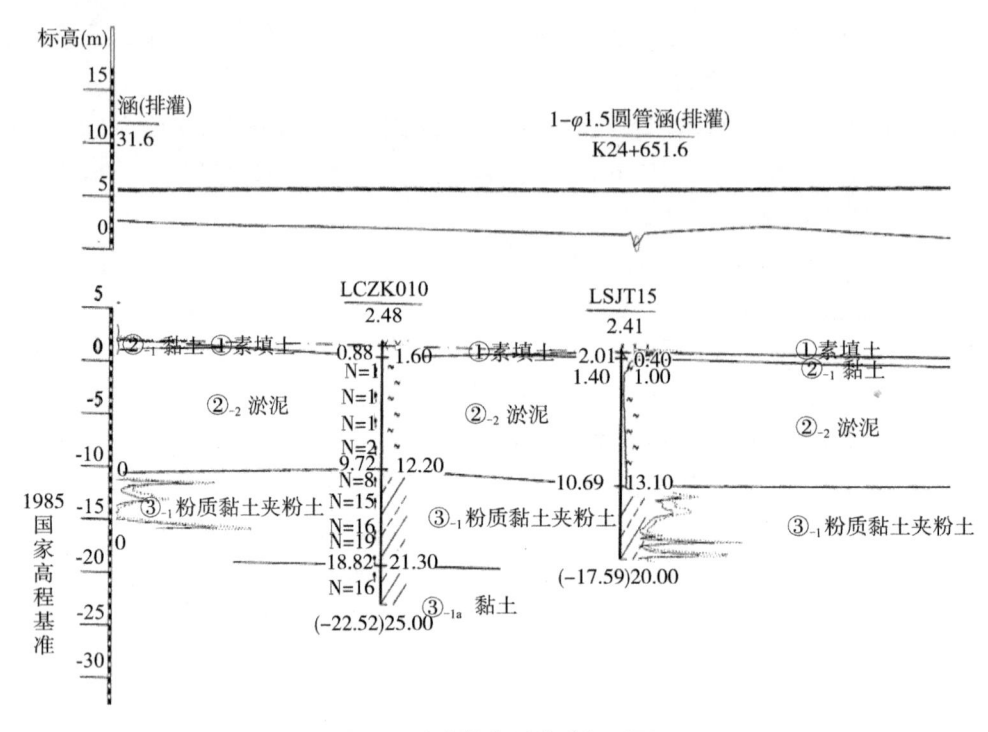

图 1 试验段典型地质剖面图

2 试验内容与方案

为研究智能化双向搅拌粉喷桩复合地基稳定性,了解其对软土地基的加固效果,在试验段开展现场监测试验。试验选取水泥土搅拌桩复合加固典型断面两个,分别选择K24＋621.6(以下记为断面①)、K24＋541.6(以下记为断面②),其俯视图和剖面图如图2所示。

为反映钢塑格栅提升软土地基加固效果的优势,选择K25＋720(以下记为断面③)作为试验对照,其剖面图如图3所示。

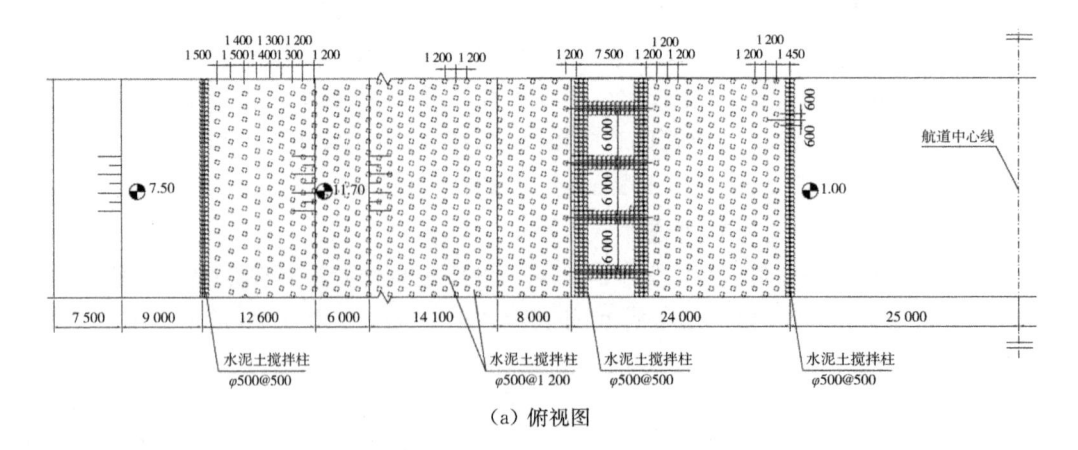

(a) 俯视图

(续图)

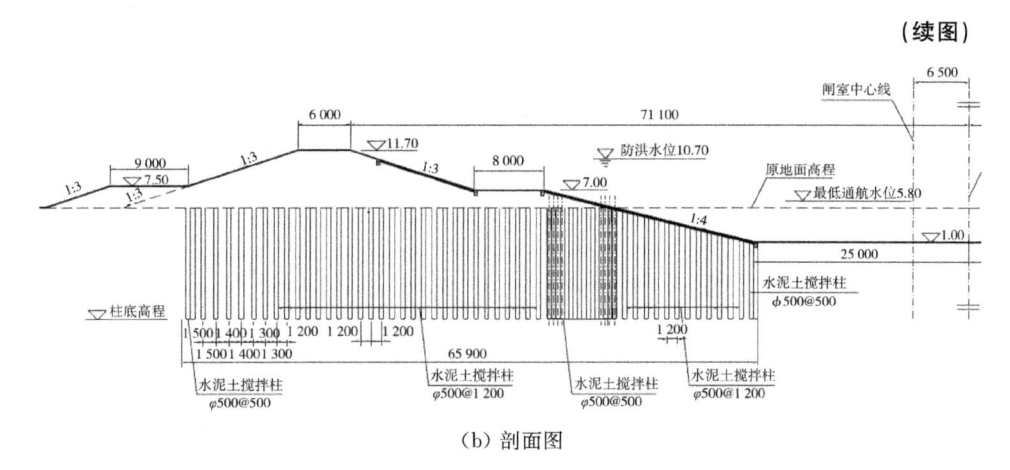

(b) 剖面图

图 2 复合加固典型断面示意图

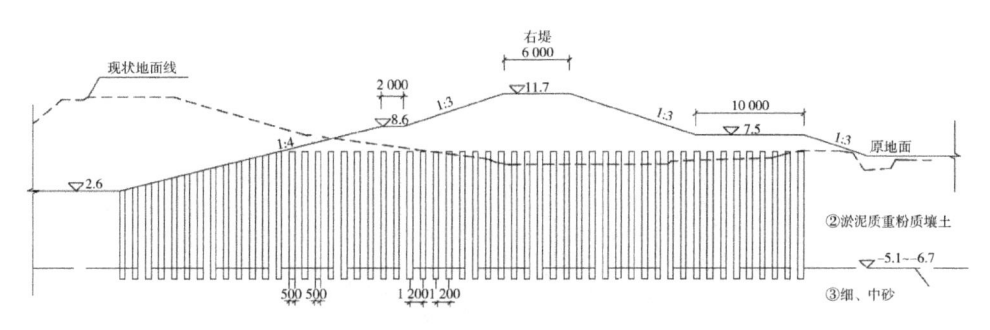

图 3 常规加固典型断面剖面图

2.1 孔隙水压力

为掌握堤防填土期间地基土中孔隙水压力的累积及消散情况,需对土体进行孔隙水压力监测。监测仪器采用 KXR-3030 型振弦式孔隙水压力计,量程选择 0.2 MPa 和 0.4 MPa;测读仪器为 HY-908 型手持式频率仪,如图 4 所示。监测读数时采用频率仪读取孔隙水压力计(孔压计)内部振弦实时振动频率,然后通过以下公式计算孔隙水压力值。

$$P = K \times (F^2 - F_0^2) \times 1\,000 \tag{2-1}$$

2-1 公式中,P 为孔隙水压力值(kPa),K 为灵敏度系数(MPa/Hz^2),F 为实时测量频率(Hz),F_0 为初始测量频率(Hz)。

孔隙水压力计埋设点选择在路基中部土体下方,以桩顶高程为基准,深度位置分别为 2.0 m、6.0 m、9.0 m、13.0 m,可测量不同深度位置处的孔隙水压力。埋设时通过钻机成孔,将孔压计下放至预定深度处,电缆线引出至孔外,采用 KYNY-1 型泥丸封孔密闭,使孔压计与周围土层紧密贴合,并且将测点位置土层孔隙水与上部土层孔隙水隔绝,避免产生干扰。孔隙水压力计具体埋设示意图见图 5。

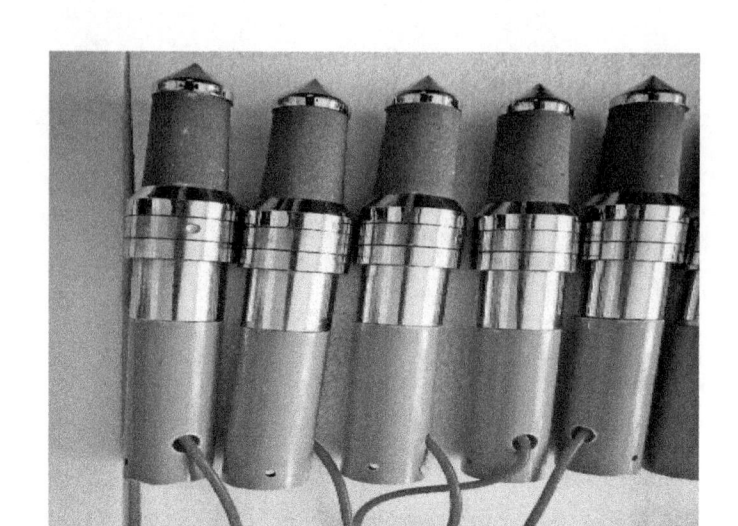

a KXR-3030 型振弦式孔隙水压力计

b HY-908 型手持式频率仪

图 4　孔隙水压力监测仪器图示

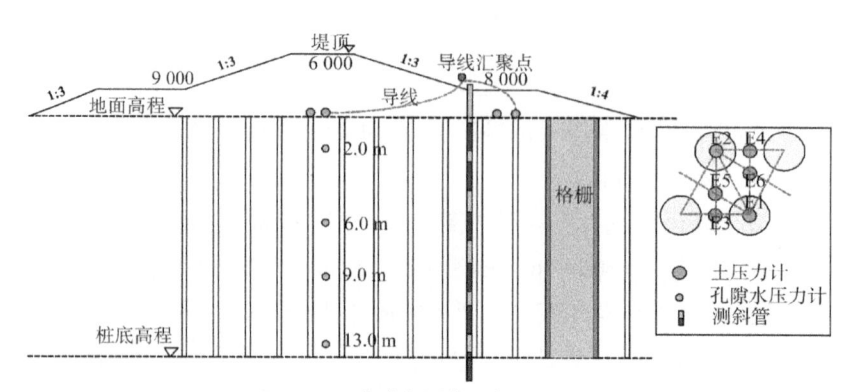

(a) 复合加固典型断面

(续图)

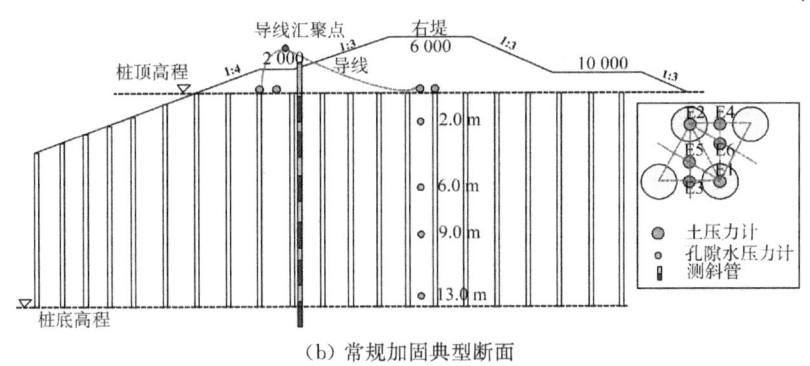

（b）常规加固典型断面

图 5　现场监测仪器布置示意图

2.2　深层水平位移

路基填土过程中会使地基土体内部产生较大水平位移,必须进行深层水平位移监测。监测仪器采用 CX-02A 型测斜仪,配合事先埋设的标准测斜管进行使用,测斜仪如图 6 所示。

图 6　CX-02A 型测斜仪图示

测量时将测斜仪探头沿着测斜管内壁导槽滑动下降至测斜管底部,两对导向轮间距为 0.5 m,利用电缆线标记(间隔 0.5 m)进行深度控制,实现每标段(0.5 m)的测斜读数。测斜仪测量的结果实际反映的是每标段与竖直方向的夹角,通过三角函数计算可得到该标段水平方向的偏移,将各个标段的偏移量进行累加即得到总的水平位移值。试验中需调转探头 180°进行正反两次测量,以消除测斜仪自身误差影响。

本试验中测斜管埋设于迎水侧二级平台坡脚处,通过钻机成孔,测斜管底部达桩顶高程以下 16 m 处,顶部露出地面一定高度,随着填土高度增加而不断加高。测斜管埋设具体布置图见图5。

2.3 桩顶和桩间土压力

已有研究[4,5]表明,水泥土搅拌桩复合地基的桩顶和桩间土压力具有显著差异,为掌握智能化双向搅拌粉喷桩加固软土地基在填土期间桩顶及桩间土压力变化规律,需进行土压力监测。监测仪器采用 TXR-2020 型振弦式土压力计,量程选择 0.2 MPa 和 1.0 MPa,如图7所示。数据测读过程与孔隙水压力监测相同,使用频率仪读取实时振动频率,然后利用公式(2-1)计算得到土压力值。

土压力计在埋设前应测定初始频率,该值应等于或接近其出厂时的标定频率,将该值作为土压力计算的初始振动频率。埋设时应把埋设处的地基夯实找平,使土压力计的工作面朝向土体并与拟测压力方向垂直,从埋设点引出的电缆线应蛇形布置,避免不均匀沉降和变形拉断导线,现场土压力计埋设如图8所示。本试验中土压力计埋

图7 TXR-2020 型振弦式土压力计图示

图8 现场土压力计埋设图

设于路基中部的桩顶、桩间土位置，每个测点布置有 6 只土压力计，其中位于桩顶的有 2 个，位于两桩连线中点的有 2 个，以及三桩中心的有 2 个，具体布置图见图 5。现场监测内容汇总如表 1 所示。

表 1 现场监测内容汇总

序号	监测内容	数量	仪器数量	备注
1	孔隙水压力	3 孔	12 只	每孔布置 4 只，深度分别为 2 m，6 m，9 m，13 m
2	深层水平位移	3 孔	每孔＞16 m	钻机成孔，每孔初始深度 16 m
3	桩顶、桩间土压力	6 点	36 只	堤顶和二级平台各一点，每点 6 只土压力计

复合加固典型断面和常规加固典型断面的现场监测仪器布置分别如图 5(a)和图 5(b)所示。

3 试验结果与分析

3.1 孔隙水压力

自 2022 年 7 月 17 日至 2023 年 9 月 13 日，对断面①、断面②和断面③进行孔隙水压力监测，共获得 3 个点位的 12 组监测数据，整理后绘制孔隙水压力随填土时间的变化曲线，如图 9 至图 11 所示。

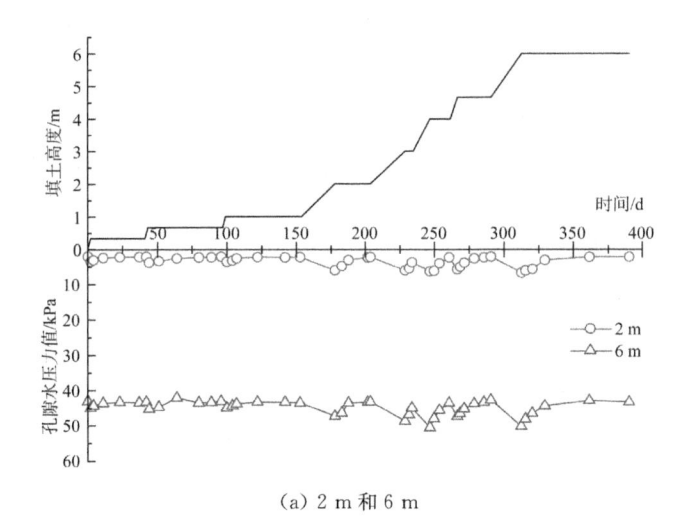

(a) 2 m 和 6 m

(续图)

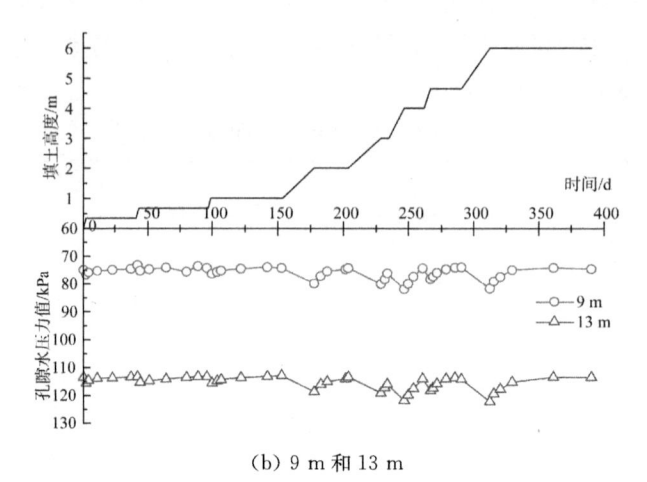

(b) 9 m 和 13 m

图 9　断面①孔隙水压力随填土时间变化曲线

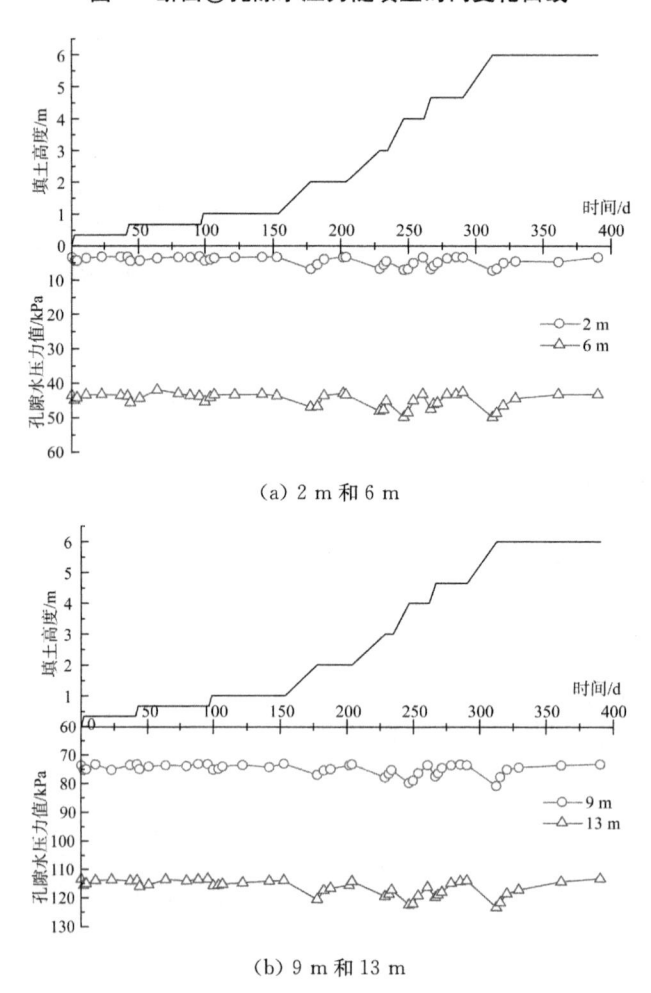

(a) 2 m 和 6 m

(b) 9 m 和 13 m

图 10　断面②孔隙水压力随填土时间变化曲线

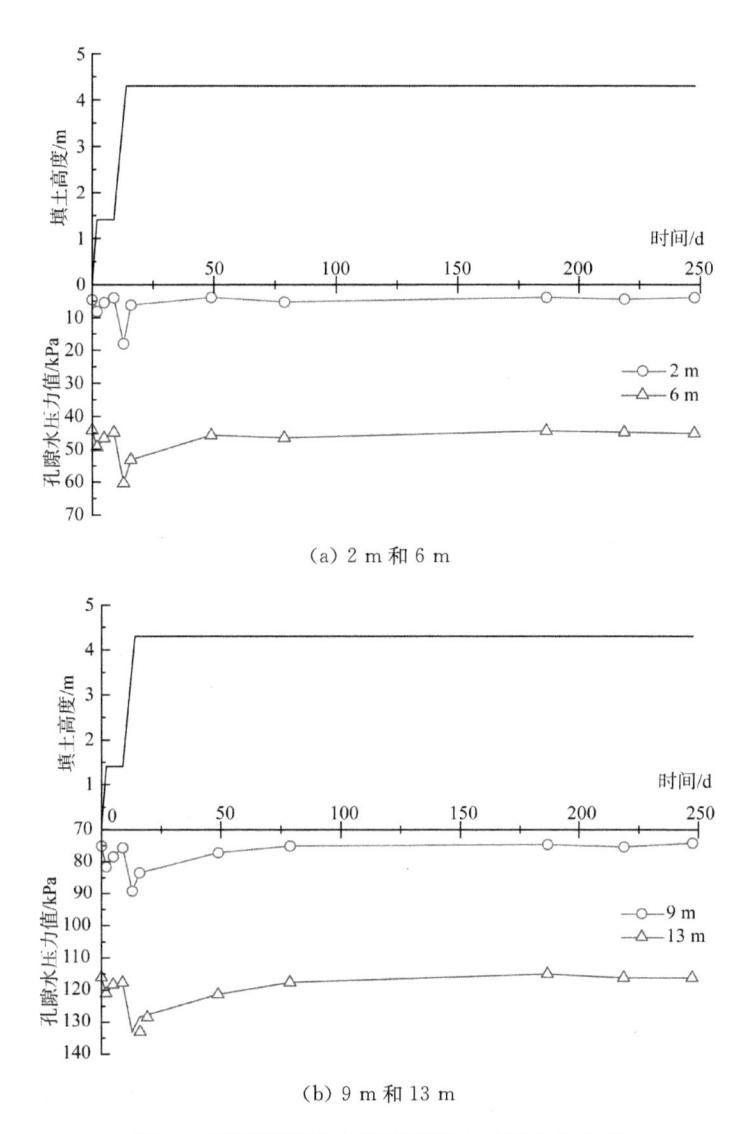

图 11　断面③孔隙水压力随填土时间变化曲线

根据有效应力原理可知，饱和土中任意一点的总应力是由孔隙水压力和有效应力共同组成的。路基填土时在软土中施加附加应力，在地基中形成超静孔隙水压力，并随着孔隙水的排出将附加应力逐渐转化为有效应力。因此，通过孔隙水压力监测可以较好地反映填土过程中软基稳定性变化。观察本试验设置的 3 个孔隙水压力监测点孔压变化曲线可以看出，各个深度处的孔隙水压力随着填土荷载的增加会出现明显的上升，超孔隙水压力急剧增大，暂停填土后超孔隙水压力随时间逐渐消散，不同深度处的孔压变化趋势非常相似。对比不同断面的变化曲线，不难发现当填土高度及堆载速率越大时，短时间内产生的超静孔隙水压力也越大。如断面③最大填土速率达到 0.580 m/d，5 天完成 2.90 m 的填土堆载，产生的最大超孔隙水压力接近 15 kPa；断面①和断面②一般填土速率为 0.165 m/d,每次填土 0.33 m,超孔隙水压力不超过 5 kPa,后期填土速率加快时,产生的最大超静孔压在 10 kPa 左右。在填土末期,各个测点的孔隙水压力数据基本保持稳定,2 m 深处孔压数值基本维持在 0~10 kPa,6 m 深处孔压数值基本维持在 40~50 kPa,9 m 深处孔压数值基本维持在 70~80 kPa,13 m 深处孔压数值基本维持在 110~120 kPa,无较大波动,说明地基土层整体稳定性较好。

3.2 深层水平位移

自 2022 年 7 月 17 日至 2023 年 7 月 25 日共进行了 3 个水平位移监测点的观测,深层水平位移监测目的是掌握填土过程中不同深度土体的水平位移速率及最大水平位移。测斜管的初始埋设深度为 16 m,顶部测斜管随填土进度逐渐加高,0 m 深度固定为桩顶高程。在 2023 年 8 月 2 日后,由于现场施工原因导致断面②处的测斜管发生断裂,土体进入管内产生淤积,无法进行测量读数,故该断面测斜数据截止至 2023 年 8 月 2 日。最后测量得到的深层水平位移变化情况如图 12 所示。

由图 12 可知,在深层水平位移监测期间,地基土体朝临空面的侧向变形一直处于增大状态,其中填土过程中地基土各深度水平位移速率明显增大,如断面①在 2023 年 3 月 8 日至 2023 年 3 月 16 日之间的最大水平位移速率为 0.325 mm/d,断面③在 2022 年 12 月 24 日至 2022 年 12 月 30 日之间的最大水平位移速率达到 2.217 mm/d。不同深度处土体水平位移的变化情况有所不同,如断面①11~16 m 深度范围内,侧向位移变化相对很小,这是由于该处测斜管位于③层细、中砂层中,土体强度与刚度显著大于上部软弱土层,抵抗侧向变形能力更强;11 m 以内至接近 0 m 深度范围内,普遍分布有②层淤泥土,土体性质软弱,抵抗侧向变形能力差,导致水平位移变化非常显著。在填土初期,填土高度小于 3 m 时,水平位移发展较为缓慢,最大水平位移不超过 10 mm;而填土高度大于 3 m 以后,每次新增填土都使地基土体水平位移发生显著增长,监测期间断面①产生的最大水平位移为 22.9 mm,断面③的最大水平位移达到 28.9 mm。一般而言停止填土后地基土水平位移会逐渐趋于稳定,但由于引航道开挖、削坡等工程活动影响,本试验后期地基土侧向变形仍在继续发展中。

从位移-深度曲线可以看出,断面①处总填土高度要大于断面③处,但最大水平位移与平均水平位移速率均显著小于断面③处,这一定程度上说明了采用格栅加固形式能有效减小堤防边坡土体的水平变形,显著增强地基稳定性。从总体上看,整个场地填土堆载稳定,水平位移值在允许的合理范围内。

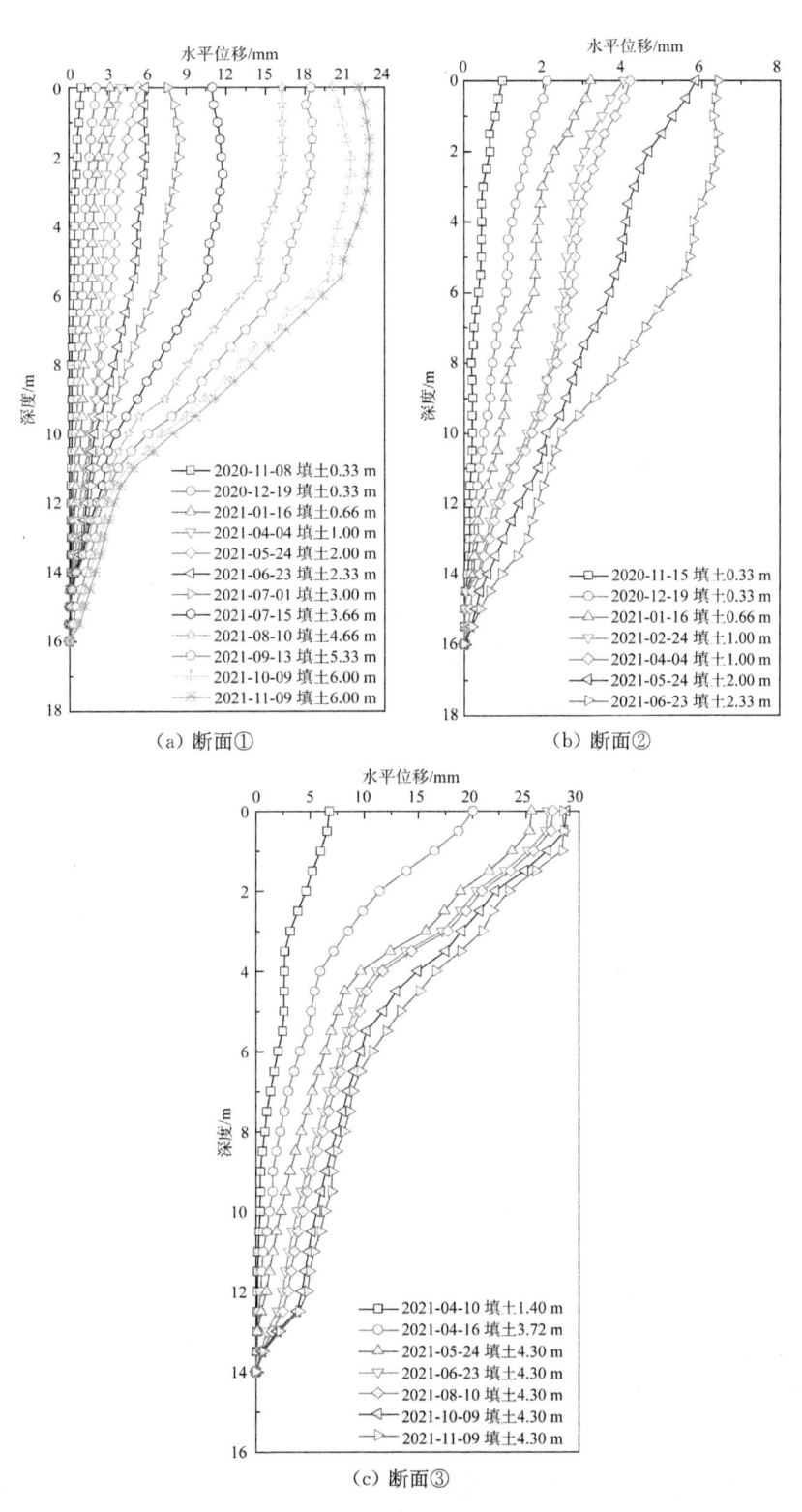

图 12 现场堤防深层水平位移曲线

3.3 桩顶和桩间土压力

根据上述试验方案及图 8 所示埋设桩顶和桩间土压力计,土压力监测自 2022 年 7 月 17 日至 2023 年 8 月 24 日,共获得 6 个土压力监测点位的监测数据,其中断面②处的土压力计受施工机械破坏而损毁,2023 年 3 月 10 日之后的数据已无法测得。绘制已测得的土压力随填土时间的变化曲线,如图 13 至图 15 所示。

由图 13 至图 15 可知,当上部填土荷载相同时,土压力变化也非常相似,不同断面处土压力变化的总的趋势也非常显著,填土期间土压力明显增长,填土间期土压力趋于稳定,填土后期桩顶土压力明显大于桩间土压力,两桩间土压力与三桩间土压力变化几乎一致,说明土压力在桩间土体分布较为均匀。

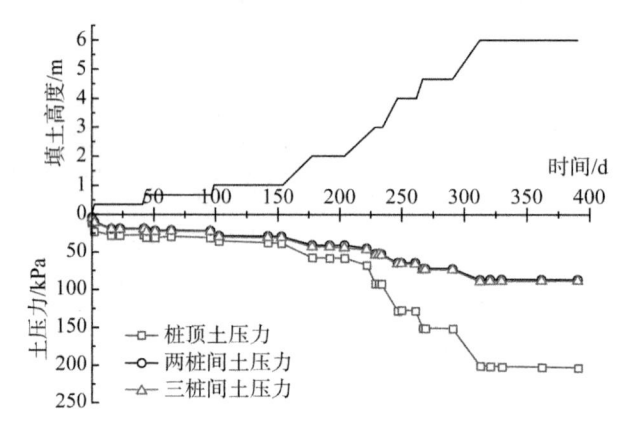

图 13　断面①桩顶和桩间土压力随填土时间变化曲线

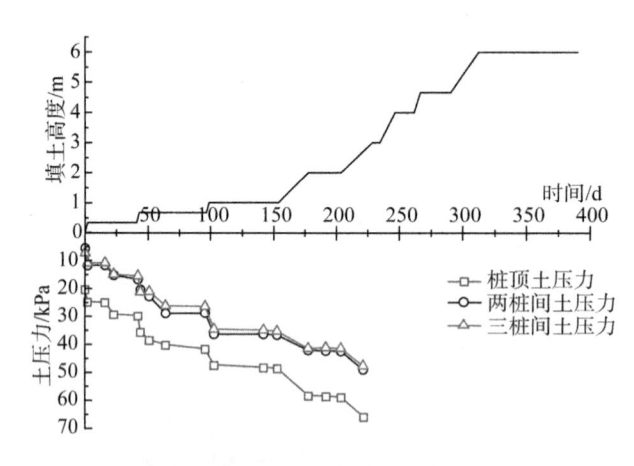

图 14　断面②桩顶和桩间土压力随填土时间变化曲线

以断面①处为例,具体来看,当填土高度小于 1 m 时,桩顶和桩间土压力差距很小,桩顶土压力为 20～40 kPa,桩间土压力为 10～30 kPa;填土高度大于 1 m 以后,桩顶土压力相比于桩间土压力开始显著增长,填土荷载逐渐向桩顶集中;随着最终填土高度达到 6 m,桩顶土压力逐渐稳定在 203 kPa 左右,桩间平均土压力可达到 88 kPa。断面③位置由于第一期填土时间很短,填土间期较长,截至 2021 年底还未开始第二期填土,因此该位置处的土压力变化形式较为简洁,填土初期同样桩顶和桩间土压力差异不大,填土高度达到 4.3 m 之后,桩顶土压力迅速增长至 144 kPa,后缓慢上升,逐渐稳定在 184 kPa 左右,桩间平均土压力稳定在 70 kPa 左右。

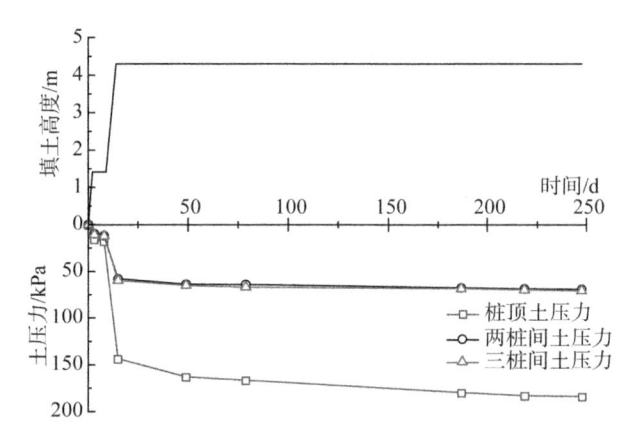

图 15 断面③桩顶和桩间土压力随填土时间变化曲线

桩土应力比[4,5]是指桩顶平均竖向应力与桩间土平均竖向应力的比值,它在一定程度上反映了复合地基设计施工的合理性,是表征复合地基工作性状的重要参数。在实际工程中,通过现场实测数据获取填土荷载作用下水泥土搅拌桩复合地基的桩土应力比变化规律,对研究复合地基承载性能与稳定性具有重要意义。

图 16(a)和(b)分别反映了断面①和断面③的桩土应力比变化关系,断面①在填土初期,填土高度为 0.2 m 时,由于竖向荷载较小,受外界因素影响大,此时桩土应力比数值波动较大;填土经历一段时间后,桩土应力比逐渐稳定,但增长缓慢,甚至有所降低;随着填土荷载不断累积,填土高度达到 3 m 以上,此时桩土应力比呈现快速增长趋势,最终断面①桩土应力比稳定在 2.3,断面③桩土应力比稳定在 2.6 左右。

对比不同区域的桩土应力比,可以推出对于水泥土搅拌桩复合地基,当上部荷载较小时,桩土应力比处于 1.3 左右,荷载增大至一定程度后,桩土应力比达到 2.0 甚至接近 3.0,表明随荷载增加竖向应力逐渐向搅拌桩集中,但又与刚性桩复合地基不同,桩间土仍然承担相当一部分的上部荷载,使得桩土应力比不至于过大。对比断面①和断面③,可以认为采取格栅加固在一定程度上能优化地基土体竖向应力分布,减小桩土应力比。

(a) 断面①

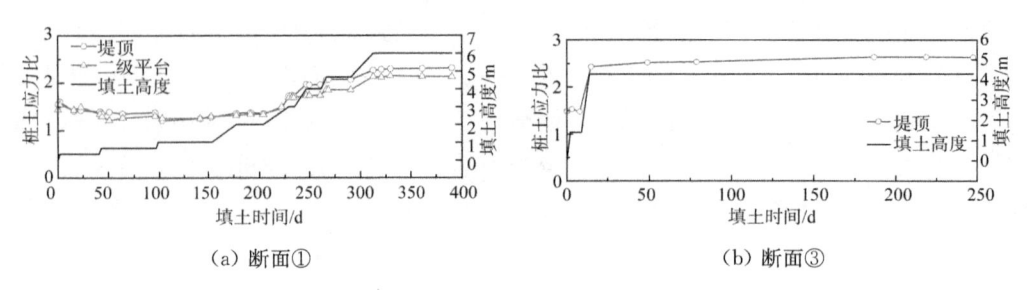

(b) 断面③

图16 断面①和断面③桩土应力比变化

4 结语

针对连云港至宿迁高速公路徐圩至灌云段软基处理工程,自搅拌桩施工完成,埋设监测仪器开始,历经填土堆载全过程,近400天的填土施工期,通过对试验段K24+621.6、K24+541.6和对照组K25+720三个典型加固断面进行孔隙水压力、深层水平位移以及桩顶、桩间土压力等试验项目的长期持续监测,及时记录并校核每次监测数据,整理得出的主要结论如下:

(1)连云港至宿迁高速公路徐圩至灌云段内普遍分布有较厚软土层,采用双向水泥土搅拌粉喷桩进行加固处理,既能降低土体含水率,提高桩间土体强度;又能有效提高地基承载力,增强引航道堤防边坡稳定性;同时施工效率高,工程造价低。

(2)孔隙水压力监测结果表明,在填土期间,施加荷载引起地基土体中产生超静孔隙水压力,断面①和断面②产生的超孔隙水压力在0~10 kPa,断面③最大超孔隙水压力接近15 kPa,填土荷载暂停后,超静孔压逐渐消散,不同深度处的孔压变化规律非常相似。总体来看,经双向水泥土搅拌桩处理后的复合地基在填土荷载作用下产生的超静孔压不高,并且能随孔隙水排出而及时消散,填土速率对超静孔压累积影响较大。

(3)深层水平位移监测结果表明,随着填土荷载施加,土体水平位移明显增大,在填土间期,水平位移增长较为缓慢。不同土层水平位移变化差异显著,断面①11~16 m处侧向变形很小,11 m以内含大部分软弱土层,抵抗侧向变形能力差,水平位移发展较快。复合加固试验段最大水平位移在25 mm以内,其最大水平位移和平均位移速率均明显小于常规加固试验段,在一定程度上说明了采用格栅加固形式的水泥土搅拌桩复合地基能有效减小堤防边坡土体的水平变形,显著增强地基稳定性。

(4)桩顶和桩间土压力监测结果表明,桩顶应力大于桩间土应力,两桩间土应力与三桩间土应力差别不大,说明桩间土应力分布较为均匀。当填土高度小于1 m时,桩顶和桩间土压力差距很小,大于1 m后,桩顶土压力迅速增长,竖向应力逐渐集中,最终断面①堤顶处桩顶土压力达到203 kPa,桩间平均土压力达到88 kPa。桩土应力比随填土高度增加呈上升趋势,最终桩土应力比稳定在 2～3 之间。

参考文献

［1］刘松玉,等.新型搅拌桩复合地基理论与技术[M].南京:东南大学出版社,2014.
［2］何开胜.水泥土搅拌桩的施工质量问题和解决方法[J].岩土力学,2002,23(6):778-781.
［3］刘松玉,席培胜,储海岩,等.双向水泥土搅拌桩加固软土地基试验研究[J].岩土力学,2007,28(3):560-564.
［4］刘吉福.路堤下复合地基桩、土应力比分析[J].岩石力学与工程学报,2003(4):674-677.
［5］马时冬.水泥搅拌桩复合地基桩土应力比测试研究[J].土木工程学报,2002(2):48-51.

隧道围岩变形控制措施技术研究

中铁六局集团有限公司　北京　100036　经德六

摘　要：在隧道工程施工中，不良地质条件下的隧道一直被列为重难点单位工程，主要是由于安全隐患大，风险等级高；如何针对不良地质条件对监控量测的变形数值进行分析，采取有效的技术控制措施，减少和杜绝隧道围岩变形塌方等险情的发生，保障人身安全，降低施工成本，提高质量管控，消除质量隐患，保证隧道运营安全，是目前值得大家共同研究的话题。

关键词：隧道围岩；变形控制；技术措施

引言

在隧道工程施工中，不良地质条件下的隧道一直被列为重难点单位工程，主要是由于安全隐患大，风险等级高；如何针对不良地质条件（如：破碎带、断裂带、节理及裂隙发育带）对监控量测的变形数值进行分析，采取有效的技术控制措施，减少和杜绝隧道围岩变形塌方等险情的发生，保障人身安全，降低施工成本，提高质量管控，消除质量隐患，保证隧道运营安全，是目前值得大家共同研究的话题。

针对隧道穿越软弱围岩变形的实际情况，对采用的施工技术措施进行探讨研究，也为今后类似隧道破碎围岩施工提供参考，本文以某高速公路项目隧道施工实践为例，采用"开挖后掌子面封闭加强＋高压注浆预加固＋局部增加锁脚锚管＋增设临时钢横撑＋掉块后处理"等施工技术，消除了围岩自稳性差，易掉块、滑坍，牵引围岩变形等现象。实现了隧道初期支护质量控制、成本控制、进度控制、安全保证等目的。

1　工程概况

某高速公路项目全长 10.038 km，其中隧道长度为 8.32 km，占分部施工管段总长的83%。标段内隧道为长隧道。根据设计图纸，隧道出口施工段围岩较为复杂，隧道洞身存在多处断层破碎带，且隧道出口洞口处存在偏压情况，本文主要以田坪岭隧道出口施工实践为例，为本标段其他隧道围岩变形控制提供经验参考。

隧道出口施工段起止 DK 203＋090—DK 204＋811，全长 1 721 m，隧道为双线隧道。隧道最大埋深约 198.03 m。隧道出口施工段地形坡度较陡，危岩发育。隧道出口处为白垩系下统白帽群上组 K1sh2 粉砂岩与侏罗系上统南园组 J3n 凝灰熔岩地质断层接触带。在里程 DK204+770 附近为侏罗系上统南园组 J3n 凝灰熔岩与震旦系龙北溪组 Z2l 云母石英片岩不整合接触带。田坪岭隧道出口施工段围岩多以云母石英片岩为主，强～弱风化，岩质较软，遇水易软化，节理裂隙发育，岩体较破碎，围岩稳定性较差，易掉块，岩体多为Ⅳ和Ⅴ级。

2 隧道施工的变形情况

在 DK204+755—DK204+797 施工时，严格按照设计标准Ⅴc级加强支护参数施工，参数如下：初支厚度 30 cm，钢筋网 ϕ8（间距 20 cm×20 cm）；采用 H230 钢架，间距 0.5 m；每榀拱架打设 24 根 ϕ42 锁脚锚管，壁厚 5 mm，长 5 m，注 1∶1 水泥浆；超前支护采用 ϕ50×5 mm 小导管，长 5 m，环向间距 40 cm，每环 41 根，拱部 150°范围内打设，纵向 3 m 一环；施工方法采用三台阶法。

隧道出口 DK204+775—DK204+797 掌子面揭示围岩见图 1 和图 2。

图 1 掌子面揭示围岩

尽管设计考虑了初支增大刚度，但在施工中还是出现了严重的挤压变形。在 8 月中旬，隧道至进洞 90 m 范围时，监控量测多次出现黄、红色预警，隧道初期支护边墙、拱脚等位置出现纵向和环向开裂，台阶连接板处初支表面出现喷射混凝土局部片状剥落，钢筋骨架外露变形等现象，最终被迫停工。具体初支变形情况如下：

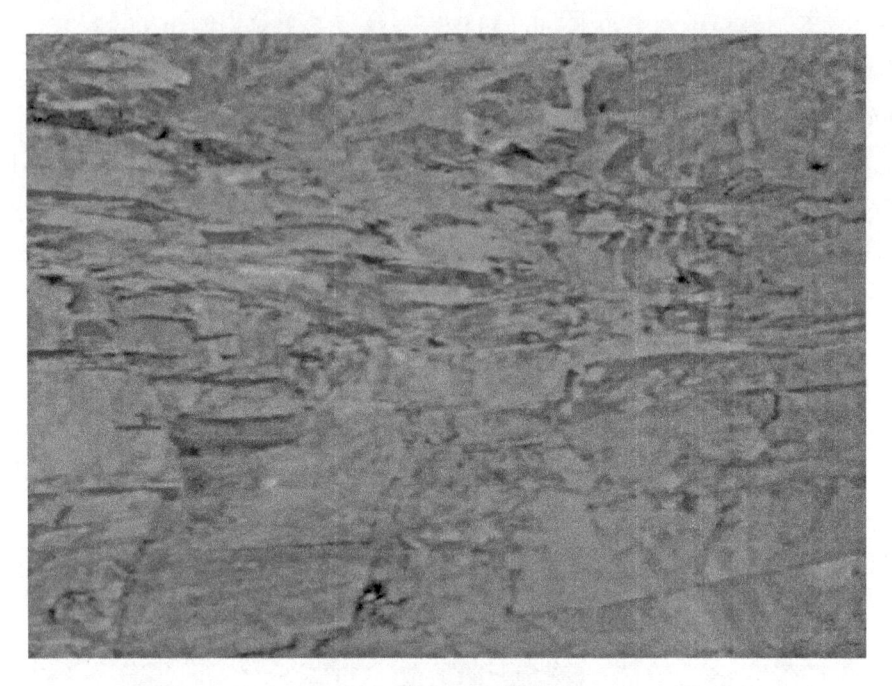

图 2 掌子面揭示围岩

（1）现场排查发现 DK 204+755—DK204+773 段中下台阶连接板附近表面出现 1～2 mm 纵向裂缝，DK204+773 右侧上台阶出现长约 3 m、宽为 1～2 mm 环向裂缝。

（2）DK 204+773—DK204+797 左侧上中台阶连接板附近喷射混凝土连续剥落，钢筋骨架外露变形。

（3）DK 204+757—DK204+759、DK 204+762—DK204+765、DK 204+787—DK204+782 拱顶左侧 1.5 m 位置出现局部剥落，右侧 DK 204+775—DK204+778 中下台阶连接板上部 0.5 m 喷射混凝土剥落。

待变形停止后，造成了 DK 204+760 断面初支拱顶及左拱腰侵限 8～11 cm，DK 204+772 断面初支左拱腰及边墙侵限 9～14 cm，DK 204+784 断面初支拱顶及左拱腰侵限 8～13 cm。

经各方研究决定采用反压回填、增加径向注浆、工字钢加固圈及临时仰拱加固处理措施：

（1）DK 204+755—DK204+773 段采用洞渣反压回填至中台阶拱脚高度；

（2）DK 204+755—DK204+797 段上台阶施作 I18 钢架(@1 m)加固圈，同时设置 ϕ42 锁脚钢管，长 5 m。加固圈之间设置临时横撑+喷射混凝土。

后续施工仰拱及下台阶时再拆除横撑。对局部初支喷射混凝土侵入二衬部分进行凿除处理。整个处理过程将近 30 天，严重影响了施工进度，造成了经济损失。

3 试验测量数据分析

为了更好分析围岩受力情况,寻找到不同环节下的薄弱点和最大受力点,有针对性地采取技术措施,在初期支护环节达到结构的稳定,减少和杜绝类似处理的事情发生,在田坪岭隧道出口段继续施工时,上下台阶各开挖 5～8 m 作为隧道监测试验段,通过《围岩监控量测 B 项》,重点对围岩和支护结构的应力、应变、变形和弹性波参数进行监测。围岩变形采用全站仪(非接触量测)进行隧道变形监控量测,同时在里程 DK 204+765、DK 204+770、DK 204+775 布设 3 个结构受力测试断面,埋设钢筋应力计、压力盒。如图 3 所示,每个断面布设 5 个测位,分别在拱顶、左右拱脚和左右边墙;将钢筋应力计焊接在初期支护钢拱架的内外边缘,每个测位内外 2 个测点,共 10 个测点,每天进行数据采集,监测内容主要是初支结构钢架受力及围岩压力。

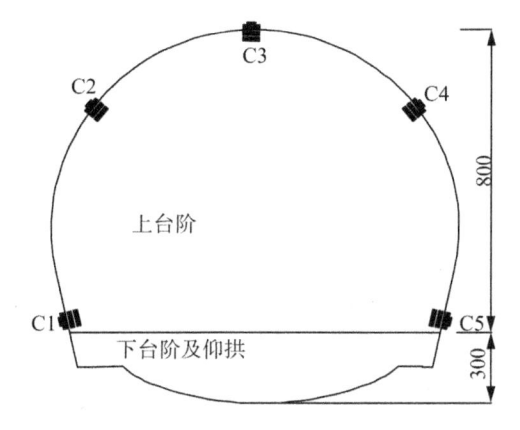

图 3　初支受力测点布置示意图

3.1　格栅钢架及喷射混凝土层应力分析(支护未成环环节)

表 1 和表 2 为 3 个断面格栅钢架及喷射混凝土应力统计表。其中负值表示受压。

表 1　3 个断面支护结构最终钢架应力计算结果统计表

测点	位置	DK204+775 (MPa)	DK204+770 (MPa)	DK204+765 (MPa)
C1	(内)	−13.788	−12.551	−30.185
	(外)	−79.049	−52.652	−65.095
C2	(内)	−60.818	−54.928	−99.855
	(外)	−110.122	−46.533	−91.913

续表

测点	位置	DK204+775（MPa）	DK204+770（MPa）	DK204+765（MPa）
C3	(内)	−95.951	−93.903	−61.845
	(外)	−72.683 5	−58.320	−75.559
C4	(内)	−70.847 1	−45.064	−70.870
	(外)	−48.120 5	−46.759	−68.311
C5	(内)	−48.559 4	−43.095	−5.088
	(外)	−34.037 5	−41.737	−42.961

表2 3个断面初支结构最终喷射混凝土应力计算结果统计表

测点	DK204+775（MPa）	DK204+770（MPa）	DK204+765（MPa）
C1	−5.644	−3.964	−5.792
C2	−10.392	−6.168	−11.658
C3	−10.251	−9.254	−8.353
C4	−7.232	−5.582	−8.461
C5	−5.021	−5.157	−2.921

从表1和表2可以看出：

①初支格栅钢筋均受压。

②左拱肩部(C2)及拱部的钢筋压应力值较大，最大压应力为110.122 MPa，出现在左拱部靠围岩侧钢筋上。

③左拱肩部(C2)及拱部喷射混凝土层的压应力较大，最大压应力为11.658 MPa，出现在DK204+765断面左拱部，已接近极限抗压强度12.5 MPa。随着掌子面后续开挖，该断面左拱部的喷射混凝土应力值会继续增大，可能会超过喷射混凝土极限抗压强度值，引起喷射混凝土开裂或掉块。

3.2 初期支护内力分析（支护未成环环节）

根据初期支护弯矩数据，3个监测断面的弯矩值均逐渐增大并趋于稳定。其中：C1测点的弯矩值在11～38 kN·m，C2测点的弯矩值在0～31 kN·m，C3测点的弯矩值在3～23 kN·m，C4测点的弯矩值在0～14 kN·m，C5测点的弯矩值在0～22 kN·m。

对于V级围岩，按《铁路隧道设计规范》相关公式进行计算，隧道初期支护拱顶的弯矩在100 KN·m左右，而实测的弯矩值在22 KN·m，约为设计值的20%。

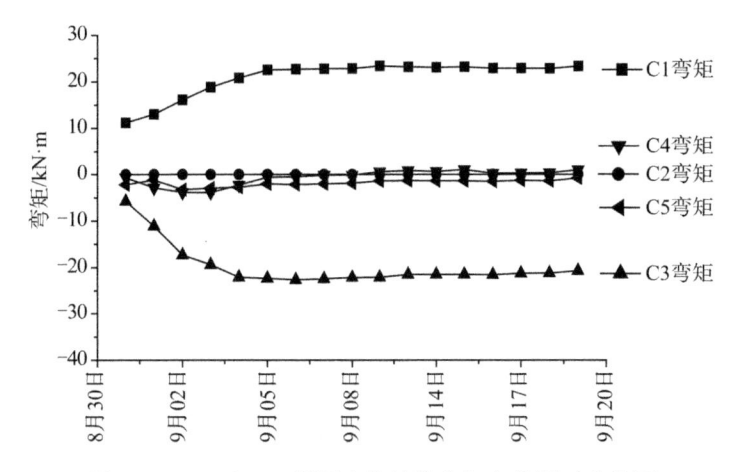

图4 DK204+770断面支护结构弯矩变化历时曲线图

3.3 围岩压力分析（支护成环环节）

根据围岩压力实测数据，DK204+775断面和DK204+765断面的围岩压力实测值均较小，其值在0～0.27 MPa，而DK204+770断面围岩压力值变化较大。

从表3和图5可以看出：

①C1（左边墙）测点和C5（右边墙）测点围岩压力值从最初的约0.6 MPa减少到约0.1 MPa。

②C3（拱顶）测点围岩压力值从最初的约0.18 MPa增大到约0.6 MPa。对于C3（拱顶）测点，经计算0.6 MPa的围岩压力相当于隧道拱部31 m的土柱荷载作用在拱部初期支护结构上，而此断面隧道覆土厚度刚好为31 m。

③其他测点围岩压力值在0.02～0.15 MPa，相当于1～8 m的土柱荷载作用在初期支护结构上。

表3 DK204+770断面围岩压力测试结果统计表

日期	C1 土压力 (MPa)	C2 土压力 (MPa)	C3 土压力 (MPa)	C4 土压力 (MPa)	C5 土压力 (MPa)
8.31	0.607	−0.013	0.182	0.007	0.605
9.1	0.004	0.034	0.275	0.010	0.055
9.2	0.027	0.075	0.375	0.029	0.103
9.3	0.043	0.075	0.433	0.036	0.133
9.4	0.063	0.088	0.484	0.037	0.139
9.5	0.090	0.107	0.541	0.035	0.131
9.6	0.094	0.111	0.559	0.032	0.131
9.7	0.096	0.112	0.565	0.030	0.135

续表

日期	C1 土压力（MPa）	C2 土压力（MPa）	C3 土压力（MPa）	C4 土压力（MPa）	C5 土压力（MPa）
9.8	0.096	0.113	0.574	0.028	0.138
9.10	0.099	0.115	0.576	0.028	0.142
9.13	0.100	0.115	0.584	0.025	0.147
9.14	0.100	0.114	0.589	0.024	0.147
9.15	0.100	0.113	0.589	0.024	0.147
9.16	0.100	0.113	0.593	0.023	0.147
9.17	0.099	0.112	0.594	0.023	0.146
9.18	0.099	0.111	0.600	0.023	0.147
9.19	0.098	0.112	0.601	0.022	0.147

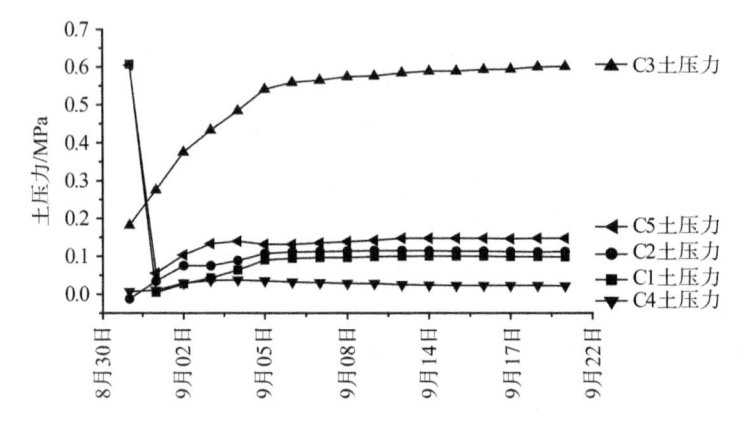

图5 DK204+770断面不同部位围岩压力变化历时曲线图

3.4 数据分析结果

（1）在进行了墙腰水平收敛量测区段，最大变形均发生在墙腰部位，其次为拱腰、墙脚、拱顶；软岩隧道的挤压性变形具有变形量大、变形速率高、变形持续时间长的变形特征，挤压性变形与围岩条件、设计支护参数、施工方法、施工步骤等因素密切相关；不同部位变形大小依次为：墙腰水平收敛＞拱脚水平收敛＞墙脚水平收敛＞拱顶下沉；最大变形速率发生在下台阶开挖或仰拱开挖前后的时间区段，仰拱封闭时变形值占累计变形的70%～80%。

（2）隧道围岩软弱，且较破碎，其中左侧围岩较差，右侧较好。

（3）围岩产状陡倾，倾斜方向与地面坡相同，产状不利。

（4）在初期支护未成环环节，左拱肩部受压最大，为最不利控制点。

（5）在初期支护成环环节，拱顶受压最大，属正常设计标准范围内。

4 开挖控制方案的研究

通过监测数据分析,了解了此类围岩地层与支护结构的动态变化,施工结构物的安全状态和对环境的影响,判定出围岩稳定性,变形的尺度,及支护的安全型式,并根据监测数据制定技术措施。

4.1 掌子面封闭加强处理方案

开挖完成后,对掌子面初喷射混凝土进行加强,厚度按照围岩级别确定。Ⅴ级围岩采用三台阶法开挖,全断面封闭,喷射混凝土厚度 10 cm,Ⅳ级围岩采用台阶法开挖,上台阶掌子面喷射混凝土封闭厚度 10 cm,下台阶厚度 5 cm。软弱围岩隧道Ⅳ、Ⅴ级采用台阶法施工时,上台阶每循环开挖支护进尺:Ⅴ级围岩≯1 榀钢架间距,Ⅳ级≯2 榀钢架间距;边墙每循环开挖支护进尺≯2 榀钢架。

通过掌子面封闭,缩短了围岩的裸露时间;厚度加强后,有效提高了围岩整体性,增加了开挖面的强度,减缓了围岩的变形速率,从而降低了钢架的受力。

4.2 高压注浆预加固

掌子面初喷以后,在上台阶采用超前高压注浆预加固措施。注浆施工工艺同普通注浆,采用 $\phi 50 \times 5$ mm 钢花管,长度 15~20 m 为宜,环向间距 1.5 m,外插角以 30°为宜,注浆采用 WSJ-200 注浆机,注浆压力 1~2 MPa。

通过超前高压注浆,改善围岩整体性,加强自稳能力,为下一循环作业提供了良好的条件,有效控制和减少超挖。

4.3 局部增加锁脚锚管处理方案

针对监测数据分析,考虑到钢架在封闭成环之前的受力情况,施工时增设锁脚锚管:偏压地段高山侧上台阶拱脚部位;初支变形开裂;设钢架地段变形不收敛,量测发出黄色预警或即将出现黄色预警;上下台阶开挖引起上中台阶围岩松弛时增设锁脚锚管,并对初支背后压注水泥砂浆进行回填。

局部增加锁脚按台阶设置,锁脚之间上下距离按 0.6~1 m 设置;初支局部受影响时局部设置,影响范围较大或变形较严重时应设置多排锁脚;增设范围考虑对相邻段影响,向两侧适当延伸;锁脚布置 1 组 2 根,Ⅳ级围岩地段增加 4 根,长度 4.5 m/根,Ⅴ级围岩地段增加 8 根,长度 5 m/根;锁脚采用 $\phi 42$ 壁厚 5 mm 钢花管,管壁设置注浆孔,孔径 10 mm,孔间距 15 cm,呈梅花形布置,前端加工成锥形,尾部预留不小于 100 cm 的止浆段;注浆采用水灰比 1∶1(重量比)水泥浆液,注浆压力 0.5~1.0 MPa。

增加锁脚,与格栅钢架有效连接成整体,主动加固围岩,也是快捷有效控制变形的措施。

4.4 增设临时工字钢横撑

在上台阶(C2)的水平位置,加设 I18 临时横撑,间距 1 m。在安装时与榀格栅钢架焊接,后续施工仰拱及下台阶时,再进行拆除,既便于拆除,也可重复利用,还保证了受力的整体结构。

增加临时横撑,有效与格栅钢架连接成整体,对整体未成环状态下的结构临时起到支撑作用,分块分部形成环向受力。保证了钢架的整体性,对围岩起到支撑作用,从而抑制变形。

4.5 掉块、溜坍地段及时回填密实

(1)锯齿状开挖面:对塌落、掉块形成的超出轮廓线以外部分(深度小于 20 cm 时)采取喷射混凝土回填处理;

(2)较大深度掉块、塌落:深度 20~50 cm 的部位,初喷完成后设置锚杆和网片(ϕ22 固定钢筋 L-3 m,ϕ8 钢筋网,间距 20×20 cm),补喷射混凝土回填,再进行初期支护;

(3)大深度掉块、塌落:深度大于 50 cm 部位,首先采用 ϕ22 固定钢筋(L-4 m)固定双层钢筋网片(ϕ8 钢筋网,间距 20×20 cm),然后安装灌浆管和排气管(ϕ89 钢管),并喷射 20~30 cm 厚 C25 混凝土设置封闭,最后泵送 C30 混凝土对空腔进行回填处理。

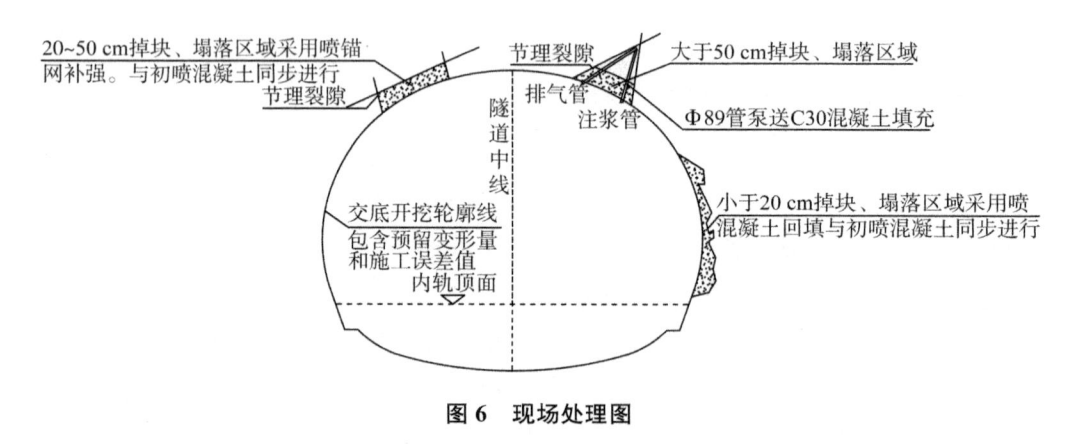

图 6 现场处理图

通过及时将空洞回填密实,有效使岩面与格栅钢架密黏,达到受力均匀支撑,抑制变形,取得了良好效果。

5 结语

本论文中,以现场隧道施工的实例,通过监测的力学分析,及时采取有效的技术措施,使变形量得到了有效的控制,主要是结合三台阶施工方法,同时采取封闭掌子面、预加固、增加锁脚锚管、临时钢架支撑、空洞的处理的综合方案,针对隧道施工中的软弱围岩,效果比较明显,既能保证施工的进度,又能保证围岩变形在可控的范围内,达到支护结构自上而下及时封闭,步步成环。应用于某高速公路项目及其他隧道类似地质条件时,均能达到结构变形量的控制,实现了隧道的安全贯通。结合本次论文的项目实践,能够根据监控量测数据及围岩的变化,及时采取有效的技术措施,可以避免因变形而引发的人身安全问题,有利于保障施工安全。

参考文献

[1] 铁道部经济规划研究院.铁路隧道工程施工技术指南:TZ 204—2008[S].北京:中国铁道出版社,2008.

[2] 中国铁路总公司.铁路隧道监控量测技术规程:Q/CR 9218—2015[S].北京:中国铁道出版社,2017.

双向搅拌粉喷桩智能化施工技术研究

中铁六局集团有限公司　北京　100036　王建业　经德六　马德文

摘　要：水泥土搅拌桩是加固软土地基的常用方法，但传统单向搅拌桩和改进后的双向搅拌桩在应用过程中都不可避免存在地下水位以上成桩缺陷、施工监控不完善以及环境污染等问题。针对此类问题开展双向搅拌粉喷桩智能化施工技术研究，包括对施工设备进行智能化改进，研制施工桩长智能化自动判别技术，建立智能化施工云端监控系统等。并通过现场取芯测试对智能化施工技术成桩质量作出分析评价。

关键词：双向搅拌粉喷桩；智能化；成桩质量

引言

水泥土双向搅拌桩施工技术有效地突破了常规单向搅拌桩下部桩体质量较差、处理深度受限的技术瓶颈。该技术已在我国公路、铁路、市政、机场等工程领域得到了大量推广使用，不少地方已经全面取代了传统单向搅拌桩[1]。

张树杰[2]对传统的搅拌桩机加装了深度测量计、水泥浆流量计等智能监测装置，可自动记录相关施工参数，但智能化程度较低。李熙龙[3]组织研发了一整套智能制浆设备，包括密封水泥压力罐、传感器、显示器、搅拌电机等，并在钻机上标示出深度尺，可直观判断钻入深度，实际施工结果表明新系统减少了人为因素干扰，增加了机械化程度，大大提高了施工效率，但是缺乏后台监控管理手段。王永安[4]介绍了钉形双向搅拌桩智能化软基处理技术应用于福州市琅岐雁行江主干道工程的相关情况，详细叙述了其设计方案与施工工艺，在施工中采用了自动化制浆系统和自动监控系统，可实时采集桩深、泥浆流量、喷浆状态（压力）、转速、水泥浆密度、倾角、钻杆状态等数据并反馈给相关单位。李兴华等[5]阐述了水泥土搅拌桩智能监控系统的主要构成，从信息全面性、信息时效性以及成本经济性方面与传统监控系统进行对比，展现出应用智能监控系统的必要性和巨大优越性。东南大学万瑜[6]初步研发了水泥土搅拌浆喷桩智能化施工控制系统，研究表明该施工系统能够实现施工参数采集与全过程云端自动监控，通过对喷浆量、桩长、桩体垂直度等施工参数的自动控制，有效保证施工质量，提高软土地基加固效果。

本文在归纳整理近些年针对双向搅拌桩智能化施工研究成果的基础上，依托连宿高速公路徐圩至灌云段软土地基处理技术研究项目,通过文献调研、工程地质勘察、资料查阅、室内试验、现场监测以及数值模拟等方法来研究双向搅拌粉喷桩加固软土地基智能化施工问题。

1 施工设备智能化改进

1.1 自动加送料装置

喷粉搅拌是粉喷桩施工中极为重要的一项步骤,因此研制安全高效的水泥粉输送装置也同样重要。目前常规的水泥土搅拌粉喷桩基本采用手动送料阀,需要人工进行操作,如图1所示。由于人为因素影响大,施工质量无法控制;且需要额外操作人员,施工成本高;此外现场粉尘环境对操作人员健康可能造成不利影响。智能化加送料装置通过改进装置结构,增加压力传感器与自动送料阀,使喷粉、搅拌实现自动化协调同步,彻底解决送灰不均匀及断桩的问题;集成自动操作系统,使原来手动摇杆操作转变为前台电钮控制,减少施工成本,降低劳动强度,实现无尘化施工。改进后装置如图2所示。

图1 传统人工手动加送料操作

1.2 空压机设备升级

将水泥粉喷出的高压气体来源于空压机,常规的水泥土搅拌粉喷桩施工时采用的

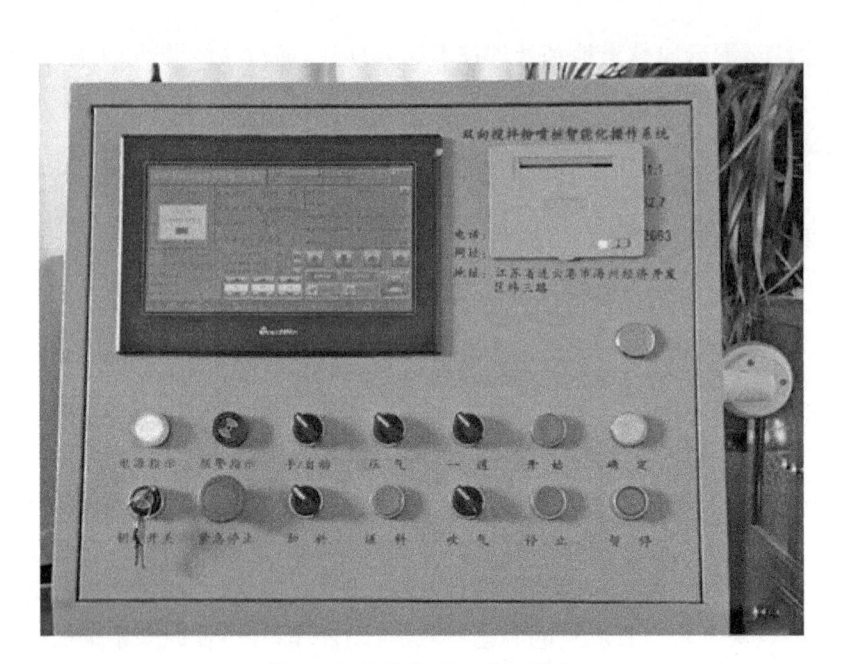

图 2　智能化自动加送料操作

主要为活塞式空压机,如图 3 所示。工程实践表明,该种空压机存在故障率高、排气量小、工作噪音大以及深层送灰不均匀等弊端,严重制约了粉喷桩施工质量的提升。智能化升级后的空压机类型改为螺杆式,如图 4 所示,该设备克服了活塞式空压机的诸多缺点,能够较好适应双向搅拌粉喷桩加固深度与施工设备的特点,保证深部成桩质量,节约施工成本。

图 3　传统活塞式空压机

图 4　升级后螺杆式空压机

1.3　粉喷浆喷一体化设计

目前大部分的水泥土搅拌桩施工机械只能采取粉喷（干法）或浆喷（湿法）其中一种进行桩体施工，当土体含水率沿深度差异较大时，对于浅层含水量偏低的土体，采用干法施工时容易造成水泥土搅拌不均匀，成桩效果不理想；而对于深层含水量偏高的土体，采用湿法施工同样不易成桩，且施工工序复杂，造价成本较高。

通过对搅拌钻具进行升级改进，使之同时具备喷灰和注水注气功能，如图 5 所示。当采用喷粉成桩时，对含水率较低的土层通过注水气钻具注水来提升成桩质量；采用喷浆成桩时，在土体深部通过注水气钻具进行注气达到提高养护效果的目的。因此双向搅拌粉喷桩施工时采用注水气钻具可实现同一根桩体粉喷、浆喷一体化，减小桩身强度离散性，提高成桩质量。

图 5　智能化双向搅拌粉喷桩的注水气钻具

2 施工桩长智能化自动判别技术

已有各类工程实践表明,传统水泥土搅拌桩,不论是单向搅拌还是双向搅拌,在加固软土地基上均不可避免存在无法准确判断施工桩长的问题。水泥土搅拌桩的施工桩长是指现场施工时实际的桩身长度,一般按照设计方案给定的设计桩长进行取值,要求桩端达到持力层范围深度0.5~1.0 m。而持力层深度判别目前主要依靠地质勘察阶段钻孔取样和静力触探(CPT)等方法获得的成果进行分析,钻孔取样用于判别地基土持力层深度存在精度不足的问题,适用性较差;静力触探方法虽然精度满足要求,但是实际工程中其钻孔间距要远大于搅拌桩间距,不可能准确掌握每一根搅拌桩对应的持力层深度,因而有相当一部分的场地区域内水泥土搅拌桩的施工桩长无法准确判断。若场地内地基土持力层深度无变化或波动很小,则对施工桩长影响不大;若场地内持力层深度变化比较剧烈,采用传统方法施工则易产生工程隐患,如搅拌桩桩端未进入持力层或进入深度不够,会严重影响加固效果,桩端进入持力层过多,则容易对施工设备造成损害。

东南大学联合相关单位成功研制水泥土搅拌桩施工桩长智能化自动判别新技术[7]。该技术的关键原理在于建立施工设备控制参数(下钻拉力值或电机电流值)与静力触探试验指标(锥尖阻力和侧摩阻力)的对应关系,即将对桩机钻头进入持力层深度的判别转变为对施工设备电机电流值或钻杆下钻拉力值的临界值进行判别,如图6所示。

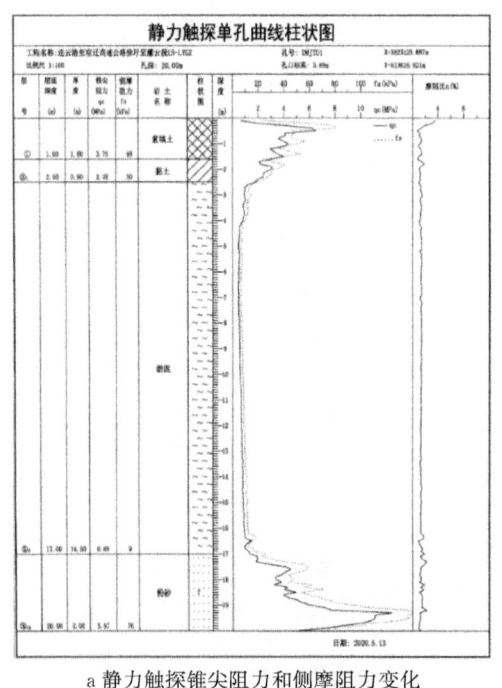

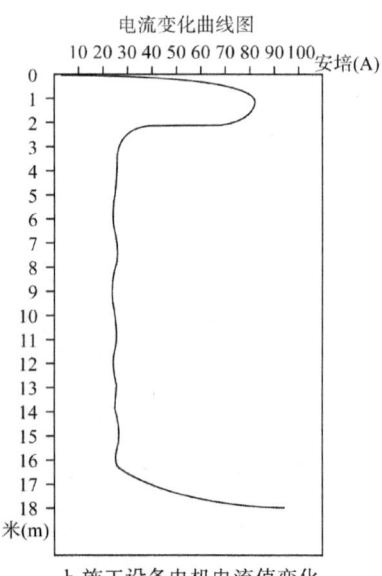

a 静力触探锥尖阻力和侧摩阻力变化　　b 施工设备电机电流值变化

图6　静力触探指标与施工设备电流值对应关系

首先通过静力触探试验得到锥尖阻力、侧摩阻力随深度变化的情况,并确定持力层相关指标,包括进入持力层的顶面高程、底面高程以及精确的施工桩长(精确至0.1 m);然后采用智能化电脑程序自动记录搅拌桩机钻头下钻时拉力值和电机电流值变化情况,对比静力触探曲线,将下钻至持力层顶面对应的拉力值和电流值作为桩端达到持力层的判断值,钻头继续下钻使电流值超过额定参数并维持10 s,此时记录的拉力值和电流值作为极限值。

水泥土搅拌桩施工桩长智能化自动判别技术的简要施工流程如下:

1) 整平地面,采用静力触探设备对现场拟施工场地进行勘察,确定进入持力层顶面和持力层底面的高程,记录该深度处所对应的锥尖阻力、侧摩阻力,如图7所示。

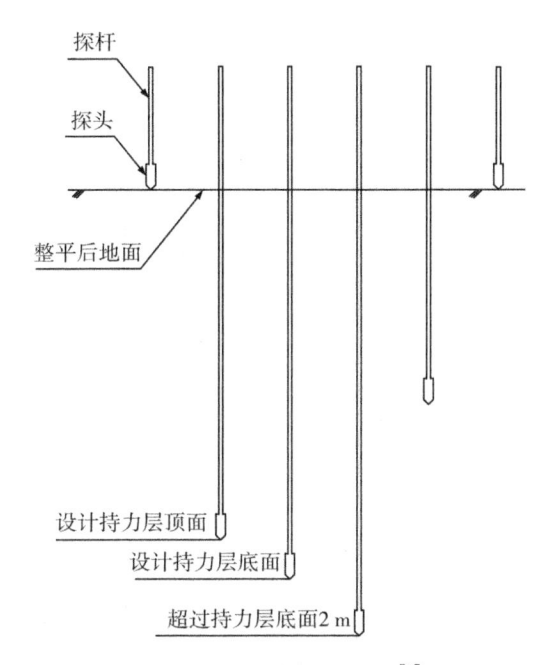

图7 静力触探操作流程[7]

2) 选择静力触探孔周围较近位置,进行搅拌桩机试打操作,确定搅拌桩机钻头进入持力层深度控制参数(下钻拉力值和电机电流值)。该阶段测得的下钻拉力值和电机电流值,经确认后可作为水泥土搅拌桩正式施工时桩机钻头到达持力层顶面与其底面的判断值。最终试打深度应超出持力层底面一定距离,使电机实际电流超过额定值并维持10 s,记录此时下钻拉力值和电机电流值,经确认后作为极限值,如图8所示。

3) 顺利完成上述施工步骤后,进行智能化双向搅拌粉喷桩施工桩长自动判别施工,如图9所示。预先设置当桩机钻头接近持力层顶面至1 m时,才启动施工桩长自动判别程序。通过传感器实时采集下钻拉力值和电机电流值,当下钻拉力值与电机电流值均达到进入持力层顶面判断值,认定桩机钻头进入持力层,此时下钻速率自动降低,直至与搅拌桩试打过程的速率相同;此后下钻过程中保证下钻拉力值和电机电流值不衰减(在误差允许范围内),桩端进入持力层深度一般为 0.5～1.0 m,或下钻拉力值与电机电流值均达到极限值时,停止下钻,此时的深度作为该点施工桩长。

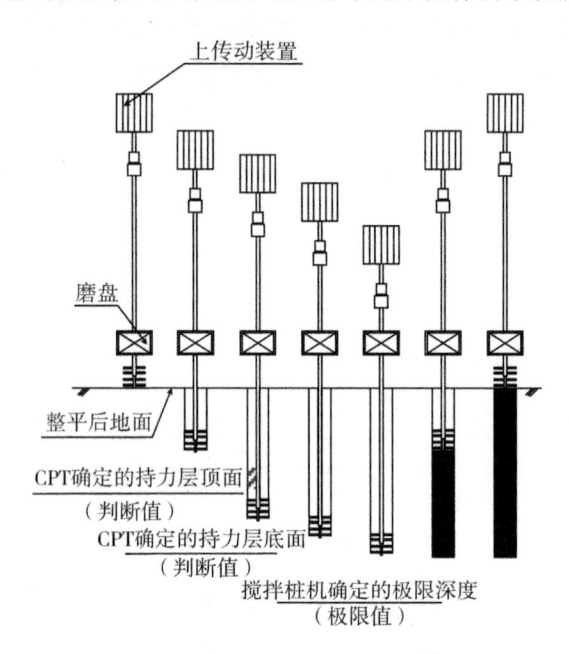

图 8 搅拌桩试打操作流程[7]

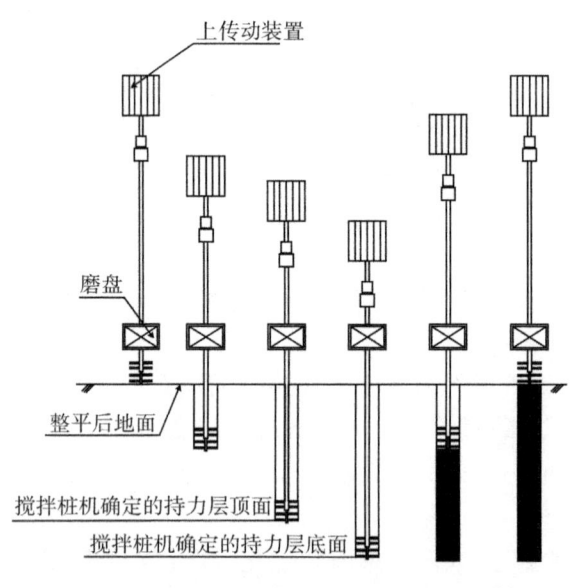

图 9 施工桩长智能化自动判别施工流程[7]

3 智能化施工云端监控系统

水泥土搅拌桩属于隐蔽工程,若施工中出现桩身质量问题,难以及时发现,返工补救代价昂贵,因此有必要加强搅拌桩施工过程监管控制。双向搅拌粉喷桩智能化施工云端监控系统通过互联网连接施工设备传感器装置并将数据实时上传云端服务器,现场管理人员可通过互联网设备、移动 APP 和实地巡查等多种形式对施工状况进行监督管理,后台管理人员也可通过远程监控系统实时了解工程进展与施工状况,如图 10 所示。

后台管理系统实时监控主界面如图 11 所示,依据现场施工实时上传的数据,具有以下显示功能:

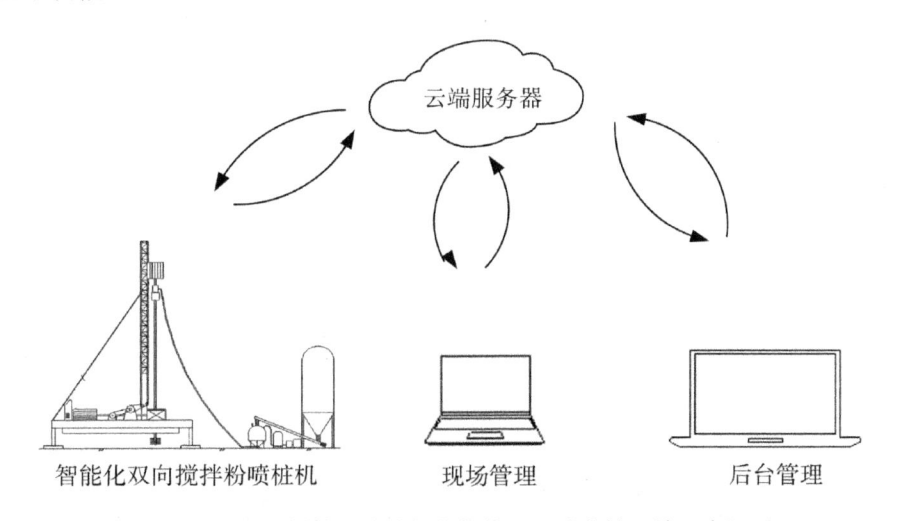

图 10 双向搅拌粉喷桩智能化施工云端监控系统示意图

1) 内钻杆进入持力层电流值(A),内钻杆进入持力层极限电流值(A);
2) 内钻杆转速(r/min),外钻杆转速(r/min);
3) 分段下钻速率(m/min),分段提升速率(m/min);
4) 输送压力下限(MPa),输送压力上限(MPa);
5) 加料质量下限(kg),加料质量上限(kg);
6) 实时定位位置,钻杆垂直度(%);
7) 实时喷灰量(kg/m),实时成桩量(根),实时工作量(延米);
8) 实时监控画面,实时模拟动态画面。

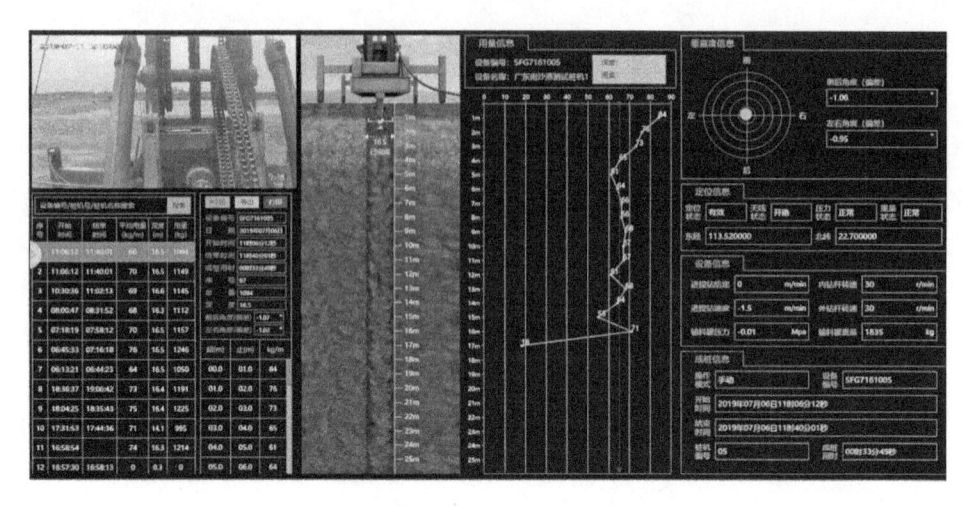

图 11　后台管理系统实时监控主界面

4　智能化施工技术成桩质量分析

采用双向搅拌粉喷桩智能化施工技术对连宿高速公路徐圩至灌云段软土地基进行加固处理,至一定龄期后进行取芯检测,芯样如图 12-a 所示,并与图 12-b 的传统单向搅拌桩芯样进行对比。由图对比可知,传统搅拌桩处理深度有限,深部成桩质量低,地下水位以上部分难以成桩,桩身完整性差;而采用智能化技术施工的双向搅拌粉喷桩处理深度大,整体桩身完整性高,浅部成桩效果好,桩体表面缺陷少。

a 智能化双向搅拌桩芯样

(续图)

b 传统单向搅拌桩芯样

图 12　智能化与传统搅拌桩芯样对比

对连宿高速公路徐圩至灌云段试验段里程 K24+612—K24+642 内的取芯结果进行统计分析，不同深度位置的桩体无侧限抗压强度最值、平均值、标准差以及变异系数如表 1 所示。由表中数据可知，双向搅拌粉喷桩桩体强度沿深度的离散性不大，平均强度差值控制在 5% 以内，同一深度范围内变异系数也较小，说明水泥粉沿桩身分布较为均匀，水泥土搅拌均匀程度高。

表 1　试验段智能化双向搅拌粉喷桩强度统计分析

芯样位置	无侧限抗压强度/MPa				变异系数	统计数量
	最大值	最小值	平均值	标准差		
0~5 m	2.12	1.61	1.86	0.409	0.22	30
5~10 m	2.40	1.50	1.82	0.455	0.25	30
>10 m	2.54	1.52	1.91	0.573	0.30	16

将试验段内已统计的搅拌桩实际施工桩长与对应的持力层顶面深度绘制在图 13 中，由图可知，在不同里程范围内由于整体持力层深度差异，使得施工桩长产生明显差异，K24+612—K24+627 范围内，施工桩长分布在 8~10 m 之间，而 K24+627—K24+642 范围内的实际桩长则基本上位于 10~12 m 深度之间。除个别数据异常外，大部分桩体的实际桩长与持力层顶面深度的差距在 0.5~1.0 m 范围内，意味着搅拌桩桩端进入持力层的深度达到 0.5 m 以上但不超过 1.0 m，表明该施工桩长智能化自动判别技术的确能够有效控制桩体进入持力层的深度，保证施工质量。

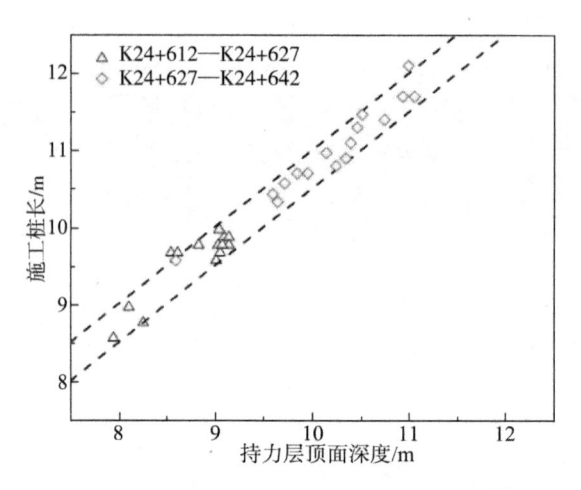

图 13　试验段搅拌桩施工桩长与持力层顶面深度关系

5　结语

为解决传统搅拌桩施工过程中存在的成桩质量差、监管不完善、环境污染等问题，进行双向搅拌粉喷桩智能化施工技术研究。通过施工设备智能化改进、研制施工桩长智能化自动判别技术以及建立智能化施工云端监控系统，主要研究结论如下：

1）采用自动加送料装置、螺杆式空压机和粉喷浆喷一体化设计，实现施工设备智能化运行，有效提高成桩质量；云端监控系统方便现场和后台管理人员实时了解工程进展，监督施工状况，避免出现工程质量问题。

2）施工桩长智能化自动判别技术将施工设备参数（下钻拉力值和电机电流值）与静力触探指标（锥尖阻力和侧摩阻力）建立联系，进而根据拉力值和电流值变化识别出桩机钻头处于持力层深度范围的位置，最终确定搅拌桩施工桩长。

3）现场取芯测试结果表明智能化双向搅拌粉喷桩桩身强度离散程度小，沿深度平均强度误差控制在5%以内，实际施工桩长超过持力层顶面深度0.5～1.0 m。

4）双向搅拌粉喷桩智能化施工技术能实现准确判别施工桩长，保证成桩质量，避免损坏施工设备，降低工程成本，对促进双向搅拌粉喷桩在软土地基处理中的推广应用具有重要意义。

参考文献

［1］刘松玉.新型搅拌桩复合地基理论与技术［M］.南京：东南大学出版社，2014.

［2］张树杰.深层智能监控粉喷桩加固软弱地基施工工法［J］.交通世界，2017，24（31）：64-65+113.

[3] 李熙龙.软土地基浆喷桩新施工工艺及应用研究[D].济南:山东大学,2019.

[4] 王永安.钉形双向水泥土搅拌桩智能化软基处理技术在福州市琅岐雁行江主干道工程中的应用[J].智能城市,2018,4(12):30-32.

[5] 李兴华,赵立波.智能监控系统在水泥土搅拌桩施工中的应用[J].工程建设与设计,2020,45(3):151-152.

[6] 万瑜.水泥土搅拌桩智能化施工控制系统应用研究[D].南京:东南大学,2019.

[7] 章定文,张国龙,杨泳,等.一种智能化控制水泥土搅拌桩施工桩长操作方法:CN112813967A[P].2021-05-18.

大跨度连续梁施工卡控要点

中铁六局集团有限公司　北京　100036　王建业

摘　要：挂篮悬臂浇筑法主要设备是一对能行走的挂篮，挂篮在已经张拉锚固并与墩身连成整体的梁段上移动，绑扎钢筋、立模、浇筑混凝土、施作预应力都在其上进行。完成本段施工后，挂篮对称向前各移动一节段，进行下一对梁段施工，循序前行，直至悬臂梁段浇筑完成，目前来看挂篮悬臂浇筑是相当成熟的一种工艺，然而由于挂篮施工一般为高空作业，存在较高的安全风险，只有了解了挂篮悬臂施工的特点，真正掌握了施工技术要点，严格按照规程来进行，才能最大限度地防止事故的发生，进而确保大跨度连续梁施工的顺利完成。

关键词：大跨度；临时固结；平衡重

引言

随着公路事业的迅速发展，大跨度桥梁箱梁结构不断涌现，有采用斜拉桥、悬索桥、刚构桥、连续梁等多种形式，相对其他几种箱梁形式来看，连续梁是最常见的结构形式，也是结构相对比较简单的一种，通常采用挂篮悬臂浇筑法施工。

挂篮悬臂浇筑法主要设备是一对能行走的挂篮，挂篮在已经张拉锚固并与墩身连成整体的梁段上移动，绑扎钢筋、立模、浇筑混凝土、施作预应力都在其上进行。完成本段施工后，挂篮对称向前各移动一节段，进行下一对梁段施工，循序前行，直至悬臂梁段浇筑完成，目前来看挂篮悬臂浇筑是相当成熟的一种工艺，然而由于挂篮施工一般为高空作业，存在较高的安全风险，只有了解了挂篮悬臂施工的特点，真正掌握了施工技术要点，严格按照规程来进行，才能最大限度地防止事故的发生，进而确保大跨度连续梁施工的顺利完成。

本文以某高速公路项目某座特大桥梁(65+110+65)m连续梁施工实践为例，从墩梁临时固结施工、连续梁挂篮行走卡控、悬臂段混凝土浇筑卡控、合龙段施工卡控、连续梁线性监控卡控等方面介绍了大跨度连续梁施工卡控要点，重点突出了大跨度连续梁的施工技术要点，为今后同类工程施工提供了宝贵的借鉴。

1　工程概况

某高速公路项目某座特大桥梁全长1 105.575 m，共计29跨，设计起讫里程

K247+569.200—K248+674.775。桥址 13～16 号墩处采用(65+110+65)m 连续梁,连续梁主跨跨越河流,大小里程边跨分别跨越地方县道。连续梁对应里程 K248+000.720—K248+210.261 位于直线上,K248+210.261—K248+242.620 位于缓和曲线上;纵断面 K248+000.720—K248+100.000 坡度为 0‰,K248+100.000—K248+242.620 坡度为-2.0‰。该连续梁全长 241.5 m,连续梁中支点高 8.1 m,跨中及边支点梁高 4.0 m,梁体为单箱单室、变高度、变截面结构,顶宽 8.1 m,顶板厚度 30 cm,腹板厚度 45～60～75 cm,底板厚度 45～100 cm,在端支点、中支点及跨中共设有 5 个横隔板,隔板上设有孔洞,供检查人员通过。

连续梁 0# 段长度 12.0 m,悬臂浇筑梁段长度分别为 3.0 m、3.5 m、4.0 m、4.5 m,合龙段长 2.0 m。最大悬臂端 54 m,梁高由 8.1 m 变为 4.0 m,由于跨度大,不平衡偏载影响大,施工中必须严格卡控桥梁不平衡荷载,确保施工过程安全。

2 工序关键卡控要点

2.1 墩梁临时固结施工

在施工中为了克服难以避免的不平衡荷载,采取了墩梁临时固结措施,墩梁临时固结由 32 mm HRB400 钢筋、C40 混凝土组成,布置在中墩四角,每个中墩 4 处。具体做法如下:

在主墩墩身施工时预埋 63 根 32 mm HRB400 钢筋,总体钢筋呈"L"型布置,每组 3 根,每根埋入墩顶 1.5 m,伸入梁体 1.0 m,埋设完成后方可浇筑墩身混凝土。

墩身混凝土施工完毕达到一定强度后进行临时支墩浇筑,临时支墩平面尺寸为 2.35 m×0.85 m,采用 C40 混凝土浇筑,由于在整个施工过程中该支墩与支座共同承受梁部全部荷载,混凝土施工时务必振捣密实,浇筑高度至箱梁底但不得侵入箱梁结构实体。

临时固结是主动克服整个施工过程中不平衡荷载引起的不平衡应力,施工中不得轻视其施工质量,尤其是钢筋埋入墩身的长度和伸入梁体的长度应严格按照要求执行。在整个悬臂浇筑过程中应试试组织对其外观质量进行检查,当发现有裂纹等情况时,应及时请专业单位进行监测,确保整个施工过程安全。

连续梁墩梁临时固结平面布置位置和横桥向布置分别见图 1 和图 2。

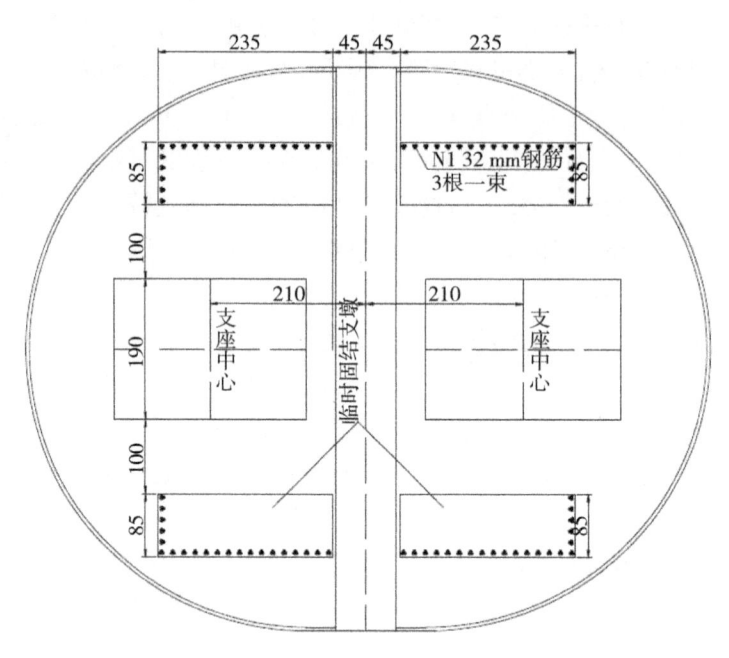

图 1 墩梁临时固结平面布置图

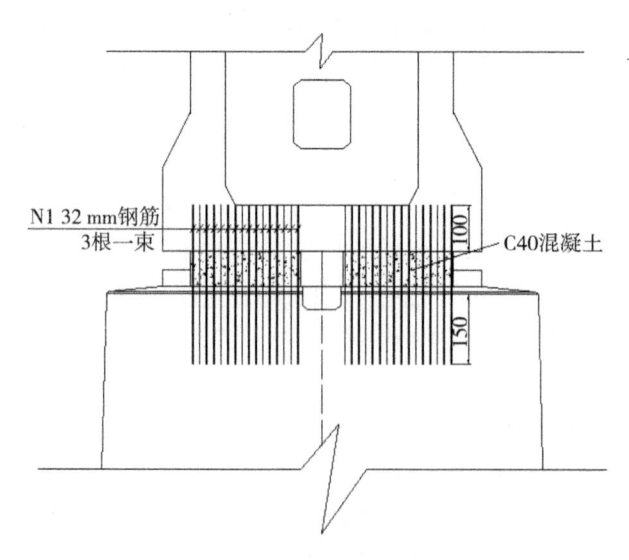

图 2 墩梁临时固结横桥向示意图

2.2 施工挂篮行走卡控

连续梁采用悬臂灌注法施工,墩顶梁段分别在各墩顶灌注,其余各梁段采用活动挂篮悬臂灌注,挂篮及附属设备荷载不得大于 65 t,悬臂灌注时最大不平衡重不得大于 8 t。根据方案比选,我们选择了菱形挂篮,菱形挂篮设计总重 59.5 t,挂篮不对称行走亦会引起偏载,因此在挂篮行走过程中必须确保对称行走,在挂篮行走前,在轨道上做好标志,实时量测挂篮行走距离。

挂篮进场时对挂篮的各个杆件进行称重,确保单支挂篮重量差在合理范围内,在挂篮行走前组织有经验的人员对挂篮滑轨、挂篮后锚、挂篮主桁架、吊杆等进行检查,验收合格后在挂篮走行前检查验收记录表中签字确认。在挂篮行走过程中,两侧均安排有经验负责任的技术人员,实时检查量取挂篮行走距离,若有偏差及时纠偏,若单侧由于某种情况不能行走,两侧同时停留,确保挂篮始终对称行走,进而使连续梁始终处于平衡状态。

2.3　过程混凝土浇筑要点卡控

由于连续梁跨度大,尤其在靠近合龙时,不平衡载重对其影响特别大,因此在浇筑混凝土过程中必须保证对称浇筑,由于梁体前后不对称浇筑将引起竖向的不平衡弯矩,左右不对称浇筑将会引起水平弯矩,因此在施工中需保证前后悬臂浇筑段浇筑同步,箱梁体腹板相对对称浇筑。在施工中,我们采用了地泵三通管,保证两侧同时浇筑,同时,在浇筑的过程中,加强技术人员的现场盯控工作,在悬臂浇筑的两侧均安排有经验的技术人员进行盯控,实时量测混凝土的浇筑高度,确保混凝土浇筑方量一致。悬臂施工时,应认真控制箱梁截面的施工尺寸,严格混凝土的灌注顺序:由挂篮的前段向端顺序浇筑,以防前段变形较大造成两相邻的梁段出现错台,技术人员提前计算每浇筑 20 cm 高度所需要的混凝土方量,施工中严格控制混凝土的浇筑高度,进而控制两侧混凝土的浇筑重量,确保两侧浇筑方量一致。底板浇筑完毕,在浇筑腹板时,左右腹板的高差应控制在 50 cm 以内,防止左右偏载,在混凝土浇筑时保持对称施工,最大限度地减少偏载,进而确保不平衡偏载在设计要求的范围之内。

2.4　合龙段施工过程卡控

在合龙段施工前应在悬臂梁端进行配重,按照整个合龙段重量的一半设置,无论在配重加载的过程还是合龙段浇筑混凝土的过程,必须确保临时 T 构的对称。

比如在中跨合龙段施工时,拟采用 14 号墩的挂篮进行浇筑,14 号墩挂篮将往大里程行走 2 m,相应地应在 14 号墩小里程进行配重,使相对于 14 号墩中心两侧所引起的弯矩一致,注意在挂篮行走的过程中就得开始加载配重,使 14 号墩始终处于平衡状态,在浇筑合龙段前,在 14 号墩两侧对称加载,荷载重量为合龙段自重的一半,在浇筑合龙段混凝土的同时进行卸载,注意浇筑的速度同卸载的速度一致,始终使 14 号墩临时 T 构处于平衡状态,进而确保施工安全。

相反 15 号墩小里程挂篮应往大里程退 2 m,相应地在退的过程中,应按照力矩平衡的原则,在小里程侧进行配重,在合龙段混凝土浇筑前在梁端进行配重,在混凝土浇筑的同时进行卸载,加载和卸载的速度应始终保持一致,使箱梁始终处于平衡状态。

在实际施工中采用了混凝土预制块配重的方式,提前检算好加载或者减载一个预制块重量挂篮所需要移动的距离,每个预制块的重量为2.7 t,保证不平衡荷载始终在2.7 t以内,从而可满足设计允许不平衡荷载8 t的要求。

2.5 线性监控卡控

连续梁线性监控贯穿于整个连续梁的施工过程,与常规连续梁相比,大跨度连续梁桥结构体系,其施工过程复杂,施工周期长,影响因素多,技术含量高。对于预应力混凝土大跨度连续梁桥来说,采用悬臂施工法有许多优点,但桥梁的形成都要经过一个复杂的过程。在施工过程中如何保证主梁竖向线形偏差及轴线偏移不超过容许范围,如何保证合龙后的桥面线形良好,如何保证施工状态与设计状态最大程度吻合等,均需通过施工监控监测来解决。此外,设计是对结构参数按照规范等取值进行的理论计算,设计时难于精确估计结构的实际状态。实际施工时,各种施工误差(如截面误差、材料容重误差、弹性模量误差、张拉误差等)和施工步骤的改变以及偶然施工荷载的作用都会引起桥梁结构线形与内力的改变,影响结构在施工和成桥时的状态和结构的安全。而施工监控是根据施工现场实测所得的结构参数真实值进行施工阶段计算,确定每个梁段的立模标高,并在施工过程中根据施工监测成果进行误差分析、预测和对下一立模标高进行调整,从而保证成桥后线形、合龙精度符合规定值的要求。

实行桥梁监控措施,尤其是对于大跨度的连续梁来说,是加强过程安全质量管理,防止重大事故发生的有力手段。对施工过程中结构的变形进行有效的监测和控制,通过施工过程的数据采集和优化控制,在施工中做到把握现在、预估未来、避免施工差错,从而保证结构的安全性并尽可能缩短工期和节省投资,为该桥的成功、顺利修建提供技术支持,为该项目桥梁的顺利投入运营和长期健康监控提供可靠的依据。

在施工中我方委托湖北建科院负责该桥的线性监控工作,该单位安排了专业技术人员长期驻扎现场负责该桥的线性监控工作,施工控制应当采取理论计算预测→按预测进行节段悬臂施工作业→节段施工作业完成后实测线形数据反馈→根据实测反馈进行参数分析、识别及优化→进行下一施工阶段理论计算预测的循环次序进行。因此其主要工作内容包括阶段施工前的预测计算、节段悬臂施工过程中的控制测量、实测结果与计算预测结果的偏差分析及优化分析三个方面的内容,具体实施时,考虑了以下几方面的内容:

①建立全桥关键截面线形及温度场实时监测系统,针对不同的施工阶段及施工内容,适当提高监测频率;

②施工控制以每一节段梁顶标高、主梁轴线控制为主;

③预应力张拉损失、梁体截面尺寸、混凝土材料性能及浇灌重量、施工周期、结构的温度场等对桥面的竖向线形影响比较敏感,应作为精度控制的重点;

④预应力张拉对结构线形有较大影响,在张拉过程中应对其进行重点控制;

⑤温度的变化会影响梁体的几何线形,并对梁体的精确线形确定影响较大。各施工阶段的线形测量应在晚上 6 点之后或早上 7 点之前进行,以消除局部温差造成的与设计值的偏离;

⑥施工中温度的影响、混凝土的收缩和徐变、基础沉降等应在每一个施工阶段的分析模型中进行修正;

⑦混凝土收缩徐变对结构线形影响较为明显,施工前收集相关资料进行预测分析,施工过程中结合实测资料进行详细分析;

⑧高墩对结构的影响应在预测计算中加以考虑,在后续施工过程中进行控制。

在进行梁段立模标高计算时,主要提供每一个拟浇梁段前后端截面的高差,并兼顾绝对标高,如果出现位移计算结果与实际发生的位移值有偏差,再对高差进行修正。

在成桥桥面标高的控制中应以桥面平顺为目标,当施工中某工序或梁段浇注后标高值与理论值发生偏差时,如偏差较小,则在下一个梁段施工中加以调整,若是偏差较大,不必强行在下一个梁段中立即调整过来,而应根据偏差发生的特点找出原因,在后期悬臂浇注梁段挠度计算时进行修正,在以后的几个梁段中将标高偏差逐步纠正过来,以保证桥面整体线形平顺、流畅及结构内力状态合理。

3 安全特别注意事项

(1) 大跨度连续梁施工应严格按照设计要求进行,遇有冲突或缺陷部分应积极联系设计确认解决,不得私自做主解决。

(2) 大跨度连续梁施工墩梁临时固结质量相当重要,施工中除了严格按照设计要求进行施工外,需对墩梁临时固结措施进行检算,确保万无一失。

(3) 与普通连续梁相比,大跨度连续梁施工,对称施工是相当重要的,不管什么时候、什么状态,应使梁体处于平衡状态,最次要求偏载重量不得超过设计要求,桥梁上临时堆载、人员等都应考虑在不平衡荷载范围内。

(4) 整个施工过程中应严格按照线性监控单位的要求进行线性监控,严禁过程测量数据作假。

(5) 对于大跨度连续梁来说合龙段施工是相当关键的环节,应严格按照设计及相关规范要求来施作,严禁违规操作。

4 结语

目前该桥连续梁施工已完成,严格按照以上措施加强控制,进而确保施工安全。严格按照墩梁临时固结措施进行墩梁连接,克服施工过程中的不平衡荷载;在挂篮行走过程中,制作标尺线,安排有经验的技术人员实时对接,确保挂篮始终对称行走;在混凝土浇筑过程中,实时计算混凝土浇筑方量,保证混凝土始终对称浇筑;在合龙段配重加载、卸载、混凝土浇筑过程中,保证同时进行,确保梁体始终处于平衡状态;施工过程中严格按照线性监控单位的指令进行线性检测,进而确保大跨度连续梁施工过程的安全。

以上是我对大跨度连续梁施工卡控要点的一些看法,当然大跨度连续梁施工卡控要点不仅仅是以上所述,比如连续梁支座施工、预应力工程,不管是大跨度连续梁还是非大跨度连续梁,始终是连续梁施工的关键点,大跨度连续梁施工技术仍在进一步发展,我深信,不久的未来这门技术将会发展得越来越成熟。

参考文献

［1］《公路钢筋混凝土及预应力混凝土桥涵设计规范》(JTG 3362—2018)
［2］《公路桥涵施工技术规范》JTG/T 3650—2020
［3］《公路工程质量检验评定标准》JTG F80/1—2017
［4］《公路工程施工安全技术规范》JTG F90—2020
［5］《公路工程技术标准》(JTG B01—2014)

大跨度预应力混凝土桥梁施工控制分析

中铁六局集团有限公司　北京　100036　任　雨

摘　要：随着我国的经济发展，交通运输业也在持续进步，桥梁建设工程在交通运输业中发挥着重要的作用，比如在山脉峡谷或是大跨度的江海湖泊，尤其是跨越公路、铁路等既有建筑物，都需要桥梁作为主要的交通设施。并且在进行实际的建设过程中，需要应用大跨度预应力技术进行施工，但该种技术具有较高的复杂性，施工的过程中需要加强对其的控制。在进行桥梁施工过程中，大跨度预应力混凝土桥梁施工技术已经成为常用技术。在实际施工过程中其应用结构、测量控制、温度等因素会在一定程度上影响其成品的质量。本文就此结合该技术的施工特点以及要点进行分析，为促进相应的技术提高提供相关的建议，为相关的工程提供借鉴。以某项目特大桥为例阐述本篇论文。

关键词：大跨度预应力；混凝土桥梁；施工控制分析

引言

在进行桥梁施工建设过程中，在跨度较大的地区位置，一般会应用大跨度预应力桥梁技术。由于地理位置的不同，施工中多种外界因素也会对相关的施工产生一定的干扰，如环境、温度因素、材料的性能以及受力因素等。预应力混凝土具有良好的优势，如具有成熟的施工技术，较强的适应能力、良好的动力性能以及良好的刚度。

在对大跨度预应力混凝土桥梁技术进行控制时，其中主要控制的内容包括稳定控制、安全控制、应力控制以及线性控制。在进行稳定控制时，需要加强相应的重视，从而有效保证桥梁结构的安全性以及使用性能。安全控制方面，在大跨度预应力混凝土技术中，结构安全也是需要关注的重点。桥梁的稳定、变形以及内力都会影响相应的技术；应力控制是大跨度预应力混凝土施工技术的主要内容之一。另一方面，在进行大跨度预应力混凝土桥梁施工的过程中，尽管桥梁的稳定性具有很大的优势，且应用的范围也很广泛，但其中仍然存在一些问题。比如，大跨度预应力桥梁技术具有较高的复杂性，在对其进行方案设计时，会因为诸多因素的影响，使得设计方案不能精准确定。此外，作为桥梁施工中很重要的内容，桥梁的结构设计也需要加强相应的重视。在相关的桥梁设计中，如果不能结合实际情况，则会在一定程度上导致相关的问题产生，从而影响工程整体的稳定性以及安全性，导致后续的工程不能正常地进行。施工中如果出现了突发的情况，相关的工作人员不能对出现的问题作出及时的反应，进一

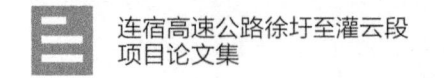

步导致正常施工受到影响,将对相应的施工单位造成经济损失。

1 影响大跨度预应力混凝土桥梁施工因素

1.1 桥梁结构参数

体系参数以及总体布置参数是桥梁结构参数的主要内容,桥梁结构整体的稳定性以及质量与桥梁结构参数有密切的关系。在进行相应的参数设计时,会受到以下内容的影响。在对横截面进行计算时,需要结合相应结构的截面尺寸,截面尺寸会在一定程度上影响整体结构的变形程度以及内力;结构的变形程度在一定程度上是由结构的弹性模量影响和决定的,在实际的设计中,受到相关因素的影响,弹性模型有时并不能够满足相应的设计需要;在进行桥梁施工过程中,需要充分分析相关的材料,在具体的设计和应用中,材料的膨胀系数会在一定程度上影响桥梁的结构,此时就需要对桥梁结构参数进行分析,从而保证科学合理的桥梁结构;桥梁结构与材料的能力也有一定的关系,材料的能力越强,越能够保证桥梁结构。例如,在进行某项目某座特大桥施工过程中,梁的长度误差要低于 5 mm,箱梁顶面宽度误差低于 30 mm,板的长度误差低于 10 mm,板跟梁的高度偏差低于 5 mm,支座中心到中心跨度误差低于 20 mm。

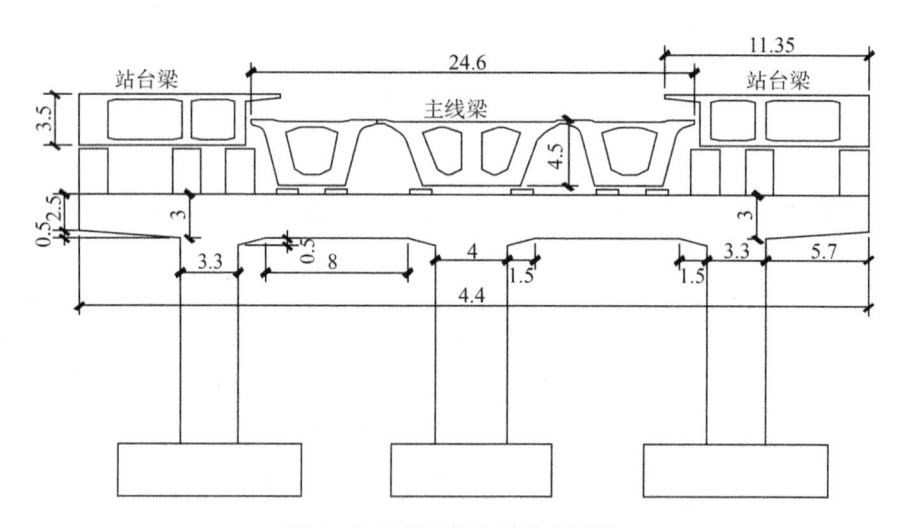

图 1 连续梁跨既有铁路断面图

1.2 施工时的温度

在进行桥梁施工的过程中,施工时的环境温度,会影响相应的桥梁结构。如果在施工过程中,有较大的温差变化,会使得相应的桥梁结构变形,导致桥梁的稳定性以及安全性受到影响。应力变化与温差之间有着密切的关系,应力的变化幅度由温差大小决定,温差越小,应力变形的程度越小。因此,在具体的施工过程中,相应的工作人员需要加强对施工温度的控制,保证桥梁的稳定性以及安全性。例如,以某项目特大桥四线连续箱梁为例进行分析,设主梁浇筑过程中的温度为 10 ℃,升降温为 15 ℃,对主梁在 −5 ℃、0 ℃、5 ℃、15 ℃、20 ℃、25 ℃ 时的截面应力变化情况进行计算,在各个温度荷载作用下,通过 Midas 计算,可以得到温度对箱梁各截面应力变化会产生或多或少的影响,尤其是对箱梁跨中截面位置所产生的影响最大。温度降低时,箱梁底部主要为拉应力,顶部主要为压应力,拉应力在左右两跨部位集中,压应力在中跨位置集中;温度升高时,箱梁底部主要为压应力,顶部主要为拉应力,拉应力在左右两跨部位集中,压应力在中跨位置集中。

为了确保混凝土桥梁施工温度符合施工要求,需要从混凝土粗细骨料、外加剂、配合比、水泥、冷却散热、灌注时间等方面来开展温度控制工作:(1)优化配合比,可以有效减小坍落度,进而达到降低水泥用量的目的;(2)降低拌和物温度,并对混凝土出机、入模温度给予有效控制,同时还需要对运输罐车进行洒水降温;(3)分层浇筑混凝土,厚度宜控制在 30 cm 左右,同时在同一地点不得堆积过多混凝土,采取适当的措施延缓混凝土终凝时间;(4)按照要求配备循环冷却管,从而减缓内部升温速度,以实现对温度的有效控制。

1.3 结构模型分析

对于大跨度预应力混凝土桥梁施工而言,通过构建桥梁结构模型,可以有效提高各个环节施工的对比、控制和管理工作效率,然而因为受到施工和环境因素的影响,导致模型与实际工程施工存在一定的偏差,因此在开展大跨度桥梁结构模型实验过程中,要对各类影响因素给予综合考虑,尽量缩小实际工程和模型存在的直接误差,从而有效提高大跨度桥梁施工质量。以武黄城际铁路鄂州特大桥项目的三门柱式墩为例,鄂州特大桥 28#～40# 墩为高架站台范围内三柱门式桥墩,三柱门式墩盖梁高 3.0 m、宽 4.1 m、长 44 m,立柱间盖梁跨度 11 m,盖梁每一端悬挑长度 5.7 m。盖梁支撑体系采用碗扣式支架体系。

为了确保支架体系的安全性,先对结构模型展开分析,永久荷载的分项系数,取 1.2,可变荷载的分项系数,取 1.4。盖梁下支架 A、B、C 块下均为 0.3 m×0.6 m 支架,C 块外人工平台为 0.3 m×0.9 m。支架:=1.2×永久荷载+1.4×活荷载=1.2×23.64+1.4×6.0=36.768 kN/m²。

通过力学简化模型,从安全角度考虑,按照最不利的模型计算,对立杆竖向承载力进行验算,得到 $\sigma = N/A = 26.66 \div 489 \div 10^{-3} \approx 54.52$ MPa$< \phi [f] = 0.783 \times 205 \approx 160.52$ MPa。

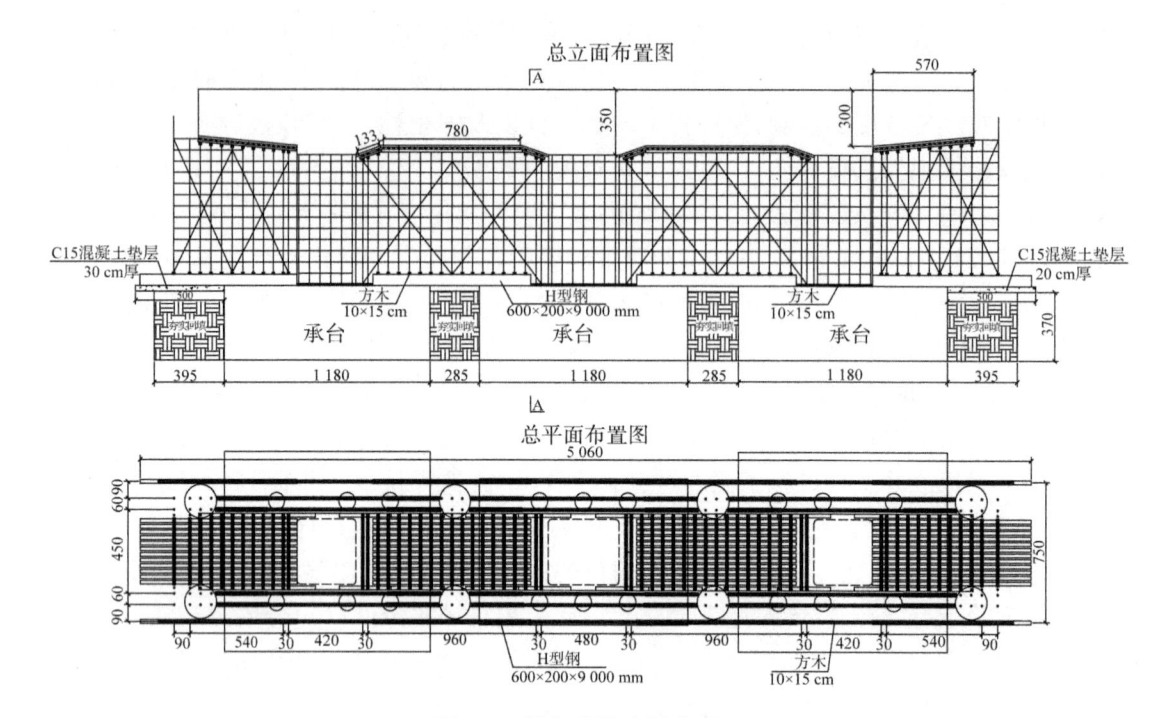

图2 三柱门式墩支架布置图

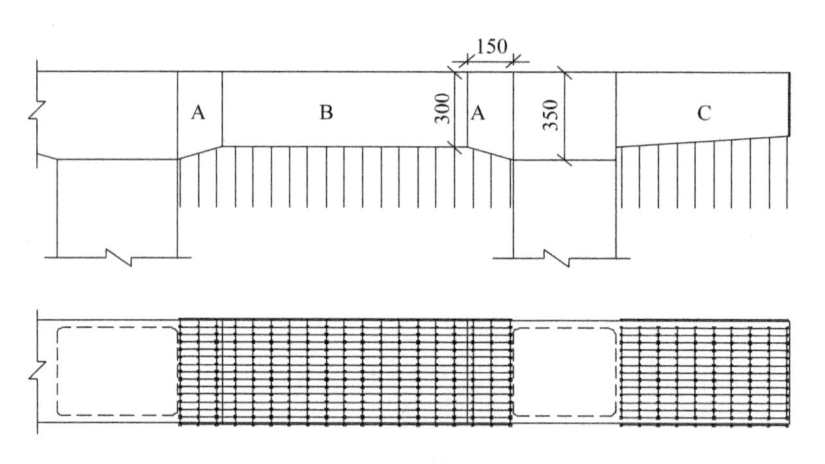

图3 盖梁荷载分块示意图

H型钢垫梁检算,强度:

$$\sigma = \frac{M}{W} = \frac{45.1 \times 10^6}{78.2 \times 10^5} \approx 5.77 \text{ MPa} < [fW\text{钢}] = 205 \text{ MPa}$$

$$\tau = \frac{3Q}{2A} = \frac{3 \times 63.3 \times 10^3}{2 \times 13\,520} \approx 7.02 \text{ MPa} < [fV\text{钢}] = 120 \text{ MPa}$$

刚度:

$$f=\frac{5ql^4}{384EI}=\frac{5\times 44.42\times 2.85^4\times 10^{12}}{384\times 2.05\times 10^5\times 782\times 10^6}\approx 0.24 \text{ mm}, f<2\ 850/400\approx 7 \text{ mm}$$

通过力学模型的建立,所有构件均按最不利条件检算,此支架和基础,不论强度、刚度和稳定性都能满足施工要求。

1.4 监测误差

上文提及,施工中应用大跨度桥梁施工技术有较大的复杂性,因此在具体的施工环节中,容易受到误差数据的影响。在施工中需要加强对监测的重视,监测到的误差能够保证相应施工的可靠性。在具体的监测过程中,需要进行实时以及定期的施工监测,同时对于相应工作人员的素质,需要进行提升,通过监测减少相应的误差,从而有效保证桥梁施工的质量。作为大跨度预应力混凝土桥梁施工各个环节的监测人员,需要根据施工环境来选择与之相匹配的监测方法,以保证监测数据的真实性和准确性。在施工过程中如果桥梁构件出现变形,要与施工部门进行联系,对已经变形的部位进行适当的优化和调整,以确保桥梁施工的顺利进行。此外,管理部门还需要做好相关数据的记录和整理工作,以供后续施工的参考和借鉴。

2 大跨度预应力混凝土桥梁施工控制技术的应用

2.1 预拱度控制技术

在大跨度预应力混凝土桥梁施工过程中,预拱度控制技术主要是通过控制立模标高来实现的。

对于悬臂浇筑的挂篮现浇箱梁,箱梁各个悬浇段立模标高一般借助下述公式给予确定:

$$H1=H0+f1+(-f1\text{ 预})+f\text{ 篮}+fx$$

式中,H1 表示待浇筑段箱梁底板前段处挂篮模板标高;H0 表示该点设计标高;f1 表示后浇筑各段及施工段对该点产生的影响值;f1 预表示施工段顶板纵向预应力束张拉后对该点的影响值;f 篮表示挂篮所产生的弹性变形对施工段的影响值;fx 表示徐变、收缩、温度、活载、结构体系转换、二期荷载等因素的影响值。

通过施工过程来对预拱度进行计算,其一般是从 0♯块开始,随着浇筑混凝土后挂篮前移以及预应力张拉后的顺序,来计算挂篮重量变化和预应力张拉后造成的挠度变化,并结合相关规范和标准来对混凝土收缩和徐变造成的应力损失进行分析。实际监测过程中,还需要详细记录各个节段预应力浇筑时间、张拉时间等,跟踪测量温度变化情况,以便为混凝土收缩和徐变影响提供参考依据。

对于现浇连续梁,一般要考虑箱梁结构特点以及支架体系特点,根据以往的施工经验,最后确定合适的预拱度。公式为:$f=f1+f2$,其中,$f1$ 为支架弹性变形,$f2$ 为梁体挠度。

在大跨度预应力混凝土桥梁施工过程中,影响预拱度的因素主要有:由于温度或共振导致混凝土结构产生弯曲度、桥梁支架结构的弹性变形、由于挤压导致零件接头产生塑性形变。

2.2　质量控制应用

尽管大跨度的预应力混凝土桥梁在系统工程当中属于比较复杂的一项工程,使用质量控制应用法还是可以对施工的质量进行切实的保证。通常情况下,质量控制工作的实际内容包含很多的方面:(1)人员控制:施工管理人员在应用落实管理控制的过程当中,要健全施工单位的人力资源管理体系,这样可以对施工人员在施工过程当中的行为进行相应的规范。可以适当建立一些奖惩制度,这样可以激发员工的工作积极性以及工作热情。还要不断地对员工进行相关的加强培训。(2)材料控制:在现代工程管理当中比较重要的一项管理内容就是建材质量控制,这对管理人员提出了相应要求,管理人员在进行管理的过程当中,要将质量控制工作进行全面落实,防止假冒伪劣的现象发生,这样可以满足建筑材料在质量方面的可靠性要求。(3)质量控制:工程建设中最重要的一项工作就是对质量进行控制,这就需要施工单位在对施工方案设计的过程当中和实际的情况进行相应的结合,还要满足施工的标准,在施工的过程当中要严格地控制,针对一些工作相对比较复杂的工程更加要重视。桥梁单位在进行施工的过程当中,要严格地遵守施工方案以及施工的条件,要严格地控制施工当中每个工序的施工质量,这样可以保证各项工作的准确落实,全方位保证桥梁工程的施工质量。

2.3　合理地使用线性控制技术

在进行大跨度预应力桥梁施工的过程当中,使用线性控制技术的次数变得越来越多。线性控制技术主要就是对桥梁拱桥的预拱度进行分析和控制,这样就可以相应地提升桥梁拱桥计算结果的精准度,可以更加合理地设计桥梁的主跨和侧跨的合龙程度,而且还可以进一步保证预应力分布的合理性。在对桥梁工程进行设计的过程当中可以更加理性,可以准确地控制桥梁工程的施工质量,提升施工的整体质量。在刚刚进入桥梁施工阶段,小跨度桥梁较多,大多数情况下会将桥设计成T型或将横截面设计成沟槽形状,随着施工技术的日益提高和相关设备的完善,大跨度桥梁越来越多。大跨度预应力混凝土桥梁使用可变横截面箱形桥的横截面的情况也将越来越多,这样可以提升桥梁的整体承载能力。对于T型或者槽型桥截面来说,变截面箱形桥截面形状优点更加明显,其重量相对来说比较轻,可以帮助在进行大跨度预应力混凝土桥梁施工的过程当中实现质量控制。例如,在进行桥梁主跨和边跨合龙施工时,合龙程度如何将会对大跨度预应力混凝土桥梁施工产生一定的影响,此时可以借助线性控制技术,来计算和分析桥梁顶拱,从而确保大跨度预应力混凝土桥梁施工质量。

3 结语

随着社会的飞速发展和进步,社会经济也随之不断地发展,出现了越来越多的路桥工程建设,从而推动了大跨度预应力混凝土桥梁施工技术的广泛应用。大跨度预应力混凝土桥梁的施工步骤相对比较复杂,所以在施工的过程当中,要和实际的情况进行结合以制定合适的施工方案。

参考文献

[1] 李志俊.大跨度预应力混凝土桥梁施工控制技术探讨[J].中小企业管理与科技(下旬刊),2014(7):125-126.

[2] 欧强.大跨度预应力混凝土桥梁施工技术探析[J].黑龙江交通科技,2015,38(7):162.

[3] 胡家能.大跨度预应力混凝土桥梁施工技术之我见[J].新材料新装饰,2014(8):325.

桥梁现浇梁施工技术分析

中铁六局集团有限公司　北京　100036　任　雨

摘　要：桥梁作为基础设施建设中至关重要的组成部分，承载着交通运输、经济发展和社会联系的重要使命。桥梁的建设需要科学的规划、合理的设计和高效的施工，其中现浇梁施工技术是桥梁建设中的一项重要环节。本文将深入分析桥梁现浇梁施工技术，探讨其优势与技术要点，以期为桥梁工程领域的从业者、研究者和决策者提供有益的见解和参考。

关键词：桥梁工程；现浇梁；施工技术

引言

桥梁作为连接城市、促进区域发展的重要枢纽，其建设对于提高交通运输效率、促进经济发展和改善人民生活水平具有重要意义，而桥梁的施工技术直接关系到桥梁工程的质量、进度和安全。在不断推进科技进步和工程技术革新的今天，现浇梁施工技术已经成为桥梁建设的一种主要方式，其应用领域涵盖了高速公路、城市轨道交通、特大桥梁等，现浇梁施工技术不仅对于提高工程质量和效率具有重要意义，也在推动工程技术的创新和发展中发挥了积极作用。

1　桥梁现浇梁施工技术的优势

桥梁现浇梁施工技术作为一种现代化的桥梁建设方式，具有众多显著的优势，主要包括：(1)施工速度优势。相较于传统施工方式，如砌砖和浇筑现浇板，现浇梁的施工速度更快，主要得益于模板支撑和混凝土浇筑的工程化操作，工人可以在相对较短的时间内完成一个桥梁梁段的浇筑，从而加快了工程的进度，提高了效率。(2)质量可控。在施工过程中，混凝土的搅拌、浇筑和养护可以受到精确的检测和控制，可以确保混凝土的均匀性、强度和耐久性，且由于采用模板支撑，梁的形状和尺寸也可以更加精确地控制，使每个梁段都符合设计要求[1]。(3)成本相对较低。现浇梁施工技术不仅在质量和速度上具有优势，且与传统砌砖和浇筑方式相比，其成本相对较低，因为现浇梁技术采用模板和模具，减少了人工的时间和工作量，且在现浇梁施工中，混凝土是一种相对便宜的建筑材料，使得桥梁现浇梁施工技术成为一种经济高效的选择，能够在有限的预算内完成桥梁工程。(4)适用性广泛。桥梁现浇梁施工技术的优势不仅表现在速度、质量和成本上,还在其广泛的适用性上,该技术可以用于各种不同类型的桥梁工程,包括悬索桥、梁式桥、拱桥等,适用于不同材料的梁,如混凝土梁、钢梁和预应力混凝土梁,无论是大型高速公路桥梁,还是城市轨道交通桥梁,都可以受益于现浇梁施工技术的应用。

2 桥梁现浇梁施工技术要点

2.1 基层处理

在进行基层处理之前,首先需要对施工现场的基层进行全面检查和评估,包括检查地基的承载力、地质条件、地下水位、地表情况等因素,对施工地点的全面了解可以为后续的基层处理提供重要的依据;在一些地质条件较差的地区,需要进行地基改良,以提高地基的承载能力和稳定性,地基改良的方法包括加固地基、加固地下土层、使用地下桩基等,从而减少地基的沉陷和变形,确保桥梁的稳固性。基础的平整度是确保桥梁结构稳定性的重要因素,在进行基础处理时,需要确保基础表面平整度达到设计要求,如果基础表面不平整,将对后续的浇筑工作产生负面影响,可能导致混凝土浇筑不均匀和梁的不稳定。跨河位置支架可采用贝雷梁支架,钢管桩入土稳定后,单桩承载力采用设计桩长与贯入度法进行双控。在一些地质条件较差的地区,需要进行地基固结和加固,地基固结是通过施加压力或振动来改善土壤的承载能力,地基加固可以通过使用地下桩基、钢筋混凝土桩、钢板桩等方法来加固基础,进而提高基础的稳定性和承载能力。

2.2 支架搭设

不同类型的桥梁和不同的施工需求可能需要不同类型的支架,如悬挑支架、悬索支架、模板支架等,支架的设计应符合工程的荷载要求,包括桥梁自重、混凝土浇筑荷载以及其他施工荷载,设计支架时需要充分考虑桥梁结构的形状和尺寸,以确保支架的稳定性和安全性。在支架搭设前需要进行基础处理,包括清理支架安装区域的杂物和污垢,确保支架的基础表面平整,基础处理还包括平整土地,清除任何可能影响支架稳定性的障碍物,支架的基础应具备足够的承载能力和稳定性,以确保支架在施工期间能够安全支撑桥梁结构。支架的精确定位是支架搭设的关键环节,支架的位置和高度必须按照设计要求进行精确测量和定位,应采用激光测距仪、全站仪和其他高精度测量工具来确保支架的精确定位,支架位置的偏差可能导致后续施工中的问题,因此必须保证支架的精确定位。支架的稳定性是支架搭设的关键要点。支架必须能够承受混凝土浇筑时的荷载,并保持稳定,为了确保支架的稳定性,支架需要牢固地连接到桥梁结构或基础,并采取适当的支撑措施,支架的稳定性还受到风力和其他外部环境因素的影响,因此必须在不利天气条件下采取额外的稳定措施[2]。

支架预压是支架现浇施工的关键工序之一,是对整个支架(含支架基础)搭设质量的全面检查,包括支架结构的强度、刚度、稳定性以及支架的弹性和非弹性变形。通过支架预压,能精确测得支架的弹性和非弹性变形。关于支架的非弹性变形,通过支架预压可以基本消除,测得支架的弹性变形可以与理论值进行比较分析,并在最后调整支架时提供可靠的依据,使整个现浇支架既符合设计要求,又满足技术规范对支架的质量要求,从而在支架方面确保现浇箱梁的质量。

2.3 模板施工

模板的制造质量直接关系到后续施工的顺利进行,制造模板时需要确保模板的材料符合相关标准和规范,如使用优质的钢材和防腐材料,且模板的预制需要按照设计要求制作,确保模板的尺寸和形状准确无误。模板的安装和拆卸是模板施工的关键要点之一,模板的安装必须按照设计要求进行,确保模板的位置和稳定性,模板的拆卸需要谨慎进行,以防止损坏模板和桥梁结构,通常模板拆卸需要逐步进行,按照混凝土强度及设计的顺序和计划。

2.4 混凝土浇筑

在选择混凝土材料时,需要考虑混凝土的配合比例、强度等特性,以满足设计要求,预处理包括混凝土的搅拌、运输和保湿,搅拌过程应确保混凝土均匀混合,运输过程中要防止材料的分离和凝固,保湿则需要防止混凝土早期龟裂和干裂。在混凝土浇筑前,需要制定详细的浇筑计划和浇筑顺序,浇筑计划应考虑施工进度、混凝土的供应和施工队的安排,浇筑顺序要合理安排,以确保混凝土的均匀分布和整体稳定性,通常从桥梁的支点向中央部分进行浇筑,逐渐延伸至两端,以减小浇筑的荷载。混凝土浇筑中,需要做好温度和湿度的控制,高温和低温环境都会对混凝土的质量产生不利影响,所以在高温天气下,需要采取措施降低混凝土温度,如加入冰块或使用降温剂;在低温天气下,可以通过加热混凝土和采取保温措施来控制温度。混凝土的均匀性受混凝土的浇筑速度、混凝土的分布均匀性、振实程度等因素影响,浇筑速度应适中,以确保混凝土均匀分布和振实,混凝土的分布均匀性应受到密切关注,以避免出现空鼓或空洞。振实程度要满足设计要求,以确保混凝土的密实性和强度[3]。

2.5 预应力施工

钢绞线进场后,按规范要求进行验收,对其强度、延伸量、弹性模量及外形尺寸进行检查、测试,合格后才能使用。钢绞线按设计要求的长度(根据施工实际要求来确定张拉工作长度)进行下料,下料采用钢卷尺精确测量、砂轮切割机切割。下好料的钢绞线堆放整齐,并采取防雨、防潮、防污染措施。

　　穿束前将压浆孔及锚垫板上的混凝土灰浆清理干净,孔道用空压机向孔内吹气将杂物吹出。采用人工或机械穿束,为防止钢绞线捅破波纹管同时减少钢绞线与孔道的摩擦,可在钢绞线端头用胶带包裹进行穿束。钢绞线编束时保证每根钢绞线平行,每隔1~1.5 m用软钢丝绑扎一道,在每束两端2 m内保证绑扎间距不大于50 cm,并挂牌编号,按编号分类堆放。

　　在预应力施工中,预应力钢筋需要进行张拉和锚固,以产生预应力,张拉过程需要使用专用的张拉设备,将预应力钢筋拉伸到设计要求的张拉力,随后预应力钢筋被锚固在混凝土中,以保持张拉力的传递,张拉和锚固的施工要点包括控制张拉力的大小和均匀性,确保锚固系统的可靠性和稳定性。在预应力施工中,需要严格控制预应力钢筋的预应力,预应力的大小和均匀性直接影响到桥梁结构的性能,控制预应力需要根据设计要求采用专用的智能张拉控制设备,确保力量的精确控制和传递。

3　结语

　　综上所述,桥梁现浇梁施工技术的优势显而易见,不仅提高了桥梁的质量和耐久性,还能够加快施工进度,降低成本,减少对环境的影响,满足不同类型桥梁的建设需求,该施工技术在城市建设和基础设施发展中具有重要作用,为城市的可持续发展作出了重要贡献。

参考文献

［1］谭锋.高速公路桥梁现浇盖梁支架施工技术研究[J].工程技术研究,2023,8(16):88-90.

［2］贾熙丁.大跨度桥梁现浇连续梁挂篮施工研究[J].广东交通职业技术学院学报,2023,22(3):30-34.

［3］李红.公路桥梁现浇梁施工技术分析[J].交通科技与管理,2023,4(10):63-65.

云监控系统和双向搅拌粉喷桩技术在公路软基加固中的应用

中铁六局集团有限公司 北京 100036 马艳龙

摘 要：云监控系统是结合光学和遥感等领域的发展技术，将其与双向搅拌粉喷桩技术相结合，依托连云港至宿迁高速公路的粉喷桩施工过程，为高速公路淤泥层软基的加固技术提供实时数据检测，减少人工观测的误差。研究表明，双向搅拌粉喷桩钻进速度≤1.0 m/min，双向搅拌粉喷桩提升速度≤0.8 m/min，搅拌速度≥30 r/min，钻进喷灰管道压力≥0.5 MPa，复搅提升管道压力0.1～0.2 MPa，双向搅拌粉喷桩施工的水泥掺量采用 75 kg/m 时施工效果最佳。在云监控系统的辅助下，不仅满足了工程设计要求，而且大大缩减人力需求与数据误差。

关键词：双向搅拌粉喷桩；云监控系统；成桩分析；防治措施；高速公路

引言

城镇化的大背景下，人口大量涌入，促进了区域经济发展，对交通路网的要求也更为严苛[1]。《连云港市国土空间总体规划（2021—2035 年）》中提出，按照外畅内达组团快联城市的目标，构建全市铁路、航空、高速公路、航道、快速路等综合交通体系。城市综合交通体系是城市发展的"骨架"，对照全市发展现状、发展目标、发展重点区域等，认真梳理市域和中心城区交通体系，可以对城市资源配置、城市发展发挥重要支撑和引导作用。中国沿海、江河流域是中国经济快速发展的地方，因此对交通道路的需求极大。此类地区通常分布软土地基[2]，很难应对车辆循环多次的荷载作用。高速公路作为城市发展不可或缺的交通主体，对其开展淤泥层软基加固显得尤为重要。

大量的工程实践表明，双向搅拌粉喷桩已经发展为成熟的软土地基处理方式，能够保证高质量的道路需求。双向搅拌粉喷桩法施工简单，满足了工程中快速、小扰动的要求[3]。该技术在铁路工程[4]、地下综合管廊[5]、公路工程[6]中应用较为广泛。双向搅拌粉喷桩采用了"两搅一喷"的施工工艺，相较于常规的粉喷桩"四搅两喷"施工方案，工效能够提高一倍。此外，双杆双向搅拌具有"搅拌均匀、结构简单、地层适应性强、成桩效率高"等优点。如连盐铁路的软基处理中采用双向搅拌粉喷桩技术，有效控制了软土地基的沉降和移位[7]。武汉都市区环线高速的双向搅拌桩技术促使成桩质量明显提升[8]。此外，在船闸闸室淤泥质软土地基的处理中，双向搅拌桩不仅取得了良好的成效,也使工程造价得到控制[9]。多项研究成果表明了双向搅拌粉喷桩技术普适性强,桩身搅拌均匀,成桩质量好,桩身强度高等特点。对于本文的高速公路软基加固工程,双向搅拌粉喷桩是较好的技术支撑。

云监控系统,即云平台的性能监视与检测。起初以气象观测、水电站、风电场等场所应用为主[10],后续将技术改进,延伸至工程领域[11]。通过云监控系统的数据分析与智能挖掘,不仅确保了施工中桩机的成孔垂直度,还依据系统电流曲线判断地质结构,提高数据处理性能。

本文以连云港至宿迁高速公路徐圩至灌云段 LS-LYG4 施工标段的粉喷桩施工过程为例,融合云监控系统技术,实现整体计算成本的降低,并提升数据的有效性。选用水泥掺入量 70 kg/m、75 kg/m、80 kg/m 的试验桩,设置成孔垂直度、水泥用量、搅拌功效、桩顶强度等相应参数,获取本标段工程双向搅拌粉喷桩水泥的最佳适宜量。并对双向搅拌粉喷桩施工的几个常见问题进行探讨,提出改进建议与措施。研究结果为沿海区域高速公路的淤泥层软基加固提供技术参考与科学指导。结合云监控系统,对双向搅拌粉喷桩的使用结果精度进行优化,可作为后续融入大数据、VR、机器学习等新兴技术的思路引领。

1 工程概况

1.1 工程概况

连云港至宿迁高速公路徐圩至灌云段 LS-LYG4 施工标段路线起点位于灌云县同兴镇,顺接 LS-LYG3 标段终点,于伊芦山东侧向西南布线,跨越罘山河、X304 立交桥、车轴河后进入下车镇境内,止于灌云县下车镇前门村东侧,全长 8.14 km,主要包括路基、桥梁、涵洞施工。本标段路基长 6.57 km,搅拌粉喷桩 2.59×10^6 延米。

1.2 主要地质

该区域主要地质分布情况如图 1 所示。

(1) 0~1.6 m 主要分布素填土:表层主要为耕植土,局部为杂填土,工程性质差。

(2) 1.6~13.8 m 主要分布淤泥:灰色,流塑,切面有光泽,局部含少量粉土、贝壳碎屑及有机质等,具有高含水量、大孔隙比、高压缩性、低强度等特征,灵敏度高,属高压缩性地基土,局部为淤泥质黏土,工程性质极差。

(3) 13.8~21.3 m 主要分布粉质黏土夹粉土:液化等级为轻微,土质不均,局部夹粉质黏土薄层。

(4) 21.3~25 m 主要分布黏土:土质不均匀,含植物根系等,工程性质差。

工区内主要软土的物理力学性质见表 1,从中可以看出该区域地质情况极差。因该处地层含水量大,所以粉喷桩采用干喷法。

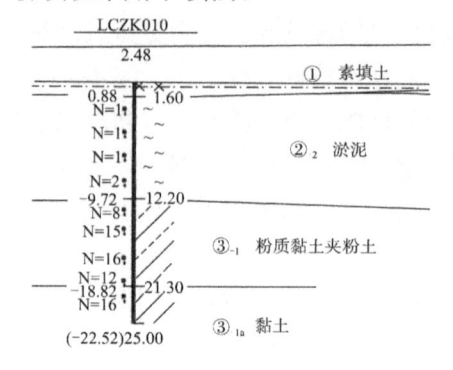

图 1 区间地质剖面图

表 1 软土主要物理力学指标表

岩土编号	天然含水率 %	重度 kN/m³	天然孔隙比 e	塑性指数 IP	液性指数 IL	压缩系数 MPa-1	压缩模量 MPa
②-2	49.0~70.8	15.6~16.9	1.374~1.965	19.7~25.6	1.32~1.77	1.04~1.91	1.55~2.28

2 双向搅拌粉喷桩施工流程与技术措施

2.1 双向搅拌粉喷桩施工流程

双向搅拌粉喷桩施工采用两搅一喷工艺,工艺流程如图 2 所示。

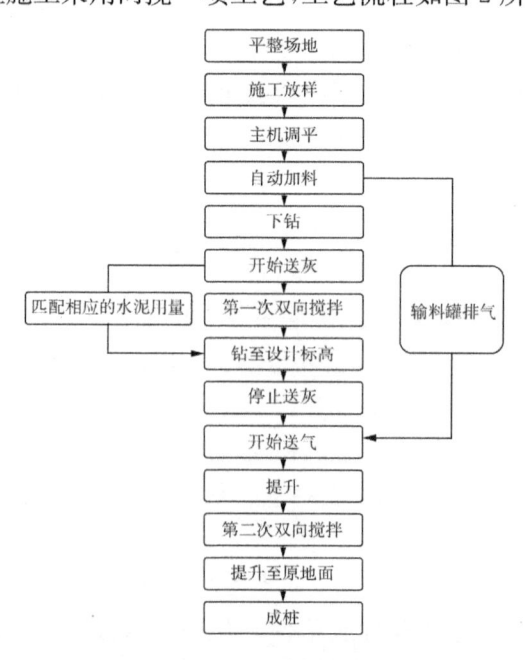

图 2 双向搅拌粉喷桩工艺流程图

双向搅拌粉喷桩施工主要流程为场地平整、测量放样、钻机定位、钻进、喷灰和搅拌、复搅提升、检查记录等,施工过程成熟。

2.2 施工技术措施

本工程在传统粉喷桩基础上主要使用了云监控系统(如图3所示),该系统可以同时观测多个正在施工的粉喷桩机,管理人员能够远程查看桩机工作状态,同时做到全局的物料统筹规划。在此基础上还可监控施工情况,在节省人力的同时及时确保施工质量。此外,根据施工经验,对成孔垂直度、水泥用量、搅拌功效、桩顶强度等相应参数进行设置。

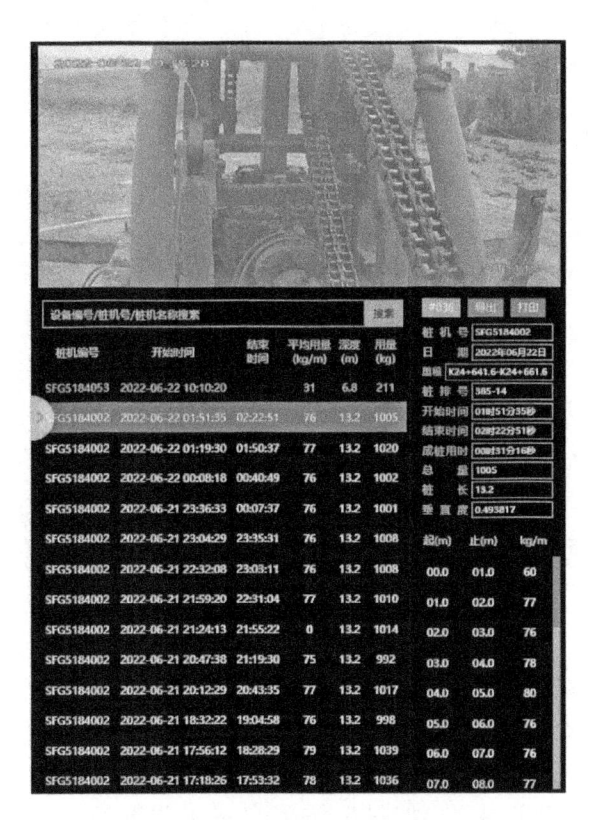

图3 双向搅拌粉喷桩云观测系统界面

(1) 成孔垂直度

根据《双向搅拌粉喷桩复合地基技术规程》及其他相关规定,粉喷桩垂直度不得超过桩身长度的1%。施工时,每一钻都是在确保垂直度后才可下钻。但仍存在钻杆倾斜的问题,主要考虑为施工场地整平碾压不实,或雨后施工,钻孔机械施工由于振动致使机械发生倾斜。也可能在下钻时,钻机因发动机产生摇晃,钻头受力不均等原因发生倾斜。

应对此类原因，通常以预防为主，做好充分的防治措施。整平工作是最为重要的一环，不可贪图碾压速度，需要按照要求分层碾压处理场地。雨季施工时要及时增加排水设施，避免施工区域出现积水。下钻前保证支腿与地面充分受力接触，钻机左右两侧增加调整装置，开钻前从两个方向校正钻杆的垂直度，钻头尖部一定要对准桩位，对中误差严格控制在 d/6，且≤200 mm。云检测平台会实时监控每台桩机的垂直度情况，确保在钻孔时，能够及时校正钻机的垂直度（如图 4 所示）。

图 4　双向搅拌粉喷桩云观测系统界面

（2）水泥用量与成本管控

在软基加固过程中，随着地层结构发生变化，当钻机进入持力层时，地层强度会由瞬时电流体现出来。为了验证这一观点，技术人员专门在云观测平台中加入了电流曲线随钻探深度变化的显示界面。如图 5 所示，软基的强度确实会在电流中表现出来，地勘报告中这一深度段属于淤泥层，地下 12 m 左右是淤泥层与粉质黏土层的接触面，总体上是可以匹配对应的。借此，后续的施工中技术人员可以由电流曲线信息反向推断出地质结构的变化，从而判断地层强度、地层中的突变体等信息。在这些信息的指导下，制作不同桩机的电流与水泥掺量的对比表，在地层硬度较高的区域减少水泥掺入量，加快钻杆提升速度。在明显突变区增加水泥掺入量，降低钻杆提升速度。这样因地制宜的施工方式在确保施工质量的同时，大大降低施工成本，同时提高施工效率。

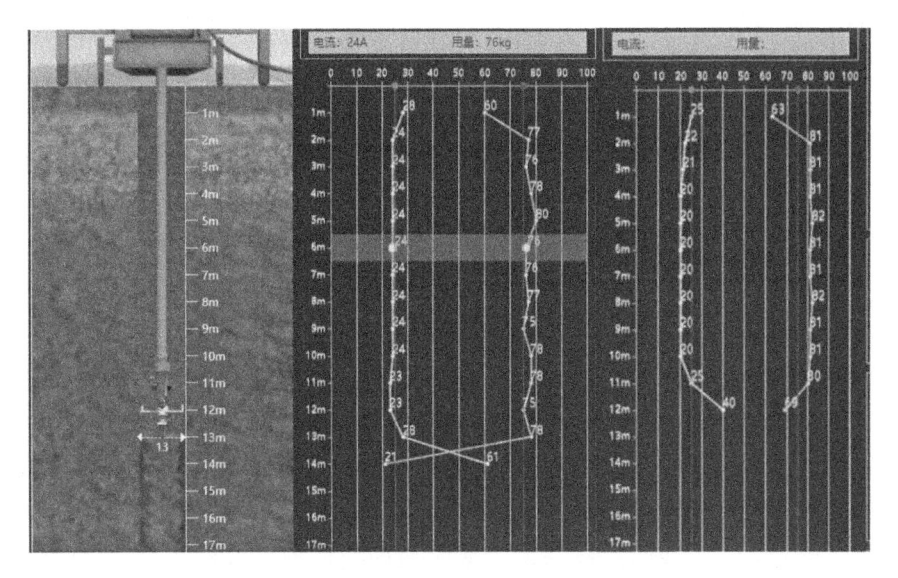

图5 双向搅拌粉喷桩机电流与水泥用量界面

（3）搅拌功效

灰土搅拌不均匀在粉喷桩施工中属常见问题，双向搅拌粉喷桩专利技术已经可以很好地解决这一问题，在提高搅拌功效的同时也提升了搅拌的均匀度。然而影响搅拌的成因还需考虑地质信息与现场情况。查阅相关研究，搅拌不均匀的成因可分为以下五点：①对地质情况缺乏了解，是造成搅拌不均匀的不容忽视的因素。地层的松散与致密、地层中暗含的砂卵石层等在地勘报告中很难精细地体现出来。②钻杆不直，使钻头在进尺过程中产生摆动，孔径增大，松土回落；螺旋叶片坡角与转速不适应，或叶片磨损向下弯曲造成落土；锥形钻头可钻碎瓦块或坚土，种种因素会造成土灰比的变化。③施工工序不合理。④搅拌桩施工中途发生故障，使得施工停止，从而导致成桩不连续。⑤搅拌机械的提升速度与喷粉压力不匹配。

因此，结合文献与经验的判断，多次搅拌是使成桩均匀的最有效手段。但是考虑到成本与功效，仍有多处细节需要注意。机械进场使用前检修钻机、钻杆及叶片。根据地质勘测资料及试钻情况，选定钻头型号及施工工艺。施工前对储灰罐、喷粉设备、输灰管道、搅拌机械、各种仪表等进行检查和维修，保证其处于良好状态。增加拌和次数，使粉体均匀，预防粉体沉淀。提高搅拌转速，降低钻机速度，边搅拌，边提升，提高拌和的均匀性。喷粉设备保证完好，喷粉速度尽量均匀，切不可忽多忽少，甚至断粉。

（4）桩顶强度

当喷桩接近地表时，地基表面覆盖压力骤减，因此在拌和过程中造成周边土体松动，使得水泥浆与土体很难拌和均匀。而地基表面覆盖压力骤减，钻杆所受阻力降低，输灰量外溢,同等的提升时间,导致喷粉量不足。最后,桩顶部位地层含水量少,难以保证成桩效果。以上均是导致桩顶强度低的重要原因。因此,从桩顶开始向下 1 m 范围内做好加强段,进行一次复拌加喷粉,同时提高水泥掺量 15% 左右。桩顶处需做好浇水养护工作。从机架标志线上看到将到桩头时,降低提升速度,保证足够大的水泥量和及时的浇水量。钻头在桩顶部位压磨搅拌停留 30 s 左右。

3 成桩分析

对水泥掺入量分别为 70 kg/m、75 kg/m、80 kg/m 的试验桩依次展开成桩分析(如表 2 所示),在最终的成桩结果比对中选取本地层最优水泥掺入比。成桩 7 天后,采用浅部开挖桩头,开挖深度宜超过停灰面下 0.5 m,目测检查搅拌桩的均匀性,量测成桩直径,做好记录(如图 6 所示)。28 天后,钻孔取芯,检测成桩物理力学性质,定量判断成桩质量(如表 3 所示)。根据表 2、表 3 双向搅拌粉喷桩试桩综合质量评分表以及图 7 双向搅拌粉喷桩试桩结果可得出如下结论:

(1) 从标准贯入击数来看,水泥掺量为 70 kg/m 的桩身上部标准贯入击数较差,上部得分较低;水泥掺量为 75 kg/m 的桩身上部、下部标准贯入击数满足要求,且上下击数差距不大,表明桩身整体性良好、性质均匀;水泥掺量为 80 kg/m 的桩身上部、下部标准贯入击数检测结果均匀良好,评价质量为优。

(2) 从无侧限抗压强度分析,水泥掺量为 70 kg/m 的桩身无侧限抗压强度上下变化不大,满足要求;水泥掺量为 75 kg/m 的桩身相比 70 kg/m 的桩身无侧限抗压强度有阶梯式上升,因此性价比高;水泥掺量为 80 kg/m 的桩身相比 75 kg/m 的桩身,无侧限抗压强度有提升但变化不大。

综合分析,本标段工程双向搅拌粉喷桩水泥掺入量建议选用 75 kg/m。

图 6 双向搅拌粉喷桩试桩测量

表 2 双向搅拌粉喷桩试桩无侧限抗压强度

试桩桩号	水泥掺量(kg/m)	设计桩长(m)	龄期(d)	实测强度(MPa)	室内28天强度(MPa)
SZSX1-1	70	13	28	上部 2.28 中部 2.33 下部 2.44	1.99
SZSX2-2	75	13	28	上部 3.55 中部 3.95 下部 3.93	2.17
SZSX3-4	80	13	27	上部 3.28 中部 3.95 下部 4.62	2.47

表 3 双向搅拌粉喷桩试桩无侧限抗压强度

试桩桩号	水泥掺量(kg/m)	设计桩长(m)	实测桩长(m)	龄期(d)	综合质量评定 上部	综合质量评定 下部	综合质量评定 综合	综合质量等级
SZSX 1-1	70	13	13	28	87.6	100	93.8	优
SZSX 1-3	70	13	13	29	87.8	100	93.9	优
SZSX 1-4	70	13	13	27	87	100	93.5	优
SZSX 2-1	75	13	13	27	95.6	99.9	97.6	优
SZSX 2-2	75	13	13	28	96.4	100	98.2	优
SZSX 2-4	75	13	13	28	96.4	100	98.2	优

续表

试桩桩号	水泥掺量（kg/m）	设计桩长（m）	实测桩长（m）	龄期(d)	综合质量评定 上部	综合质量评定 下部	综合质量评定 综合	综合质量等级
SZSX 3-1	80	13	13	29	100	100	100	优
SZSX 3-2			13	29	100	100	100	优
SZSX 3-4			13	27	100	100	100	优

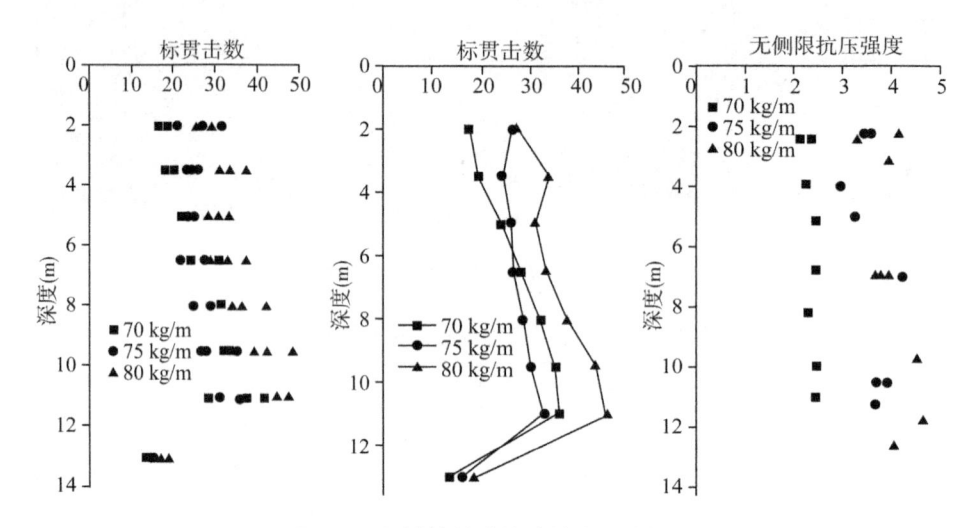

图 7 双向搅拌粉喷桩试桩结果分析图

4 结语

为获取连云港至宿迁高速公路徐圩至灌云段 LS-LYG4 施工标段工程双向搅拌粉喷桩技术的多项最佳适宜参数，本文选用水泥掺入量 70 kg/m、75 kg/m、80 kg/m 的试验桩，设置成孔垂直度、水泥用量、搅拌功效、桩顶强度等。粉喷桩试桩施工成桩 24 根。在粉喷桩试桩成桩 7 天至 28 天及时进行检测，成桩的色泽、均匀程度、尺寸参数、物理参数等检测结果均满足设计要求，为今后首桩施工及全面施工打下了坚实的基础，取得的数据可靠，验证了施工工艺可行，质量安全措施可靠。

根据试桩施工及成桩分析，建议采用如下施工参数，作为类似地质段粉喷桩首桩及大面积施工依据：双向搅拌粉喷桩钻进速度≤1.0 m/min，双向搅拌粉喷桩提升速度≤0.8 m/min，搅拌速度≥30 r/min，钻进喷灰管道压力≥0.5 MPa，复搅提升管道压力 0.1～0.2 MPa，双向搅拌粉喷桩施工的水泥掺量采用 75 kg/m。研究总结出传统粉喷桩施工中钻杆倾斜、施工成本过高、搅拌不均匀、桩顶强度低等常见问题，并相应提出针对以上问题的参考措施。结合云监控系统，对双向搅拌粉喷桩的使用结果精度进行优化，提高数据处理性能，研究结果对沿海区域高速公路的淤泥层软基加固具有重要的科学指导意义。

参考文献

[1] 杨肖肖,牛锦荣,倪渝然,等.基于 GIS 网络分析的汉中市旅游交通路网的空间结构特征[J].城市勘测,2022(4):6-11.

[2] 曹梦琪.地基处理对沿海软土地区桩基加固的影响分析[J].工程机械与维修,2021(4):167-170.

[3] 谢胜华,刘松玉,杜广印,等.双向搅拌粉喷桩技术开发与应用研究[J].工程勘察,2011,39(8):7-11+37.

[4] 魏洪山.双向搅拌粉喷桩技术在铁路软基加固中的应用[J].混凝土与水泥制品,2018(5):87-90.

[5] 贾秉志,朱进军,邵勇.双向搅拌粉喷桩在地下综合管廊地基处理中的应用[J].江苏建筑,2019(2):85-87.

[6] 高方方.公路工程软基处理双向粉喷搅拌桩施工工艺[J].交通世界,2016(1):32-33.

[7] 江涛.双向搅拌粉喷桩技术在连盐铁路软基处理中的应用[J].建设科技,2017(9):108-109.

[8] 查婷,李伏元,张诏军.双向水泥搅拌桩在武汉城市圈环线高速公路孝感南段软土路基施工标准及应用[J].中国标准化,2017(24):143-144+147.

[9] 胡雪梅,徐炬平,葛松.双向搅拌桩在船闸工程软基加固中的应用[J].中国水运(下半月),2015,15(12):251-252.

[10] 漆随平,刘涛,胡桐,等.地基云观测技术及装备研究进展[J].山东科学,2014,27(6):1-9.

[11] 黄正华.基于 IOT 的工程机械云监控系统[J].交通世界,2020(20):26-27+32.

连云港地区海相软土双向搅拌粉喷桩智慧施工管控系统技术的研究

中铁六局集团有限公司交通工程分公司　北京　100036　吕蒙蒙

摘　要：本文以连云港至宿迁高速公路徐圩至灌云段 LS-LYG4 标段路基软基双向搅拌粉喷桩施工为工程背景，重点阐述了江苏连云港地区海相软土双向搅拌粉喷桩智慧施工管控系统技术的应用以及粉喷桩施工技术方案和施工工艺。本文根据设计图纸、施工方案并结合现场实际调查情况，分别对粉喷桩智慧施工管控系统、软基粉喷桩施工安全技术、水泥扬尘环保控制等方面进行详细的阐述，通过优化施工组织，研究并总结了一套较为完整的施工工法，以便于指导今后同类工程的施工，使软基粉喷桩智能化施工技术及工艺得到推广和运用。

关键词：软基处理；双向搅拌粉喷桩；粉喷桩智慧施工管控系统

引言

　　江苏连云港等沿海地区软土地基广泛分布，软土层具有较厚埋深、高含水量、大孔隙比、高压缩性、低强度等特点。而软基处理施工具有高度的隐蔽性，土质条件、施工工艺、施工水平等因素都会影响搅拌桩施工和成桩质量，难以全面预见，且对搅拌桩桩身质量的评价具有滞后性，成桩后发现安全质量问题难以补救。针对这一施工难题，探讨施工方法，确保工程质量，进一步推广应用粉喷桩技术具有重要的现实意义。双向搅拌粉喷桩智慧施工管控系统技术应运而生，从硬件到软件的一体化适用于多类型软基处理施工。本文结合中铁六局集团有限公司承建的连云港至宿迁高速公路徐圩至灌云段 LS-LYG4 标段软基粉喷桩施工实践，从施工的角度介绍了双向搅拌粉喷桩智慧施工管控系统技术在高速公路软基处理中的应用，为以后类似工程提供借鉴[1]。

1　工程概况

　　连云港至宿迁高速公路徐圩至灌云段 LS-LYG4 施工标段路线起点位于灌云县同兴镇，桩号为 K19+560，顺接 LS-LYG3 标段终点，于伊芦山东侧向西南布线，跨越罘山河、X304、车轴河后进入下车镇境内，止于灌云县下车镇前门村东侧，终点桩号

K27+700，全长 8.14 km，主要包括路基、桥梁、涵洞施工。本标段路基长 6.57 km，软基粉喷桩施工 259 万延米。

2 施工工艺原理

2.1 双向搅拌桩智能化操作施工技术

双向搅拌粉喷桩智能化操作示意图如图 1 所示。粉喷桩机主机系统由底盘、桩机立架、动力装置、内外钻杆、搅拌叶片等组成，智能化后台主机系统由储料罐、绞龙、输料管、压力传感器、高压空气处理装置、智能化操作控制柜等设备组成[2]。

采用同心双轴钻杆，在内钻杆设置正向旋转叶片和喷粉（浆）口，在外钻杆安装反向旋转叶片，内外钻杆分别驱动，通过正反向同时旋转叶片进行搅拌。

双向搅拌粉喷桩智能化操作技术解决了水泥土搅拌不均匀、监控不到位等问题，通过智能化电脑监控施工桩长、喷灰量、电流、钻进速度、成桩时间、倾斜度，消除人为干扰因素，避免送料不均匀和成桩质量差等现象，降低工人劳动强度，解决了常规水泥土搅拌桩工艺的不足之处，同时操作简单方便。双向搅拌桩机钻进时有两个动力，磨盘转动外钻杆，上置动力头转动内钻杆，动力足，增加了水泥土搅拌桩处理深度。

（续图）

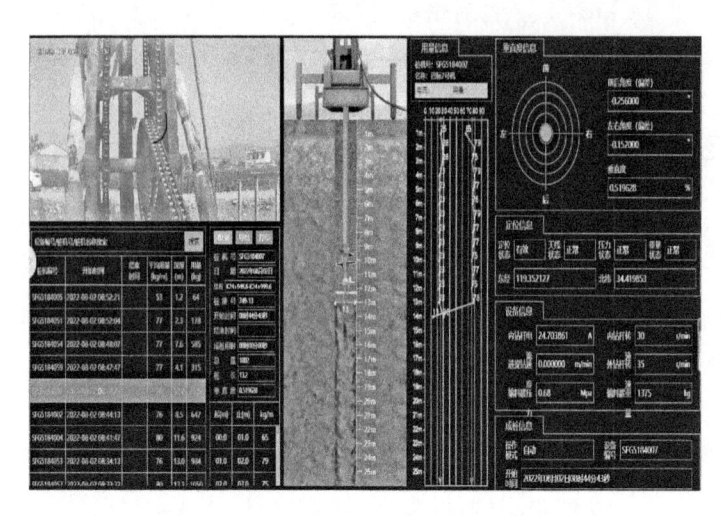

图 1　双向搅拌粉喷桩智能化操作示意图

2.2　水泥土搅拌桩

粉喷桩施工以水泥作为主要固化剂，通过特制的深层搅拌桩机，在地基深处将软土和固化剂强制搅拌，利用固化剂和软土之间所产生的一系列物理化学反应，使软土硬结成具有整体性、水稳定性和一定强度的桩体[3]。

2.3　粉体喷射搅拌技术

如图2所示，用压缩空气向软弱土层内输送水泥粉状固化剂，通过深层搅拌桩机将其与原位软弱土均匀搅拌形成水泥土，利用水泥的水化及其与软弱土的化学反应获得强度而使地基得到加固[4]。

图 2　粉体喷射双向搅拌技术

3 施工工艺流程

3.1 双向搅拌粉喷桩工艺流程

双向搅拌粉喷桩施工采用一喷两搅工艺,工艺流程如图3、图4所示。

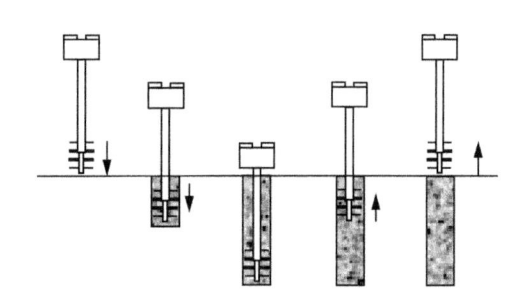

图3 双向搅拌桩工艺流程图

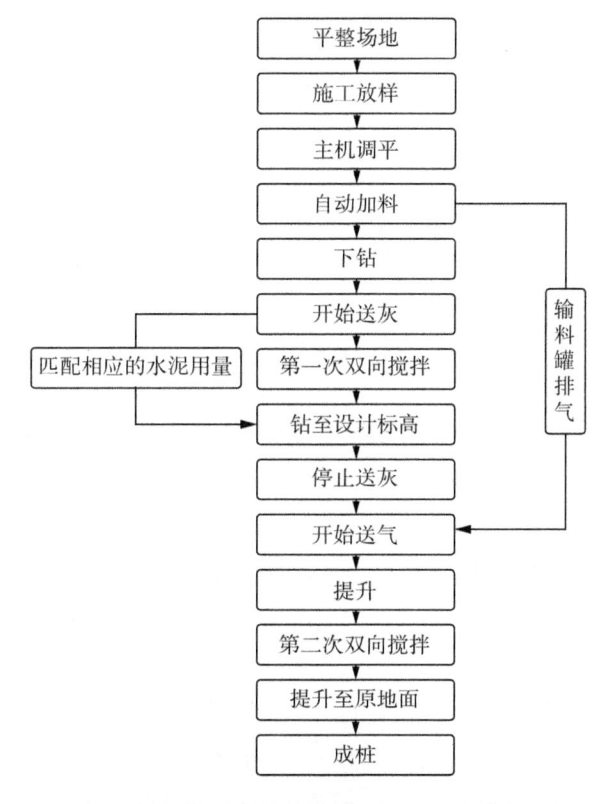

图4 双向搅拌粉喷桩智能化控制工艺流程图

3.2 双向搅拌粉喷桩施工方法

1. 场地平整

施工前保证进场道路畅通,施工用电满足施工需要,对双向搅拌粉喷桩施工的场地进行整平,清除地面以下的一切障碍物(包括石块、树根和垃圾等),场地低洼处回填素土至整平高程,并进行适当碾压。

2. 测量放样

利用全站仪根据桩位布置图主要轴线进行放样,定出主要控制点,通过主要控制点进行拉线定向,钢尺量距,确定桩位,埋设小木桩。根据设计放样桩顶标高,同时将桩位布置图的桩位编号通过撒白灰进行桩位标识,便于施工管理和资料整理。整理放样资料,并报测量监理进行复核。

3. 钻机定位

钻机运至工地后,先安装调试,待转速、空压正常后,再开始就位,将钻机钻头中心对准桩位中心。钻机安装水平、稳固,机底用枕木垫平、垫实,在钻机上标出标高控制线,并用白漆在机架上画出深度标志,机架正、侧面和钻杆必须垂直,钻头对准桩位,并用线锤测设桩架垂直度不大于1%,经检查符合要求后开始施工。

4. 钻进、喷灰和搅拌

先启动内钻杆钻头(正向),后启动外钻杆钻头(反向),然后启动加压装置,钻进速度≤1.0 m/min,内钻头先切土入土,外钻头后入土搅拌,搅拌速度≥30 r/min,开启喷粉装置,在内钻头入土后喷灰,钻进喷灰管道压力为0.5～0.8 MPa,直到设计深度,停止喷灰。

开启绞龙、储料罐加料,当水泥重量达到预设重量时,阀门自动关闭,开启空压机,高压空气进入储气罐,经储气罐冷凝除水稳压后进入冷干机,将多余水分去掉后进入输料管开始送料,双向水泥土搅拌桩下钻入土后开始喷粉,底部叶片破土,其他叶片进行正反两个方向搅拌,至设计标高后停止喷粉,送气,开始提升,进行正反方向搅拌,停止送气成桩,形成双向水泥土搅拌桩复合地基。

5. 提升、复搅

先将外钻杆钻头换向(正向),后将内钻杆钻头换向(反向),同时将加压装置换向,提升钻头至设计桩顶高程,提升速度≤0.8 m/min,复搅提升管道压力为0.1～0.2 MPa,完成粉喷桩施工。

6. 打印资料

成桩后,在钻机移动前打印施工过程资料和成桩资料,严禁移机后补打资料。成桩资料打印必须有旁站监理监督,打印完成后交旁站监理签认。

7. 清理钻头进行下一根施工

关闭搅拌机械,清理搅拌叶片上包裹的土块及喷浆口,移机就位进行下一根桩的施工。

图 5　钻进搅拌送灰工艺照片

8. 成桩检测

成桩 7 天后,采用浅部开挖桩头,深度宜超过停灰面下 0.5 m,目测检查搅拌桩的均匀性,量测成桩直径,做好记录。

成桩 28 天后,进行标准贯入试验,取芯进行室内无侧限抗压强度测试。为保证试块的尺寸,钻孔直径不小于 108 mm。桩身无侧限抗压强度 28 天龄期不低于 0.7 MPa,90 天龄期不低于 1.2 MPa。

3.3　双向搅拌桩智能化操作施工创新点

1. 运用智能化控制桩长技术

高速公路项目地基处理施工一般不能提供每个断面的地勘资料,但是水泥土搅拌桩是大面积连续施工的,在持力层有变化的场地,难免出现施工桩长与设计桩长不符现象。如果施工桩长进入持力层过多,会对粉喷桩机造成损害,如果施工桩长未进入持力层,则会形成悬浮桩,影响加固质量。智能化控制桩长技术是依据地勘资料和设计桩长,用静力触探仪得出静力触探曲线图。在静力触探仪边上,粉喷桩机按设计要求施工,得出深度与电流的曲线图,按照同样深度将静力触探锥尖阻力值与电流值对比,找出满足进入持力层设计深度的电流对应值,将确定的电流值及持续时间输入智能化程序内,施工时打设到持力层,电流开始增高,当满足设定的电流值和持续时间时,自动停止钻进和喷灰,开始提升喷气,当加固土体里有硬夹层时,在程序里设定大于硬夹层深度后满足电流值及持续时间要求,该方法可实现精细化施工。

2. 环保施工技术

在水泥土搅拌桩施工时,普遍存在水泥扬尘环境污染问题,给周围农作物生长带来一定影响,经常发生阻工现象,粉喷桩操作手在此环境下可能会引发职业病;水泥罐加水泥时输料罐要泄压,排出的高压空气会将输料罐中部分水泥带出,对空排放,污染严重,同时造成水泥材料浪费。智能化加送料装置解决了以上问题,储料罐与输料罐之间通过绞龙运输,自动加灰,排气管放置在水池内,没有污染,降低了人力成本,加料过程中,输料罐排出的高压空气接入输料管中,此过程与水泥土搅拌桩开始送气过程相匹配,充分利用排出的高压空气,减少空压机的工作时间,起到节能环保作用。

4 结语

工程施工实践证明沿海地区海相软土双向搅拌粉喷桩智慧施工管控系统技术在高速公路软基处理中是行之有效的,适用于不同地质条件下软基处理施工,具有方案成熟、技术可靠等特点,可以运用于类似工况施工。

参考文献

[1] 吴献军.软基粉喷桩加固设计及其技术参数的确定[J].山西建筑,2009,35(18):101-102.
[2] 杨曼.粉喷桩在乐温高速公路软基中的应用研究[D].西安:西安科技大学,2006.
[3] 黄新,周国钧.水泥加固土硬化机理初探[J].岩土工程学报,1994(1):62-68.
[4] 杨顺安,冯晓腊,张聪辰.软土理论与工程[M].北京:地质出版社,2000.

桥梁支架现浇箱梁施工要点

南京交通工程有限公司　　江苏南京　210000　朱晓峰

摘　要：现代交通网络中，桥梁是非常重要的组成部分。在一些大型桥梁施工过程中，现浇箱梁施工技术的应用非常广泛。文章结合当前桥梁支架现浇箱梁施工中存在的问题，提出了一些针对性的建议和解决对策，旨在促进桥梁工程施工质量的提升，更好地保障交通安全。

关键词：桥梁施工；现浇箱梁；施工工艺

引言

现浇箱梁的施工工艺存在的问题将严重影响整个交通桥梁施工质量，带来一定的安全问题，影响桥梁的使用。工程团队在施工的过程中一定要结合这些常见施工问题对施工工艺进行改进，严格按照有关要求进行施工。

1　桥梁施工中常见的现浇箱梁施工问题

1.1　开工前技术准备阶段存在的问题

当前很多施工团队在施工开始前的准备阶段存在一种情况，即方案编制不细致，现场施工和方案两张皮，方案交底流于形式，不按照工序展开流程，留下一定的问题隐患。再者，还存在施工机械安排不当的问题，导致在施工过程中因为缺少机械与材料等不得不停工。此外，施工人员队伍的准备工作没有做好，也对施工造成一定影响。

1.2　支架搭设中存在的问题

基础的碾压密实处理工作没有做好是支架搭设中最常见的问题，这将会导致现浇箱梁的承载力不够，在后期桥梁投入使用之后，有可能会在负荷下出现沉降的现象。现浇箱梁施工中，排水不通畅也是常见问题之一，导致基础长期泡水，承载力受影响。在设置支架扫地杆的时候常出现设置与有关规范不相符的现象，有可能会导致支架不稳定甚至是支架倒塌。此外，支架搭设中的常见问题还包括剪刀撑设置数量不足、管材破旧以及施工防护不到位等。

1.3 支架预压的常见问题

预压荷载取值不规范以及预压不分级是支架预压中较为常见的问题,问题一旦出现,将会影响箱梁线型的流畅性与整体结构的稳定性,还有可能会导致标高不足。

1.4 模板工程中存在的问题

首先是主次楞中存在的问题,主要包括尺寸与质量问题,有可能会导致主次楞的变形。其次是外模板的问题,常见的还是材料质量导致的,使用时间一长,就会出现鼓包和胀模等情况。

1.5 桥梁支座的安装问题

首先施工过程中没有保证支座垫石的平整性,导致支座受力不均匀,使得支座受影响。其次,施工团队在浇筑混凝土之前,现浇箱梁临时连接就已经被拆除,导致支座无法正常发挥作用,影响支座的使用。

1.6 现浇箱梁钢筋工程中常见问题

首先是钢筋连接问题,焊缝长度、焊缝质量与焊条等级低是常见问题,最终导致钢筋强度不够。其次,钢筋直螺纹的连接工艺也是常见问题之一,有的钢筋直螺纹套筒边上有很多外露的有效丝长。最后,钢筋保护层也会存在一些问题,比如保护层厚度过薄或过厚,前者会导致钢筋很容易出现锈蚀,后者则会导致混凝土病害。

1.7 预应力的常见问题

波纹管的定位和密封性、张拉端齿块角度、位置偏差、钢筋安装质量、混凝土振捣质量、锚垫板安装质量、张拉过程中的质量控制、压浆的饱满度等对于预应力张拉的质量是很重要的。

1.8 混凝土浇筑中存在的工艺问题

常见的混凝土浇筑工艺问题包括没有处理干净模板表面、模板接缝衔接不严实以及振捣不密实,这些会导致混凝土表面出现麻面、蜂窝、孔洞、露筋等问题,还会导致混凝土裂缝。

2 桥梁施工中现浇箱梁施工工艺注意事项

2.1 做好施工前的准备工作

为了避免开不了工或者是在施工过程中因为各种纠纷而不得不停工,施工团队在正式施工前一定要做好施工前的准备工作。首先,要保证所有结构形式的桥梁都有方案编制,为施工班组提供科学可行的技术方案,做好技术交底工作。其次,一定要按照有关规定在开工前报批开工报告,保证整个技术准备工作的正常运转。最后,在正式开工之前,一定要提前准备好施工过程中需要用到的机械设备以及各种建筑材料,当然为了避免不必要的建筑材料堆积,可以分批对建筑材料进行采购,前提是一定要保证采购计划的合理和运输过程的通畅,保证材料供应的及时性。

2.2 支架搭设施工工艺

首先,在支架搭设之前一定要对基础进行密实碾压,保证处理力度,从而保证支架的承载力。其次,一定要设置扫地杆,而且要严格按照相关技术标准进行设置。再次,要注意做好排水工作。最后,在进行剪刀撑设置的时候,要保证剪刀撑的数量,同时保证搭接长度不小于 1 m。避免使用破旧的管材,保证管材质量。在施工过程中做好施工防护,确保操作平台满足施工需求。

2.3 模板施工工艺

主次楞的间距不能过大,次楞间距不得超过 30 cm 且保证间距大体相等。再者,为了保证模板施工工艺质量,必须要保证模板的质量,模板厚度也应满足相应要求。

2.4 桥梁支座安装工艺

为保证支座受力均匀,一定要注意支座垫石的平整,另外张拉之前,不得解锁支座,如果支座不符合标准,要及时对其进行打磨或者是返工处理。

2.5 箱梁钢筋施工技术

钢筋焊接与验收有一个具体的标准,严格按照这一标准进行施工就不会导致焊缝强度与钢筋连接出现问题。在进行钢筋直螺纹连接的时候,确保丝头长度与丝头螺纹符合标准,将加工好的丝头套好保护套,对丝头使用水性润滑剂进行精心加工,同时对端头进行打磨,保证端头是平齐的。为了避免钢筋保护层过薄或者是过厚,在进行钢筋制作的时候要保证箍筋尺寸计算准确,在进行钢筋安装的时候要注意钢筋骨架绑扎的牢固性,在进行模板安装的时候,要考虑到现浇梁与板的自重问题,让安装尽可能地牢固。

2.6 混凝土浇筑工艺

为了避免混凝土浇筑出现麻面和蜂窝等表面缺陷以及深层的裂缝缺陷,在进行混凝土浇筑的时候,一定要注意将模板表面清理干净,保证模板表面的光滑,还要注意将模板拼接严实、振捣密实;混凝土的振捣时间不要太短;浇筑的过程中要注意下料的均匀与合理,不要一次性下料过多。混凝土浇筑完毕后在 12 小时以内用湿土工布遮盖,经常洒水,保持混凝土湿润状态。若遇气温高或太阳曝晒时,则应在混凝土初凝后即覆盖湿土工布,以免混凝土的干缩裂缝。

在收浆后覆盖土工布,洒水养护时间不少于 7 天。

2.7 预应力筋张拉

为保证施工质量,要对预应力张拉过程中所用到的设备与器具进行检查,保证这些东西没有裂纹、锈蚀以及尺寸不当等问题,另外还要注意对器械质量进行检查,确保达标。在张拉千斤顶的时候要注意对建立卡片进行定期检查,保证张拉吨位符合标准。在进行预应力筋张拉的时候,要注意采用双控的方式进行且以张拉控制力为主,让伸长量起一个校对的作用,保证误差控制在百分之六左右。

2.8 现浇箱梁施工控制重点

保证现浇箱梁的施工工艺质量是保证桥梁工程质量的前提和基础,以下是现浇箱梁施工中常见的工艺注意事项:(1)在对支架地基进行处理的时候,地基承载力试验必须紧跟地基处理之后,在支架搭设工作开始之前要保证承载力满足支架专项施工方案的要求。(2)主筋的焊接接头长度上如果是双面焊接不能小于 5 d,单面焊接长度不能小于 10 d,焊接位置上要避免同一截面的焊接接头不符合标准。(3)模板的平整度必须达到标准。(4)第一次对混凝土水平浇筑施工缝进行处理的时候,要注意限位牢固的问题,避免木条不牢固,梁的外观受到影响。

3 结语

综上所述,近年来随着我国城市化进程的不断加快,桥梁工程也越来越多,桥梁项目的工程质量直接影响道路交通的通畅性以及安全性。一般大型的桥梁工程中都会涉及现浇箱梁的施工问题,现浇箱梁的施工工艺质量又直接影响桥梁的稳定性与质量,为此施工团队一定要结合现浇箱梁施工工艺中常见问题对施工工艺进行优化。

参考文献

[1] 吴佳佳.市政桥梁箱梁支架现浇施工要点[J].安徽建筑,2021,28(7):186+242.

[2] 王冬.公路桥梁工程中的现浇箱梁施工技术要点[J].四川水泥,2021(6):257-258.

[3] 姜跃龙.桥梁上部结构支架现浇施工技术要点[J].散装水泥,2021(2):93-94.

桥梁施工中钻孔灌注桩施工工艺分析

南京交通工程有限公司　江苏南京　210000　朱晓峰

摘　要：在建造桥梁的过程中，施工单位应当结合桥梁规划的要求和桥梁施工现场的实际地质情况，分析钻孔灌注桩施工工艺和施工流程，并对施工要素进行总结，充分发挥钻孔灌注桩施工工艺的优点，保证桥梁整体施工质量，从而保证桥梁工程的科学合理性，达到级别较高的施工水准。
关键词：桥梁；钻孔灌注桩施工工艺；常见问题

引言

在建造桥梁过程中，相关施工单位应在施工前期对施工现场进行详细勘察，并对施工方案进行具体规划，分析钻孔灌注桩施工工艺实施过程，并对施工要素进行总结，充分发挥钻孔灌注桩施工工艺优势，从而保证交通桥梁整体施工质量，保证其在投入使用过程中的安全稳定性，创造较好的社会效益。

1　钻孔灌注桩施工工艺的重要性

为提高桥梁施工质量，确保工程保质保量地完成，有必要使建设单位结合桥梁建设特点，综合分析钻孔灌注桩施工工艺在施工中的应用，设计合理的施工计划，使桥梁施工质量达到相关标准。此外，由于存在地下水，为保证桥梁施工的持续推进，需要采用钻孔灌注桩施工工艺，避免地质水文条件对桥梁建设的负面影响，提高桥梁承载力，加快施工步伐。最后，施工单位要合理利用钻孔灌注桩施工工艺，控制施工细节，发挥钻孔灌注桩施工工艺在交通桥梁施工中的真正作用。

2　钻孔灌注桩施工工艺的优势和常见问题

2.1　钻孔灌注桩施工工艺优势

1) 承载能力高

部分桥梁基础建设是在水中进行，施工难度非常大，而且地质、气候条件复杂，为保证未来桥梁质量，有必要借助钻孔灌注桩施工工艺，提高地基承载力，保证后续施工

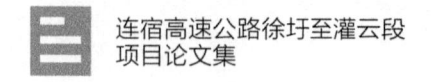

顺利进行。

2）适用性广泛

与其他施工方法相比，钻孔灌注桩施工工艺可应用于各种复杂地质条件，施工过程简单，适用性广泛。

3）抗震性能高

在桥梁施工中应用钻孔灌注桩施工工艺，桥梁抗震性能得到显著提升，避免地震中对桥梁结构造成损坏。

2.2 钻孔灌注桩施工工艺应用过程中存在的问题

1）由于护壁泥浆比配置不合理，容易导致洞壁坍塌，对施工进度和施工质量造成不利影响。因此，应保证泥浆比配置的合理性，加强施工质量管理，降低坍塌可能性。

2）在钻孔灌注桩施工工艺应用中，钻入路径存在障碍物，可能导致钻进方向偏离预定路径。为避免这一问题，应及时跟进钻进情况，并调整钻进位置。

3）钢筋笼和孔壁之间的接触会导致坍塌，因此，在吊装钢筋笼时，应注意吊装速度，并将其放置在适当的位置，控制孔壁与钢筋笼之间的距离，防止坍塌事件。

3 钻孔灌注桩施工工艺要点

3.1 施工前准备

为了保证交通工程整体施工质量，使用钻孔灌注桩施工工艺时应进行充分的施工准备工作。施工前，相关技术人员应详细勘察施工地质情况，保证钻孔灌注桩施工设计方案科学。

3.2 泥浆制备

泥浆主要由水、黏土、膨润土组成，加添加剂进行搅拌，钻孔灌注桩施工过程中，将调配好的泥浆放在泥浆池中，通过泥浆泵注入孔中，然后从孔口进入沉淀池，形成一个循环。在复杂的地质条件下，应根据孔的形成方法、地质条件等调整泥浆指标，有较厚的涂层，应使用PHP泥浆。

3.3 钻孔

根据出渣方式的不同，钻孔灌注桩主要方法有：正、反循环钻孔、冲抓钻孔、冲击钻孔、旋转钻孔等。冲击钻孔是最常见的，冲击钻孔主要技术要点：孔位必须准确，误差应符合设计要求和规范。钻孔速度不能过快，避免将井筒底部击穿。每进行1～2 m深度应进行垂直度校正。碰到岩石时，可以采取反复冲击措施，减少冲程，直到岩层被冲击平整,可以回填块石和黏土,重复操作,直到完全填满并不再流动,再继续钻探。在钻探过程中,应定期检查泥浆特性,检查中心偏位、桩锤直径偏差等,并记录钻孔取样工作,便于后期确认岩层。

3.4 清孔

为了达到孔底设计标高,在验收后,必须及时清洗孔,避免清洗延迟,导致钻渣沉淀,造成清孔工作困难。清洗孔方法很多,有抽泵、换浆、掏渣等,最有效的清孔方法是抽浆法。无论采用哪种方法,都不能加深孔以代替清孔作业,不能在短时间内用大量的水清洗孔。清孔时,孔内水头高度及相应的泥浆比应维持在合理范围,否则可能导致崩塌。当泥浆性能指标以及沉渣达到设计和规格要求时,可以停止清孔,进行混凝土浇筑。为了确定泥浆的特性,应取平均值,取样取在上、中、下部。

3.5 钢筋笼的制造和安装

1) 钢筋笼的制造

钢筋笼应集中在钢筋加工场内进行制造。为了提高钢筋笼的制造质量,必须统一钢筋厂的规划,划定原材料堆放区、卸货区、制造区、检查区和成品堆放区。主钢筋端部应平整、光滑,不变形。否则必须用砂轮磨削,然后加工螺纹。在使用箍筋之前,应保证是直的,在展开前,应保证断面平整,不弯曲。制造完成的钢筋笼,应在无套管侧的主钢筋上安装保护套,避免因腐蚀或碰撞而损坏螺纹。按照相关要求进行编号,同一桩基础的钢筋笼应放在一起,禁止无规则堆放。为了防止变形,可在所需距离上设置三角撑。目前滚焊机推广较多,钢筋笼焊接的功效、质量等有了显著提升。

2) 钢筋笼运输和安装

在吊装钢筋笼时,吊点应设置在两端第二道角和主筋交点处。运输过程中,必须安装垫圈,以防止钢筋笼在车上滚动,运输车辆的长度应大于钢筋笼段的长度,避免钢筋笼悬空变形。安装钢筋笼过程中,不得碰触孔壁。钢筋笼节段间常用套筒连接,每次连接时,套管应完全拧入。在节段间连接处,应按要求安装螺旋筋。在焊接时不能伤害主筋,钢套筒应拧紧。钢筋笼安装完成后,应进行二次清孔,与第一次清孔一样。

3.6 水下混凝土浇筑

水下混凝土浇筑前,应先进行管道水密性压力试验。混凝土必须在搅拌站和浇注现场分开取样检测,以现场混取样为标准。具体混凝土坍落应保持在 180 mm 至 220 mm 之间。第一车混凝土应埋设 1 m 以上的管,浇筑时应确保管道埋在 2~6 m 深的地方。应安装专用设备,随时检查混凝土的升降高度,并以此为基础拆除管道。混凝土应持续浇筑,无特殊情况不得中途停止。管道紧急进水时,应停止灌注,并重新进行钻孔、清孔。发生堵管问题时,应适当进行敲击,促使混凝土下沉。钢筋笼上浮时,应减慢浇筑速度,必要时停止浇筑,故障排除后方可进行浇筑。

4 质量缺陷预防

1)重审放样信息资料,以避免该资料出现错误,导致工程施工出现误差,影响正常施工。在放样信息复查时,应根据工程的具体情况重新取样,以确定钻孔桩的实际位置。

2)检查泥浆规范是否符合施工标准,泥浆检测的生产过程关键点主要是泥浆配比审核。实时监控生产、加工、处理和应用等环节,避免泥浆质量差影响桩基整体施工质量。

3)清理工作完成后,应检查桩孔,使其满足施工标准。

4)检查钢筋笼吊装位置、安装角度、排列顺序,避免布设过程中出现问题。

5 结语

总而言之,桥梁施工中,应根据工程实际情况,对各个施工环节进行严格监管,不断完善优化施工工艺,从而保证桥梁工程整体施工质量。相关部门应加强钻孔灌注桩施工工艺重视程度,加强对其投资,优化投资结构,从而保证桥梁工程实践中实现较好的社会效益。

参考文献

[1] 赵晨璇.桥梁施工中钻孔灌注桩施工技术的应用[J].黑龙江交通科技,2021,44(7):130-131.

[2] 杨英亮.市政桥梁施工中钻孔灌注桩施工工艺分析[J].工程技术研究,2021,6(8):93-94.

[3] 何春锋.市政桥梁施工中的钻孔灌注桩施工工艺分析[J].智能城市,2020,6(8):224-225.

[4] 郑芸.市政桥梁施工中的钻孔灌注桩施工工艺分析与要点[J].建材与装饰,2019(24):284-285.

[5] 祁春雷.公路桥梁施工中钻孔灌注桩的应用与技术工艺分析[J].居舍,2019(22):62.

浅谈桥梁预应力真空压浆施工技术

南京交通工程有限公司　江苏南京　210000　韩海波

摘　要：随着我国经济发展，在高等级公路上大跨径后张法预应力桥梁得到大量采用。对后张法预应力施工来说，张拉、钢绞线和锚具的质量比较容易检测和控制，而孔道压浆属于隐蔽施工，在以往普通压浆施工中，现场往往以经验控制为主，无法准确判定施工质量。采用真空辅助压浆法施工，可以大大减少人为因素干扰，提高了压浆饱满度、施工安全系数，延长了桥梁的使用寿命。

关键词：桥梁；预应力；真空压浆；施工技术

引言

主梁纵向及竖向预应力筋张拉完毕后应及时进行真空压浆，其基本原理在于：压浆前，先用真空泵抽吸预应力孔道中的空气，使孔道的真空度达到负压 0.1 MPa 左右，然后在孔道的另一端用压浆机以 ≥0.7 MPa 的正压力将水泥浆压入预应力孔道并产生一定的压力。由于孔道内只有极少量空气，浆体中很难形成气泡；同时，由于孔道内和压浆泵之间的正负压力差，大大提高了孔道内浆体的饱满度和密实度。而且在水泥浆中，由于降低水灰比，添加专用的外加剂，从而减少浆体的离析、析水和干硬收缩，同时提高浆体的强度。

1　真空压浆优点

在后张有黏结预应力混凝土结构中，预应力筋和混凝土之间的共同工作以及预应力筋的防腐蚀是通过在预埋孔道中灌满水泥浆来实现的。众所周知，传统的做法是采用压浆法来灌浆，即在 0.5～1.0 MPa 的压力下，将水灰比 0.4～0.45 的稀水泥浆压入孔道。这种做法本身和施工工艺带有一定的局限性，主要表现为：灌入的浆体中常会含有气泡，当混合料硬化后，存集气泡会变为孔隙，成为自由水的聚集地。这些水可能含有有害成分，易造成预应力筋及构件的腐蚀；在北方严寒的地区，由于温度低，这些水会结成冰，可能会胀裂管道、形成裂缝，造成严重的后果；另外水泥浆容易离析、析水、干硬收缩，析水后会产生孔隙，致使浆体强度不够，黏结不好，为工程留下了隐患。与传统的灌浆方法相比，真空压浆有如下优点：

1) 在真空辅助下，孔道中原有的空气和水被清除，同时，混夹在水泥浆中的气泡和多余的自由水亦被排出，增强了浆体的密实度。

2) 浆体中的微沫浆及稀浆在真空负压下率先进入负压容器，待稠浆流出后，孔道中浆体的稠度即能保持一致，使浆体密实性和强度得到保证。

3) 真空压浆的过程是一个连续且迅速的过程，缩短了灌浆时间。

4) 孔道在真空状态下，减小了由于孔道高低弯曲而使浆体自身形成的压头差，便于浆体充盈整个孔道。

5) 真空压浆管道材料为特殊材料，管壁的凹凸增大了浆体与混凝土之间的摩阻系数，使浆体与混凝土能够更加紧密地联结在一起。

2 真空压浆主要设备

真空辅助压浆主要设备有：灰浆搅拌机、压浆泵、真空泵、高压管、ZKGJ 真空压浆组件、各种接头阀门、浆桶等（如图 1 所示）。

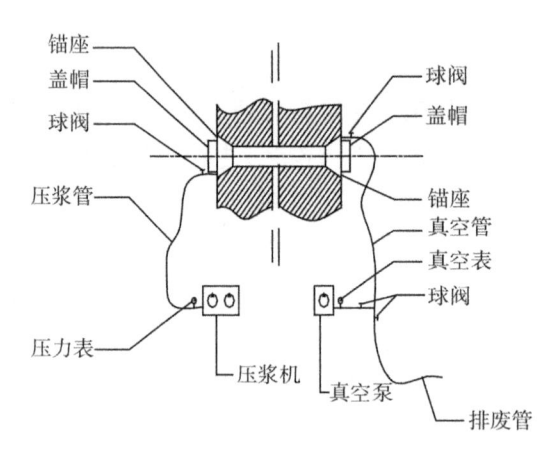

图 1 真空辅助压浆示意图

3 浆体的技术要求

浆体除了要具有足够的抗压强度和黏结强度，还必须保证有良好的防腐性能和稠度，不离析、析水，硬化后孔隙率低、渗透性小，不收缩或低收缩。对浆体大体要求如下：

1) 水灰比：0.2～0.45；

2) 流动度：拌和好后的流动度<30 s；在管道出口处流动度>15 s；

3) 泌水性：小于浆体初始体积的 2%，四次连续测试结果的平均值小于 1%；

4) 初凝时间:3～4 h;

5) 稠度:在 1.725 L 漏斗中,水泥浆的稠度 15～45 s,最多不得大于 50 s;

6) 强度:按设计要求。

4 真空压浆施工工艺

4.1 准备工作

张拉施工完成后,要切除外露的钢绞线(注意钢绞线的外露量≤30 mm),进行封锚。

在压浆施工前将锚垫板表面清理干净,保证平整,在保护罩底面与橡胶密封圈表面均涂一层玻璃胶,装上橡胶密封圈,将保护罩与锚垫板上的安装孔对正,用螺栓拧紧。

清理锚垫板上的压浆孔,保证压浆通道通畅。

确认浆体配方。

检查材料、设备、附件的型号或规格、数量等是否符合要求。

按设备原理图进行各单元体的密封连接,确保密封罩、管路各接头的密封性。

4.2 试抽真空

启动真空泵,观察真空压力表的读数,应能达到负压力 0.07～0.1 MPa。当孔道内的真空度保持稳定时(真空度越高越好),停泵 1 min,若压力降低小于 0.02 MPa 即可认为孔道能基本达到并维持真空。如未能满足此数据则表示孔道未能完全密封,需在压浆前进行检查及更正工作。

4.3 拌浆

拌浆前先加水空转数分钟,使搅拌机内壁充分湿润,将积水倒干净。

将称量好的水(扣除用于溶化固态外加剂的那部分水)倒入搅拌机,之后边搅拌边倒入水泥,再搅拌 3～5 min 直至均匀。

将溶于水的外加剂和其他液态外加剂倒入搅拌机,再搅拌 5～15 min,然后倒入盛浆桶。

倒入盛浆桶的浆体应尽量马上泵送,否则要不停地搅拌。

4.4 压浆

启动压浆机并压出残存在压浆机及喉管的水分、气泡,并检查所排出的水泥浆的稠度。在满意的水泥浆从喉管排出后,暂停压浆机并将压浆喉管通过快换接头接到锚座的压浆快换接头上。

保持真空泵启动状态,开启压浆端阀门并将已搅拌好的水泥浆往管道压注。

待水泥浆从出浆端接往负压容器的透明喉管压出时,检查所压出水泥浆的稠度。直至稠度一致及流动顺畅后,关闭出浆端阀门,暂停压浆机。

开启置于压浆盖上的出气孔,开动压浆机。直至水泥浆从出气孔流出,待流出的水泥浆稠度一致且流动顺畅时,暂停压浆机,密封出气孔。

开动压浆机,保持压力于 0.7 MPa,持压 3 min。

关闭压浆机及压浆端阀门,完成压浆。

清洗连接至负压容器上的透明喉管,以便下次压浆时能容易分辨水泥浆从抽空端流出。

确保负压容器内水泥浆不会超过容量的 50%,并定时将负压容器拆开,倾倒容器内水泥浆,清洗容器。

在完成当日全部压浆后,必须将所有压浆喉管、压浆机、负压容器、透明喉管、三向球阀等进行清理,以方便下一次压浆之用。

5 真空辅助压浆注意事项

保护罩若作为工具罩使用,在浆体初凝后可拆除。

在压浆前若发现管道内残留有水分或脏物的话,则须考虑使用空压机先行将残留在管道中的水分或脏物排除,确保真空辅助压浆工作能够顺利进行。

整个连通管路的气密性必须认真检查,合格后方能进入下一道工序。

浆体搅拌时,水、水泥和外加剂的用量都必须严格控制。

必须严格控制用水量,对未及时使用而降低了流动性的水泥浆,严禁采用增加水的办法来提高其流动性。

搅拌好的浆体每次应全部卸尽,在浆体全部卸出之前,不得投入未拌和的材料,更不能采取边出料边进料的方法。

向搅拌机送入任何一种外加剂,均需在浆体搅拌一定时间后送入。

安装在压浆端及出浆端的阀门和接头,应在灌浆后 1 h 内拆除并清洗干净。

6 封锚

压浆完毕适时进行封锚工作。封锚混凝土表面颜色应与梁身混凝土一致,其标号按规范要求不宜低于结构混凝土标号的 80% 且不低于 30 号。

7 结语

后张法预应力孔道压浆中采用真空辅助压浆法施工,更加保证了预应力混凝土结构施工的质量。随着科学技术的发展,真空辅助压浆法将有更广阔的应用空间。

参考文献

［1］中华人民共和国交通运输部. 公路桥涵施工技术规范:JTG/T 3650—2020[S]. 北京:人民交通出版社,2020.
［2］张泽烨. 真空压浆工艺在连续刚构桥梁中的应用[J]. 公路与汽运,2006(3):165-167.

旋挖钻孔干作业成孔工艺

南京交通工程有限公司　江苏南京　210000　翟孝荣

摘　要：近年来在工程施工中，随着施工要求的提高，旋挖钻孔施工得到了广泛使用。用常规钻机施工速度慢，产生的泥浆易造成环境污染。先进的桩基础施工机械和工艺的引进，提高了工效，保证了工程质量。同时，旋挖钻机施工还有扩底施工的优点。本文主要阐述旋挖钻成孔（扩底）灌注桩施工工艺、技术。

关键词：旋挖钻孔；灌注桩；应用

1　旋挖钻孔干作业成孔工艺

1.1　钻机选择

旋挖钻机是当前国内最先进的桩机施工机械。经过多年工程实践，已得到普遍应用，可根据岩土工程地质条件、设计桩参数选取不同型号的旋挖钻机。

1.2　钻机就位

旋挖钻机均为履带式自行就位，对位误差控制在 2 cm 以内。对位前在桩径四周引出十字护桩，以便在钻机施工中随时复核校正桩位中心，直至钻进结束。

1.3　护筒的埋设

护筒的作用是保护孔口和防止地表杂物掉入。护筒宜采用 5 mm 厚钢板卷制，内径比桩径大 10～15 cm，护筒埋深 2～3 m，四周用黏性土填实，护筒埋设要周正、平实。

1.4　钻进成孔护筒埋深完成后，进行正式钻进施工

旋挖钻进是利用发动机驱动、液压加压，钻头切削土体，土被旋入提筒中，再提出孔外，直接装入自卸汽车运出施工现场。根据场地岩土层具体情况选用不同的钻头，一般黏性土、粉土、砂性土选用筒式钻头或短螺旋钻头。最近新研制成功的活瓣式筒状旋挖钻头，适用于无地下水或少量地下水情况下的砂土、粉土、黏性土、黏性土夹少量碎石或无胶结、厚度不大的混凝土。钻进速度快、成孔质量好，提土干净，倒土快，效

率是一般钻头的2~3倍;混凝土可选用筒式钻头;风化岩类可选用筒状嵌岩钻头。开始钻进时应轻压、慢速,然后逐渐加大转速和压力,以保证钻孔垂直和防止钻杆摆动,避免人为扩大桩径。在含水量较大的土层中,钻进速度要放慢。当出现钻杆跳动、钻机摇晃不稳、不进尺等情况时,应立即停钻检查,查明原因处理后,再继续施工。当钻进到设计桩底标高终孔时,原处正向空转几圈,然后停止,提升钻杆,空转时不得回转钻杆,钻杆、钻具提升出地面后,应用钢盖板盖好孔口。在钻进过程中,及时填写钻机班报表,并应准确描述岩土层性状,及时掌握地层情况,选用不同的钻具钻头和钻进参数。

2 旋挖钻的扩底工艺

2.1 扩底钻头的工艺结构特点

目前国内扩底钻头的种类较多,有液压式和机械式。结合工程实际及选用旋挖钻机的特点,选用旋挖钻机专用扩底钻头,为连杆外旋式。该钻头与普通扩底钻头的区别在于底部压盘上带有一提土筒,可以将扩底切削下的渣土有效地随钻头带出孔外,可有效减少清孔次数,提高清孔质量。

2.2 施工工艺及操作要点

施工工艺与普通钻机扩底工艺一致,旋挖成孔后进行清孔,准确丈量孔深。钻孔扩底时准确丈量机上余尺,从而保证扩底直径和形状。扩底过程中要根据岩土特征,准确选取扩底钻进参数,防止盲目施工。扩底结束后应进行清孔,丈量孔深,保证扩底效果。施工中应经常检查扩底钻头的易损部分,发现问题及时处理,防止事故的发生。

3 水下成孔、成桩情况

地下水位较高时,成孔、成桩要在水下进行,此时的旋挖钻施工,速度慢于干成孔作业。这种情况下,一定要控制好施工速度,钻进揭露到地下水后,若水量不大,则尽可能在短时间内完成桩孔和灌注,避免孔壁坍塌和孔底泥渣沉积过厚、过稠。若水量较大,则必须注入一定量的清水和泥浆,保持孔内水头,保护孔壁;成孔后用反循环泵进行清孔。

4 采用旋挖钻干成孔作业

地下水位以下快速成孔灌注,或少量泥浆循环使用,可以使工程泥浆排放量大大减少。旋挖成孔孔壁几乎没有泥皮和沉渣，提高了桩的侧摩阻力和端阻力，单桩承载力也相应提高。成桩后的大、小应变检测表明，旋挖成孔灌注桩桩形好、桩身质量好，单桩承载力也高于设计值。

5 结语

旋挖钻孔扩底灌注桩，能大幅度提高施工效率，较普通钻孔扩底灌注桩提高工效2～3倍以上。

有效地减少泥浆排放量，保护环境，实现清洁、文明施工。

旋挖钻孔扩底灌注桩工艺简单、操作方便，工程造价低，单桩承载力高。

参考文献

[1] 吉龙华.钻孔灌注桩常见施工质量问题及防治措施[J].山西建筑,2005(21):122-124.

[2] 王业田.钻孔灌注桩施工常见问题分析与对策[J].桂林工学院学报,2002(3):284-288.

[3] 中华人民共和国交通运输部.公路桥涵施工技术规范:JTG/T 3650—2020[S].北京:人民交通出版社,2020.

浅谈路桥施工安全管理的难点及完善措施

南京交通工程有限公司　江苏南京　210000　崔荣刚

摘　要：路桥工程的顺利开展对于城市的发展以及日常的出行有着至关重要的作用,所以,必须要提升路桥工程的施工管理工作水平。而安全管理作为其中的重要一环,受到施工环境以及施工技术的影响,有很多的难点,为了让施工安全管理能够落到实处,需要通过对难点的分析,建立更加完善的安全管控体系,保证路桥施工的安全性。

关键词：路桥施工；安全管理；难点；完善措施

引言

从现阶段路桥施工安全管控的实际状况来看,仍然存在很多漏洞,所以,为了能够增强安全管控的有效性,需要从人员意识、管理机制、责任分配、材料质量以及安全检查等方面开展安全管理工作,并与信息化技术进行融合,保证管理方式的先进性,提升路桥施工安全管控效率。

1　路桥施工安全管理的现实意义

在路桥工程项目开展期间,若想保证安全管理工作的高效落实,就要提升路桥安全管理水平,不仅能够为工程项目质量提供保证,而且还能够打造一个健康的施工环境,让总体的施工过程执行性更强。提高路桥安全管控品质,降低现场安全风险的发生,对于确保施工人员安全具有尤为关键的意义。施工进程中的安全施工管控,实际上可以协助企业达成安全生产施工的目标,同时还能够满足路桥安全质量的技术要求,以此来提高路桥的稳固性与安全性,可进一步规范路桥施工的标准化,有益于增强企业竞争力,提高企业安全建设和管控的总体水平。

2　路桥施工安全管理难点分析

2.1　安全监管机制形式主义化

部分路桥施工过程中缺少完善的安全监管机制,内部也缺乏安全责任落实办法。

许多安全管控工作效力低下,存在安全风险,而且由于欠缺对关键施工环节的严格把控,在材料选购和员工安全认知培训层面都存在问题。与此同时,一些施工单位虽然特别建立了安全管控制度,却更多的是理论层面,在具体实施阶段,形式主义化严重,或者是一些安全管控观念难以在施工时充分地发挥出来,让安全监管机制的建立缺乏本质的作用。这种问题对于总体的路桥工程施工安全是极为不利的。

2.2 施工材料品质不达标而引发的安全问题

在路桥工程开展进程中,会运用到大量的施工材料,而施工材料品质决定着工程的总体品质。随着路桥形式的多元化发展,施工材料的种类明显增多,而且从性能上来看,也各有不同,对材料品质的把控难度更高。而材料品质的把关不容忽视,也是引发安全问题的主要因素。一些企业往往会忽视对施工材料品质的审查,或者是审查流程过于表面化,无法保障每一个施工材料的品质都能够达到标准指标。一旦劣质材料被运用到了路桥工程中,就会埋下安全隐患,引发安全事故。

2.3 人员安全认知问题

如果施工人员对施工安全没有正确的认知,就不会遵从安全管理规定,会在施工时出现安全防护措施不规范、防护用具佩戴不全、安全防范意识薄弱等问题。施工单位的安全宣传引导工作的欠缺,安全教育培训不到位,都会致使施工人员安全认知较差,当安全问题发生时,不知如何有效地处理,对自身安全进行保护。

3 路桥施工安全管控策略

3.1 提升安全管控水平

安全防控对于路桥工程能够顺利地推进有着决定性的影响,安全管控水平的提升,需要从以下几个方面进行:首先,需要创建完善和具体的安全管控机制。要不断探索施工过程中的安全风险,完善工作制度,拒绝制度的空泛性,使相关规范能够得到全方位的具体执行。其次,要保障施工设备的稳定运行。面对复杂性较高的路桥施工,会运用到较多的大型机械设备。设备资金投入较大,如果出现故障,不仅维修难度大,而且还会影响施工进度,加大施工危险系数。所以,在设备的操作过程中,需要用到适合的施工技术与施工操作模式,通过规范设备操作,减少因为操作失误而出现的安全施工事故。

3.2 强化施工现场的安全检查力度

安全检查工作的开展,不仅仅是安全事故发生后的处理,而是更加看重安全事故的提前防控。增加安全检查力度,通过标准化检查流程,对施工环境的安全性进行评估,能够提前预测安全风险系数,判断检查工作所得到的数据是否符合安全管理中的重要指标。在安全检查中,可以及时察觉施工各个阶段存在的安全隐患,做到从人、设备、制度出发,提高安全管理效力。

3.3 保障施工人员安全

由于工程开展过程中,会存在很多安全风险,如果安全管控力度不足,或者是施工人员安全意识较弱,都会增加安全事故的发生机率。同时,在路桥施工时,还有一些半开放式的工程项目,周围会允许车辆通行,更增加了安全风险。在施工中放置安全标识,能够起到有效的提醒作用,安全防控效果明显,可以切实保障施工人员安全。

3.4 施工材料方面的科学管控

施工材料的品质不达标,不仅会影响工程质量,还会降低路桥的使用寿命,埋下安全隐患。所以,材料质量的严格把控是施工安全管控中的关键内容,要严格遵从设计方案选购合适的材料。随着建材市场的快速变化,涌现了很多新型材料,致使市场中的材料价格不一、品质良莠不齐。一方面,要在材料选购之前做好市场调研,选择具有正规资质的供货商;另一方面,还需要对施工材料品质进行严格的审核,依照标准的验收程序,规范验收行为,杜绝劣质材料在工程中运用,保障施工材料品质能够达到所要求的指标。从材料品质的层面上,降低施工风险,实现安全管控目标。

3.5 对安全管控责任进行清晰的划分

对安全管控责任进行清晰的划分是安全施工管控工作的重要手段,有助于达成施工安全目标,推动施工的顺利开展,保证安全体系的完整度。在创建安全责任机制时,要结合不同部门与人员的职能与权责,进行合理的划分与规划,不同责任内容能够对应到相关工作当中,提升安全监管效力,保障施工生产安全。

3.6 安全管理的信息化手段

在新时期下,信息化对各个领域的影响是巨大的,在进行路桥施工安全管控时也需要与信息化技术进行融合,对安全管控模式进行革新,进而提升安全管控水平,确保施工安全性。一方面,可以运用信息技术当中的 RFID 系统,对施工中所产生的所有信息进行汇总、记录与保存,通过这种形式可以保证信息的共享性,对施工与管理效力的提升具有积极的影响。另一方面,可以运用信息技术当中的自动化监控技术,能够让管理人员时刻掌握施工进度与施工情况,并对施工过程进行记录与监控,是规范施工行为的重要办法,尤其是混凝土施工工作。此外,还可以利用信息技术的智能特性,通过移动设备完成即时通信工作,便于保障安全管理的高效性与实效性。

4 结束语

总体而言,应有意识地提高管理人员的安全管理认知,掌握更加合理、先进的安全策略,在安全工作中全方位地执行安全生产责任制,加强路桥安全施工管控力度,明确设置施工人员安全防护对策,防止因为施工不当而埋下安全隐患,避免给路桥工程的正常推进带来阻碍,增加企业施工成本。所以说,路桥施工安全管控是路桥工程健康发展的重要基石。

参考文献

[1] 齐振宏.路桥施工安全管理的难点及完善措施探究[J].江西建材,2020(8):168-169.

[2] 罗剑伟.影响路桥施工安全管理的因素和解决措施[J].中国室内装饰装修天地,2020(8):372.

[3] 吴云.探究路桥施工中安全管理存在的问题与解决措施[J].黑龙江交通科技,2020,43(11):247+249.

[4] 黄一诺.公路工程施工安全管理的影响因素及完善措施[J].交通世界,2020(Z1):200-201.

[5] 汪志斌.试论路桥工程现场施工管理的难点及应对措施[J].智能城市应用,2020,3(3):34-36.

探究路桥施工中安全管理存在的问题与解决措施

南京交通工程有限公司　江苏南京　210000　崔荣刚

摘　要：随着目前我国城市化建设水平的不断提高，我国对于路桥施工的投资也在不断地加强，在路桥施工建设的过程中，因为其中的施工作业存在着一定的复杂性，所以容易发生一些安全方面的问题，因此，施工企业在开展路桥施工的过程中，还需重视安全管理工作的开展，并且应对影响路桥施工安全的因素进行有效解决，以此让安全管理措施得到有效执行，让路桥施工的安全性得到不断提升，让施工人员的安全得到保证。

关键词：路桥施工；安全管理；问题；措施

引言

在路桥工程施工的过程中，由于施工环境比较复杂，并且施工的条件差，施工的过程中经常会受到一些不安全因素的影响，其中的从业人员流动性较大，并且其中的施工人员和技术人员等专业能力参差不齐，容易出现一些安全事故。因此，还需对安全问题开展全面的分析和研究，让安全事故的发生机率得到降低，做好安全管理工作，让系统性和科学化的安全管理模式得到建立，对施工过程中可能出现的一些安全问题进行预防，严格根据相关的要求开展施工。只有让安全管理工作得到有效的开展，才能避免在施工的过程中发生一些安全问题，让路桥工程能够顺利地完成。

1　在路桥施工中开展安全管理存在的一些问题分析

1.1　安全管理制度存在着不完善的问题

在路桥施工的过程中，安全管理制度发挥着重要的作用，在目前开展路桥施工建设的过程中，安全工作的主要任务就是需要和安全管理方式进行结合，让全面的安全施工得到保证。在安全管理工作开展的过程中，还需按照相关的安全生产法律法规，和施工现场的实际情况进行结合，以此让施工风险因素得到有效的降低，让安全施工得到实现。需要按照路桥工程的实际要求，让施工企业的安全管理制度得到建立和完善，以此才能对安全管理工作的开展起到保障的作用。在路桥施工的过程中，还需对项目施工的安全管理工作进行规范,采用有效的安全管理方式,让科学性和合理性得到保证,这样才能让事故的发生概率有效降低。

1.2 有些施工企业的安全管理意识较低

安全管理工作对于路桥施工现场的人员安全有着决定性的影响,只有让安全管理工作得到有效的开展,才能让路桥工程的安全施工得到保证,同时也让路桥的安全性得到提高。目前随着我国路桥工程的发展,人们对于路桥工程的质量也非常重视,然而有些施工企业的安全管理人员在意识方面相对较淡薄,没有重视安全管理工作,所以导致施工人员在施工的过程中经常没有根据相关的标准要求开展操作和施工;还有些施工人员不服从指挥,经常随意性开展施工,这种情况下导致施工过程中的危险系数也在不断地增高,不但无法让施工现场的安全性得到保证,更加无法让路桥工程的质量得到保证。在路桥施工的过程中,一些无谋的勇敢和无常识的施工行为都是对安全性没有重视,也是对相关规章制度的漠视,最终往往会导致一些悲剧。因此,需要重视做好安全施工,让所有工作人员的安全意识得到提高。

1.3 对于施工材料管理方面的问题分析

在路桥施工作业开展的过程中,会应用到大量的施工材料,施工材料的种类也相对较多,同一种类型的施工材料还包含着很多个型号,所以,开展施工材料管理工作还具有一定的繁琐性。施工材料的质量问题对于路桥工程的整体质量有着直接的影响,如果材料存在着严重的质量问题,那就会导致路桥工程出现质量问题,不但会对后期的施工作业产生严重的影响,同时还会出现返工的情况,让整个工程进度受到严重的影响,从而浪费更多的人力投入和物力资源。除此以外,在路桥施工的过程中,材料的运输方式不当也会导致材料的质量出现一些问题,这些问题都是管理工作没有做好导致的。

2 在路桥施工中提高安全管理工作的有效策略分析

2.1 需要让安全意识的宣传工作得到加强

在开展安全管理工作的过程中,安全意识是工作开展的基础,因此在路桥工程开展安全管理工作的过程中,还需重视从安全意识方面着手,让安全意识的宣传工作得到加强,特别是对于管理人员,还需更加重视增强自身的安全管理使命感,管理人员是保证安全施工的主体,所以在开展安全管理工作的过程中,还需安全管理人员发挥出自身的带头作用。在对安全意识宣传的过程中,还需让施工人员养成佩戴安全装备的习惯,尽量让安全事故所产生的伤害降到最低。除此以外,在对安全意识进行宣传的过程中,还需让施工人员在各个环节工作的规范性得到保证,这对于提高施工人员的安全意识有着重要的作用。

2.2 加强施工材料的管理工作

在路桥工程正式施工之前,相关的技术人员还需对路桥工程的高程、中柱、导线点等进行反复的测量,让其中的误差得到处理,满足设计的要求之后才能开展施工作业。在施工的过程中,还需对预制构件的高度以及平面位置的几何尺寸等进行严格控制,这样可以避免对工程的质量产生负面影响。除了对测量工作的质量进行控制以外,还需对施工材料的质量进行有效的控制,避免由于材料方面存在着质量问题,导致路桥工程的整体质量受到影响。在开展施工材料的管理工作中,还需做好以下几个方面。

(1) 在路桥工程施工中所需要采用的原材料较多,其中有水泥材料、钢筋材料、防水材料等,还需按照施工材料的进场程序,让原材料的质量合格,才能进入施工现场中。

(2) 对于半成品的施工材料还需加强管理,比如混凝土和砂浆等材料的质量。对进入施工现场的混凝土和水泥等,还需开展分批测验的工作,这样才能让质量符合相关的要求和标准。

(3) 对施工过程中所采用的一些施工材料等,还需开展合理的归类工作,并且需要对材料的存放环境等进行有效的改善,避免由于存放不当,导致材料出现变形或者变质的问题。在对施工材料进行发放的过程中,还需做好相关的记录工作,这样可以避免出现重复领取等问题。

2.3 需要让安全管理制度得到完善

在路桥工程开展施工作业的过程中,还需让安全制度得到完善,从而对路桥工程的安全施工起到保障的作用。在路桥工程施工的过程中,安全管理工作的开展需要依靠科学合理的安全管理制度,这样才能让安全管理工作的作用得到充分的发挥,让路桥工程的顺利施工得到保证。在路桥工程的安全管理工作中,还需让以人为本的理念得到树立,并且需要把施工人员的安全放在首要的位置,对施工人员的安全给予充分的重视,管理人员还需让自身的责任感得到加强,让自身的管理能力得到不断的提高,从而让安全管理工作得到有效的落实和开展。此外,相关部门还需按照实际的情况,具体问题具体分析,建立和完善科学合理的安全管理规章制度,从而避免在施工的过程中出现随意性施工的问题,让施工过程中的安全性得到保证。

3 结束语

在我国现代化城市建设发展的过程中,路桥工程是其中非常重要的工程项目,施工安全管理工作在其中是非常关键的工作,可以让路桥工程的施工质量和安全性得到保证。所以,在路桥工程施工建设的过程中,需要重视安全管理的工作,让安全事故的发生机率得到有效的降低,有效促进我国交通行业的发展。

参考文献

[1] 申小丹.路桥工程施工中的安全保证措施[J].建筑工程技术与设计,2015(12):867.

[2] 冷鹏.铁路桥梁施工安全质量管理的监控措施分析[J].建筑与装饰,2016(7):91+93.

[3] 龙楠.浅析新形势下建筑工程施工安全与质量管理[J].建材与装饰,2014(37):169-170+171.

[4] 张洺瑞.对高速公路桥梁施工安全技术管理策略的分析[J].工业A,2017(11):140.

[5] 丁西华.提高公路桥梁工程现场监理质量措施的思考[J].山东工业技术,2017(22):94.

道路工程中沉降段路基路面施工技术探析

南京交通工程有限公司　江苏南京　210000　陈　航

摘　要:路基路面沉降是道路工程建设中常见的一种病害,其原因是土体受外加应力的影响而产生的压密,从而引起地基的沉降。当路基路面产生较大的沉降时,会引起路面出现裂缝,从而影响道路的正常通行。沉降段路基路面施工技术在城市化进程中起到了很大的作用,提高了道路质量,延长了道路的使用寿命。为此,道路工程建设单位要对路基路面出现的沉降、变形等问题进行深入的研究,并对施工中的一些关键问题进行分析,以期提高行车的舒适度和安全性。

关键词:道路工程;沉降段;路基路面;施工技术

1　道路工程中路面沉降的原因

1.1　道路路基填料的问题

在道路工程路面的改建和建设中,道路的土壤性质非常重要。道路工程路面的土壤承载能力是影响路面质量的重要因素。由于黏土的分布范围很广,目前国内的许多道路工程的路基材料都是以黏土为主,黏土的稳定性并不好,且含水量也较高,在后期的施工中很难将地基压实,而且还会出现地基含水量增加的问题。一旦发生水灾,极易导致路基泡水,道路工程路面沉降,引发二次灾害。此外,由于各区域地质条件差异,在进行道路工程施工时,往往难以对路面进行全面的勘察和测量,从而导致路基路面施工中出现沉降事故。

1.2　道路路面下的问题

在道路的路面下存在着许多地下管道,这些管道的质量对路面质量的影响非常大。在大量的大型和小型汽车在上面行驶的长期高压下,会出现一些质量问题,从而导致路基路面出现沉降,对汽车和行人的生命安全都有很大的影响。而且,地下管道铺设完成之后,还需要进行回填,如没有足够的专业技术,没有很好地控制回填层的厚度,或是回填材料质量不合格,在长期的自然沉降和车辆通过后,路面上的应力就会分布不均匀,很容易引起路基路面的沉降[1]。

2 道路工程中沉降段路基路面施工技术要点

2.1 预防沉降段结构的科学设计

为降低道路工程中路基路面的沉降,避免交通事故的发生,施工单位应深入工地进行实地勘察,并结合工程的发展要求,制订合理的设计方案,以保证工程的质量和效益。此外,超负荷的承载力是导致路基路面产生沉降的重要因素。当超过初始荷载时,局部路面会出现不规则的沉陷,从而对整体施工产生一定的影响。若要提高道路工程的安全性、稳定性,应设计科学的防沉降结构,按具体情况设定相应的搭板程度及强度,以保证其符合原有设计方案,提高方案的实用性,从而从根本上保障道路工程的整体品质及耐久性,为群众的生命及财产安全提供可靠的保证[1]。

2.2 做好搭板设置与施工作业

由于道路工程的建设项目涉及的范围和环节比较多,所以施工单位要综合考量各个方面的影响,并制定相应的对策,使搭板在施工过程中受到的冲击最小化。首先,根据以往的经验,必须保证搭板的位置与路基顶部的高度保持一致,并保证底座与支架的顶部保持一致,这样可以提高行车的安全性。其次,施工方要对员工的施工工艺进行严格的要求,并根据有关标准对施工作业进行规范,以保证各施工工艺过程与预定的进度一致,以使搭板的使用效果最大化。最后,对于施工中的关键构件,施工单位必须对其进行严格的检查,以保证其足够的力量,进而保障道路工程在后期使用过程中的安全和稳定。在这方面,我们要特别指出,搭板容易受多种外部环境因素的干扰,从而产生振动、位移等一系列问题,因此,可以采取适当的斜坡处理,以确保整个搭板结构的稳定,从而增加道路工程的耐用性。

2.3 台后填筑施工

在道路路基路面的台后填筑施工中,高品质的回填是降低路基沉降的有效措施。因此,必须根据工程的具体条件,对回填施工进行合理的选址。台后填筑施工的先决条件是采用分层法,以保证充填工作的顺利进行,并保证台基达到相应的操作条件。其次,在填筑过程中要进行填筑材料的检查,注意对填筑物进行加压处理,避免在实际工程中发生回弹,从而有效地减少沉降段路基路面的变形。而且,在每个施工过程中,都要严格按照有关的设计要求进行施工。建筑工人要对施工材料本身的特点有深入的认识,才能发挥出填筑材料的最大效用。比如,在水泥稳定土拌和的时候,按照一定的比例混合砂、石子、石渣、水泥,保证掺入的水泥不超过6%,然后进行比例试验,确定水的用量,以及所用材料的参数和比例。通常情况下,在水泥稳定土中加入胶质物质,可以显著提高填筑土地的刚性和强度,从而有效地提高路基路面的稳定性,降低路基路面发生沉降的概率[2]。

2.4 加强软土路基处理

在道路工程施工过程中,经常遇到软土地基的问题,如果不能正确处理,就会造成地基沉降。路基处理的方法相互不对应,它们各自的性质和操作理念也不同,因此在不同的结构中会发挥不同的加固效果。并且不同的软土路基处理技术都有其自身的缺陷,因此在实际进行软土地基处理的时候,必须根据情况,选择最合适的处理方法,进而增强施工的有效性,减少出现路基路面沉降的概率。

2.5 合理的压实加固施工

路面压实是道路施工中的一个重要环节,它与工程的整体质量息息相关,它的主要功能是通过对一些容易发生沉降的路基路面路段进行加压,增强路基路面的整体稳定性,保证行车的安全。在进行压实工作时,要依据路基含水率的不同,确定相应的压实力,并要综合考虑风速、温度等各种影响因素,采用科学的方法对碾压参数进行控制,确保压实工作在预定的时间内进行。根据以往的经验,在压实期容易发生碾压和含水率之间的矛盾。当施工人员遇到这种情况时,可以采用喷洒法,这样不仅可以有效地解决这一问题,还能保证工程的质量。

2.6 路基路面排水技术应用

道路路基的数目超出了有关的建设规范会导致路面的塌陷。为了减少路面发生塌陷的概率,有关施工人员在此基础上,充分运用了路基排水技术,注重对路基路面进行排水,减少路面含水率,确保路面的稳定性。在具体的路基及路面排水技术中,有关施工人员应首先按实际情况进行滑槽的施工。此外,在采用滑槽的同时,要及时处理和解决道路的积水问题,注重沟渠的稳定性,尽量延长沟渠的使用寿命,在道路的基础上,加强对排水的治理,以保证符合《绿色建筑评价标准》的规范。有关施工单位要重视防水材料的运用,实现对路基、道路的全面治理,从而有效地预防路基、道路被淹的问题。

2.7 合理设置搭板

为了从根本上防止路面塌陷,有关部门在路面施工时要注意面板的设置,以增加路面的厚度、硬度,保证路面的平整度,延长路面的使用寿命。为了达到以上目的,有关施工单位要注重在实际工程中对板材的质量进行科学的控制,使板材的质量达到要求才能投入使用[3]。其次,根据道路施工要求,合理、科学地确定楼面高度;另外,有关施工人员也要采取适当的预留角度,使面板的高、高、高均保持一致,使面板与桥墩之间有效衔接,为以后的工程打下坚实的基础。另外,在施工过程中,有关人员要对桥墩的施工技术进行了解,对桥墩的设计和施工要求进行分析,保证桥面的施工质量,使滑板的功能最大化。通过这种方式,可以更好地改善路基的平整度,确保道路施工的安全与舒适度,从而提高工程建设的质量,预防道路坍塌。

3　结语

综上所述,在实际施工中要选择合适、高效的沉降段路基路面施工技术,更好地实现施工目标,并加强企业的施工管理,合理利用施工材料,进而有效改善路基路面的沉降问题,为促进我国城市建设和建筑业发展奠定基础。

参考文献

[1] 昝亨.道路工程中沉降段路基路面施工技术探析[J].四川建材,2022,48(2):116-117.
[2] 周爱生.市政道路工程中沉降段路基路面的施工技术研究[J].低碳世界,2021,11(3):197-198.
[3] 宋述评.道路桥梁工程中沉降段路基路面施工技术研究[J].黑龙江科学,2021,12(6):136-137.

道路桥梁工程原材料试验检测技术的作用探讨

南京交通工程有限公司　江苏南京　210000　徐　伟

摘　要：本次研究以南京交通工程有限公司为背景，通过对道路桥梁工程实行原材料试验检测的重要价值分析，了解到进行该项工作有助于促使工程项目正常顺利实施、延长道路桥梁使用的时间、准确掌握原材料质量情况、实现动态监管等。在此之后，对道路桥梁工程中应用原材料试验检测技术措施加以研究，主要实行水泥检测、土工检测、压实度检测等方面工作，可以确保原材料试验检测结果的精度。

关键词：道路桥梁工程；原材料试验；检测技术

引言

道路桥梁工程中原材料质量关系到整个工程施工的质量及安全问题，因而建设企业方面需提高对原材料试验检测工作的重视，科学运用相关试验检测技术，认真做好水泥、土工试验等方面检测工作，合理使用道路桥梁工程原材料试验检测技术进行处理，主要针对钢筋、石料、石灰、沥青等原材料进行试验检测，同时从编制完善的管理机制和提高工作人员综合素质方面出发，以便确保检测结果的准确性满足实际要求。

1　道路桥梁工程实行原材料试验检测的重要价值分析

1.1　有助于促使道路桥梁工程施工正常施行

原材料质量不达标则无法达到施工相关标准，在道路桥梁工程建设期间容易发生安全事故及施工质量问题，如此一来不但不能有效维护企业自身经济效益，而且还会对道路桥梁工程建设施工构成一定阻滞，情况严重时还易发生延误工期的现象。针对此，建议在道路桥梁工程中应用原材料试验检测技术，对原材料质量作以全面检测及评价，确保投入使用的原材料质量满足具体标准，以此促使道路桥梁工程施工正常实施，避免延误工期。

1.2　有助于延长道路桥梁使用时间

认真做好招投标阶段、施工阶段、竣工阶段原材料质量控制工作，对原材料质量进行试验检测处理，因原材料的类型比较多所以建议分类管理，明确各类型材料性能方面相关标准后确定参数信息，以便延长工程项目实际使用的时间。

1.3 有助于准确掌握原材料的质量情况

为提高道路桥梁工程整体施工质量，做好原材料质量控制工作非常关键，经试验检测原材料的质量情况，规范各项操作，准确掌握试验检测的流程，及时获取相关数据信息，在此之后实行原材料质量分析，为道路桥梁工程建设打下良好的基础。

1.4 有助于实现动态监管的效果

道路桥梁工程实时监管能有效防范质量安全事故的发生，特别为现代管理理念下进行全面分析时融入动态管理理念，对原材料采购、原材料验收加以管理，在实际原材料试验检测时进行动态监管，在方案设计中应用，能够确保整体管理工作的效率。

2 道路桥梁工程中应用原材料试验检测技术措施研究

2.1 水泥试验检测情况

2.1.1 安定性试验检测

在实施该种试验检测的时候为提高试验结果准确性，建议使用雷氏夹法原理密切观察并分析指针位移情况及水泥标准稠度净浆体积膨胀程度，实行 24 h 养护后测定雷氏夹指针尖端距离。除此之外，沸煮法样品处理期间将煮沸时间控制在 2~3 h 范围内，冷却后作以相应的分析和处理，重点需要调整尖端的距离，从而达到水泥安定性方面的要求。

2.1.2 水泥标准稠度用水量检测

水泥标准稠度用水量检测为测定工地用水泥需要的水量，操作原理为水泥标准稠度净浆对标准试杆沉入存在一定阻力，经试验各种含水量水泥净浆穿透情况，确定水泥标准稠度净浆需要添加的水量。

2.1.3 水泥凝结时间试验

采用标准稠度水泥净浆作为测定凝结时间的材料。首先进行初凝时间的测定。由起始时间到初凝状态出现所经历的时间定义为初凝时间，用"min"表示。如未达到规定下沉状态，则继续养护，再次测定，直至测试结果呈现规定的状态。接着继续进行终凝时间的测定，直到终凝试针沉入水泥试件表面 0.5 mm 时为止。当只有试针在水泥表面留下痕迹，而不出现环形附件的圆环痕迹时表征水泥达到终凝状态，由起始时间到出现规定状态所经历的时间定义为终凝时间，用"min"表示。

2.2 土工试验检测情况

2.2.1 颗粒组成试验检测方法

道路桥梁工程原材料质量检测的时候,颗粒组成试验为重要部分,主要能对土颗粒、不同类型集料作以全面检测和全面分析,相关试验参数和试验结果准确无误。除此之外,应确保级配参数的合理性,为施工作业提供数据方面支持,检测期间应该明确不同颗粒大小级配分布情况,确定混合料配合比,试验检测期间认真做好土料组成成分检测工作,旨在从根本上提高工程施工质量、管控效率。

2.2.2 击实试验检测方法

为保证检测结果的精度,建议通过击实试验对土料性能进行检测,除了检测土料密度、含水率外,还需做好两项检测指标的分析工作,在此之后结合检测的结果绘制曲线图。道路桥梁工程施工过程中压实处理作为关键部分,需设定最佳含水率、最大干密度值,以便为现场施工质量及后续结构施工质量提供检测数据方面的支持。在进行该试验的过程中结合施工现场状况,在土样中增加水量来满足试验样品不同含水率相关标准,模拟现场压实的效果,击实试验时合理使用击实仪获取试验土样最大干密度值、最佳含水率,绘制关系曲线图,曲线顶点为最大干密度,能够为确定最佳含水率提供数据参照。

2.3 压实度试验检测情况

为提高路基路面工程施工质量、试验检测水平,需选用适合的检测方法,并且需考虑到工程项目施工质量及原材料、施工技术等方面内容,以便有针对性地进行检测工作。压实度检测比较常用的方法为灌砂法,在路面稳定材料检测及路基检测中应用效果较好,于相同断面进行反复检测不会对路基造成破坏,便于为检测工作提供数据方面的支持。

2.4 道路桥梁工程原材料试验检测方法

道路桥梁工程原材料试验检测技术水平直接关系到工程的整体质量,因而需做好原材料试验检测工作,合理利用试验检测技术进行处理。(1)钢筋试验检测技术。钢筋试验检测主要进行拉伸、弯曲,以及冲击和硬度等方面试验,重点对钢筋强度、钢筋韧性、钢筋抗冲击性等实行检测。(2)石料试验检测技术。该方面试验检测的重点为颗粒形状、粒度分布、密度,以及吸水率和磨耗损失等,进行上述几方面试验检测能够检测出石料物理性能、石料质量是否满足实际要求。(3)石灰试验检测技术。石灰试验检测主要为活性度、含水率、烧失量及氧化钙含量等内容,能够明确石灰化学性能、石灰的质量。(4)沥青试验检测技术。试验检测的内容包括软化点、黏度、弹性恢复和抗拉强度等方面指标,便于联系检测结果确定沥青物理性能及沥青质量。上述几方面试验检测技术的应用均可对原材料性能、原材料质量加以检测,确保原材料的质量及道路桥梁工程施工整体质量。

其他道路桥梁工程试验检测的重点:(1)路基土石方填筑试验检测涉及土的密度、含水量,以及有机质含量、颗粒分析几方面,需实行液限塑限、标准击实、强度、易溶盐等方面试验;(2)桥涵构造物试验检测的关键为砂石和砂石表现,实行堆积密度试验、筛分试验、含泥量试验,以及坚固性试验、石料针片状试验、含水量试验、压碎值和软弱颗粒含量试验等;(3)水泥材料需要实行水泥性能试验,比如:水泥细度、安定性、标准稠度及凝结时间等试验,水泥砂浆试验,比如:水泥砂浆密度、抗压强度、稠度、配合比等试验,水泥混凝土试验,比如:水泥混凝土密度、抗渗强度,以及坍落度和抗压强度等试验;(4)钢材检测的关键为钢筋等级、标准代号、强度等级、外观情况、抗拉强度等内容,主要进行冷弯和钢筋焊接质量方面试验;(5)路面检测试验内容包括:无机结合料稳定材料、含水量、标准击实,以及稳定土配合比、稳定土内水泥、石灰剂量和石灰化学分析等;(6)集料检测的重点为碎石磨耗值、磨光值,以及压碎值、密度和针片状含量等,试验的内容包括密度、含水量、粒度范围等方面。沥青混合料试验内容涵盖密度、空隙率、饱和度,以及残留稳定度、筛分、沥青含量及配合比等方面。

3 道路桥梁工程原材料试验检测工作的完善对策探析

3.1 加强工作人员综合素质

工程建设离不开工作人员的支持,其综合素质关系到工程建设整体水平,因而应提高工作人员的综合素质,使其正确看待工程项目原材料试验检测工作实施的重要性,提升专业水平尤其是原材料试验检测方面水平,以此为保证原材料质量奠定基础,进而保障道路桥梁工程建设的质量。

3.2 编制完善的管理机制

建设企业方面,编制完善的管理机制,直接关系到原材料试验检测工作质量,需对道路桥梁工程施工不同阶段数据信息加以分析,保证管理机制设置的合理性。随着社会经济的快速发展,相关道路桥梁工程建设法律法规、政策也做出了一定调整,故此施工单位、管理部门方面需要考虑到该方面内容,结合地区差异、工程项目具体状况、企业发展建设水平等相关情况,通过监管部门对施工所有环节质量加以监管,重点对现场施工情况进行检查。另外,定期组织检测人员学习、交流,提出针对相关管理机制的意见,在此之后联系具体工程施工状况作以管理机制方面调整,制定相应的奖惩机制,有效调动工作人员的工作积极性,进而在保证道路桥梁工程施工质量的同时加快施工进度,防止发生工期延误的状况。

4　结语

道路桥梁工程原材料试验检测工作复杂,涉及较多环节且难度较大,所以应合理应用适合的试验检测技术来处理,确保原材料的质量,延长道路桥梁实际使用的时间,保证其安全性,严格控制施工企业成本,更好地维护企业效益,进而为提升道路桥梁工程建设水平打下坚实的基础。

参考文献

[1] 汪洪.道路桥梁工程的原材料试验检测技术研究[J].四川建材,2020,46(12):15-16.

[2] 李爱伟.道路桥梁工程的原材料试验检测技术研究[J].江西建材,2020(10):44+46.

[3] 曾龙飞.道路桥梁工程的原材料试验检测技术[J].新材料·新装饰,2020,2(21):101-102.

[4] 吕少伟.道路桥梁工程的原材料试验检测技术与优化建议[J].建材发展导向(下),2020,18(3):228.

[5] 孙慢.道路桥梁检测技术的要点及应用分析[J].电脑高手(电子刊),2020,2(2):1276.

道路与桥梁工程试验检测技术分析

南京交通工程有限公司　江苏南京　210000　徐　伟

摘　要:随着科学技术的不断发展,道路桥梁系统已成为我国经济发展和社会进步的重要基础。它们的质量直接影响到民众的生活和财产安全,因此,加大对道路桥梁工程的试验检测技术的研究,不断探索出更先进的检测方法,完善和优化检测体系,推动道路桥梁工程的自动化和智能化发展,已成为当今时代的重要任务。文中论述了道路与桥梁工程试验检测技术,期待能起到一定的借鉴作用。

关键词:道路桥梁;试验检测;技术要点

引言

道路桥梁的质量与安全是建设过程中的一个重要环节。因此,必须采取有力措施,以确保道路桥梁的结构稳定、安全,并且充分利用先进的试验检测技术,以确保其可靠性。在实际操作时,应当全面评估道路桥梁的结构特征和行业标准,以确保安全可靠地完成任务。

1　道路桥梁工程检测工作的具体内容

在道路桥梁建设过程中,无机综合料、沥青混合料和集料的选择非常重要,但由于它们的规格、标准、存储条件、使用方法各异,因此,必须由专业人员对它们的性能、质量等特征进行全面而系统的检测,以确保它们的最佳使用效果。具体而言,在检测无机综合料的过程中,必须考虑到它们的水土比例、含水量等指标。为了确保沥青材料的质量,必须从饱和度、沥青含量、密度等多个维度出发,仔细研究其价值,以确保其符合道路桥梁的质量标准。此外,正确的检测方法、精湛的技术、准确的数据,也将极大地提升检测的效率,从而为整个工程的顺利完成提供有力的保障。因此,在进行检测时,技术人员应该特别注意,并采取适当的检测技术和方法来确保各种原材料的质量。这样才能有效地提高道路桥梁工程的建造质量,并确保它们能够长期稳定地运行。

2　试验检测技术现状及重要性

通过对道路和桥梁的实际施工和检测,可以获取关于其质量的信息,从而更好地评估它们的可靠性和安全性。这些信息可以更好地指导和改善我们的施工方案,从而提高施工水平。经过精确的检测,可以准确地评估道路和桥梁工程的施工管理流程,发现可能存在的问题,从而根据这些信息来制定有效的调整和改进方案,为道路和桥梁的建设提供有效的指导和参考。随着科学技术的飞速发展,人们对于道路桥梁建设的标准越来越高,因此,施工单位应当加强对道路桥梁建设的监督管理,积极推行先进的检测技术,确保建设项目的安全可靠,从而满足社会的需求。

3 道路与桥梁工程试验检测存在的不足

3.1 检测指标方面

通过加强检测技术的实际应用,可以有效提升道路与桥梁工程的稳定性、坚固性和持久性,从而确保施工质量。然而,由于许多施工企业忽略了检测工作的贯彻落实,使得路基工程的建设效果受到严重影响,甚至可能引发安全隐患。在道路工程项目的实施过程中,如果施工作业人员不遵守规定,将会严重影响路基管理工作,从而使得工程项目的建设质量无法达到预期标准,甚至可能出现检测结果不准确的情况,从而给人们的安全带来极大的威胁。由于缺乏专业的、有效的质量检测标准,以及没有得到权威机构的支持,使得检测结果难以得到充分的认可,从而给道路和桥梁建设带来了严重的后果,严重影响了其质量。

3.2 检测工作相关设备方面的问题

对于道路与桥梁工程的质量检测,不同的位置需要使用不同的检测设备和仪器。传统的检测方法通常依赖于工程师的经验和技能,他们会根据实际情况来判断工程项目的风险。尽管这种方法的成本较低,但它无法与专业设备进行比较,并且可能导致不同程度的风险。因此,需要寻找更加先进的检测方法,以确保工程的安全性和可靠性。随着科学技术的飞速发展,道路和桥梁的数量也在迅速增长,而所研发的检测设备更是日益完善,它们已经得到了广泛的应用,但由于技术人员的专业水平和职业操守的差异,以及施工企业的经济压力,使得实际使用的检测技术和设备往往不够先进,导致了返修和重复使用的情况屡见不鲜。

3.3 施工材料方面的检测工作

在道路和桥梁建设项目的实际施工过程中,原材料检测至关重要。然而,由于原材料的种类和特征各异,检测范围难以界定。例如,外加剂、钢铁和水泥的密度、性能和使用方法各不相同,如果施工人员缺乏专业知识,容易导致混淆和误解,从而影响检测结果。此外,由于时间、地点和存储条件的限制,各种原材料的检测也受到一定的限

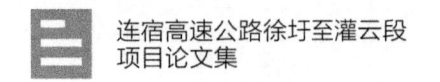

制。如果存储技术未能得到妥善的应用,将严重损害检测结果的可靠性,从而阻碍检测任务的有效进行,并且可能导致检测结果的失真。

4 道路与桥梁工程试验检测技术

4.1 红外热成像检测技术

这项技术利用热成像探测仪来检测结构发出的红外线能量,以及结构内部的温度场分布,从而更加直观地揭示出结构的连续性特征。红外热成像技术具有多种优势,其中最显著的是它能够提供准确的温度信息,而且这种信息的分辨率非常高。它的检测范围也非常广,最远可以达到 20 m,而且不受距离的限制。由于红外线的特殊能量特征,这种技术的应用范围有一定的局限,但是,当被检测物体的温度超过零度时,它的应用范围将大大扩展。与传统的技术相比,它的应用范围更加广泛,既可以应用于静止的物体,也可以应用于动态的物体。

4.2 回弹弯沉

通过采用回弹弯沉检测技术,可以及早发现道路桥梁工程的变形,并采取有效的补救措施,以确保其安全性和可靠性。该技术可以根据路面、路基轮缝的变形,以及相关的数据信息,对标准轴载的影响做出及时的反应,从而有效地防止和减少变形的发生。回弹弯沉的检测技术有多种,包括自动弯沉、落锤式弯沉和贝克曼梁法。贝克曼梁法的操作相对容易,而且需要的技术水平也相对较低,因此在实际检测中被广泛采用。但由于它的测量精度有限,使得最终的检测结果的准确性仍有待提升。落锤式弯沉的检测方式虽然可以通过计算汽车实际行驶中产生的冲击力来评估,但由于其成本昂贵和需要多次检测,使得它的应用价值不太高。

4.3 道路桥梁射线及机械检测技术

X 射线检测技术可以帮助我们发现道路桥梁的裂缝或其他缺陷,并且能够准确地测量涡流,从而帮助诊断并解决这些问题。这项技术的基本原理是通过红外线感应器来发现不同温度下的损坏。在使用射线机械检测技术时,必须特别重视辐射的影响,加强防护措施,以确保安全。该技术可以在三维空间中对道路桥梁结构进行动态模拟,从而构建出准确的结构模型,有效地收集和处理大量的数据,同时还可以通过机械信号来准确地评估和预测路桥结构的变形情况。这项技术被广泛地应用于各种领域,包括公路桥梁的测试、检修、维护和管理,并且正在变得越来越普遍。

4.4 车辙检测技术

一般来说,道路桥梁的建造都会采用车辙检测技术,这种技术可以清晰地反映出车辙给路面造成的不良影响,为后续的维护和改善提供重要的参考依据。这种技术既包括人工检测,也包括自动检测,其中自动检测采用最新的科学技术,比如红外线和激光,它们可以准确地收集和处理相关的数据,并将这些信息存储在电脑系统中,使得后期的维护和改善更加便捷、准确。通过对所有数据的归纳和整理,根据这些信息精确调整车辙参数,从而为道路和桥梁的建造提供可靠的依据,确保其可行性和可靠性。

4.5 内部缺陷检测技术

通过内部缺陷检测技术,可以将工程缺陷划分为内部和外部两类:当发现存在从内部向外部扩散的缺陷时,表明工程建设受到了极大的破坏,必须加以高度重视。通过应用内部缺陷检测技术,能够更加准确、及时地识别和修复道路桥梁内部结构存在的问题,从而提高其安全性和使用寿命。混凝土作为建筑物的基础,其质量的优劣将直接影响它们的使用寿命。然而,由于长期暴露于外界环境中,混凝土的质量很容易受损,因此,必须采取有效的内部缺陷检测技术来确保它们的安全性和耐久性。为了保证公共交通安全,确保道路和桥梁的安全,必须将缺陷检测技术纳入公共交通和桥梁建设中,将其作为重点发展领域。此外,还需要加强对缺陷检测技术的专业人才的培训,确保他们在执行职责时严格遵守相关法律法规,以确保道路和桥梁建设的安全性。

4.6 无线电检测技术

通过无线电检测技术,可以快速、准确地发现正在建造的建筑物及其设备的缺陷,从而更好地保护道路桥梁的安全。这种技术已经成为无线电管理领域的一个重要方向,尤其是在道路桥梁检测中,它能够迅速、准确地发现存在的问题,使专业人员能够根据实际情况采取有效的措施,从而保证道路桥梁的安全运行,使车辆能够安全、顺畅地通行。通过改善交通状况,不仅提高了出行效率,还为人们提供了安全保障。

4.7 桥梁健康状况检测技术

随着科学技术的飞速发展,越来越多的大型桥梁建设项目正在投入运营。然而,由于它们的使用周期较长,可能会出现各种各样的故障,因此,为了确保安全,工作人员必须采取有效的桥梁健康检测技术,对已经完成的桥梁进行全面的检查,以确保它们的安全性和可靠性。

5　道路桥梁试验检测技术提升策略

5.1　科学编制道路桥梁试验检测方案,明确技术路线

为了保证道路桥梁的安全和可靠,检测人员应该根据结合当地实际情况的指导原则,精心设计出一套完善的检测方案,并且仔细观察和记录现场的实际状况。在进行检测之前,还需要对潜在的风险进行全面的评估,以便制定出一份完善的处理计划。经过深入研究,制定一套完善的规章制度,以确保未来的道路桥梁建设能够满足长期的需求,并且能够有效地解决现实问题。为了保证道路桥梁的安全和可靠,建议建立一个专业的试验检测机构,明确各级政府的职能,以便提升试验检测的科学性和有效性,为未来的发展奠定坚实的基础,有效地推动相关技术的应用,防止责任分配的混乱。

5.2　优化配置先进设备,采用先进检测方法

在进行道路桥梁工程的设计之初,应当充分考虑其规模,合理安排试验室的数量,以便满足施工的实际需求。此外,还应当精心组织试验检测人员,以便他们按照科学的检测方法和系统的操作,及时获取有效的试验结果。为了有效地改善道路桥梁的试验检测,必须不断加强对新技术、新方法的研究,并结合实际情况,采取有效的措施来解决存在的问题。同时,还需要加强对试验检测设备的维护和升级,以便确保其准确性和可靠性,从而有效地提升道路桥梁的整体质量。

5.3　强化提升试验检测人员综合能力

为了保证道路桥梁的安全性和可靠性,提升试验检测的效率和准确性至关重要。因此,应该加强对试验检测人员的培养,引入先进的检测技术,提升他们的综合素养,以便更好地满足客户的需求,并有效地促进道路桥梁的建设和发展。为了确保安全、准确、高效地完成试验检测任务,试验检测工作人员需要拥有良好的专业素养,熟悉相关的技术规范,并且经过严格的培训,拥有良好的分析、解决实际问题的能力。只有通过考核等资质认证的人员,才可以正式从事此项任务。

6　结束语

在道路桥梁工程的建设过程中,正确运用检测技术,不仅可以提高工程的质量和效率,而且也可以为现代社会的可持续发展提供可靠的依托。因此,在实施检测的过程中,技术人员必须仔细审查使用的原材料、技术措施、风险因素,以及相关的检测结

果,从而确保检测的准确性和可靠性,提升工程的质量和可持续性,促进现代社会的可持续发展。通过加强监管,确保建筑行业的健康可持续发展,从而为实现社会的全面进步作出重要贡献。

参考文献

[1] 白莉萍.道路桥梁工程试验检测技术的应用探讨[J].冶金管理,2022(7):100-102.

[2] 段慧军.道路桥梁工程的原材料试验检测技术分析[J].交通世界,2021(36):131-132.

[3] 王建岳.道路桥梁工程的原材料试验检测技术分析[J].交通世界,2021(31):139-140+152.

GPS 技术在道路桥梁工程测量中的应用分析

江苏恒基路桥股份有限公司　戈立仁

摘　要:GPS作为新型定位技术,被很多行业研究运用,尤其是在军事、地图导航、汽车定位等方方面面。GPS的出现为我们的生活提供了很大的便捷,提高了各行效率。道路桥梁工程是目前推动我国经济流通的重要渠道,随着技术的完善,道路桥梁建设也向着技术领域发展前进,本文将重点分析研究如何在道路桥梁测量中更好地应用GPS技术。

关键词:GPS技术;道路桥梁;工程检测;应用分析

引言

社会不断发展,经济建设水平不断提升,道路桥梁工程的建设作为我国各行建设的基本支撑,有效地促进了经济发展,提高了生活总体水平。为了更好地实现我国城镇化,道路桥梁建设范围越来越广,前期建设中必须通过精准的测量定位才能开展最终工程。受地域地形的影响,很多测量都会出现干扰或数据错误等现象,GPS技术的出现从最根本上解决了这些问题,因其提高测量效率与精确度的特点,被道路桥梁工程测量单位大面积使用。

1　技术简介与优点

1.1　简介

GPS技术是一种经过不断研发完善的新型定位技术,最初被运用在军事上。随着后期相关技术研究人员不断探讨研究,现今应用极其广泛,大到建筑建设、道路桥梁工程测量,小到人们的电脑、手机,都采用了该技术。GPS技术具有精准的立体坐标定位功能,通过与不同行业的软件系统结合,可以发挥更多有利于人类发展的功能。

1.2　优点

GPS定位技术涉及的相关技术多样,适用范围极广,为各大领域带来实质性的贡献。其具有很强的定位功能,方位准确,数据精准,进行检测时不用进行交通疏通与障碍物清除。测量时基本都是利用网络系统实施测量,与普通测量相比减少了人工成本。操作快捷容易,作业要求没有较多限制,大多数时间靠网络系统进行数据传送分析,数据精准度高、传输速度快、数据存储功能强大,与其他测量仪器配合使用时效果更佳。

2 道路桥梁测量中 GPS 技术应用分析

近年来 GPS 技术更多被应用到道路桥梁工程测量中,提高了测量效率,提供的数据使道路桥梁建设位置更加科学合理化。但其实际测量应用中还是会存在细节性的问题,因此,必须从各个角度出发研究测量应用策略,措施如下。

2.1 线路定位应用

GPS 属于定位系统的总称,经过延伸研究得出 GPS-RTK 技术。该技术用在线路定位中操作方便,无需过多人为的干涉。进行该技术操作时根据地形设计好各项坐标定位待定系统,通过实际测量将最终的定位数据与方位坐标数值经过传送系统输送到 RTK 设备专用数据分析系统中。测量人员对接收到的数据方位进行筛选排除,选定最优方位数据进行现场实际勘测。应用 GPS-RTK 于勘测测量中需选定合适的基准架设点,将最终基准点固定在线路可控制范围之内,进行最终的基站设定,对坐标与高程输入基准站仪器提供控制点。基准架设点设置确定后,在基准站仪器运行稳定的状态下,基准站网络系统可进行 RTK 信号发射[1]。最后按照操作流程进行下一步操作和接收站的设置。接收站设置完成后,与基准站形成完美配合,建立完善的通信设备与数据分析传输,从而提高工作效率。

2.2 测量地形

道路桥梁工程的开展离不开地形的测量与确定,对于复杂地段尤其是山路、拱桥、坡路等大面积的测量必须采取相应的设备与系统。传统测量大面积范围时采取的是全站仪进行地势勘测,虽然测量过程中也具备自动化的优点,但测量进程过慢,相对复杂的地段会出现数据误差。特别是在树木茂盛、视线不清的地段工作中,人力物力资源消耗力度大,工作效率低下[2]。GPS 技术的应用解决了很多传统测量的难题,GPS-RTK 技术采用射线原理,操作中可以直接进行物体穿透,两点之间的通视度较强,地形测量更为准确。

采用 GPS-RTK 技术进行地形测量时不需要布置控制网,只要在测量区域或是与测量区接近的范围架立设置基准站控制点即可,确定基准站控制点时要保证覆盖半径大于 10 km,太近会影响测量数值。通俗点说就是将基准站作为中心点,10 km 或 10 km

以上为操作范围。后期也需要进行接收站设立,根据地理地形选取合适地点设立接收站,需要注意的是选取段必须接收信号强,便于增加要求接收信号稳定的相关设备。还有流动站的设定,流动站为地形的采集提供多元化的数值与地形分析,甚至可以将数值单位精确到厘米。只有基准站、接收站、流动站之间建立完善的系统才能提供更好的地形资料与数据。

2.3 桥梁测量

应用 GPS 技术进行桥梁测量时,需要对桥梁控制网进行建立与掌控,采用 GPS 技术中专有的桥梁测量系统,用轴线系统建立一个三维桥梁坐标系。此处采用虚拟模拟桥梁测量进行操作分析,首先取桥梁上的某一点设定基准控制点,将桥梁的主轴线作为三维坐标轴的 X 轴,将 X 轴设定为 GPS 控制网的基准轴,控制网的基准尺度根据测量仪器的定位进行设置定位,测量 X 轴线与基准控制点之间的距离来确定最终的两端控制点间的距离。

对于 X 轴线超过 1.5 km 规模较大的桥梁而言,长度的精准适应值确定要大于 1/150 000[3]。GPS 技术在处理基线时通常采取商用静态软件进行相关处理,随着技术的完善出现了处理强度高,紧密性极强的广播星历软件,提高了测量效率。测量中如果选取桥梁高程面进行桥梁控制网投影面分析测量,必须将 X 轴线的长度与控制点的三维立体坐标点转换到桥梁高程面中来,根据 GPS 技术转换坐标确定定位点。实际测量中桥梁类型多样,需要根据实际情况分析确定测量中的各点,保证桥梁测量的精准度。

2.4 测量控制网技术

测量控制网是整套流程中的重点基础,它提供的相关准确性的数据直接影响后期工作的开展。测量控制网在实际测量中精度要求没有统一规范,不同的道路桥梁工程有不同的测量措施。实际测量中,精准度要求非常高的被称为一级网。一级网的作用在于进行测绘时使其有参照点。因此进行操作时对于坐标定位必须严格把控,不能有任何瑕疵偏差出现。测量控制网在进行小规模测量时还有一种边角测量法,但随着道路面积的不断扩大,该方法已经很少被采用。GPS 测量控制网在实际使用操作中,控制点承受的限制小,定位率高,投入成本也小[4]。结合传统技术的优点,其在测量控制网中有着卓越的贡献,降低了测量成本,提高了精度和效率。

2.5 变形测量技术

为了更好地提高测量效率,克服测量中出现的障碍等,GPS 技术中根据道路地形变化与测量障碍研发出了变形测量技术。该技术主要应用于测量面积大、山区道路等地形复杂的区域。采用 GPS 的一般测量技术进行山体测量,由于缺乏相关技术,会导致山体厚度数据出现误差；再如进入树木较多的茂林测量区域，由于测量中测量细节做得不到位，导致后期建设出现难度，影响工期。GPS变形测量充分地展示出自身的优点。变形测量主要是根据GPS定位系统进行改进，实际测量中对出现的障碍进行绕道变形测量，将中间相差数值进行记录分析，测量时次数一般确定在3次为佳，取中间值进行测量分析，该技术重点在于数据收集分析，由三部分组成：采集数据、传输数据与分析处理数据[5]。测量时通过GPS定位系统进行数据采集，将采集到的数据传输到有关数据分析的软件中来进行分析处理。变形测量技术解决了长年来山体、拱桥等难测量的问题，提高了测量效率。

2.6　图根测量技术

图根测量技术是GPS技术中的主要运行技术，主要是接收各个测量站点的信号，利用GPS卫星定位接收器信号，通过接收5颗以上卫星的信号，计算出接收器与各个测量站点的距离并进行坐标分析，确定最终坐标系。找准接收器与各大测量站点的位置距离，实现最终的GPS定位测量。实施图根测量时，必须同时操控5台或5台以上的接收设备，结合双测法进行测量。测量期间卫星颗数必须保证在5颗以上，中间间隔20 s对卫星传送的数值进行接收收集，监测期间卫星与接收器之间角度需保持在15°以上[6]。同时需要注意其他站别的动向，如流动站，测量检测人员必须每隔20 min对流动站的状态进行查看，确保测量数据的真实性与精准性。

3　结束语

通过分析得知，GPS技术操作简单，测量效率高，在艰难险地同样有着准确的数据提供，减少了传统测量带来的误差，节省了人力、物力等资源。在道路桥梁工程测量中应用GPS技术，既提高了测量效率，节省了测量时间，又降低了测量费用，保证了数据精准度，有着独有的贡献。随着经济的不断发展，GPS技术将会越来越完善，在各个领域发挥优势，提高我国经济建设效率。

参考文献

[1] 陈振伟.GPS技术在道路桥梁工程测量中的应用分析[J].科学技术创新,2016（7）:271.

[2] 熊雁,张桂蓉.GPS技术在道路桥梁工程测量中的应用分析[J].工业C,2016（6）:18.

[3] 李妹.GPS技术在道路桥梁工程测量中的应用分析[J].工程技术:全文版,2016（9）:65.

[4] 曹振.GPS技术在道路桥梁工程测量中的应用分析[J].环球市场,2016(20):169.

[5] 姜茂盛,井文波.GPS技术在道路桥梁工程测量中的应用探讨[J].工程技术:引文版,2016(10):283.

[6] 张立军.GPS技术在道路桥梁工程测量中的应用研究[J].工程技术:文摘版,2016(11):235.

安全管理改进想法

江苏恒基路桥股份有限公司　马天禄

在项目施工中,为了使工程能够安全、顺利地开展,尽可能发挥每个职工的工作积极性,确保每个生产人员的安全,做到"高高兴兴上班来,平平安安回家去",必须加强施工现场的安全管理,项目部和各施工作业处共同努力,创造一个良好的、安全文明的工作环境。

"感觉安全"是一种麻痹大意的思想,因为"感觉安全",放弃了安全意识,放松了思想警惕,全然不顾安全生产,浑浑噩噩、糊里糊涂搞施工,势必酿成安全事故。"感觉安全"是一种极端错误的行为,因为"感觉安全",该抓的安全生产工作不抓了,该落实的安全措施不落实了,该检查的安全工作不检查了,以致给施工企业埋下了安全隐患,给发生安全事故开了绿灯。"感觉安全"是极端不负责任的表现,什么安全生产制度,什么遵章规范操作,什么排查安全隐患等等,都不要了,把国家财产和员工生命视作儿戏。因此,对施工企业每个员工来说,"感觉安全"要不得,要真正树立"安全第一"的意识,切实抓好安全生产工作,确保施工安全,维护国家财产和员工生命安全,促进施工企业科学发展、安全发展。

现阶段伴随公路工程建设步伐加快,工程数量不断增多,施工面更加广泛,安全风险源多样化,安全文明施工要求严格。为了更好地解决施工工程中安全生产存在的问题,填补安全管理存在的漏洞,我对以下各问题浅谈自身的观点和建议。

1　对安全的重视程度

在安全文明施工置于第一位的这个大趋势下,各方安全标准逐步提高,上至领导管理层,下到施工各班组,对安全施工都应保持认真、重视的态度。

但仍有个别人对此存在侥幸心理,对安全生产的重要性认识不全,由此导致施工中的安全管理被忽视,隐患问题层出不穷。

此类问题的存在,归根到底是因为教育处罚落实不到位,安全生产停留在口头,在实际工作中得不到体现,心态没在根基处得到纠正。

在人员安全教育交底中,要更多地穿插违规操作导致的安全事故案例,向作业人员展现出忽视安全问题最真实形象的后果,提高人员安全意识。日常管理中要注意"四怕":一怕自以为是,盲目自大;二怕形式主义,装装样子;三怕熟视无睹,不发现问

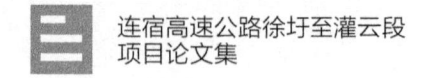

题；四怕有错不改，越积越多。

2 减少形式化管理

日常安全管理中，存在着很多形式化的工作步骤、形式化的书面资料、形式化的巡检、形式化的整改等等。这些"装样子、走过场"的行为，不但解决不了实际问题，找不出多少真正的隐患，没有靠谱的应对措施，而且还会助长被查人员的侥幸心理和应付态度，埋下长期的事故隐患。

要从根本上改变这种心态，减少形式主义，不能只顾门前雪，不管瓦上霜，要多一些不做提前安排的随机性常态检查，少一些表面的走马观花。做到"敢提出、真整顿、避免再次发生"，使各项措施真正起到应有的作用。

3 人员管控

现阶段施工，风险源复杂，专业分包较多，交叉作业频繁，人员错综复杂，数量多，流动性大，自身素质参差不齐。管理过程中，常会存在人员安全防范意识较差，屡教不改的情况。

要解决这个问题，首先，安全教育是最主要的环节，要强调安全为首的作业理念，从"要我安全"到"我要安全"，克服工作中"嘴说重要，干活不要"的假安全思想，让人员形成自身安全为首的意识。其次，不能光靠宣传教育引导，还要有强硬的处罚手段，责任到人，二者缺一不可。

4 管理人员自身职业素质

要确保施工安全，关键在于员工。事在人为，只有每个员工抛弃"感觉安全"的错误理念，提高安全意识，增强安全责任，才能确保施工安全，不发生大小安全事故。因此，施工企业每个员工要在思想上高度重视安全生产，牢记以人为本的科学发展理念，时刻保持清醒的头脑，时刻保持高度的警觉性，吸取安全事故血的教训，把"安全生产是生产力，安全生产创造财富，安全生产是最大经济效益"的先进安全理念落实到自己的本职工作中，形成"人人讲安全，事事为安全，时时想安全，处处保安全"的思想氛围，确保施工安全。

要在技能上夯实安全生产根基，认真学习安全生产法律法规、安全生产规章制度、安全生产操作规范，参加企业组织的各类安全培训，掌握安全生产知识，熟悉安全生产规章制度，懂得如何做到安全生产，具有确保安全生产的岗位技能，实现安全最大化，不发生安全事故。要在工作上全面落实安全制度，在施工过程中，要严格按照规章制度要求，老老实实、自觉遵守安全生产制度，做到遵章操作、规范施工，加快施工进度，提高施工质量，营造良好安全生产氛围，做到"不伤害自己，不伤害他人，不被他人伤害"。

安全教育是需要持之以恒的工作，要做到"年年讲，月月讲，天天讲"，营造安全生产的良好氛围。只有施工人员安全意识真正意义上得到升华，不安全行为才会得到遏制，只有这样我们的安全管理工作才能更上一层楼。

工程安全与进度

江苏恒基路桥股份有限公司　郑振林

摘　要:在实际施工过程中,因为遭受到多方面因素的干扰,建筑施工管理和进度控制还存在很多不足,影响了施工进度和质量。因此科学做好建筑的施工管理与进度控制是保证工程质量和进度的前提,对建筑业发展具有重大作用。加大工程管理与进度控制力度,可以有效地提高工程质量,避免施工过程中的资源浪费,提高施工效率。建筑施工管理贯穿于整个建筑工程的始终,企业要根据工程需要,不断创新施工管理方式,为实现企业的规范化管理与控制打下基础。

关键词:建筑工程;安全管理;进度控制

1　建筑工程安全标准管理的特点

1.1　复杂性

建筑工程专业性强,施工工艺复杂,需要土建、水电、安装等专业的配合。以钢筋混凝土工程为例,施工内容包括钢筋、模板、脚手架、吊装、运输等。在安全管理的实施过程中,要对各项工作进行检查和分析,以满足标准和规范的要求,突出其复杂性特点。

1.2　长期性

建筑工程项目是一个长期的建设项目,不同类型的工作需要更换,人员经常更换。安全标准管理模式的应用涵盖了从项目经理到施工人员的整个技术分工,应进行安全教育,提高安全意识。在项目建设的全过程中,强调项目的长期性是必要的。

1.3　变化性

在建设工程中,地质、水文、气候、交通需求等诸多因素都会导致建设进展的变化,影响安全标准管理。另外,大部分项目都是露天进行,不仅环境条件恶劣,还包括季节变化在内,改变了建设计划和组织设计,强调了变化性的特征。

2 安全管理和进度控制存在的问题

2.1 进度管理缺乏有效性

建筑工程进度管理对于建筑工程施工具有重要影响,得到了施工企业的重视,但是缺乏进度管理的有效手段。进度管理机制不够完善,不能与施工进度管理相匹配,导致进度管理效率低下。建筑工程施工项目涉及内容广泛,施工复杂,进度管理也没有结合各个环节的特点,有针对性地制定施工计划,导致资源配置不合理。另外,建筑工程进度管理也没有与现代科技有效结合,施工企业管理信息化建设不足,发挥不出进度管理的作用。

2.2 管理人员的综合素质较低

管理工作是施工期间的约束力,也是整体工程的守护者,但由于不能为单位带来直接的实际效益,很多单位忽视了对管理人才的培养,最终对工程造成的影响巨大。现代社会的节奏较快,企业对于经济效益的追逐存在一定的片面性,在工程当中,管理人员的数目较少或是综合素养不能符合标准的情况大量存在。一些管理团队由单位的老员工所组成,在工作当中,对单位了解深刻,工作的开展经验也非常丰富,在施工当中能够通过本人的经验对工作进行管理,但由于相关的理论知识不够科学化,无法对情况进行合理的解释和反应。还有部分的管理人才团队是由应届毕业生所组成,他们在学校接受了系统化理论培养,但在实际工作当中,由于工作的经验不足,以及对社会的了解不够深入,导致工作存在一定的阻碍,并且与本单位的工作人员进行交流和沟通不够及时,也会导致工作的开展滞后。

3 建筑工程安全管理策略

3.1 建立健全安全管理制度

健全安全管理制度提高了建筑施工安全管理的规范性,为营造良好的施工环境提供了重要基础。为了贯彻落实"安全第一"的安全生产方针,首先,施工单位应于施工开始之前制定明确的规章制度,以此来规范施工人员,做到熟记各自领域的操作流程,并且在施工进度进行到一定程度时开展一次施工检查,看看是否有偏离正常施工运行的问题,使施工作业更趋向于管理规范化。其次,施工管理人员还应对建筑施工中可能遇到的突发问题做出应急方案,在施工过程中出现安全隐患时,使施工现场的损害达到最小,避免安全隐患造成人员伤亡及利益的损失。最后,施工管理人员应完善奖惩制度，对表现好的进行表扬和奖励，以此提高施工人员的积极性，创造一个和谐的施工环境，为施工行业带来更多的利益。

3.2 提高施工人员的综合素质

工程建设过程中的施工人员很大一部分都来自农村，文化程度相对较低，并且安全意识相对较差。在工程安全管理方面，要对其进行施工安全知识的讲解，并要建立健全施工人员培训制度，使工程建设的施工人员能够进一步认识工程安全问题的重要性。通过提高施工人员的综合素质，能够使施工人员提高自身的安全意识，并且在操作中能够保证安全施工，从而使施工安全管理有进一步的提升。

4 建筑工程施工进度的控制策略

4.1 提升进度管理有效性

在进行建筑工程施工进度管理前，要结合各种法律法规，对管理机制进行完善，确保进度管理能够有章可依，使进度管理能够规范化操作。在进行实际管理过程中，要根据具体施工情况，不断更新管理方法，为其他建筑工程施工项目提供借鉴。

4.2 科学编制进度计划

在进行进度计划编制时，需要结合施工内容，并深入施工现场去，结合该地区的相关资料，全面掌握建筑工程施工项目所在地的自然环境和地质条件，将有可能影响施工进度的因素全部考虑进去，还要对那些影响施工进度的自然环境、地质条件，制定相应的应对措施，将影响降到最低。此外，进度计划编制过程中，还要核实工程量，做好人员配置，确认施工设备情况，确保施工材料能够及时供应。在进度计划编制完成后，还要做好审核工作，以免存在错误或是遗漏，确保建筑项目能在规定工期内完工。

4.3 做好各个环节的协调、统一

建筑工程施工项目涵盖内容多，工种众多，施工技术类型复杂多样，很多分项工程会同时施工，为确保建筑工程施工进度不受影响，就要做好各个环节的协调、统一，形成一个整体，保证施工进度按照进度计划开展。在施工过程中，要做好沟通工作，各个部门要进行及时的沟通，负责人要汇报施工进展，对于遇到的问题要及时上报，并采取有效措施，科学合理地解决问题。另外，还要做好施工工序的衔接管理，在施工过程中，监理人员要发挥好监理作用，认真检查施工内容，当一项工序完工后，要认真检查，如果存在问题，就要及时整改，整改完成后，才能继续进行下一项工作。施工现场的管理对施工工序的协调、统一也很重要，施工现场要合理规划布置，重视安全管理，最大

化地减少安全事故的发生,让各项工作能够有序开展。

5 结论

综上所述,工程项目的安全管理和进度控制非常重要。通过对工程项目在施工中的安全管理和有效的进度控制可以使工程在施工质量和施工效率上得到一定的保证。通过二者之间的有机结合,使工程项目施工更加安全的同时有着更高的效率,使建筑工程的施工更加符合目前建筑市场中的需求,从而提升其市场竞争力。

参考文献

[1] 蓝美琴.建筑工程施工进度控制管理的思考[J].科技风,2017(21):65.
[2] 朱琳.工业建筑的施工管理与进度控制探究[J].居业,2017(5):179-180.
[3] 黄兴旺.探析建筑施工的进度管理及其控制措施[J].建材与装饰,2017(14):162-163.
[4] 冯庆涛.工业与民用建筑施工进度控制与质量管理措施分析[J].绿色环保建材,2017(2):111.

公路桥梁现浇箱梁模板与支架设计施工浅析

江苏恒基路桥股份有限公司　侯一鸣

摘　要:现浇箱梁在城市道路以及桥梁建设中的应用越来越广泛,现浇箱梁集美观性、完整性、刚度大以及适应性强于一体,降低了桥梁道路施工的难度,使其质量进一步得到保证。现浇箱梁的支架施工中主要涉及施工基础、支架搭建以及支架堆载预压三个方面,同时要注意把握好施工中的关键点。其模板支架施工技术主要涉及模板设计、模板安装、钢筋施工以及混凝土施工四个方面。严格按照相关的实施工艺进行施工,保证施工技术的准确合理,是确保整个现浇箱梁施工工程符合质量标准的关键。

关键词:现浇箱梁;施工技术;施工控制

引言

　　城市的道路桥梁是城市建设中关键的一个环节,现阶段我国城市建设的重心已经转到城市建筑的美观性及高质量上来,当前建筑行业的竞争日益激烈,所以相关的施工单位要在满足施工需要、保证建筑质量的基础上尽可能地降低工程成本,这就对施工技术以及工艺控制提出了更高的要求,现浇箱梁在城市道路桥梁建设中作用重大,因此需要把握施工标准、施工技术。

1　现浇箱梁支架的施工技术

1.1　施工基础

　　箱梁支架在安装施工前要先做好相关的施工准备工作,首先是施工现场的平整工作,加固施工场地内所搭设的支架,采取碎石填补或者以混凝土为基础对软基位置进行加固,使地基的承载力能够达到相关的质量标准,避免桥梁梁体在进行混凝土浇筑后出现下沉。在进行工程施工的过程中,要清理排水沟内部的沉积物,再将山皮石进行分层回填,注意回填的高度不能够高于路面高度,最后要确保回填的稳固性,要通过压路机进行分层碾压,避免出现沉降。在山皮石回填之后要接着回填灰土,一般分为两层,并要保证压实度不低于93%,灰土填筑层顶层与省道保持平齐,同时为了方便排水要预留横坡,回填施工完后需要进行地表杂物清除、平整工作,保证地表平整[1]。接着要进行表面土层的平整和填筑压实工作,通常选取灰土以及生石灰粉进行填筑压实,为避免渗水对地基造成影响,要将雨水引进四周的排水沟中。

1.2 支架搭设

搭设支架前相关的施工人员要先做好测量放样的准备工作,所搭设支架要与中心线对称,立杆底部需设置垫板或者支座,立杆垫板的位置要与立杆的位置相对应,需保证立杆位于垫板的中心位置。要确保垫板的稳固性、平整度,保证立杆顶部牢固,且需要设置剪刀撑。立杆和横杆的安装一般要根据其对应的设计,由底部开始安装,依次安装到顶部,其安装工作结束后,需要再进行斜撑杆的安装工作,安装斜撑杆是为了确保支架稳定,一般采用通过扣件将斜撑杆与支架相连的方式,其安装位置应与支架框架的节点对应。通常还需要在立杆的顶部设置 U 形支托,在安装的过程中需要先在其内部设置横木,再根据相应的间距以及标高设置竖向木杆和垫块,支结构的稳固性以及地基的规律沉降共同决定了钢管的稳定性[2]。在横桥向的安装中,需严格按照相关的支架拼装标准进行安装,确保其支架内的竖杆垂直度符合要求,同时规划好剪刀撑、扫地杆的间距、数量,安装顺桥向支架时,需将其与桥墩连接,减轻其水平方向的受力。还需要注意的是,为保证整体支架的稳固和强度,需要将碗扣式脚手架与军用墩支架、钢管相连。

1.3 支架堆载预压

现浇箱梁的支架结构的稳定性和承载力影响着整个公路桥梁结构的安全,因此为保证浇筑质量需要明确支架的承重力,要将支架的变形以及地面下沉可能出现的概率或者其速度降到最低。因此支架横梁和纵梁的安装工作完成后,需要对支架实施预压施工,预压施工一般选用砂袋,其施工范围一般在箱梁的底端,预压的重量需大于箱梁重量的 1.2 倍左右,在施工中要根据相关设计分等级进行,其顺序通常是由支座向中心进行,每一级持荷的时间需大于 10 min,在加载的过程中要记录各级荷载下的变形值[3]。由于悬臂板较轻,在预压完成后,可以根据预压记录结果,对悬臂板的预拱度进行调整,除此之外,需要确保支架在安全的量值内沉降,一旦其沉降量过大,要及时采取相应的措施进行调整。

1.4 施工控制

支架施工首先需要确保支架的稳定性、强度以及刚度符合工程质量标准的要求,在预压施工中确保其重量不小于混凝土质量,地基的承重力要符合相关标准,可以通过明挖、钢管灌注桩、钻孔灌注桩来扩大基础,支架的预拱度需要根据预压检测中支架弹性和变形值来确定,最后要保证支架基础的排水设施完备。

2 现浇箱梁模板支架施工技术

2.1 模板系统设计

模板系统设计涉及的主要工作有模板的绘制、布置支承系统图、设计支架图、总装配图的绘制以及细部结构图等,其次要根据相关基础设施规定施工荷载,模板、支撑系统需要进行验算,还需要按照荷载等级分别检验其稳定性、强度和刚度。

2.2 模板安装

现浇箱梁的模板安装工作,要根据管道预应力以及钢筋的埋设现状来进行,首先要进行模板的表面检查工作,使模板表面保持干净与平整,清理其表面残留的混凝土及其他杂物,进行模板拼装时要保证所有模板未出现变形,及时处理变形模板,其拼装的间距不宜过大。之后要进行侧模板安装,安装中需要确保其符合垂直度的标准,避免出现安装不够稳固的情况,安装之后要检查螺栓是否拧紧,调整没有拧牢的螺栓[4]。最后是内模板的安装,内模板的质量一定要符合相关的标准,安装前要对其外形以及尺寸进行检查。安装完所有模板之后,要进行相应的检查工作,检查模板的间隙是否符合标准,防止出现漏浆,保证其拼装稳固、紧密。

2.3 钢筋施工

现浇箱梁的钢筋施工对于整体工程的质量十分重要,因此在施工过程中要保证每一阶段的施工质量都能够符合标准。首先要做好钢筋的保管工作,施工现场所用钢筋的性能、规格要符合施工标准,钢筋存放中要避免潮湿,采取一定的防潮及防锈措施。其次要根据设计的要求选择钢筋的尺寸、形状,使钢筋保持合理的间距,在进行钢筋焊接时,需确保焊缝牢固、焊接质量可靠,同时合理控制参数误差(如表 1 所示)[5]。最后要保证预留孔道的位置正确,如果其位置存在较大误差,要及时进行调整,以保证现浇箱梁的工程质量。

表 1 内模安装参数

安装内容	允许偏差值(mm)
断面尺寸	±5
轴线偏移	5
顶面四角高差	1
预埋件位置	5
顶面高程	±2

2.4 混凝土施工

要保证混凝土施工的质量,首先要确保施工采用的混凝土的质量,要保证混凝土配置比的合理性、准确性,混凝土的质量受其各成分配比的影响较大,在公路桥梁的施工中要根据相关的规定来确定各成分的参数,再根据施工现场的具体设施以及环境条件进行调整,使混凝土质量保持最佳。其次,浇筑施工要符合相关的流程,按照相关的施工标准对模板以及支架的稳定性进行检查,浇筑施工需要按底板到腹板再到顶板的顺序操作,通常先浇筑底板与腹板,再浇筑顶板和翼板,浇筑过程中需保证模板接缝稳固,防止其接缝出现偏差,要对检查出的接缝问题进行及时的调整。最后,浇筑完混凝土后需要进行振捣以保证其浇筑工作的质量,振捣过程中使振捣棒与模板之间保持一定的距离,同时保证振捣的充足性。

2.5 预应力处理

进行现浇箱梁的预应力处理工作首先要检查钢绞线的表面,看其表面是否足够干净、平整,确保其表面没有机械损伤,要对有机械损伤的部位进行更换。下料施工所选用的铁丝型号需符合相关的规定标准,同时绑扎工作要符合设计要求,且需保证间距的合理,在进行预应力处理施工时需采用正确的操作,可以选择采用塑料管内穿以及波纹管预埋的方法进行。张拉箱梁需在其表面干净、无杂物的状态下进行,通常带模预张拉施工在混凝土的强度符合相关的施工质量的50%时进行,初张拉在达到80%时进行[4]。除此之外,在进行张拉操作的过程中,要对管道以及喇叭口的摩阻值进行监测,合理地控制张拉力,使其符合标准。

3 结束语

城市道路桥梁建设会受环境地貌、交通条件以及施工环境等多种条件影响,因而其建筑施工具有一定的难度。由于桥梁结构的立体化、曲线化,其对施工工艺及技术的要求更高,而现浇箱梁可调整成线形等多种形状,能更好地适应道路桥梁建筑的需要,再结合准确的施工技术,能够促进施工单位实现工程效益和工程质量的统一。

参考文献

[1] 唐宏.现浇箱梁模板和支架的设计与施工质量的控制[J].城市建设理论研究(电子版),2012(6):1-4.

[2] 冯天焱.公路桥梁现浇箱梁模板与支架设计施工浅析[J].广东科技,2009,18(14):277-278.

[3] 秦新建.试析桥梁现浇箱梁支架施工措施[J].城市地理,2014(22):114.

[4] 赵新良.浅析复杂地域环境现浇连续箱梁施工支架方案比选[J].建设科技,2015(10):162-163.

[5] 闫熙.公路桥梁现浇箱梁模板与支架设计施工浅析[J].工程技术:全文版,2017:162.

矩形墩钢筋保护层控制措施浅析

江苏恒基路桥股份有限公司　卢　锦

摘　要：钢筋混凝土结构广泛存在于交通工程、建筑工程、水利工程等诸多建设领域,是土建行业中最常见也是施工较为便捷的一种结构形式。由于钢筋混凝土兼具了混凝土较高的抗压性能和钢筋的部分抗弯拉性能,其优异的综合力学性能和相对经济的建设成本,使其成为桥梁的主要材料。

关键词：钢筋保护层；矩形墩；几何尺寸；模块化钢筋保护层调节支架

现如今桥梁建设在全国范围内蓬勃发展,尤其近些年跨海大桥、跨江大桥的建设更是遍地开花。桥梁结构形式层出不穷,桥梁施工技术不断地更新换代,钢筋混凝土在桥梁施工中的主导地位却没有发生改变,依旧是绝大部分桥梁施工,尤其是桥梁下部结构施工的主要材料。钢筋混凝土结构是钢筋和混凝土共同作用的一种形式,钢筋保护层是保护这种受力结构受力状况和耐久性的有效手段,也是施工中控制的难点。在桥梁施工中钢筋保护层控制一直是控制难点和检查的关键项目,近年来政府针对钢筋保护层出台了各类新规范,各级建设行业主管部门更是出台了各种指导意见和要求,钢筋保护层的重要性可见一斑。桥梁建设中墩柱的钢筋保护层一直是控制难点,尤其是矩形墩的钢筋保护层控制难度更大,相关数据表明目前桥梁建筑行业矩形墩的钢筋保护层合格率很难达到80％,远低于规范要求的90％和部分主管部门95％以上的要求。本文就矩形墩钢筋保护层提出几点控制措施,以供探讨交流。

1　钢筋保护层的定义

钢筋保护层顾名思义是钢筋混凝土结构中钢筋至混凝土结构表面的一层用来保护钢筋的混凝土,是防止钢筋裸露,保护钢筋免受空气中水分、氯离子和其他腐蚀性材料侵蚀的那一部分混凝土。

对钢筋保护层传统意义上的理解是对受力筋的保护,换言之钢筋保护层就是受力筋到混凝土表面的距离,在施工过程中和检测中都是强调对受力筋保护层的控制。但近些年来在实际施工中我们发现,我们一味地控制主筋的保护层,忽略了箍筋、分布筋保护层的控制,致使箍筋、分布筋等非受力钢筋保护层不满足要求,从非受力筋的锈蚀开始扩展到受力筋,造成比较严重的质量事故。现在行业内已经意识到这一点,部分桥梁设计已经开始逐步地重视非受力筋的保护层控制,对施工控制要求更加严格。

钢筋保护层在施工时需根据规范要求,控制在设计值的0.9～1.3倍之间。钢筋保护层过大会导致钢筋混凝土结构在热胀冷缩、表面张力变大时应力不能及时被钢筋吸收,钢筋也不能限制混凝土表面的徐变,进而产生裂缝,这种裂缝一般较宽,会加速混凝土内部钢筋的锈蚀,破坏结构受力,甚至造成严重的质量事故;钢筋保护层过小则存在非受力筋露筋、钢筋表面混凝土开裂甚至脱落的风险,造成钢筋锈蚀,会严重影响钢筋混凝土结构的耐久性和使用寿命。

钢筋保护层是钢筋到混凝土表面的净距,不包括混凝土表面附着物,如抹面、涂料等的厚度。钢筋保护层对结构的适用性、耐久性、抗腐蚀性、抗碳化、抗裂和安全性具有非常重要的实际意义。

2 钢筋保护层的作用

钢筋混凝土充分利用了混凝土较高抗压性能和钢筋优异的抗弯拉性能,弥补了混凝土的脆性和钢筋强度不足的缺陷,取长补短,使钢筋混凝土的受力性能达到最佳,其主要作用有以下几点。

2.1 保护钢筋不被侵蚀

钢筋在空气中水分、氯离子等具有腐蚀性材料的侵蚀作用下容易发生氧化锈蚀,随着钢筋的锈蚀,钢筋结构会逐步变得松散,体积增大,这种缓慢的作用会导致混凝土膨胀开裂,同时钢筋的锈蚀会造成钢筋有效直径变小,抗弯拉性能下降,进而影响钢筋混凝土结构的性能,造成质量安全事故,钢筋保护层的作用就是降低这种侵蚀程度,减缓钢筋锈蚀时间,提高钢筋混凝土结构的耐久性。

2.2 黏结锚固

由于钢筋混凝土结构是利用钢筋和混凝土的独特性能优势来提高其工作性能,因此只有保证钢筋和混凝土之间较好的黏结性和整体性,才能充分发挥其最大的优势。

钢筋混凝土结构工作时,其自身的重力和外部力会相互传递,压力由混凝土来承受,弯拉力由钢筋来传递,如果钢筋与混凝土黏结锚固效果不好,存在间隙,应力传递就会受到影响,钢筋和混凝土就不能充分发挥各自的作用。钢筋保护层如果黏结性不好,钢筋和混凝土之间存在间隙,会出现钢筋外侧混凝土剥落的情况,严重影响钢筋混凝土结构的质量。因此钢筋保护层对两种材料的黏结锚固作用十分关键。

2.3 防止混凝土表面开裂

钢筋具有良好的延展性,钢筋混凝土在保护层之下的部分均呈网格状布置,其作用与防裂钢筋网片类似。面层混凝土在气温变化的时候会因为热胀冷缩,产生较大的应力,混凝土具有脆性较大的缺点,极易因此产生裂缝,钢筋在混凝土表面应力增大的时候能吸收部分应力,减小混凝土表现张力,进而能限制表面混凝土的开裂。

3 矩形墩钢筋保护层的控制措施

桥梁墩柱作为桥梁上部结构和基础之间重要的结构,其作用是将桥梁上部结构自身的重量和外部荷载传递至地面,起着承上启下的重要作用。因其承载着来自上部结构的巨大压力,其结构强度和耐久性严重影响到桥梁的整体强度和耐久性。

圆形墩柱由于其建构简单,通过加强钢圈和支撑筋的共同作用,钢筋保护层控制难度较小,然而矩形墩通常作为桥梁的主墩,其结构尺寸大,矩形结构稳定性差,容易变形,钢筋保护层控制难度大。实际施工中矩形墩的保护层合格率平均在75%左右,合格率低于50%的不在少数,造成了较大的质量隐患和成本投入。

钢筋骨架安装一般有现场拼装和整体吊装两种。现场拼装一般是在承台钢筋上进行绑扎,由于作业平台为网格状钢筋,在钢筋位置偏差不大时作业人员为了尽快实现钢筋的定位,有时不对承台钢筋位置进行调整便直接进行焊接,造成墩柱钢筋定位出现偏差。由于部分承台钢筋绑扎不牢固,钢筋在墩柱钢筋巨大的重量之下也会出现一定程度的位移,造成墩柱钢筋偏位,钢筋保护层合格率偏低。矩形墩钢筋的另一种安装方式为钢筋加工厂拼装后整体吊装,此安装方式虽然可以在加工时很准确地控制钢筋骨架尺寸,但是由于矩形墩钢筋骨架尺寸较大,成品的钢筋骨架会在自重作用下,顶面加强筋出现肉眼可见的下挠,侧面加强筋向内或者向外弯曲变形,造成钢筋保护层合格率偏低。

我们在实际施工中针对矩形墩钢筋合格率控制中存在的问题进行了总结,归纳出以下几点控制措施。

1. 严控矩形墩钢筋骨架的几何尺寸

钢筋骨架几何尺寸是控制矩形墩钢筋保护层的最基本条件,钢筋骨架尺寸偏小则钢筋保护层偏大,钢筋骨架尺寸偏大则钢筋保护层偏小。

现场安装时,首先确保承台顶层钢筋绑扎牢固,必要时在墩柱钢筋安装范围内的钢筋全部焊接连接。在稳定的基础上准确放出钢筋骨架安装的边线,用以控制钢筋骨架的尺寸。钢筋骨架安装边线弹线时,对需要调整的承台钢筋间距进行调整,使每一根墩柱钢筋都能准确焊接到承台钢筋上。

加工厂拼装钢筋骨架时,要确保安装胎架的尺寸绝对准确,以此为平台安装钢筋骨架方能保证骨架尺寸的准确。挂架加强筋变形是钢筋骨架变形的主要原因,施工时采用加密加强筋的措施可减少加强筋的变形。若加密后加强筋仍出现变形,加强筋可采用双拼的形式,或者用工字钢替代,确保矩形墩钢筋骨架不变形。

2. 模块化钢筋保护层调节支架控制钢筋保护层

模块化钢筋保护层调节支架是一种由方管制作的矩形可连接的框架(标准件 50 cm×50 cm,非标准件 50 cm×20 cm,50 cm×10 cm,10 cm×10 cm)和可调节的支撑杆的构件组成的支撑体系,此支架可作为钢筋骨架安装的胎架,也可作为调节器对钢筋骨架尺寸进行调节。其工作原理是先拼装主框架,主框架的尺寸较钢筋骨架尺寸小 20~30 cm,再安装可调节支撑杆,根据实际需要支撑杆可固定在单根钢筋上,也可固定在加强筋上,通过松紧螺丝可将位置不准确的钢筋向外顶撑或者向内牵引,钢筋位置调节到位后,焊接支撑筋实现准确定位。该支架可以实现单点调节,也可小断面整体调节,具有较好的灵活性。

模块化钢筋保护层调节支架从底部逐层往上调节,支架每段长度 1.5 m,调节好后安装箍筋和定位筋,逐层调节既可保证整个钢筋骨架的尺寸符合要求,也可随时调整钢筋骨架的竖直度。

3. 模板安装

钢筋骨架安装后,按每平方米 4 个的标准和保护层厚度安装保护层垫块。模板安装前先弹出模板安装线,并复核钢筋骨架和模板尺寸,最后根据安装线安装模板。模板安装时不可速度过快,模板强大的冲击力会撞碎保护层垫块。模板安装到位后拧紧四角的螺栓逐渐收紧模板,使模板紧贴保护层垫块,并用铅垂线检查模板的竖直度。

矩形墩钢筋保护层控制并非难点,需要施工人员具有高度的责任心,注意细节控制,加强检查,发现存在问题及时调整。现场技术人员要对钢筋骨架尺寸、竖直度以及骨架四个面是否存在变形进行逐一检查验收,做到精细化管理,一定能保证矩形墩钢筋保护层合格率符合要求。

模块化钢筋保护层调节支架是在施工实践中总结并自制的小型工具,旨在通过小型辅助工具提高矩形墩钢筋保护层的合格率。随着桥梁施工技术的不断更新,相信在广大桥梁建设者的共同探索和努力下,会有更多更简便的小型工具来辅助我们做好矩形墩钢筋保护层的控制,桥梁建设会在建设者的智慧之下变得越来越简单,质量和安全会更上一个台阶。

路基施工要点和不良土质路基的处理方法探讨

江苏恒基路桥股份有限公司　卢　锦

摘　要：在现代化的交通体系下，整个公路建设最为重要的就是路基施工工程，而导致公路路基质量受到影响的最大因素就是土质问题，在面对施工地的不良土质时，需要采取一些手段解决这一问题。本文将结合现代路基的施工要点进行分析，针对不同的不良土质提出相对应的处理方法。除此之外，还会详细论述不良土质路基施工工艺的相关问题，介绍在面对不良土质时应当如何开展施工工作。

关键词：路基施工要点；不良土质路基；处理方法

引言

无论是在基础条件较好的地方或是条件恶劣之地，都需要采取科学合理的施工方案来指导整个道路工程，才能够较好地保障道路质量。但是在实践过程中，我们除了需要注意设计科学合理的施工方案，还需要保证施工措施的高效安全，例如在进行公路施工时可能会遭遇不良土质路基的问题，就需要采取有效方案进行处理，否则不仅仅会延误工期，还有可能造成道路使用过程中的安全问题。地基是道路的根基所在，地基处理的质量直接和整个工程质量乃至道路交通安全挂钩，本文将结合工程实例对不良土质地基的施工方案进行探讨。

1　不良土质的路基施工技术分析

1.1　路基开挖

不良土质路基的开挖工作需要根据实际情况来开展，例如在较浅的路堑，就可以采取一次性挖到标高的方式，而对于偏深的路堑，则需要进行分阶段操作，将开挖工作分为若干个台阶完成[1]。在面对较长的路堑时，可以采取纵挖法，倘若是宽度与深度都较小的路堑，则可以以路堑横断面的宽度为标准进行分层纵向开挖处理。在施工过程中，聚集开挖常常会出现积水现象，为改善这一情况，可以在开始前设置必要的边沟或者是排水系统，还需要加强边坡的防护处理工作，避免边坡倾塌现象的发生。

1.2 填筑技术

在面对不良土质时,需要对地基的填筑工作尤其小心,根据运输车的运载量规划路基土步时的网格大小,在运土车到达施工现场后,需要注意以从前到后、自左至右的顺序进行卸土。在压路机开始工作前,需要安排专业人员进行全面的检测工作,保证压路机操作的安全与效率。与此同时,在进行填土时,需要注意按照不同桩号底层的标高来设计表层的顶面标高与松铺厚度。路基的碾压施工需要参考路基的填土厚度以及其密实度进行,在进行综合分析之后,便可以制定出碾压的顺序、次数以及速度[2]。需要注意的是,在进行碾压工作时,要保证行与行之间的重叠范围控制在40～50 cm。

1.3 排水技术

由于不良土质情况复杂,因此在不良土质的路基排水的施工工程中,需要结合人工与机械开挖两种方式,以确保排水沟和边坡边沟能够满足路基建设过程中的排水要求,做到平整与稳定。一旦排水沟出现了阻水情况,就需要及时采取相关的补救措施,同时也需要避免出现由于纵坡过大而导致的排水沟水流超速的情况。

2 路基施工的要点

2.1 施工测量

在进行路基的施工测量工作时,需要注意恢复中线测量,在钉线外也需要进行边桩处理,以防止施工范围出现误差,除此之外,还需要进行标高的测量工作,以便工程能够更加高效地进行。

2.2 路基填土

在施工过程中,倘若发现原地面的标高低于设计标高,就需要进行建筑填方工作,将地面标高垫高至设计标高。在路基填土过程中,需要注意填土的材料选择,千万不可使用腐殖土、淤泥、盐渍土或是生活垃圾土,这几类土土质较差,作为地基填土容易发生安全问题[3]。此外,填土内不能含有草、树根以及其他杂物,倘若土内有粒径大于100 mm的土块应当进行打碎处理,否则同样会使道路使用产生安全隐患。在进行路基的填土工作时,需要先将原地面的积水进行排空处理,将地面上的杂物进行清除,保证地面的平整。倘若填土过程中遇见井穴或是坟坑,需要进行分层填实处理。在进行填方段内应当事先找平,一旦地面的坡度高于1/5时,就需要修成台阶样式,并且每层台阶的高度应当注意不超过30 cm,宽度宽于1 m。

2.3 挖土路基

在进行挖方段的工作时,应当注意不得超挖。压路机应当选择大于 12 t 级,碾压顺序应当是自路边向路中心进行碾压,直到将路面压至表面无明显轮胎痕迹为止。

2.4 质量检验

在路基碾压工作完成后的质量验收环节,需要对路基的压实度、中线偏位、平整度以及路床等进行检查,一旦发现其中的不合格项应当及时进行修整处理,直至完全符合设计标准。

3 工艺制定工作

3.1 施工前的准备工作

在路基施工工程开始之前,首先需要进行一系列的准备工作,好的施工准备工作能够为工程施工的顺利进行奠定坚实的基础。施工前的准备工作包括施工材料、施工设备、施工人员的安排等等。首先,需要对施工公路的沿线情况进行充分调查,对施工公路的地质土质做到了然于心[4]。其次,需要根据施工地的水文以及土质状况设计出相对应的施工方案,为工程施工提供方向指导以及技术要求,保证最后的工程质量。最后,需要根据施工地的气候特征对施工设计方案进行相应的调整工作。

3.2 填方工作

目前我国路基施工多采用路基全断面水平分层填筑法进行路基的填筑工作,这种方法主要是通过由底层逐渐向上层填筑的方法,使得路面在进行填筑后的标高符合设计要求。在采用性质不同的路基填料进行填筑工作时需要注意不可将其混填,否则可能会因为其性质不同而导致填方内部出现薄弱面或是夹水层。在进行填方施工时,需要对其含水量进行实时的监测控制,在其含水量接近最佳时进行碾压工作能够得到事半功倍的效果,路基的强度也会大大增加。在填方工作结束后,需要进行刷坡整平工作,对地面进行整平压实处理。

4 不良土质路基的处理方法

4.1 软土地基

软土地基一般是由淤泥质土、软黏土或是水下沉积等土质构造而成,这类土质在我国南方有着极为广泛的分布[5]。这类土质地基具有含水量高和孔隙比例较大的特征，也正是由于这些特质，导致软土的透水性极差，其强度或者是压缩比都远远不及普通土质。软土基常常会由于沉降比率过大而导致路基地面出现大量的开裂情况，这主要是由于其荷载力过大，地基容易出现整体或是局部的剪切现象，进而导致路面出现大范围的凹陷或是地面下沉的情况。

针对软土基的这类情况，可以选择粉喷桩或者 PC 管桩施工，加强地基承载力。

4.2 湿陷性黄土

虽然湿陷性黄土的质地较为均匀，但是它具有空隙过大且结构疏松的特质，这种土质一旦面临大量水源入侵时，其自身的压缩性就会大大减小。并且在压力与雨水的同时作用下，还会出现土质结构被破坏，密度增加的情况，一旦这种情况发生，那么随之而来的必然是地面的大幅度下降，出现地面凹陷的情况。

根据黄土地质可能会出现开裂变形以及崩塌的情况，需要在路基建设过程中采取相应的加固处理，缓解其湿陷性。可以通过灰土垫层法或是灰土挤密桩等方式进行处理，同时需要注意路基的节排防渗处理。

4.3 膨胀土

膨胀土主要是由失水收缩性矿物和吸水膨胀性矿物组成，这种土质具备较好的可塑性，当这种土质处在硬土质的状态下，有着极强的工程性能[6]。但是由于其自身的膨胀特性，可能会导致路基出现变形开裂的质量问题。

为了解决这一问题，就需要利用水泥桩或者是灰土桩对土壤进行改善，除此之外，还可以采用填料和压力相结合的方法加固路基性能，人为限制土壤的膨胀。

4.4 冻土

冻土一般分为季节性和多年冻土两种，冻土在冻结状态时有着压缩空间小以及高强度的特质。可是冻土一旦融化，其承载力就会急速下降，压缩空间也大大增加，与此同时也容易出现地基的融沉。而在季节性冻土解冻后又结冻时，就会产生冻胀的情况，这种冻胀会导致路基发生开裂或是位移的情况。

冻土路基施工的解决方案，可以参考青藏铁路的热棒处理法，将地下冻土进行稳定解冻处理，然后再进行路基的施工，便可以大大提升冻土土质下的路基施工质量，也能够很大程度上提升道路使用的安全性。

5 结束语

综上所述，在进行道路工程的施工建设时，应当注意对不良土质加以处理，通过科学高效的解决手段避免不良土质为道路施工带来的施工问题以及提升道路使用过程中的安全性。这种对不良土质的科学处理不仅仅能够大大提升我国道路施工的技术水平,也能够在一定程度上为我国的道路建设施工不断提供新的建设思路,增强我国的道路施工能力。道路不良土质的处理工作离不开高水平的技术支持,相信随着技术手段的不断发展,我国的道路施工也能够取得长足进步。

参考文献

[1] 刘坦.郑州至开封城际客运专线不良地质路基施工工法[J].低碳世界,2017(12):186-187.

[2] 徐华辉.石灰改良含砂低液限土在高速公路拓宽路基中的应用[J].装饰装修天地,2017(17):307.

[3] 陈飞.市政道路软土路基处理中强夯法施工技术的应用[J].江西建材,2017(10):133.

[4] 宫国.浅析不良地基的基础处理方法在港口工程建设中的应用[J].科技尚品,2017(7):31.

[5] 屠义伟.复杂地质条件下山区公路边坡稳定性评价及加固方法设计[J].公路工程,2018,43(1):169-174.

[6] 王超,乌效鸣,陈晨,等.水平定向钻进电力管道扩孔间隙注浆材料特性研究[J].非开挖技术,2017(2):31-34.

盘扣支架稳定性保障措施浅析

江苏恒基路桥股份有限公司　赵小虎

摘　要：自碗扣支架被列为淘汰工艺以后，盘扣支架逐渐成了满堂支架法现浇箱梁的主要支撑结构，在桥梁施工中使用越来越多。然而，纵使盘扣支架有着搭设简便、稳定性好的巨大优势，盘扣支架的稳定性仍受到施工细节的较多影响，把握控制好影响支架稳定性的几个主要因素，方能发挥盘扣支架在质量、安全等方面的独特优势。

关键词：整体稳定性；地基承载力；底托水平；立杆竖直度；水平剪刀撑；体外固结；自由端高度

近年来随着各种新工艺、新技术、新材料的投入使用，碗扣支架已经成为淘汰工艺，在桥梁施工中，盘扣支架已成为主流。相较碗扣支架，盘扣支架具有搭设简便、施工快捷、整体稳定性好的优点，然而在实际施工中由于固有思想的影响，施工人员对细节的把控仍然不到位，造成支架整体或局部失稳而坍塌的事故时有发生。经过多年的桥梁施工，对比盘扣支架和碗扣支架的优缺点总结出一部分影响盘扣支架整体稳定性的原因，并提出相关保证措施，与同行业共勉，共同为支架法现浇箱梁的质量安全做出努力。

1　地基承载力

地基的稳定是支架稳定的前提和基础，地基承载力不足极易造成支架的沉降、失稳、坍塌等事故。地基承载力不足主要分为整体不足和局部不足。地基整体承载力不足最直接的后果是支架整体沉降，进而造成箱梁整体下沉或零弯矩处开裂；地基承载力局部不足最直接的后果是支架不均匀沉降，造成支架的失稳，进而引发重大的质量和安全事故。

为保障现浇箱梁施工时支架基础的稳定性，现提出以下两个方案：在地质条件比较熟悉，并且有比较成功的处理经验时，地基处理标准不得低于原标准；对于陌生的地质环境，需要对试验段进行地基处理，地基处理完成后采用桥梁施工总荷载的120％进行无支架预压，预压周期不少于30天，预压期间对地基沉降进行观测，收集相关数据作为地基处理的依据。

确定地基处理的方式以后，需加强地基承载力检测，根据方案计算书中提出的地基承载力要求进行检测，重点对地基薄弱部位和受力较大的腹板和横梁位置进行检测，确保支架基础的稳定。

2 底托的水平

盘扣支架属于整体性较好的支架体系,支架稳定首先要基础平稳,底托作为支架体系的调平层,直接决定了支架的水平和稳定性。底托不平会造成纵横向水平杆不水平,进而影响整个支架体系的稳定性,严重时会造成支架失稳倾覆。

底层横杆水平

盘扣支架搭设时先用水准仪将搭设断面四角处底托旋钮调至同一标高,固定好后再带线进行其他底托旋钮高度的调节,使之处于同一水平线上。如果纵坡过大,底托旋出长度超过 30 cm,则需要设置断缝,断缝两侧形成两个平面,断缝处用钢管和扣件进行连接,断缝宽度必须小于纵向立杆间距。第一层水平杆搭设完成后再次检查底托旋钮的水平,不平处进行二次调节,调节完成后方可继续往上搭设。带线时需考虑下挠,下挠会严重影响底托的水平。

底层插销调节竖直度 插销贯入度一致

3　立杆竖直度

立杆是盘扣支架的主要受力构件,由于箱梁是垂直受力的,上部结构的重量几乎全由立杆承受,故立杆的竖直度是决定支架承载力的最主要因素,然而在现实施工中由于检测困难,工作量大,很多施工企业往往忽略了立杆垂直度的控制,由此引发的支架坍塌事故频出,已成为支架坍塌的主要诱因。

立杆的垂直度需从第一层立杆开始控制,由于基础几乎不能做到绝对水平,底托丝杆存在一定程度的倾斜,因此在第一层立杆搭设时,通过立杆两侧水平杆插销插入的深度调节立杆的竖直度,纵横向低点一侧插销插入盘扣的深度小于高点一侧,具体插入深度根据现场测得的立杆竖直度进行调节。现场测量时,立杆倾斜度控制在1/500 H 以内。立杆竖直度调节完成后均匀打紧两侧水平杆插销,使支架稳定且不易变形。第一层立杆调节完成后,开始逐层搭设支架,后续立杆搭设时,立杆横向或纵向盘扣上两个水平杆插销贯入深度必须保持一致,以此来保持立杆的竖直度。

支架搭设完成后,通过铅锤或全站仪对立杆垂直度进行检查,检查频率符合规范要求,立杆的竖直度不超过1/500 H 且不大于50 mm。如不符合要求,则从底层立杆开始,通过调节横杆插销的贯入深度进行调节。支架立杆竖直度调节完成后,打紧斜杆插销,使整个支架体系稳定。

4　水平剪刀撑的布置

盘扣支架由于其自身稳定性可靠,取消了碗扣支架常用的扫地杆、横向剪刀撑和纵向剪刀撑,扫地杆被水平杆取代,横向和纵向剪刀撑被斜杆所取代,然而水平剪刀撑并未取消,反而提出更高要求,可见水平剪刀撑对保持支架稳定的重要性。

水平剪刀撑沿水平方向分层搭设,且必须连续搭设,每层间距不超过4.8 m,夹角控制在45°~60°。剪刀撑钢管之间的连接不得少于三个扣件,且搭接长度不小于1 m,最外侧扣件离钢管端部不少于10 cm。为最大限度发挥水平剪刀撑对整个支架体系的稳定作用,剪刀撑与立杆交叉处必须全部用扣件进行连接,如钢管连续2 m以上无法与立杆连接,则需要与横杆进行连接。

盘扣支架竖向斜撑包括纵向和横向,斜撑通过三角形具有稳定性的原理,使得支架体系具有很好的竖向稳定性,增强支架体系的支承能力。水平剪

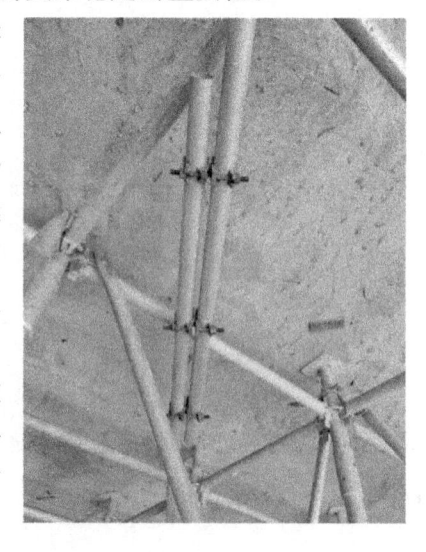

刀撑通过剪刀形的钢管将整个支架体系连成整体，同时使支架体系在平面上形成三角支撑，既能增强支架的整体性也能增强支架体系水平方向的稳定性，至此整个支架体系的稳定性得到了有力的保障。

5　体外固结

盘扣支架具有较好的自身稳定性，但是墩柱位置存在较大的失稳风险。虽然墩柱本身承载力远大于支架体系，然而墩柱四周支架的搭设往往会出现空当，出现整体性不足的情况。墩柱尺寸往往大于支架立杆间距，使得此处立杆间无法用横杆联系，此处支架稳定性较为薄弱，可能会成为支架失稳的突破点，为此，我们在支架搭设时，采用体外固结的方式解决这一问题。

体外固结顾名思义就是在支架体系之外对支架进行加固处理，通常采用钢管以井字形将墩柱包夹住，钢管与支架横杆用扣件进行连接固定。井字形固定支架每两个步距设置一档。此方法能将支架体系与稳定性较好的墩柱进行连接，利用墩柱更高的稳定性，在加固支架体系薄弱环节的同时，还能使支架体系与墩柱连接成整体，进一步加强支架体系的稳定性，将部分力传至墩柱，至此整个支架体系的稳定性得到了全面的保障。

6　自由端高度

自由端高度是指最后一层横杆以上的高度,由于自由端无横向连接,稳定性相对较差,所以在固定支架搭设时,自由端高度不得超过规范要求的65 cm,同时顶托丝杆旋出高度不得超过40 cm,否则需按非正常步距增加横杆。

为保障自由端的稳定性,立杆需要用立杆非标准件进行加长,立杆非标准件有50 cm和30 cm长两种,用于调节自由端长度。非标准件立杆上设有圆盘,用来增加横杆,将自由端转变成稳定性更好的非自由端。由于顶层横杆步距小于标准步距,在施工中往往会忽略了此处斜杆的安装,从而影响支架的稳定性。竖向斜杆的搭设必须搭设至最顶层横杆,以增加顶层立杆的稳定性,斜杆的步距可小于标准步距,由于斜杆具有三角形稳定性的优势,所以顶层支架的稳定性可以得到很好的保障。

再好的制度,再好的技术方案,只有落实到位才能保证支架体系绝对稳定。技术管理人员需加强管理,在支架搭设过程中要严格按照方案的相关要求进行技术指导,在支架搭设完成后必须严格按照方案及规范要求进行检查验收。盘扣支架已然取代碗扣支架在桥梁施工中的地位,掌握好盘扣支架稳定性控制的相关措施,加强现场检查验收,方能保证在现有技术条件下支架法现浇箱梁质量的安全可靠性。时代在进步,工艺在改进,技术在创新,我们需要在现有技术水平的基础上积极地钻研,探索出更好的技术措施,为交通工程建设作出我们力所能及的贡献。相信交通工程建设会发展得越来越辉煌。

浅析公路桥梁施工安全管理及其控制

江苏恒基路桥股份有限公司　胡　俊

摘　要：随着近年来我国公路桥梁建设规模的不断扩大，公路桥梁施工的安全管理也受到了行业内的广泛关注。本文作者根据公路桥梁施工多年的实际经验，对公路桥梁施工安全管理及其控制展开了深入的研究与分析，并提出解决问题的相关对策，希望能对公路桥梁的建设起到一定的启发作用。

关键词：公路桥梁施工；安全管理；控制

引言

随着我国经济与科技实力的长足进步，城市之间的相互交流也更加深入，作为连接城市之间交流纽带的公路桥梁也得到了大力发展。然而目前公路桥梁的施工仍然在安全管理层面存在着很多问题，我们应该深入研究出现问题的具体原因，并根据问题提出相应的解决对策，从而保证公路桥梁建设的稳步发展。

1　影响施工现场安全管理的因素

1.1　安全管理措施不够健全

很多公路桥梁在施工设计时，没有充分结合施工位置的具体情况，部分施工工艺设计与施工现场情况严重脱节，无法满足现有的工程质量安全标准；技术管理缺乏相应的技术协调部门和现场的技术支持部门，无法让现行的技术安全标准在施工现场得到充分的落实；同时没有建立紧急情况预案与充分的后备安全保障措施，对危险作业现场没有设置相应的安全标识和警示，发生事故时无法根据保障措施进行有效的疏散。公路桥梁施工安全管理措施不够健全，导致整个项目工程缺乏相应的安全控制，为公路桥梁施工留下了极大的隐患[1]。

1.2　从业人员专业素养不足

在公路桥梁的施工过程中，很多从业人员没有经过系统的技能培训和安全管理培训，从业人员没有足够的安全管理责任意识和忧患意识，导致从业人员无法迅速地发现施工过程中的安全隐患，发生工程作业的技术方面问题时也不能进行有效的处理；管理人员对安全施工的流程不明，无法根据现场进行有效的人员调度，造成了从业人员的混乱与涣散。从业人员是公路桥梁施工的第一执行人，他们的专业素养将会对施工质量和施工安全造成相应的影响。从业人员的专业素养不足造成了施工作业人员没有足够的安全风险意识，相应的操作无法满足安全管理制度的需要，从而使施工的安全性无法得到有效保证，也使公路桥梁交付使用的安全系数大打折扣。

1.3 相关机构对安全管理的忽视

公路桥梁的建设应该是由设计机构、施工机构、监理机构与业主机构等相关机构作为责任方共同托起的工程。然而在实际的施工过程中，各个部门只关注施工工艺与施工质量，将工作重心重点放到如何能确保施工工期的问题上来，反而安全管理的问题并没有引起相关机构的足够重视，对场地与技术的安全管理工作不闻不问，发现施工现场的安全问题也不会提出有效的解决方案，对需要协调和把控的技术要点也没有给予相应的配合。各个机构将大部分心思用在机构在公路桥梁工程中得到的利益上，使施工现场的安全得不到重视，导致公路桥梁的安全管理严重失衡。因为缺少各个机构的有效支持，施工现场一旦发生事故，各个部门只会相互推诿责任，最后造成施工现场安全管理无人过问，无人管控，无人负责的现象。

2 公路桥梁施工安全管理的控制措施

2.1 健全安全管理制度

安全管理制度是公路桥梁施工安全管理的总体纲领，制度体系是否健全将直接关系到公路桥梁施工作业的安全系数。对公路桥梁进行施工安全管理时，首先要明确安全管理制度，健全安全管理制度，发现并弥补安全制度设计中存在的漏洞。要根据施工设计与施工现场的环境科学地制定管理方案，根据设计要求和用户的实际需求合理调整安全管理措施。在施工过程中，要严格贯彻与落实已经制定的安全管理制度，对违章操作和违章施工进行有效的整改。健全的安全管理制度能够为公路桥梁的施工提供有效的安全保障，从而起到降低施工安全风险系数，提升施工质量的作用[2]。

2.2 提升从业人员专业素养

从业人员的专业素养是公路桥梁施工安全管理的根基，当前公路桥梁施工中仍存在从业人员专业素养过低的问题。在从业人员进入工地之前，要对相应人员进行施工技术以及安全生产的系统培训，同时排查各个施工人员的施工资质，严禁施工人员无证上岗的现象;在平时的施工作业中,管理人员要对施工安全时刻保持警觉性和敏感性,一旦发现施工安全问题要立刻责令停工,并进行报备处理;整个施工队伍要提升相应的安全意识,每个从业人员对安全施工要有足够的忧患意识,施工时要能够做到防患于未然,将安全施工的理念灌输给负责重要施工工艺流程的施工人员,使其能够根据规范严谨作业。从业人员专业素养的提升是公路桥梁施工安全管理的根本所在,能够有效提升施工人员的施工安全技能和安全意识,从而确保从业人员在安全施工的氛围下有序进行施工作业。

2.3 加强责任部门之间的沟通配合

公路桥梁施工需要各个部门共同协作来完成。各个责任部门在施工设计阶段就应该对工程建设地点进行共同调研,并就工程项目的建设充分交换意见;在设计图纸初稿时,建设部门、监理部门和业主单位应该共同就设计方案进行充分的研讨,根据实际需求提出改良优化方案;在进行施工时,各个部门应该就施工现场的安全管理制度进行充分研讨和论述,一旦发现存在问题,要提出问题并根据实际情况进行问题分析,提出整改方案。各个责任部门之间的沟通配合能够有效地消除施工安全管理中的问题萌芽,并且从多个角度完善和健全施工管理方案,从而确保工程在多部门监管下安全顺利地进行[3]。

2.4 加强施工环境的安全控制

施工环境的安全控制是指对施工现场周边环境中影响工程施工安全的风险点进行有效的控制。公路桥梁施工很容易受到施工现场周围水文地质等不利条件的影响,所以我们应该对施工环境有一个明晰的认识。首先对施工现场的周边环境进行有效的系统排查,查验周边软土层的强度以及地下水的含量等,列出周边环境中存在的安全风险和影响施工的具体问题,根据相应问题与各个责任部门进行协调,将问题清除。整体要遵循不清除安全问题就不进行施工的具体原则,从而促进施工环境安全问题的排查和解决。加强施工环境的管控,能够有效防止施工现场周围环境对施工造成的安全影响,从而保障项目能够在规定工期内顺利完成。

2.5 加强施工技术的创新

施工技术的创新是随着近年来公路桥梁建设规模的不断扩大而提出的全新的施工安全管理控制措施。施工技术的创新包括对施工工艺的优化、对施工安全技术风险系数的降低。创新施工技术要遵循与工程实际情况相匹配的原则,并对施工工艺与施工技术进行全面优化与改良,在创新过程中,要结合实际施工情况与实际施工经验,增加创新工艺的可行性,提升公路桥梁建设的效率,提升施工过程的安全系数。通过新工艺、新技能的推广与应用,将全新的科学技术适配在公路桥梁建设施工中,从而确保整体施工的安全性[4]。

3　结束语

公路桥梁施工是连接城市与城市之间交流的纽带。然而目前我国公路桥梁施工中还存在着安全管理措施不够健全、从业人员专业素养不足、相关机构对安全管理的忽视等严重问题,影响了公路桥梁施工的安全性。我们根据具体问题深入分析,提出了健全安全管理制度、提升从业人员专业素养、加强责任部门之间的沟通配合、加强施工环境的安全控制以及加强施工技术的创新等多种对策,从而为公路桥梁施工创造风险系数更低的安全施工环境,推动了公路桥梁施工行业的长足发展。

参考文献

[1] 李荣品.浅析公路桥梁施工安全管理及其控制[J].建材与装饰,2018(14):270-271.

[2] 李晨.关于公路桥梁施工中的安全管理的探究[J].城市建设理论研究(电子版),2014(3).

[3] 樊玉昆.浅析公路桥梁施工的质量监督及其控制[J].城市建设理论研究(电子版),2014(30):1226.

[4] 唐黄.浅析公路桥梁施工的质量监督及其控制[J].建筑工程技术与设计,2017(14):2360.

施工安全与进度

江苏恒基路桥股份有限公司　刘思淼

摘　要:在建筑工程施工过程中,安全管理与进度控制非常重要。其中,建筑工程的进度控制不仅对整个建筑工程能否按时完工产生直接影响,还与工程项目的整体利益密切相关;而安全管理工作则更为重要,其为保障施工人员及业主安全打下坚实基础。因此,在具体施工过程中,相关单位应对建筑工程安全管理和进度控制予以高度重视,并采取合理措施,切实提升建筑工程安全管理及进度控制水平。

关键词:施工安全;施工进度;矛盾;控制

建筑施工是一项流动性比较大的作业,一般情况下都是在露天高空的环境中作业,并且施工人员的素质相对不高,属于出现安全事故比较多的行业之一,并且随着近年来建筑市场的竞争越来越激烈,很多建筑企业为了在建筑市场上生存发展开始过度追求施工进度,进而在一定程度上忽视施工安全的管理,导致建筑施工过程中经常出现安全事故,反过来影响了企业的发展。但是在实践中发现如果加大安全投入,相应会造成施工进度减缓,另一个方面,如果加快施工进度会进一步降低安全性,因此如何在保证施工安全的前提下按时或者提前完成工程项目已经成为工程施工首要考虑的问题,同时也是建筑企业管理者所面临的问题。

1　施工安全与项目施工进度之间的关系

在建筑工程施工过程中,安全第一,预防为主,同时强调进度,尽可能提前完成施工任务,用最短的时间完成现有的施工任务,保证整个工程的施工进度,是施工单位取得最大经济与社会效益的重要手段之一。因此在施工一线,每个项目的管理者在接受施工任务时都要首先搞好安全文明施工措施,可以说没有安全措施,就无法进行施工作业,例如施工中的高空作业,必须要先搭设脚手架,架设行走扶梯,设置防护栏杆,布设安全防护网,然后施工人员才能开始具体的施工,这虽然在一定程度上减缓了施工的进度,但是在施工过程中如果没有安全就谈不上施工进度,只有施工安全措施做好了,安全工作做到位了,施工进度才会有保障。但是建筑施工企业为了追求利益就必须要控制施工进度,通过相关的手段加快施工进度,这就在一定程度上降低了施工的安全性,在一定程度上造成了施工中可能发生安全事故的概率上升。因此施工安全与项目施工进度相互联系，同时又相互制约，二者既相互对立，又相互统一，施工安全是项目施工进度的保证，项目施工进度是施工安全的目标。

2　施工进度的控制

建筑工程的进度控制工作是项目施工管理工作的重要内容，其不仅能够确保项目工程的顺利完工，还能够实现对资源的合理分配和施工成本的科学控制。通常情况下，对工程项目施工进度的控制工作指的是在一定的施工周期内，通过选用合理的管理方法，有效实现对各种资源的优化整合，从而形成一个科学的施工方案，确保施工顺利进行。

施工单位常采用动态化管理控制模式。在对建筑工程施工进度予以管理控制的过程中，首先应做好施工方案工作，其次需要对施工控制及施工总结工作予以重点关注。施工方案指的是对施工总体的进度控制目标进行分解，这一过程也被称为计划分解；施工控制指的是在建筑工程施工方案实施的过程中，将施工方案与实际施工进度加以比较，一旦出现偏离，则需要采取合理措施，对施工方案进行优化调整；施工总结指的是在开展施工进度计划之后，依据实际施工情况对其进行总结，并与施工方案进行比较，这是在追赶施工进度过程中经常用到的一个方法。

3　合理加强施工安全与项目施工进度控制的措施

3.1　合理调节施工安全与施工进度之间的相互关系

在施工过程中，如果施工任务比较集中，时间比较短，一些施工人员经常会忘掉施工安全而一味地去抢项目施工进度，这是导致事故多发的原因所在，因此在施工中施工人员必须要纠正这个思想上的误区，进一步加强施工人员对施工安全性工作的认识，把施工安全工作始终贯穿于整个施工过程，兼顾施工安全与项目施工进度，不能光顾施工安全，不顾施工进度，同时也不能光顾施工进度，不顾施工安全，只有合理调节施工安全与施工进度才能保证工程在安全施工的基础上按照工期完成。

3.2　建立安全施工与进度控制责任制度

施工单位必须要建立安全施工与进度控制责任制度，将安全施工与进度控制落实到每一个施工人员，在最大程度上使不同岗位的施工人员明确自身的责任，并且完善各层次的管理职责，将安全管理责任制贯穿到施工生产过程的每一个阶段、每一个环节之中，使施工现场每一个部位、每一个环节都能按操作规程严格进行，保证项目施工进度。除此之外，建筑施工企业还要加强监督力度与惩罚力度，对于施工过程中违反安全施工规范的施工人员或者无故延误项目施工进度的人员进行严格的处罚，进而保证施工项目能够在保证施工安全的基础之上按工期或者提前完工，保证建筑企业的效益。

3.3 加强施工人员的安全知识教育与技能培训

首先，在施工项目开始施工之前，施工企业必须要加强施工人员的安全知识教育，让每个施工人员清楚地了解施工安全规范以及施工中相关的安全知识，提升自身安全意识，进而保证施工过程中不会出现安全隐患。

其次，施工企业还要加强施工人员的技能培训，让施工人员尽快掌握施工技术，提高施工人员的工作效率，进而保证项目施工进度。

最后，施工场地环境对施工人员的安全工作具有重要影响，一个不稳定的、险象环生的施工环境，极易给施工人员的生命财产安全及施工进度带来不利影响。总而言之，安全对建筑工程施工具有非常重要的影响，因此，需要对施工人员的安全意识及施工场地的稳定性予以重点管控。

3.4 加大建筑工程安全管理力度

在建筑工程施工过程中，加强安全方面的管理主要分为两个方面：一是施工环境管理；二是施工人员管理。

具体来说则表现为以下三个方面：

第一，在对施工环境进行管控的过程中，应严格遵守施工现场相关管理制度，尽可能将各类不安全的因素控制在合理的范围内；

第二，对施工材料的堆放予以合理控制，为确保施工人员安全打下坚实基础；

第三，加强对施工人员的安全教育，严禁违规操作的情况出现，有效提升建筑工程施工质量。

4 结论

安全施工是建筑工程施工顺利进行的基础和前提。在实际操作过程中，项目工程管理人员必须要对安全施工的各项工作予以严格落实，对自身的责任予以明确，狠抓安全管理，有效提升项目工程施工质量。

施工安全和工程进度存在着密切的关系。在施工过程中，施工安全及施工进度经常会发生冲突，为此项目管理人员应做好优化调整工作，始终坚持安全第一的原则，加强建筑工程项目施工安全管理工作。一旦施工安全出现失控的局面，势必会对施工进度产生一定影响，所以施工安全与进度管理必须同时进行。安全就是效益，只有确保建筑工程安全施工，才能明显提升项目的经济效益。一旦在施工过程中出现安全事故,不仅会对施工人员人身安全构成严重威胁,还会给施工企业带来巨大经济损失。总而言之,在具体施工过程中,建筑工程的安全管理及进度控制工作占据非常重要的位置。为此,相关施工单位应本着"以人为本"的重要原则,加强施工作业人员安全意识,并在大量实践过程中不断总结经验、教训,切实提升人员职业技能和综合素养,为确保建筑工程项目的顺利完成打下坚实基础。

如何加强道路与桥梁施工的安全管理

江苏恒基路桥股份有限公司　卢　锦

摘　要：随着社会的不断发展和基建的不断推进，道路与桥梁施工已经成为建设中的一个重要环节，道路与桥梁的建设关乎着人们的日常出行，是一项极为重要的基建工程。因为其施工量巨大及施工的危险性较高，在进行施工的过程中一定要对施工安全进行有效管理。在进行道路与桥梁建设的施工安全管理过程中，首先应该确保相关安全管理人员对整体工程实现全局的把控，这种把控可以把相关安全隐患控制在一个合理可接受范围之内；其次应该做到对施工安全细节的把控，确保在进行施工的过程中围绕工程安全及施工人员安全做到对细节的全面管控，将施工安全系数提升到最高。

关键词：道路和桥梁；施工安全；安全管理

引言

随着我国道路及桥梁建设施工的不断展开，加强在其建设过程中的安全管控问题已经成为一个施工重点问题。在进行安全管理的时候，要实现管理的统筹兼备，做到从细节出发和从全面出发，对施工过程中的每一个方面做到全局把控，实现道路桥梁建设过程中全面的安全管理，为道路桥梁的质量建设把关，实现道路桥梁施工建设的科学性及高效性。

1　道路桥梁建设中的安全管理问题

在进行道路桥梁建设安全管理的过程中，往往因为一些客观原因或主观原因，导致一些较为严重的漏洞，这些漏洞首先严重影响道路和桥梁建设的质量，其次这些漏洞严重威胁相关建筑人员的生命安全，必须得到有效的管理和完善[1]。其安全管理中存在的一些问题，主要分为以下几点。

1.1　安全管理人员重视度不够

在进行道路桥梁工程建设安全管理的过程中，因为对相关管理人员没有一套固定的监管体系来进行全面的监管及相关管理人员的安全管理认识不到位，导致存在一定的安全管理风险，这些风险导致了道路桥梁建设中的一些缺陷，并且可能威胁到建设工人的人身安全，所以，安全管理人员重视度应该作为建设安全管理中首要抓紧的一个方面。对安全管理人员重视度的抓紧，可以有效地避免整体建设过程中对建设细节的把控不到位，确保建设安全，为优质及高效的道路桥梁施工建设提供一个安全的保障。

1.2 安全管理监控力度不够

在进行道路桥梁建设安全管理的过程中，因为对相关安全管理人员的实际监控力度不够，导致管理人员出现管理懈怠的情况，导致发生了一些不必要的施工安全事故或施工质量不合格，影响道路桥梁的使用年限[2]。其具体表现为：1. 因为相关安全管理人员对工程监管不到位，导致施工人员在进行道路桥梁施工的过程中为了追求施工速度而不按照规范流程进行相关施工工作，直接导致施工过程中工程和施工人员的施工风险增大，容易出现一些工程质量的不合格及相关施工人员的危险性施工，这些现象严重影响着整体的施工效率及施工安全。2. 因为相关安全管理人员监管不到位，导致施工人员在进行施工过程中出现一些偷工减料的问题，这些问题无疑都是为了追求自身的小利益而忽视了群众利益，造成施工道路及桥梁质量不合格，承载能力不过关，为日后群众的实际使用埋下了深深的隐患。对于这些问题，相关安全监管部门一定要做到对安全管理监控力度的有效提升，以此来督促相关安全监管人员进行道路桥梁的合规性建设，确保施工安全与质量安全，确保群众的安全出行。

1.3 安全管理人员数量不够

道路桥梁建设工程是一项庞大的建设工程，在进行建设的过程中要做到对各个细节的全面把控，需要一定数量的监管人员进行综合性的监管。在监管的过程中，往往因为工程开展量过于庞大且监管人手不够，导致相关监管人员无法做到对工程监管细节的全面把控，这种现象直接导致了道路桥梁建设中出现一些问题，这些问题会随着建设步伐的推进慢慢变大，最终影响建设工程的整体质量。在进行监管的过程中，监管部门一定要对工程进行综合的把控，确保工程建设安全管理的全面性，确保工程建设的整体安全。

2 道路桥梁工程中的安全管理

在进行道路桥梁建设安全管理的过程中，一定要做到根据实际情况进行全面统筹和分析应对，确保道路桥梁建设过程中对建设规范性及工程高质量的全面管理，确保工程安全，为道路和桥梁的投入使用打下坚实的基础[3]。根据具体原因的不同实施相对应的监管策略，确保道路和桥梁建设安全管理的科学有效性。

2.1 培养安全管理人员综合素质

道路桥梁建设安全管理人员在进行实际监管的过程中,往往因为缺乏自主性及责任感或相关安全管理的统筹意识,导致出现一些主观上的懈怠及把控上的缺乏。面对这种情况,相关安全管理部门应该加强对安全管理人员的综合素质培养,确保对整个工程过程的全面监控。在进行培养的过程中具体应该做到以下两点的综合把控:1.加强对安全管理人员专业知识的深化及实践化传授。在进行道路桥梁安全管理的实践过程中,很多安全管理人员因为自身安全管理知识的零散化及书面化,对相关知识的理解和应用普遍不深刻,导致无法做到对具体施工的全面把控,这也导致了一些安全隐患的出现。在对安全管理人员综合素质提升中,一定要做到将对相关知识的深化及实践化结合起来,确保在整个道路桥梁施工安全管理过程中做到对施工细节的深入了解,确保施工整体安全。2.培养安全管理人员的社会责任感。道路桥梁工程关乎民众的利益,是一项有利于国家建设的事情,所以对其质量的监管就显得十分重要。在对安全管理人员进行相关培养的过程中,做到对人员社会责任感的有效培养,可以提升安全管理人员的管理主动性及责任感,确保工程建设中的安全。

2.2 健全安全管理制度

在进行道路桥梁建设安全管理的过程中,除了要对相关人员进行有效的综合素质培养,还应该健全安全管理制度,使之对其形成一种约束和规范,确保道路桥梁安全管理过程中相关管理人员做到全面、细致的综合性安全管理,确保道路桥梁工程的建设安全。这种约束性制度的体现就是安全管理制度。在进行道路桥梁施工安全管理的过程中,相关部门应该建立一种健全的安全管理制度,实现安全责任的具体化及针对化,实现区域性责任划分及时间性责任划分,并提出相关的奖罚制度,用这样一种方式来约束相关安全管理人员进行科学有效的道路桥梁建设安全管理[4]。同时,在进行安全管理的过程中,一定要做好对管理人员的区域性划分,确保在进行道路桥梁建设安全管理过程中做到针对性管理,避免因为工程范围太大造成管理人员不足,从而造成管理漏洞,以及因为管理知识面的缺失而造成管理细节出错的问题,综合提升整体管理水平,确保工程安全。

3 结束语

道路与桥梁的施工安全问题关乎着民生发展大计,在进行相关建设的时候,一定要做好对相关安全性的重点细抓,做到从整体到细节对工程安全管理的全面狠抓。在进行安全管理的过程中,相关管理人员一定要提升自身整体安全管理综合素质,并配合完善安全管理系统进行综合性的管理,确保工程建设安全,确保工程使用安全与长久。

参考文献

[1] 杨阳.浅谈如何加强道路与桥梁施工的安全管理[J].山东工业技术,2014(24):129.

[2] 潘家诚.浅谈如何加强道路与桥梁工程施工的安全管理[J].现代物业(上旬刊),2015,14(6):90-91.

[3] 顾洪峰.谈如何加强道路与桥梁工程施工的安全管理[J].城市建设理论研究(电子版),2015,5(28):171.

[4] 杨情同.浅谈如何加强道路与桥梁工程施工的安全管理[J].建筑工程技术与设计,2016(9):1065.

探析道路测量的方法与施工测量要点

江苏恒基路桥股份有限公司　卢　锦

摘　要：道路测量作为道路施工的前期准备工作，其准确度与紧密度的高低往往影响到后期道路建设的质量与水平。可靠准确的道路测量数值能够为道路建设提供参考数据，不论是施工开始之前，还是建设过程当中，又或者是竣工后，都需要进行道路测量与施工测量，以此来判断建设施工的准确性。本文便针对道路测量方法与施工测量要点展开分析，探讨优化道路测量的策略，并为加强道路测量的工作、提高施工质量作贡献。

关键词：道路测量；施工测量；要点分析；优化策略

引言

随着经济的高速发展，道路建设施工质量不断提高，而道路测量与施工测量往往贯穿于整个道路建设过程中，并对其产生巨大影响。良好的道路测量方法在一定程度上能够提高道路建设水平，不但能够加强建设准确性，还能够提高施工效率，缩短工期，利用科学的测量法将给工作人员带来不少便利。但是，现阶段各个道路施工单位的测量方法仍存在缺陷，测量手段缺少科学严谨的态度，并且无法确保测量结果的准确度。对此，优化道路测量与施工测量迫在眉睫，本文便对道路测量的方法与施工测量要点展开分析，探讨优化方法。

1　道路测量方法分析

1.1　道路测量方法概括

道路测量是为道路施工所服务的一种测量项目，包含了测量以及勘察两种工序。不论是在道路建设的设计阶段，还是在施工前期，或是施工过程中的检测工作，以及竣工后的验收工作，都需要运用道路测量以判断建设施工的准确性。因此，道路测量的数据结果将大大影响道路施工的质量，在设计阶段就需采集有效数据提供设计参考，在施工时需通过真实测量的数据来判断施工是否按照计划进行，在竣工验收阶段还要利用道路测量核对项目的准确性。从道路的高程到平面位置的设置与施工，从设计阶段到后期运营阶段,道路测量在建设过程中扮演着辅助者的角色,但同时也对施工质量起着决定性影响。道路测量的方法有许多,但大致可以分为四大类,分别是水准仪皮尺测量法、经纬仪皮尺测量法、激光测距仪以及GPS测量法,这四种测量方法各有优势和缺陷,只有根据实际施工情况进行分析,才能将方法的效果最大化,并提高道路建设质量[1]。

1.2 水准仪皮尺测量法

水准仪皮尺测量法主要运用于对道路横断面的测量过程中。当道路建设中道路横断方向的坡度变化不大时,测量准确度的要求相对较低,那便可以利用水准仪皮尺测量法进行该项目的测量。首先,为保证测量方法的随机性与准确性,先需在道路的两侧任意选择两个位置,并且也无需刻意设计水准仪的摆放位置,设置好相应的设备之后便能够测量水准仪的前、后数据,并进行记录和采集即可。由此可见,此种测量方法的操作过程简单方便,对仪器和技术的要求不高,但同时测量结果的准确性相对较低,往往适用于地势平坦,坡度变化不大,并且对测量结果的精密度要求不高的测量项目中。

1.3 经纬仪皮尺测量法

经纬仪皮尺测量法经常被用于视野开阔、植被较少、视线范围较大等道路地区的测量项目中。经纬仪皮尺测量法往往利用等腰三角形原理以及经纬仪和视距尺等工具进行数据的测量,具体操作过程是先将经纬仪放置在设计的测量站上,并要求其方向与准线路法线的方向一致,同时保持对中、整平。之后便将视距尺放置于需要测量的位置,利用望远镜等设备辅助观察视距尺,获得上、下视距丝以及中丝的读数,通过计算和推断便能轻松测得两点之间的具体距离。不论是进行测量站到测量点的水平距离测量还是高程的测量,都能够利用等腰三角形原理,测得一条边和另一个角的实际数值后,便可以算得另一条边的长度[2]。经纬仪皮尺测量法需要保证经纬仪处于道路的横断面上,并且要求道路处于相对平稳的状态,由于经纬仪设备自身的缺陷,无法完成较远距离的测量,只有在可视范围内才能进行观察,对此,还需考虑道路横断面的实际长度。由此可以得知,经纬仪皮尺测量法的适用范围相对较小,只有符合进行经纬仪皮尺测量法的道路状况才能采取该测量措施,并保证测量结果的准确度。

1.4 激光测距仪

相较于经纬仪皮尺测量法的距离局限性以及水准仪皮尺测量法的准确度低等问题,激光测距仪能够在保证一定测量距离的同时提高测量结果的准确性。该方法通过对激光测距仪设置具体的参数来测量测量点与测量站的距离实际数值。因为激光测距仪具有测量准确度高、测量距离长等优势,最佳适用场所便是山区等地形曲折的地段。在对山区等地区的道路情况展开测量时,往往也会受环境影响,面对不同的测量范围可以适当改变激光测量仪的类型,根据实际情况展开具体分析,考虑测量效果最佳的测量仪类型,提高结果的准确度。

1.5 GPS测量法

GPS测量法,顾名思义便是利用定位原理进行道路的数值测量。首先,技术人员需根据设计图纸判断桩体的位置,并将计算的数值输入专门的测量设备当中,用其进行具体线路数据的二次计算,并且能够根据数值绘制相应的图形,包括道路的高度差值图以及水平距离图。GPS测量法的优势在于节省人力,并且能够利用高科技对滑坡多变的地形进行三维位移测量,其对测量环境要求低,适用范围广,并且操作过程简单,能够大大提高道路测量工作的效率,并通过绘制直观的图形以方便后期的施工指导[3]。

2 道路施工测量要点分析

2.1 仪器校对和道路校对

仪器作为辅助道路测量的主要工具,不但能够提高测量结果的精确度,还能节省人力,减少工作量,并提高测量工作的效率和质量,因此,仪器在测量过程中起着至关重要的作用。进行道路测量项目时,倘若在仪器的使用与操作过程中出现失误,将大大影响测量数值的准确度,并阻碍后期工程的进展,由此可见仪器校对与道路校对工作的重要性。仪器校对工作需要在测量工作展开之前,通过对仪器局部的检测和试用来判断仪器是否损坏,能够保证仪器正常使用的同时避免后期出现不必要的麻烦[4]。在测量过程中,还需对仪器展开二次检查工作,避免操作失误导致仪器失灵、损坏。另外,运输过程中也会对仪器产生影响,不当运输可能令其的转点和后视交点出现偏差,便会影响仪器的精确度。除此之外,道路校对工作也是重中之重,要根据设计图纸的标准和要求进行校对,并严格比照设计数据与实际测量数据,以免出现较大的偏差。

2.2 线路的复测要点分析

线路的复测指的是对道路线路进行二次检查与测量,通过反复测量保证施工的准确度,一般可以分为两大类,分别是高程的复测和中线控制桩的复测。首先,高程的复测需要工作人员比照设计图纸进行水准的高程复测任务,比较设计数据与实际数据是否不同[5]。对此,高程的复测需要根据设计图纸的纵断面图以及复测的高程数据,判断两者是否有出入,倘若存在偏差,则要及时进行修改和维护,避免影响后期工程的展开。另外,高程复测项目还包括道路两个水准点的测量,根据数值推断两者是否符合设计要求。对于中线控制桩的复测,与高程复测一样,要将实际的中线控制桩的复测结果与设计图纸中的数据进行比对,当两者存在较大的差别时应及时进行调整,保证道路施工的准确性。

2.3 设置边桩、栓桩

边桩、栓桩的设置在整个测量项目中起着辅助作用,主要是为了方便施工人员认清路基并保护道路控制桩。一方面,利用1 m左右的纤细竹竿作为边桩,将其放置于路基的横截面与路面的交叉点,并选择色彩鲜艳的旗子方便工作人员识别。设置边桩的主要原因是在施工过程中,已经规划和设计好的路基线路常常会被大型机械掩埋或破坏,例如推土机、压路机等等,对此,选择利用边桩设置目标点,便能很好地解决这一问题,并且保证施工的顺利进行[6]。另一方面,对于栓桩的设置,主要是将木制或者贴纸的栓桩放置在相对偏僻的地区,数量要求在两到三个即可。设置栓桩的目的是保护道路控制桩不受损坏,特别是偏僻的、不易被施工人员发现的区域,材料的特殊性延长了栓桩的使用寿命,便于长时间使用。另外,在设置完栓桩之后,工作人员需对设置的位置进行记录,以便于查找和修护,提高工作效率。

3 结束语

综上所述,道路测量的方法有很多,不论是精确度较低的水准仪皮尺测量法,适合山区的激光测距仪,还是适用范围广的GPS测量法,道路施工方需要根据实际情况加以判断,寻找出最优处理措施,并结合对施工测量要点的把握和分析,积极调动工作人员的配合与协调,在提高道路测量的准确度的同时,提升整体工作效率,从而保证道路建设的质量与水平,促进道路施工企业的长久发展。

参考文献

[1] 梁中原,梁磊磊.探析道路测量的方法与施工测量要点[J].科技创新导报,2017,14(12):97-98.

[2] 李斌.公路工程测量技术应用的探析[J].城市建设理论研究(电子版),2017(25):151-152.

[3] 丛培岩.中国工程测量的发展与需求探析[J].工程技术:全文版,2016(12):257.

[4] 李炳辉.道路工程质量检测技术与评定方法探析[J].建筑工程技术与设计,2016(36):1231.

[5] 姜兴洲,张新.探析道路测量的方法与施工测量要点[J].民营科技,2016(1):187.

[6] 丁恒黎.建筑工程测量施工放样方法的探析[J].建材与装饰,2017,13(25):25-26.

钻孔灌注桩在桥梁施工中的质量控制措施

江苏恒基路桥股份有限公司　黄　刚

摘　要：道路交通的需要随着国家的社会经济不断高速发展而持续增加，公路建设中的基础桥梁建设因建设工程项目数量不断地增加而面临更多的需求和挑战，目前仍存在着不少有待解决的问题，并对行业的发展造成了影响。其中钻孔灌注桩因技术复杂，施工工艺较繁琐，极易在质量方面出现问题，而其质量控制方面也存在着较大的难度。本文对此进行进一步的分析和探讨。

关键词：钻孔；灌注桩；质量

引言

钻孔灌注桩主要是为了使土壤层硬度改变，增加其承受力和稳定性，通过在工程地基上钻孔，并将钢筋放置于桩孔内，再将混凝土进行灌注从而形成桩体的施工作业。因其操作不受天气变化的影响，安全、便捷，因此随着建设工程项目数量和规模的不断增加，其应用也得到广泛的重视，但其施工质量也直接影响着整个工程的安全性和稳定性，所以对其施工质量的有效控制必须予以加强。

1　施工前的准备工作和控制

1.1　施工方案

在进行桥梁施工之前，相关施工人员应结合施工现场的实际情况，与相关的钻孔灌注桩施工工艺和技术要求相结合，制定出切实可行的科学、合理的施工方案。应对各个施工环节的明细，如水泥的规格、钻孔工艺、施工工序、钢筋加工工艺、装置和工序保障措施以及混凝土灌注工艺等予以明确，对施工过程中有可能会造成影响的因素以及会出现的问题予以明确，并制定出相应的有针对性的预防措施[1]。施工方案制定完成后，交由相关的专业人士和专家进行审核，对其内容是否符合相关的施工要求和标准予以确认，相关的监理工程师通过审批之后，方可进行建筑项目的施工。

1.2　施工前准备工作

施工前应对施工设备进行全面仔细的检查。根据相关的施工质量标准和技术要求,对相关的施工设备、机械进行严格的检查,选用符合标准的设备和机械,对非工程专用的或是不满足技术要求的钻机等设备严格禁止使用。搅拌机必须先用强制式的,才能对混凝土的质量予以保证。同时,还需要对施工现场准备好的施工材料进行仔细检查,确认其合格性,并符合工程的需求和标准。最后,加强施工放样管理。桩位放样要严格按照相关的设计方案和测量数据,严格控制其精确度,对桩基位置是否符合规范要求进行确认与复核。

在浇筑施工之前,也需要做好相应的准备。首先是材料的准备,其中包括石子的冲洗、去除杂质、过筛黄沙等,然后对各机械设备进行检查,进行混凝土泵机、搅拌机等机械的试运行,尽量减少泵管的弯头设置[2]。如在夏冬两季进行施工,为了对混凝土中水分进行养护,还需要对泵管进行覆盖处理。根据相关的技术规范要求,对导管上的漏斗容量进行准确计量,并做及时的调整,对混凝土首灌时的排淤能力和冲击力予以保证。同时对其隔水设施进行检查,确认其可靠性。最后对各设备故障的应急方案予以确认。

2 施工中的注意事项和控制

2.1 施工场地

在项目施工前,要对施工场地进行清理和平整,这样钻架设备的安装以及钻孔时的稳定性才能得到有效保障。如果施工场地较为特殊,如水岸河滩边,需要将周边的杂物清除之后,换掉架设场地上的软土,并将所在位置进行夯实和平整;如果存在浅水的情况,需要用草袋或是土进行围筑;如果属于陡坡或是深水的情况,需要架设施工平台,用混凝土桩或是木架作为支架,钻机由施工平台来支撑;如果是较平稳的深水区,可以在浮船上架设施工平台,并对平台进行加固,达到相应的灌注要求就可进行钻孔操作。

2.2 放样及安装护筒

施工现场的准备工作完成之后,对钻孔桩位进行放样操作,严格控制平面位的偏差,使其符合设计要求,并对复测位置的准确性予以保证。为了达到对桩位进行加固,对钻孔口进行有效保护,防止土层塌落的情况,以及对钻孔的表层水进行有效隔离的目的,需要妥善放置护筒[3]。主要注意的有:要确保安装位置的精准度,严格控制桩体的中心和护筒之间的偏差不能超过50 mm,垂直方向上的倾斜度不能超过百分之一;控制护筒的顶标高,必须高于施工最高水位和地下水位,且不低于1.5~2.5 m,如在无水的钻孔层区域,需要比水平面高出20~30 cm;控制护筒底部高度,必须低于施工最低水位10~30 cm。如在深水层进行安装,则必须采用射水、自重或是锤击等方式,沿导向架的方向进行安装,以达到稳定的效果。

2.3 钻架及钻机

进行钻孔灌注施工操作需要具有稳定的平台,所以钻架和钻机的安装至关重要,必须保证其稳定性,防止出现倾斜、位移或下沉等情况,在进行实际的安装操作中,需要保证桩位中心与成孔中心相对应,进行严格测量,用缆风绳固定顶侧,用枕木塞紧、垫实底座,并定期检查钻孔操作流程,确保其规范性[4]。

2.4 钻孔作业

在钻孔施工作业中,必须控制的主要问题是孔偏和坍孔,所以必须对以下几点进行严格控制:钻机设备必须进行检查,有挂牌才能投入使用,原始的检测数据保证齐全,还需要保证测绳、探孔器以及泥浆检测仪等配备齐全;对钻孔中的护筒水位进行控制,必须保证其高于护筒外水位1~1.5 m;随时对钻孔数据和混凝土性能进行检查,对混凝土的含砂率、密度以及黏度进行严格控制。要保证记录与钻孔进程的同步性、全面性、规范性和准确性;对于钻速和泥浆的稠度,要根据实际的土质情况进行严格的控制;控制钻孔一次到位,避免在中途停钻的情况出现,防止坍孔,如出现此严重问题,必须回填后重新钻孔施工。

2.5 清孔作业

为了对桩体的承载力和混凝土质量予以保证,需要控制清孔的效果和质量。主要有:根据实际的施工情况,对清孔的方案予以确定,不可用水进行清孔操作;严格控制孔内水位的高度;清孔作业完成之后,需要检测孔内泥浆的性能。在混凝土灌注之前,泥浆密度、含砂率以及黏度都必须控制在相应的指标和范围之内;严格检查钻孔内的沉渣厚度。

2.6 钢筋笼

需要严格按照相关的工程设计进行钻孔灌注桩所需要的钢架结构即钢筋笼的焊制,再将其置入钻孔之中。在其施工操作和安装中,需注意:执证的焊接人员才能进行相关的焊接操作,同时必须先进行试焊,确保达到标准和要求后才能正式进行操作;对选用的钢筋材料进行严格的检查,确保其质量符合要求且合格,才能进行施工操作[5]。要保证焊条的型号与钢筋规格相符合;在实施焊接时,按照规范,确保钢筋搭接端的折向和焊接轴线一致,对接头量予以严格的控制,并对安装位置的规范性和准确性予以保证。

2.7 水下灌注混凝土

在钻孔灌注桩施工过程中,关键的工序之一就是水下灌注混凝土,其成桩的质量受到其施工质量的直接影响,需要注意的有:严格检查和控制钻孔底部在灌注前的沉渣厚度,如出现大于相关设计标准和要求时,需要进行再次清孔操作,直到达到相关要求为止;对混凝土的初灌量进行严格控制,导管的首埋深度必须保证在1.0 m以上;必须保证所选择的初灌法的合理性和正确性,通常采用的方式有剪塞法,另外还有提塞法；对混凝土的坍落度进行不定时的检测，并予以严格的控制，保持在 180～210 mm；准确测量孔内的混凝土面位，保证导管的深度在 2～6 m；严格控制灌注作业一步到位，保持其连续性，防止中途出现受其他因素影响而中断的情况。

3 施工完成后的控制

在钻孔灌注桩施工操作完成后，对工程验收以及质量检测工作进行严格控制，确保能够实现施工质量符合设计要求的目的[6]。检测灌注桩体的破损情况，并根据混凝土灌注中的所有记录和成孔的情况，通过全面的分析，再做出相应的准确判断；全面严格地检查在实际施工中有异常情况出现的桩体或是存在质量隐患的桩体；通过对桩身进行钻芯取样和检查，对桩身混凝土的灌注强度和质量得以充分了解和掌握；如对钻孔桩的质量存在质疑，需要采用实验的方式，检查桩基的承载力。如发现问题需要及时采取措施进行补救处理，如遇到无法有效解决的情况，必须采取报废处置。同时相关的验收人员必须对验收完的灌注桩，进行完整的记录并填写监测报告。

4 结束语

在桥梁施工项目中，钻孔灌注桩存在着施工工艺繁杂，环节多的问题，而且施工过程较为隐蔽，要有效地保证其施工质量，必须加强对各个施工环节的有效控制。对现场施工和管理人员来说，必须对施工各个环节予以重视，加强预防，提高工作的责任心，对质量管理予以有效加强，这能对整个施工质量达到相关标准和要求予以保证。

参考文献

[1] 丁健伟.公路桥梁施工中钻孔灌注桩质量控制探析[J].江西建材,2016(3):194＋197.

[2] 金兵.浅析公路桥梁施工中钻孔灌注桩的质量控制措施[J].科技创新与应用,2016(12):227.

[3] 王文波.公路桥梁施工中钻孔灌注桩的质量控制措施分析[J].江西建材,2016(14):166＋171.

[4] 王衍龙.浅谈公路桥梁施工中钻孔灌注桩施工质量的有效控制研究[J].科技视界,2016(8):189＋251.

[5] 邢学涛.公路桥梁施工中钻孔灌注桩的质量控制措施分析[J].工程技术:引文版,2016(6):100.

[6] 孔维雁.公路桥梁钻孔灌注桩施工质量控制分析[J].商品与质量,2016(37):329.